A CORRIDA PARA SALVAR OS ROMÁNOV

Helen Rappaport

A corrida para salvar os Románov

Os planos secretos para resgatar a família imperial da Rússia

TRADUÇÃO
Denise Bottmann

OBJETIVA

Grafia atualizada segundo o Acordo Ortográfico da Língua Portuguesa de 1990, que entrou em vigor no Brasil em 2009.

Título original
The Race to Save the Romanovs: The Truth Behind the Secret Plans to Rescue Russia's Imperial Family

Capa
Augusto Soares

Foto de capa
Granger/ Easypix Brasil

Preparação
Diogo Henriques

Índice remissivo
Probo Poletti

Revisão
Renata Lopes Del Nero
Paula Queiroz

Dados Internacionais de Catalogação na Publicação (CIP)
(Câmara Brasileira do Livro, SP, Brasil)

Rappaport, Helen
A corrida para salvar os Románov : Os planos secretos para resgatar a família imperial da Rússia / Helen Rappaport ; tradução Denise Bottmann. – 1ª ed. – Rio de Janeiro : Objetiva, 2022.

Título original: The Race to Save the Romanovs: The Truth Behind the Secret Plans to Rescue Russia's Imperial Family
ISBN 978-85-470-0149-0

1. Nicolau II, Imperador da Rússia, 1868-1918 – Família – Assassinato 2. Románov, Casa de 3. Rússia – História – Nicolau II, 1874-1917 I. Título.

22-97509 CDD-947

Índice para catálogo sistemático:
1. Rússia : História 947

Aline Graziele Benitez – Bibliotecária – CRB-1/3129

[2022]

EDITORA SCHWARCZ S.A.
Praça Floriano, 19, sala 3001 – Cinelândia
20031-050 – Rio de Janeiro – RJ
Telefone: (21) 3993-7510
www.companhiadasletras.com.br
www.blogdacompanhia.com.br
facebook.com/editoraobjetiva
instagram.com/editora_objetiva
twitter.com/edobjetiva

À memória de meus pais, Kenneth e Mary Ware

Não existe castigo pior para um monarca do que perder o amor de seu povo. Quem não passou por isso dificilmente entenderá.
Rei Afonso XIII da Espanha, no exílio, 1933

Arrastaram todo o nosso mundo para a destruição junto com eles. [...] Todos dizem que é um terrível castigo, mas eu digo que não é um castigo, mas um simples resultado lógico de suas próprias ações. É como se eles tivessem acendido um fósforo e ateado fogo às próprias roupas.
Grã-duquesa Cirilo em carta à irmã Maria, rainha da Romênia, Petrogrado, 10 de março de 1917

Desde então [1918] *sou perseguido pela ideia de que, se tivesse insistido por mais tempo com o soviete do Ural, poderia ter salvado a família real russa.*
Sir Thomas Preston, ex-cônsul britânico em Ekaterinburg, em carta à revista *The Spectator*, 11 de março de 1972

Sumário

A CORRIDA PARA SALVAR OS ROMÁNOV

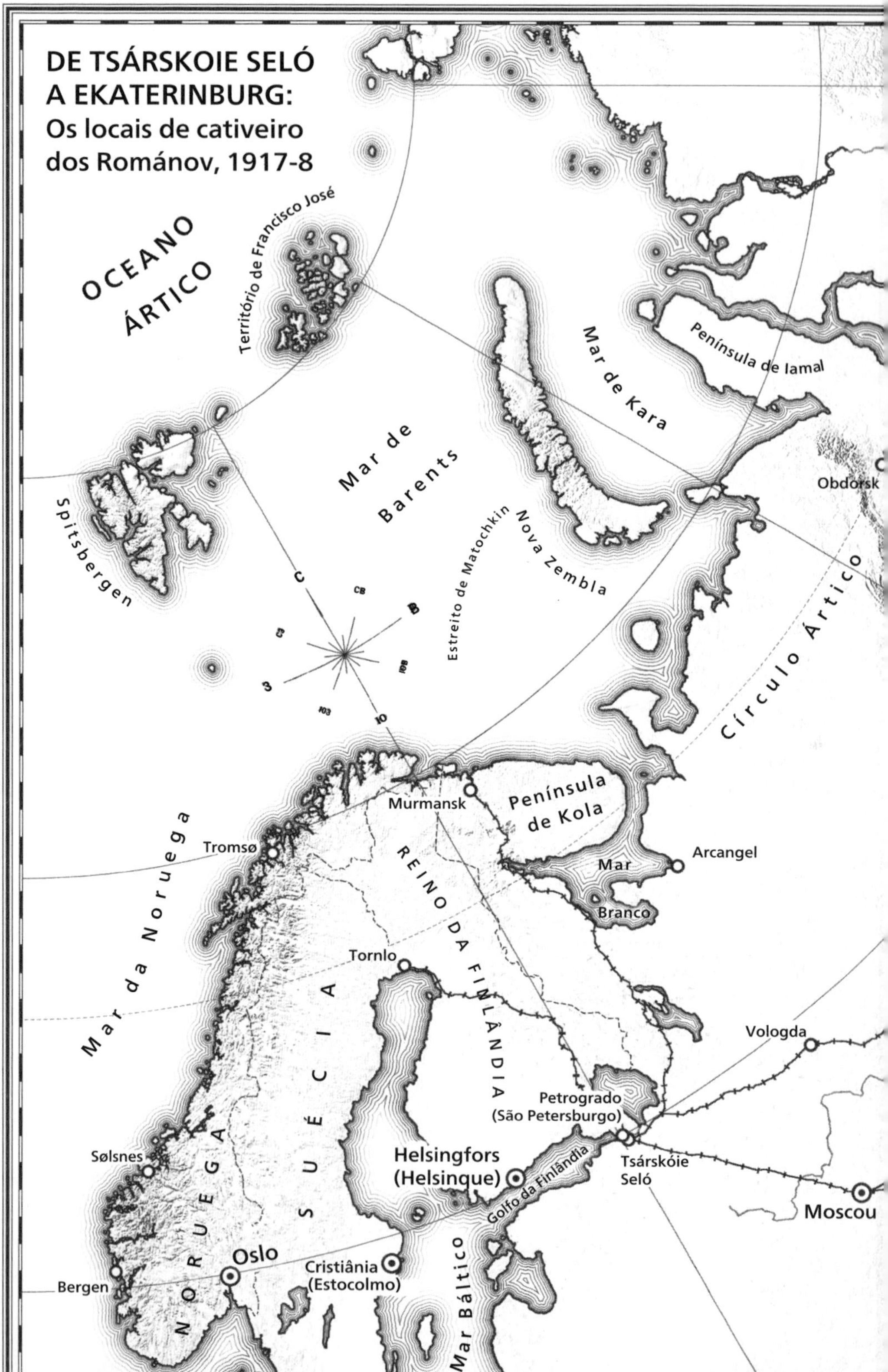
DE TSÁRSKOIE SELÓ
A EKATERINBURG:
Os locais de cativeiro
dos Románov, 1917-8
OCEANO ÁRTICO
Território de Francisco José
Spitsbergen
Mar de Barents
Estreito de Matochkin
Nova Zembla
Mar de Kara
Península de Iamal
Obdorsk
Círculo Ártico
Murmansk
Península de Kola
Arcangel
Mar Branco
Tromsø
Mar da Noruega
REINO DA FINLÂNDIA
SUÉCIA
NORUEGA
Tornlo
Vologda
Petrogrado
(São Petersburgo)
Tsárskóie
Seló
Moscou
Helsingfors
(Helsinque)
Golfo da Finlândia
Sølsnes
Oslo
Bergen
Cristiânia
(Estocolmo)
Mar Báltico

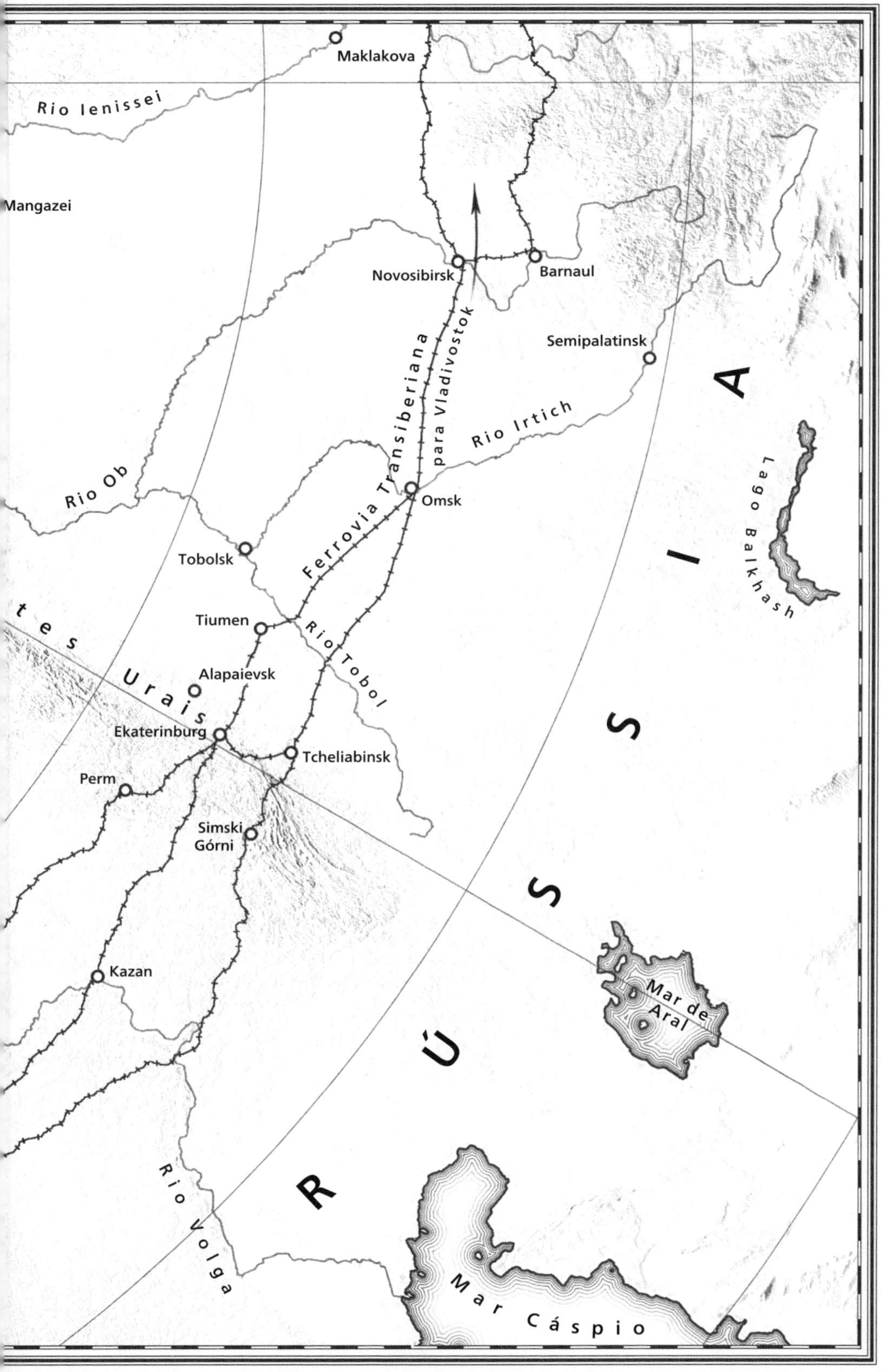

Maklakova
Rio Ienissei
Mangazei
Novosibirsk
Barnaul
Semipalatinsk
Ferrovia Transiberiana
para Vladivostok
Rio Irtich
Omsk
Lago Balkhash
Rio Ob
Tobolsk
Tiumen
Rio Tobol
tes Urais
Alapaievsk
Ekaterinburg
Tcheliabinsk
Perm
Simski Górni
Kazan
RÚSSIA
Mar de Aral
Rio Volga
Mar Cáspio

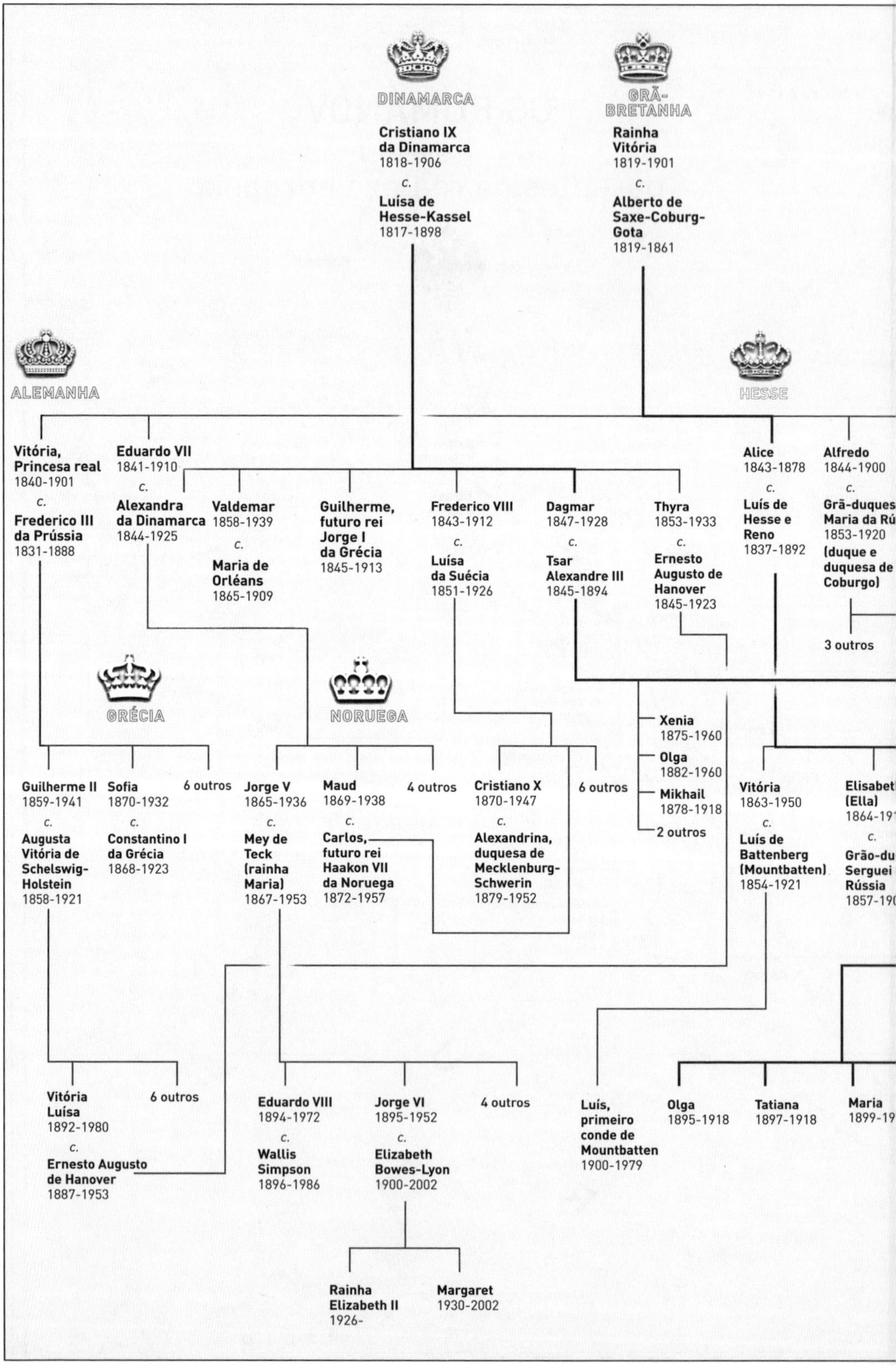
DINAMARCA
Cristiano IX da Dinamarca 1818-1906
c.
Luísa de Hesse-Kassel 1817-1898
GRÃ-BRETANHA
Rainha Vitória 1819-1901
c.
Alberto de Saxe-Coburg-Gota 1819-1861
ALEMANHA
HESSE
Vitória, Princesa real 1840-1901
c.
Frederico III da Prússia 1831-1888
Eduardo VII 1841-1910
c.
Alexandra da Dinamarca 1844-1925
Valdemar 1858-1939
c.
Maria de Orléans 1865-1909
Guilherme, futuro rei Jorge I da Grécia 1845-1913
Frederico VIII 1843-1912
c.
Luísa da Suécia 1851-1926
Dagmar 1847-1928
c.
Tsar Alexandre III 1845-1894
Thyra 1853-1933
c.
Ernesto Augusto de Hanover 1845-1923
Alice 1843-1878
c.
Luís de Hesse e Reno 1837-1892
Alfredo 1844-1900
c.
Grã-duques Maria da Rú 1853-1920 (duque e duquesa de Coburgo)
3 outros
GRÉCIA
NORUEGA
Xenia 1875-1960
Olga 1882-1960
Mikhail 1878-1918
2 outros
Guilherme II 1859-1941
c.
Augusta Vitória de Schelswig-Holstein 1858-1921
Sofia 1870-1932
c.
Constantino I da Grécia 1868-1923
6 outros
Jorge V 1865-1936
c.
Mey de Teck (rainha Maria) 1867-1953
Maud 1869-1938
c.
Carlos, futuro rei Haakon VII da Noruega 1872-1957
4 outros
Cristiano X 1870-1947
c.
Alexandrina, duquesa de Mecklenburg-Schwerin 1879-1952
6 outros
Vitória 1863-1950
c.
Luís de Battenberg (Mountbatten) 1854-1921
Elisabet (Ella) 1864-19
c.
Grão-du Serguei Rússia 1857-19
Vitória Luísa 1892-1980
c.
Ernesto Augusto de Hanover 1887-1953
6 outros
Eduardo VIII 1894-1972
c.
Wallis Simpson 1896-1986
Jorge VI 1895-1952
c.
Elizabeth Bowes-Lyon 1900-2002
4 outros
Luís, primeiro conde de Mountbatten 1900-1979
Olga 1895-1918
Tatiana 1897-1918
Maria 1899-19
Rainha Elizabeth II 1926-
Margaret 1930-2002

OS ROMÁNOV
e seus
parentes na realeza europeia

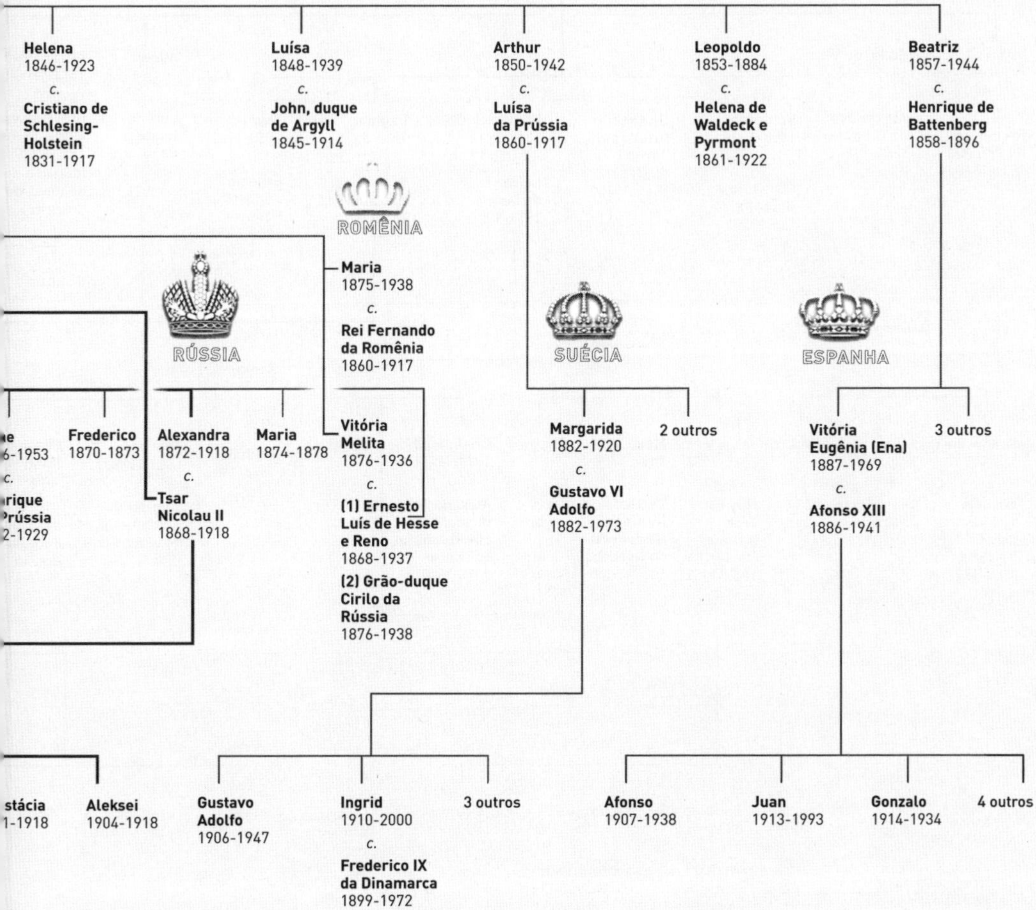

Glossário de nomes

Afonso XIII: Rei da Espanha; marido de *Ena*
Aleksei Nikoláevitch Románov: O tsarévitche, filho de *Nicolau* e *Alexandra*; afilhado de *Guilherme*
Alekseiev, general Mikhail: Chefe do Estado-Maior do Exército Imperial russo de 1915 até a abdicação de *Nicolau*, em março de 1917
Alexandra/ Alix/ Alicky: Princesa Alexandra de Hesse e Reno; Alexandra Fiódorovna, tsarina da Rússia; esposa de *Nicolau*
Alice: Princesa Alice da Grã-Bretanha, futura grã-duquesa de Hesse e Reno, mãe de *Alexandra, Irene, Ella, Vitória de Battenberg* e *Ernie*; irmã de *Bertie*
Alley, major Stephen: Agente do Serviço Secreto de Inteligência (SIS) britânico, baseado em Murmansk
Anastácia Nikoláevna Románova: Quarta filha de *Nicolau* e *Alexandra*
Andersen, Hans Niels: Empresário dinamarquês e amigo das famílias reais da Grã-Bretanha e Dinamarca
Armitstead, Henry: Agente da Hudson's Bay Company, baseada em Arcangel
Avdeev, Aleksandr: Representante de *Iákovlev* e futuro comandante da Casa Ipátiev em Ekaterinburg
Balfour, Arthur: Ministro britânico das Relações Exteriores (1916-9)
Beloborodov, Aleksandr: Presidente do soviete regional do Ural a partir de janeiro de 1918

Benckendorff, conde Pável: Grão-marechal e mestre de cerimônias na corte imperial russa

Bertie: Príncipe de Gales, futuro rei Eduardo VII; pai de *Jorge V*; marido de Alexandra, a *rainha-mãe*

Bertie, Sir Francis: Embaixador britânico em Paris (1905-18)

Bethmann-Hollweg, Theobald von: Chanceler alemão (1909-julho de 1917)

Bótkin, dr. Evguéni: Médico da família imperial russa, que a acompanhou a Tobolsk e a Ekaterinburg

Bótkin, Piotr: Embaixador imperial russo em Lisboa; irmão de *Evguéni Bótkin*

Brändström, general Edvard: Enviado diplomático sueco a São Petersburgo/ Petrogrado (1906-20)

Brockdorff-Rantzau, conde Ulrich von: Enviado diplomático alemão a Copenhague (1912-8)

Buchanan, Meriel: Autora britânica, filha de *Sir George Buchanan*

Buchanan, Sir George: Embaixador britânico em São Petersburgo/ Petrogrado (1910-7); pai de *Meriel Buchanan*

Buxhoeveden, baronesa Sophie: Dama de companhia honorária de *Alexandra*

Cecil, Lord Robert: Vice-ministro parlamentar das Relações Exteriores (1915-9)

Cirilo, grã-duquesa: Princesa Vitória Melita, filha da *duquesa de Coburgo*, irmã de *Maria da Romênia*, prima em primeiro grau de *Alexandra* e *Nicolau*

Coburgo, duquesa de: Grã-duquesa Maria Aleksándrovna, filha do tsar Alexandre II; esposa do príncipe Alfredo da Grã-Bretanha, duque de Coburgo; tia por casamento de *Alexandra*, *Ella*, *Irene*, *Vitória de Battenberg* e *Ernie*, e tia de sangue de *Nicolau*

Contreras, Fernando Gómez: Adido comercial espanhol em Petrogrado (1918)

Cristiano X: Rei da Dinamarca (1912-47), sobrinho da *rainha-mãe*, de *Dagmar* e de *Valdemar*, e primo em primeiro grau de *Nicolau*

Cumming, Sir Mansfield: Diretor do MI1(c), a divisão internacional do SIS britânico

Dagmar/ imperatriz-mãe: Princesa Dagmar da Dinamarca, imperatriz-mãe da Rússia, conhecida como Maria Fiódorovna, irmã da *rainha-mãe*, mãe de *Nicolau* e tia de *Cristiano X*

Davidson, Sir Arthur: Camarista de *Bertie* e, posteriormente, de *Jorge V* (1910-22)

Dehn, Lili: Dama do círculo próximo de *Alexandra*, mas sem posição oficial na corte

Dolgorúkov, príncipe Vassíli: General de divisão com *Nicolau* no Quartel--General do Exército russo, acompanhou-o a Tobolsk; enteado do *conde Benckendorff*

Egan, Maurice: Embaixador americano na Dinamarca (1907-dezembro 1917)

Ella: Princesa Elisabeth de Hesse e Reno, futura grã-duquesa Elisabeth da Rússia, irmã de *Alexandra*, *Irene*, *Vitória de Battenberg* e *Ernie*

Ena: Vitória Eugênia de Battenberg, rainha da Espanha e esposa de *Afonso*; prima em primeiro grau de *Alexandra* e sobrinha de *Bertie*

Ernie: Grão-duque Ernesto Luís III de Hesse e Reno, irmão de *Alexandra*, *Ella*, *Irene* e *Vitória de Battenberg*

Gilliard, Pierre: Preceptor suíço que ensinava francês às grã-duquesas e ao tsarévitche Aleksei

Golochtchekin, Filipp: Comissário militar do soviete regional do Ural

Gueórgui, grã-duquesa: Esposa do grão-duque Gueórgui Mikháilovitch, filha do rei Jorge I da Grécia

Guilherme: Cáiser da Alemanha, primo em primeiro grau de *Alexandra* e *Jorge V*; padrinho de *Aleksei*

Gustavo V: Rei da Suécia, com distante parentesco por afinidade com os Románov

Haakon VII: Rei da Noruega, casado com *Maud*, sua prima em primeiro grau, que, como ele, era também prima em primeiro grau de *Nicolau*

Hanbury-Williams, general de divisão Sir John: Chefe da Missão Militar britânica na Rússia (1914-7); baseado em Stavka, conselheiro de *Nicolau*

Hardinge, Lord: primeiro barão de Penshurst, vice-ministro de Estado permanente das Relações Exteriores (1916-20)

Hardinge, Sir Arthur: Embaixador britânico em Madri (1913-9)

Hauschild, Herbert: Primeiro-secretário e cônsul interino alemão em Moscou (1918)

Howard, Sir Esmé: primeiro barão Howard de Penrit, enviado extraordinário e ministro plenipotenciário do reino da Suécia (1913-8)

Iákovlev, Vassíli: Konstantin Miáchin, comissário soviético incumbido da transferência dos Románov de Tobolsk para Ekaterinburg

Irene: Princesa Henrique da Prússia, irmã de *Alexandra*, *Ella*, *Vitória de Battenberg* e *Ernie*; cunhada de *Guilherme*

Iurovski, Iákov: Bolchevique do Ural e membro da Tcheka (polícia secreta); nomeado comandante da Casa Ipátiev em 4 de julho de 1918 a fim de organizar e supervisionar o posterior assassinato da família Románov

Iussúpov, príncipe Felix: Assassino de Raspútin; sobrinho por casamento de *Nicolau* e *Alexandra*; um dos conspiradores que queriam retirar *Alexandra* do poder

Joffe, Adolf: Primeiro embaixador soviético em Berlim (1918)

Jorge v: Rei da Grã-Bretanha e Irlanda do Norte; primo em primeiro grau de *Guilherme*, *Nicolau* e *Alexandra*

Kerénski, Aleksandr: Ministro da Justiça do Governo Provisório (março de 1917); ministro da Guerra (maio de 1917); primeiro-ministro (julho-outubro de 1917)

Khitrovo, Rita (Margarita): Amiga e colega de enfermagem de *Olga* em seu hospital em Tsárskoie Seló

Kienlin, Albert von: Secretário da legação alemã em Estocolmo

Kobilínski, coronel Evguéni: Comandante da Guarnição do Palácio de Alexandre em Tsárskoie Seló; comandante da Guarda na Casa do Governador em Tobolsk

Kokóvtsov, Vladímir: Ex-primeiro-ministro da Rússia (1911-4)

Krivochein, Aleksandr: Monarquista russo, ex-ministro imperial da Agricultura (1908-15)

Kudachev, príncipe Ivan: Embaixador russo em Madri, substituído em julho de 1917 por *Nekliudov*

Kühlmann, Richard von: Ministro alemão das Relações Exteriores (agosto de 1917-julho de 1918)

Lied, Jonas: Empresário norueguês, magnata da marinha mercante e aventureiro; pioneiro da passagem do mar de Kara para o norte da Rússia

Lloyd George, David: Primeiro-ministro britânico do governo de coalizão de liberais e conservadores no período de guerra (1916-22)

Locker-Lampson, Oliver: Capitão-tenente do Corpo de Voluntários da Reserva da Marinha Real, no comando da Divisão de Blindados britânica na Rússia (1916-7)

Lockhart, Robert Bruce: Diplomata e espião; cônsul-geral britânico em Moscou (1917); primeiro enviado diplomático britânico aos soviéticos (1918)

Lvov, príncipe: Primeiro-ministro do Governo Provisório (março-julho de 1917)

MacDonald, Ramsay: Parlamentar trabalhista britânico, líder da oposição e primeiro premiê trabalhista, em 1924

Maria da Romênia: Princesa herdeira e futura rainha; filha da *duquesa de Coburgo*, irmã da *grã-duquesa Cirilo*; prima em primeiro grau de *Nicolau* e *Alexandra*

Maria Nikoláevna Románova: Terceira filha de *Nicolau* e *Alexandra*

Maria, rainha: Princesa May de Teck, esposa do *rei Jorge V*

Márkov, Nikolai: Conselheiro colegiado russo e antigo membro da Duma; importante monarquista, conhecido como Márkov II

Márkov, porta-estandarte Serguei: Monarquista russo, conhecido como Pequeno Márkov

Maud, princesa: Filha de *Bertie* e Alexandra, a *rainha-mãe*; rainha da Noruega e esposa do *rei Haakon VII*

Merry Del Val, Alfonso: Embaixador espanhol em Londres (1913-8)

Mikhail Aleksándrovitch, grão-duque: Irmão de *Nicolau* e filho de *Dagmar*

Mikhail Mikháilovitch, grão-duque: "Miche-Miche", filho do grão-duque Mikhail Nikoláevitch; neto de Nicolau I e irmão de *Sandro*

Miliúkov, Pável: Ministro das Relações Exteriores do Governo Provisório (março-maio de 1917), sucedido por *Terechtchenko*

Mirbach, conde Wilhelm von: Embaixador alemão em Moscou (abril-julho de 1918)

Mossólov, conde Aleksandr: Chefe da Chancelaria da Corte Imperial russa

Neidgart, Dmítri: Monarquista russo e representante do Pravi Tsentr nas negociações com os alemães

Nekliudov, Anatóli: Embaixador imperial russo em Estocolmo (1913-7); embaixador em Madri (junho-setembro de 1917)

Nicolau/ Nicky/ Niki: Tsar Nicolau II da Rússia, marido de *Alexandra* e filho de *Dagmar*

Nikolai Nikoláevitch, grão-duque: Primo em segundo grau de *Nicolau*, citado como tio; ex-comandante-chefe do Exército Imperial russo

Olga Nikoláevna Románova: Filha de *Nicolau* e *Alexandra*

Paléologue, Maurice: Embaixador francês em São Petersburgo/ Petrogrado (1914-7)
Pankrátov, Vassíli: Comandante da Casa do Governador em Tobolsk
Poole, general de divisão Frederick C.: Comandante-chefe britânico das Forças de Intervenção Aliadas no norte da Rússia (maio-outubro de 1918)
Preston, Thomas: Cônsul britânico em Ekaterinburg (1913-8)
Rainha-mãe: Alexandra, princesa da Dinamarca, esposa de *Bertie*, mãe do *rei Jorge V*; tia de *Nicolau* e *Alexandra*
Ratibor, príncipe Maximiliano de: Embaixador alemão em Madri
Rodziánko, Mikhail: Presidente da Duma Estatal do Império Russo (1911-7)
Sandro: Grão-duque Aleksandr Mikháilovitch, casado com *Xenia*, irmã de *Nicolau*
Scavenius, Harald: Embaixador dinamarquês em São Petersburgo/ Petrogrado (1912-8)
Solovev, tenente Bóris: Monarquista russo disposto a resgatar os Románov; marido de Maria, filha de Raspútin
Stamfordham, Lord: Arthur Bigge, primeiro barão de Stamfordham; secretário particular de *Jorge V* (1910-31)
Sverdlov, Iákov: Presidente do Comitê Executivo Central e braço direito de Lênin; em íntimo contato com os bolcheviques do soviete regional do Ural, teve papel essencial no destino dos Románov
Tatiana Nikoláevna Románova: Segunda filha de *Nicolau* e *Alexandra*
Tchitcherin, Gueórgui: Comissário do Povo para as Relações Exteriores (1918-30) no primeiro governo soviético
Terechtchenko, Mikhail: Ministro das Relações Exteriores da Rússia (maio--outubro de 1917), sucessor de *Miliúkov*
Trepov, Aleksandr: Monarquista russo e ex-primeiro-ministro (1916-7)
Valdemar: Príncipe da Dinamarca, irmão de *Dagmar* e da *rainha-mãe*; tio de *Nicolau*
Vassíliev, padre Aleksandr: Padre na Igreja da Anunciação, em Tobolsk; associado de *Solovev*
Vírubova, Anna: Amiga íntima e dama de companhia de *Alexandra*
Vitória de Battenberg: Princesa Vitória de Hesse e Reno; esposa do príncipe Luís de Battenberg, futura marquesa de Milford Haven; irmã de *Alexandra*, *Ella*, *Irene* e *Ernie*; sobrinha de *Bertie*

Vitória Melita: Ver *Cirilo, grã-duquesa*

Vladímir, grã-duquesa: Também conhecida como Maria Pávlovna; tia de *Nicolau* por casamento

Vorovski, Vatslav: Embaixador soviético em Estocolmo (1917-8)

Waters, Wallscourt Hely-Hutchinson, general de brigada: Chefe da Missão Militar britânica junto ao Exército Imperial Russo na Primeira Guerra Mundial; amigo de *Guilherme*

Woodhouse, Arthur: Cônsul britânico em Petrogrado que cuidou dos interesses diplomáticos depois que o embaixador, *Sir George Buchanan*, retornou ao Reino Unido em janeiro de 1918

Xenia: Grã-duquesa Xenia Aleksándrovna, filha de *Dagmar* e irmã de *Nicolau*; esposa de *Sandro*

A título de prefácio

Depois de publicar dois livros sobre a última família imperial da Rússia (em 2008 e 2014), um livro sobre Lênin (em 2009) e um sobre a Revolução Russa (em 2016), realmente pensei que havia encerrado meu romance por escrito com os Románov e a Rússia. Parecia-me ter esgotado tudo o que tinha a dizer sobre o assunto. A partir daí, como escritora, ia ficar mais perto de casa, voltando à minha outra paixão, os vitorianos.

Mas, lá no fundo, alguma coisa continuava me incomodando. Os Románov não me deixavam.

Románov. Rússia. Revolução. Essas três palavras sedutoras têm atraído muitos de nós para a trágica história da última família imperial russa nestes pouco mais de cem anos desde sua morte. Elas sugerem uma grandeza que, em muitos aspectos, corre em sentido totalmente contrário à realidade da família em seu centro, ainda que essa família pertencesse à realeza. O que existe de tão especial na história do tsar Nicolau II, de sua esposa Alexandra e dos cinco filhos do casal, Olga, Tatiana, Maria, Anastácia e Aleksei, que não para de nos fascinar? Embora represente a apoteose de trezentos anos de governo dinástico na Rússia – durante os quais acumularam uma fabulosa riqueza, imensas terras e muitos palácios grandiosos –, não é a escala épica da história da família imperial que exerce esse fascínio, mas sim a história intensamente comovente e humana de uma família tranquila, amorosa e muito discreta, pouco afeita à ostentação, que amava acima de tudo a mútua companhia, mas teve seu fim num pavoroso assassinato.

Embora a história de Nicolau e Alexandra defina o cenário nos capítulos iniciais deste livro — e veremos como eles foram, em muitos aspectos, senhores de seu próprio e violento destino —, são seus filhos que nos inspiram uma persistente tristeza, e a vontade de que o desfecho tivesse sido diferente.

Como governantes do império mais poderoso do mundo, Nicolau e Alexandra ansiavam fervorosamente por ter um filho e herdeiro. Entre 1895 e 1901, o nascimento em rápida sucessão de quatro filhas — Olga, Tatiana, Maria e Anastácia — havia gerado considerável angústia pública, mas ao mesmo tempo grande alegria privada. Por fim, em 1904, a chegada de um filho e herdeiro ao trono, Aleksei, alterou toda a vida dos Románov, que passaram a se concentrar exclusivamente no tsarévitche enfermo e na interminável batalha para conter seus debilitantes ataques de hemofilia, a qual lhe fora transmitida involuntariamente pela mãe, e que podia matar a qualquer momento "A Esperança da Rússia".

Com tanta atenção voltada para Aleksei, as quatro irmãs eram cada vez menos notadas, passando continuamente para o segundo plano, um coletivo indiferenciado de meninas bonitas que pareciam simpáticas, pacatas... e insípidas. Mas, embora vivendo o tempo todo à sombra do dever filial para com o irmão e da lealdade para com a mãe inválida e controladora, as irmãs não perderam em absoluto seus marcantes traços individuais. Bondosa e sensível, amante da poesia, mas propensa à introspecção e à oscilação nos estados de espírito, Olga sentia, como primogênita, o peso de dar o exemplo. Por sua vez, Tatiana nunca traía os próprios sentimentos: era vivaz, competente e extremamente prática. Tinha a mesma personalidade cautelosa e reservada da mãe, por quem nutria devoção. Maria era meiga, gentil e amorosa. Tinha uma propensão natural a cuidar dos outros, e amava crianças. Mas, como filha do meio, era suscetível às provocações dos demais, sobretudo de Anastácia. Muito se tem escrito sobre a caçula dos Románov — talvez em detrimento das outras irmãs —, que possuía um extraordinário individualismo, um espírito livre, ardente e extrovertida, com grande talento para entreter os outros e manter o ânimo elevado. E, por fim, havia Aleksei, um menino vivo e inquisitivo, mimado pela mãe superprotetora — o que incentivava acessos de malcriação — mas que ao crescer veio a demonstrar grande inteligência e intuição, além de compaixão pelas pessoas que, como ele, tinham problemas de saúde.

O mundo doméstico íntimo e altamente protegido em que esses cinco filhos habitaram com grande contentamento até a eclosão da guerra, em 1914, era muito diferente do mundo público ocupado por Nicolau e Alexandra. Em 1917, o tsar e a tsarina — antes tão amados como o "paizinho" e a "mãezinha" da nação — eram amplamente execrados na Rússia em rápida transformação revolucionária. O país estava cansado dos abusos do velho regime repressor e autocrático, e as vozes cada vez mais sonoras da dissidência exigiam sua derrubada e a implantação de um governo constitucional democrático.

Durante os anos de guerra, entre 1914 e 1918, os filhos de Nicolau e Alexandra tinham começado a ver e viver em primeira mão a desagradável realidade da ampla antipatia a seus pais. Tiveram de amadurecer rápido — as duas irmãs mais velhas, Olga e Tatiana, preparando-se como enfermeiras para trabalhar no hospital montado pela mãe em Tsárskoie Seló, e todos eles, inclusive Aleksei, ajudando instituições da Cruz Vermelha, visitando hospitais e se dedicando a outras atividades de guerra. Mas então o confronto degringolou em revolução e caos; em março de 1917, a metafórica gaiola de ouro em que os filhos Románov até então viviam protegidos se converteu numa gaiola muito concreta e assustadora. O velho governo tsarista — a Duma Estatal — caiu, e Nicolau foi forçado a abdicar. Agora prisioneiros do novo Governo Provisório russo, os Románov foram mantidos em prisão domiciliar, primeiro no Palácio de Alexandre (de março a julho de 1917), depois em Tobolsk (agosto de 1917 a abril de 1918), e por fim na Casa de Finalidades Especiais, em Ekaterinburg.

Foi lá, nesse centro da indústria mineira do Ural, na Sibéria Ocidental, que os Románov, em seus últimos 98 dias de vida, finalmente começaram a sentir uma mudança sinistra na atmosfera. Até então, eles haviam suportado a monotonia do cativeiro com uma mistura de profundo tédio e calma resignação. Mas, para a revolução bolchevique, aproximava-se o fim do jogo, e isso significava uma coisa só: um ato brutal e vingativo de retaliação contra toda a família imperial. Nicolau e Alexandra devem ter percebido que, mais cedo ou mais tarde, a revolução exerceria vingança sobre eles. Mas sobre os filhos também?

As mortes violentas dessas sete vítimas imperiais, junto com as do médico da família e as de três leais servidores, ainda que agora nos pareçam pavorosas, na época logo foram esquecidas, tragadas por uma onda muito mais horrenda de lutas e assassinatos selvagens; 11 milhões de russos foram mortos durante os anos de revolta e guerra civil entre 1917 e 1922.

Apesar disso, para alguns, a família Románov sempre representará historicamente as primeiras vítimas simbólicas do novo regime soviético e de um sistema que prosseguiria matando outros milhões de russos nas décadas seguintes de repressão stalinista. Há também outro elemento que mantém essa história na consciência pública: uma sensação persistente — muitas vezes não plenamente compreendida — de que o regicídio, o assassinato de um rei ou de um tsar, é o assassinato do ungido de Deus; uma ação que ultrapassa um limite, além do qual qualquer mal é possível.

Mas, ao fim, é o assassinato de crianças inocentes que mais nos horroriza.

Desde os primeiros instantes, ao andar pelas ruas de Ekaterinburg no verão de 2007, durante as pesquisas para meu livro Os últimos dias dos Románov, senti uma grande simpatia pela última família imperial russa. No calor úmido de julho, em horas avançadas das feéricas noites brancas que iluminam a cidade, eu percorria as ruas de norte a sul, de leste a oeste, imaginando os últimos dias dos Románov na Casa Ipátiev, na Voznesenski Prospekt. Fui até a floresta de Koptiaki, a cerca de quinze quilômetros de distância, e lá, num silêncio enlevado, fiquei ao lado dos peregrinos que pranteavam os Románov, no local onde os corpos da família e de seus fiéis servidores foram atirados em caótica pressa naquela primeira noite. Fui até a modesta cruz de madeira com flores de plástico numa clareira da mata, não muito distante, onde todos eles — exceto Maria e Aleksei — foram arremessados numa cova rasa, 48 horas depois. Tentei entender por que essa história prendia tanto minha imaginação. Eu podia compreender a intensa e profunda dor que cercava o assassinato dos Románov, ainda nutrida pelos russos ortodoxos devotos; como todos os demais, fora envolvida pelo elevado drama e por seus elementos trágicos. Mas minha atração fundamental era a de historiadora e escritora. Eu queria respostas para perguntas que me incomodavam desde longa data e que até aquele momento não havia me empenhado em responder. Queria chegar à verdade do que acontecera de fato em 1917-8.

A canonização da família Románov nos anos 1980, seguida pelo ressurgimento da Igreja Ortodoxa russa após a queda do comunismo em 1991, alimentou um grau de veneração que hoje converteu Ekaterinburg num grande centro de peregrinação. Em decorrência disso, nestes últimos 25 anos na Rússia pós-soviética, veio à luz uma grande quantidade de dados e elementos sobre as circunstâncias da família no cativeiro, desde sua prisão domiciliar no Palácio de Alexandre até os últimos dias de perseguições e maus presságios em Ekaterinburg. Desde os anos 1990, vários historiadores russos têm publicado informações valiosas que *por muito tempo ficaram abandonadas nos arquivos soviéticos, e escrito longamente sobre os assassinatos e a identidade de seus perpetradores. A persistente controvérsia sobre os exames de DNA dos restos mortais dos Románov – feitos inicialmente nos anos 1990 e repetidos em data mais recente por determinação da Igreja Ortodoxa russa – faz com que a história reaflore periodicamente na imprensa. A cada vez, seguem-se a ela as inevitáveis e tediosas teorias conspiratórias, e as alegações de uma milagrosa sobrevivência; ainda hoje, elas teimam em persistir.*

O mês de julho de 2018 marcou o centenário do assassinato dos Románov. Foi, sem dúvida, o momento mais oportuno e adequado para fechar a metafórica tampa do caixão e pôr termo a essa história. Para mim, como historiadora, permanece sem resposta uma série de perguntas importantes que até agora ninguém fez – exceto de maneira fragmentada, aqui e ali, muitas vezes com base em conjecturas e não em pesquisas originais com fundamentação documental. Essas perguntas são:

Por que ninguém conseguiu salvar os Románov?

Por que nenhum dos vários primos da família imperial na realeza europeia se propôs a ajudá-los? Por que os governos Aliados, com os quais a Rússia vinha travando uma guerra encarniçada há três anos e meio, não os socorreram? Por que o Governo Provisório se mostrou incapaz de realizar uma rápida e segura evacuação da Rússia após a abdicação de Nicolau? Por que a Alemanha não aproveitou sua margem de vantagem nas tratativas de paz em Brest-Litovsk com os bolcheviques, em 1918, e insistiu na libertação dos Románov? E por que todos se deixaram levar tão facilmente pelo jogo duplo do governo soviético de Lênin quanto às reais circunstâncias do brutal assassinato da família imperial?

Falo com frequência sobre os Románov no circuito dos festivais literários, e o público, ao final de toda apresentação, sempre faz duas perguntas previsíveis. Uma delas é: "Anastácia fugiu?"; e a outra: "Por que o rei Jorge V traiu os primos Románov e não lhes deu asilo na Inglaterra?".

Ah, então a culpa foi do rei Jorge, que não saiu correndo a galope para salvar os primos? Se fosse tão simples... A história que deslindo aqui é muito mais complexa: envolve uma teia fascinante de relações familiares pessoais; preconceitos e rivalidades políticas internas e externas; caprichos da geografia e do clima, e as dificuldades logísticas deles decorrentes; e, no nível mais básico, pura e simplesmente timing ruim.

Para reunir e dar sentido a todos esses elementos, achei por bem começar pelas atitudes e relações entre os primos da realeza que estavam em guerra — ou ocupando uma perigosa posição de neutralidade — em agosto de 1914. Assim, precisei voltar ao mundo fechado e incestuoso da realeza europeia dos anos 1890.

1. Famílias felizes

Em abril de 1894, o último dos sucessivos casamentos dinásticos reais engendrados pela rainha Vitória, a "avozinha da Europa", realizou-se em Coburgo, a capital do ducado alemão de Saxe-Coburgo. Noiva e noivo eram netos da monarca: Ernesto, grão-duque reinante de Hesse e Reno, e a princesa Vitória Melita, filha do príncipe Alfredo, filho de Vitória. A união era o próprio símbolo do casamento endogâmico entre primos de primeiro e segundo grau, traço constante na família da rainha Vitória desde os anos 1850. Quando ela morreu, em 1901, seus descendentes reais na Europa formavam uma rede de lealdades e vínculos dinásticos complexos, não raro antagônicos, que continuaria a se expandir até as vésperas da guerra em 1914.

Esse mais recente casamento em Coburgo, unindo os primos em primeiro grau Ernesto (mais conhecido como Ernie) e Vitória Melita, porém, foi quase eclipsado pelo drama nos bastidores, que se desenrolava fazia dez anos, envolvendo o romance entre Nicolau Aleksándrovitch, herdeiro do trono russo, e a irmã de Ernie, a princesa Alix (como então era conhecida). Todos consideravam Alix uma grande beldade e, como neta da rainha Vitória, um partido desejável. Fazia anos que Nicolau a cortejava, mas ela sempre recusara obstinada seus pedidos de casamento. O obstáculo aparentemente intransponível era que Alix, apesar do grande amor que sentia por Nicolau, era muito devota e se negava a abandonar o luteranismo e se converter à ortodoxia russa. Mas, por ocasião do casamento em Coburgo, a união dos dois recebeu de forma um tanto inesperada o impulso de que precisava, propiciado pela intervenção de um dos parentes menos prováveis do casal — Guilherme, o cáiser da Alemanha, sujeito de gênio difícil e muitas vezes antipático. Agora, como imperador germânico em condição de igualdade com a avó Vitória, que era imperadora da Índia, Guilherme teve a enorme satisfação de presidir àquela "augusta reunião das mais antigas dinastias da Europa".[1] Ele tinha se empenhado muito em persuadir Alix a se converter, a fim de consolidar ainda mais a expansão dinástica real na Europa, e finalmente, em 21 de abril, ela cedera. Nicolau anotou em seu diário que foi o "dia mais maravilhoso e inesquecível de minha vida — o dia de meu noivado com minha querida e amada Alix".[2] A partir daquele momento, Guilherme passou o restante da vida se gabando de ter sido o deus ex machina por trás da união entre o primo russo e a prima alemã. Deviam a ele sua felicidade, e essa convicção inabalável quanto aos poderes de sua autoridade pessoal continuaria a fazer parte da "mitomania" de seu excêntrico mundo.[3]

A rainha Vitória, porém, tinha grandes apreensões sobre o que reservava o futuro para sua querida neta Alix, se viesse a se casar na realeza russa. "Meu sangue gela quando penso nela, tão jovem, muito provavelmente instalada naquele instável trono", escreveu a rainha a outra Vitória, irmã de Alix, pois "a vida dela e sobretudo a do marido" estariam "sob ameaça constante".[4] Como em muitas outras coisas, a história provou que a monarca tinha razão.

Anos antes, o próprio Guilherme alimentara esperanças de se casar com uma das quatro belas irmãs Hesse: Alix, Ella, Vitória e Irene. Morando em Berlim, ia visitá-las assiduamente em Hesse, onde moravam, e sua "favorita" sempre fora Ella, irmã mais velha de Alix.[5] Aos dezenove anos, Guilherme pretendia esposá-la. Eram primos em primeiro grau, união que, apesar dos riscos genéticos da consanguinidade, provavelmente contaria com o incentivo da rainha Vitória. Mas a rainha consorte Vitória Luísa, mãe de Guilherme, tinha outras intenções. Preferia uma princesa de Schleswig-Holstein-Sonderburg-Augustenburg, com parentesco não tão próximo.

Guilherme nunca gostou de ser contrariado, muito menos pela mãe, e continuou a visitar as irmãs Hesse em Darmstadt. Mas, bem no momento em que Ella começava a ceder, o futuro cáiser, de notória imprevisibilidade, transferiu suas afeições para a candidata preferida da mãe, Augusta Vitória de Schleswig-Holstein, numa iniciativa que seu próprio pai disse ser de "excessiva rapidez".[6] Mas Guilherme nunca esqueceu o amor inicial por Ella e desenvolveu um ódio obsessivo pelo homem com quem ela se casaria em 1884 — o grão-duque Serguei Aleksándrovitch. Ela podia ter desposado um russo, mas, aos olhos de Guilherme, era e continuava a ser uma alemã.

Na esfera privada, era evidente que o medo da rainha consorte Vitória Luísa era que Ella introduzisse a hemofilia — a "doença dos Hesse" — na família real alemã, uma vez que a mãe de Ella, a princesa Alice, grã-duquesa de Hesse e irmã da rainha consorte, fora portadora do gene potencialmente fatal, transmitido a ela pela mãe de ambas, a rainha Vitória. Assim, perto do final do século, questionava-se cada vez mais a grande proximidade dos laços de sangue que uniam as famílias reais europeias. No entanto, nas bodas em Coburgo, em 1894, todos procuraram abafar esses receios. Era um momento de grande felicidade: "Ninguém parecia se lembrar de todas aquelas coisas horrendas que se diziam sobre o casamento entre primos", garantiu Alix a uma amiga sobre o noivado com Nicolau; "veja, metade de nossos primos e primas se casaram entre si". Além disso, "quem mais há para casar?".[7]

O casamento de Nicolau e Alix (que então adotou o nome russo Alexandra Fiódorovna), em novembro de 1894, criou novas alianças familiares russo-germano-britânicas. Nos quinze anos que se seguiram, com tais alianças, a família imperial russa fazia visitas familiares periódicas, com seus cinco filhos — Olga, Tatiana, Maria, Anastácia e Aleksei —, aos parentes europeus. O local preferido era a região natal de Alexandra, Hesse e Reno, geralmente o Neues Palais, na cidade de Darmstadt, onde ela nascera como princesa da casa reinante em 1872. As visitas da família Románov eram tão costumeiras que, no final dos anos 1890, Nicolau encomendou especialmente a construção de uma capela russa ortodoxa para o uso de Alexandra, pois agora, como ortodoxa russa, ela era tão devota quanto havia sido como luterana. Mas o lugar favorito da família Románov em Hesse era o retiro de verão de Ernie, o chalé de caça conhecido como Schloss Wolfsgarten, no qual o grão-duque Luís, pai de Ernie e de Alexandra, costumava se recolher após a morte prematura da esposa e mãe de ambos, a princesa Alice, em 1878. Modesta, a casa de tijolos ficava não muito distante da capital, situada entre belos e densos bosques de faias, com um jardim de rosas suavemente perfumadas, uma fonte ornamental e alguns pomares. Ali, os Románov se reuniam com as irmãs de Alexandra, Irene, casada com o príncipe Henrique da Prússia, e Vitória, casada com o príncipe Luís de Battenberg, agora residindo na Inglaterra. Sempre que podia, Ella vinha da

Rússia para se juntar a eles. Essas férias familiares descontraídas muitas vezes se estendiam por várias semanas, com muitas horas felizes andando a cavalo, jogando tênis e fazendo piqueniques, com muita música e cantoria — num forte contraste com o clima tenso que dominava quando Guilherme comparecia.

Como a maioria dos primos reais europeus, os Hesse e os Románov sempre consideraram Guilherme ríspido e o tratavam com frieza; muitos sentiam um profundo desprezo por ele. Como observou o conde Mossólov, chefe da Chancelaria da Corte Imperial russa, Guilherme tinha "um dom especial de enervar todos os que dele se aproximavam". Nicolau não suportava as atitudes autoritárias do cáiser e o mantinha sempre à distância, tal como, antes, fizera seu pai Alexandre III. Alexandra também sempre sentira "uma aversão inata" pelo primo, e não raro pretextava uma "dor de cabeça" por ocasião de um almoço ou jantar com ele. Sua opinião sobre Guilherme era severa: "É um ator, um comediante de teatro de variedades, um sujeito falso", disse a um membro de seu círculo.[8]

Jorge, o primo inglês de Guilherme que se tornara príncipe de Gales após a morte da rainha em 1901, e sua esposa Maria, semialemã, davam-se melhor com o cáiser. Embora em privado considerasse que o comportamento excêntrico de Guilherme por vezes "lançava ridículo sobre a realeza", Maria e o marido mostravam maior tolerância natural para com suas esquisitices. Essa maior tolerância se devia em parte aos sólidos laços com a Prússia, que haviam sido promovidos pelo avô de Jorge, o príncipe Alberto, quando Vicky, sua filha primogênita com a rainha Vitória, se casara com o pai de Guilherme e futuro imperador prussiano.[9] Por algum tempo, houve entre as duas casas reais um sentimento intrínseco de "profundo envolvimento dinástico" com todas as coisas germânicas, baseado num século ou mais de presença hanoveriana no trono britânico antes de Vitória.[10] Foi o que confirmou uma parente, a princesa Maria de Battenberg (filha do príncipe Alexandre de Hesse e Reno), ao comentar que "nunca me sentia mais alemã" do que quando estava com a rainha Vitória. Enquanto a monarca viveu, "era natural que se falasse ampla e fluentemente o alemão em família".[11] Mas, após a morte de Vitória, Guilherme teve grande dificuldade em obter a aprovação de seu tio Bertie, agora rei Eduardo VIII; a atitude belicosa e impositiva de Guilherme não ajudava em nada a promover a aliança com a Grã-Bretanha que seus pais tanto haviam acalentado. Seu expansionismo colonial agressivo criava um antagonismo ainda maior com os britânicos, e, no final do século, prevalecia um gélido clima político e diplomático entre os dois países. Durante o reinado de Eduardo VIII, "sempre havia a sensação de um trovão no ar" quando ele tinha de encontrar seu primo, o cáiser.[12]

Por outro lado, a realeza dinamarquesa, segundo a rainha Vitória, sempre fora a "única notável" exceção na desarmonia reinante entre seus tantos outros parentes europeus.[13] Eles mantinham relações afetuosas com os parentes britânicos e russos, graças ao casamento das irmãs dinamarquesas Alexandra e Dagmar com membros dessas casas reais, respectivamente em 1863 e 1866. Ainda como jovens pais, Nicolau e Alexandra fizeram algumas visitas informais de verão a "amama" e "apapa" (como chamavam o rei dinamarquês Cristiano IX e a rainha Luísa) em Fredensborg. Foi lá que os primos — o filho de Dagmar, o tsarévitche Nicolau e o filho de Alexandra, Jorge, príncipe de Gales — iniciaram uma sólida amizade. Com efeito, foi já em 1883, durante férias da família em Fredensborg, que Maud, irmã de Jorge, notou pela primeira vez o "querido Nicky", de quinze anos. Como todos os demais, ela percebeu que Nicolau estava apaixonado por Alix de Hesse e caçoou dele por ser mais baixo do que o objeto de sua admiração. Apesar disso, em 1893, quando Nicky e Maud foram vistos juntos no casamento do príncipe Jorge com a princesa Maria de Teck, em Londres, o pai de Jorge (então ainda príncipe de Gales) perguntou à sogra, a rainha Luísa, se poderia haver esperanças de uma união entre Nicky e Maud. Segundo a rainha, não era uma boa ideia; Maud era "muito meiga, mas teimosa demais".[14]

Assim, as alianças dinásticas estavam presentes no quadro mental do futuro rei Eduardo VII tanto quanto no do cáiser, embora as pretensões casamenteiras de Guilherme fizessem parte de um grandioso plano de criação de um novo e poderoso *Zollverein* — uma aliança continental entre Alemanha, Rússia e França. O incentivo para que Alix de Hesse se aproximasse de Nicolau da Rússia tinha sido uma maneira de fortalecer esse projeto. Talvez Guilherme, nos extremos mais desenfreados de sua viva imaginação, alimentasse a ideia de ser outro Frederico, o Grande, o monarca prussiano que teve um papel essencial em intermediar o casamento de sua parente alemã Sophie von Anhalt-Zerbst-Dornburg e, com isso, sua ascensão ao trono russo como Catarina, a Grande. A nova tsarina Alexandra, porém, nunca daria qualquer mostra da ampla visão e energia de Catarina como imperatriz; herdara, no máximo, os valores vitorianos prosaicos e domésticos de sua mãe Alice – o exemplo, o dever, a moral e a noção de serviço. Mas pelo menos numa coisa Alexandra mostraria mais tarde o mesmo instinto do primo Guilherme: a firme convicção sobre o poder autocrático absolutista.

A mãe de Guilherme, a imperatriz-mãe Vitória Luísa, sem dúvida nutrira a esperança de que a ascensão da sobrinha Alexandra ao trono russo, em novembro de 1894, após a morte súbita de Alexandre III, melhoraria as relações entre a Rússia e a Alemanha. Até o ano de 1908, Nicolau e Guilherme se visitavam com frequência durante manobras do exército, revistas de frota, ou simplesmente para se entregarem a caçadas em seus chalés de caça na Prússia e nas reservas imperiais russas na Polônia. Chegaram a passear juntos de iate – os Románov no iate imperial *Shtandart*, o cáiser no iate *Hohenzollern* – em Kiel e em volta dos recifes finlandeses. Mas era muito frequente que o arrogante e intrometido cáiser irritasse aqueles à sua volta.[15] Apesar disso, nas cartas a Nicky, Willy sempre lhe assegurava seu afeto e devoção; afinal, tinham a mesma crença fundamental em seus direitos divinos como soberanos. "Nós, reis e imperadores cristãos, temos um só dever sagrado que nos é imposto pelos Céus", disse a Nicky. "É defender o princípio '*von Gottes gnaden*' [pela graça de Deus]."[16]

O batizado do tsarévitche Aleksei em 1904 seria o ponto culminante de um período de reaproximação com Guilherme, quando lhe convidaram para ser o padrinho de batismo do menino, num gesto que pode ter sido mais um afago diplomático do que uma demonstração de afeto familiar. Guilherme aguardava impaciente o nascimento de um "belo garotinho" desde o casamento de Nicolau e Alexandra em 1894, mas tivera de esperar quase dez anos – entremeados com o nascimento de quatro meninas – antes que nascesse o tsarévitche longamente desejado.[17] Ele se sentiu encantado com a homenagem, e fez votos de que o pequeno Aleksei viesse a "ser um bravo soldado e um sábio e poderoso estadista", "um raio de sol na vida de vocês".[18]

Um ano depois, durante a guerra entre a Rússia e o Japão e à luz da aliança nipo-britânica de 1902, Guilherme dedicou grande empenho às lealdades políticas de Nicolau. Sua ambição a longo prazo sempre fora manter o primo russo ocupado com a guerra no Extremo Oriente e na Ásia Central, o que deixaria o caminho livre para seu ambicioso projeto pessoal de estabelecer o domínio germânico na Europa.[19] Durante anos, por carta, Guilherme doutrinara Nicolau sobre suas opções políticas e militares. Agora, em julho de 1905, aproveitou o desânimo do tsar, esgotado por uma guerra desastrosa, e insistiu num encontro secreto em Björkö, na Finlândia. Ali, convenceu o sugestionável primo a assinar "um pequeno acordo" entre ambos, um tratado defensivo pelo qual a Rússia e a Alemanha prestariam auxílio mútuo em caso de ataque, numa iniciativa destinada a enfraquecer a aliança de 1894 entre a Rússia e a França. Felizmente, os conselheiros de Nicolau não endossaram sua assinatura do tratado, o qual foi abortado.

A partir daí, e na lenta combustão que levou à eclosão da guerra em 1914, ficou cada vez mais claro que a relação de Nicolau e Alexandra com o parente germânico "se tingiu com um grau de animosidade latente e quase instintiva" — fato que teria peso determinante nos eventos posteriores dessa história.[20] Para Nicolau, uma coisa era os dois governantes se tratarem pelos apelidos familiares, Willy e Nicky; outra, totalmente diferente, era "curvar a cabeça eslava à benevolente assimilação germânica". Como observou Maurice Egan, embaixador americano na Dinamarca: "O tsar podia chamar o imperador por qualquer epíteto carinhoso, mas isso não significava amizade política". Nem Nicolau nem Alexandra se deixavam impressionar pelo tipo de militarismo bombástico de Guilherme, e tampouco por sua mania de grandeza hohenzollerniana.[21] Egan concluiu que "a Alemanha e a Rússia se esganarão tão logo os financistas aprovem".[22]

Por outro lado, e para grande desgosto de Guilherme, nos últimos anos vinha ocorrendo uma nítida aproximação entre as famílias reais russa e britânica. As pessoas sempre haviam notado e comentado as boas maneiras e o inglês impecável de Nicolau, por ter crescido sob os cuidados de um tutor inglês, Charles Heath, que o educara nos valores tradicionais das escolas públicas britânicas, centrados no fair play e no comportamento cavalheiresco.[23] Desde a primeira visita de Nicolau à rainha Vitória em Windsor, em 1894, ele se referia afetuosamente a ela como "vovó", e, à morte da rainha em 1901, escreveu ao primo Jorge dizendo: "Tenho plena certeza de que, com sua ajuda [...], as relações amistosas entre nossos países se tornarão ainda mais próximas do que no passado. [...] Que o novo século possa unir Inglaterra e Rússia por seus interesses mútuos e pela paz mundial". Desde então, o príncipe de Gales (e futuro rei Jorge V) repetia com frequência em suas cartas ao "caríssimo Nicky" que era "seu afetuoso amigo e primo devotado".[24] Os dois tinham muito em comum, notadamente uma vida doméstica sem ostentações e o amor pela tranquilidade do campo.

Junto com as relações mais cordiais com a Rússia, iniciou-se em 1903 uma entente da Grã-Bretanha com a França, após uma triunfante visita oficial do rei Eduardo ao país. Seguiu-se a Entente Cordiale em 1904, e em 1907 uma Tripla Entente, com Rússia, Grã-Bretanha e França lado a lado. Esta foi vista como um contrapeso defensivo necessário e já bastante tardio à Tripla Aliança que o avô de Guilherme estabelecera com a Itália e a Áustria-Hungria em 1882. Na época da rainha Vitória, a Rússia era um inimigo tradicional, um país com ambições expansionistas na Ásia que lhe despertavam desconfiança patológica. Em 1908, porém, com o primo Willy se lançando a um programa intensivo de construção naval e rápida expansão da frota de combate alemã, era evidente que uma reaproximação política entre a Grã-Bretanha e a Rússia era necessária e urgente para se contrapor a tal programa. Apesar disso, muitos no governo britânico e na imprensa viam Nicolau como um déspota e criticavam abertamente o regime tsarista, com seu sistema draconiano de prisão e exílio.

Foi o pragmático Eduardo VII quem percebeu a lógica dessa nova aliança e a chamou de o "Sindicato de Reis". Sempre seguindo para onde o vento soprava, suscetível à influência dos primos reais mais imperiosos e com maiores realizações políticas, Nicolau se deixava levar cada vez mais para a esfera de influência britânica. Por ora, o tipo de diplomacia real pessoal de Eduardo continuava a ser eficaz. Em junho de 1908, ele por fim fez uma visita oficial à Rússia — embora por mar, por razões de segurança —, encontrando-se com Nicolau no porto estoniano de Reval (atual Tallinn), no Báltico, que na época ainda fazia parte do Império russo. Sendo na aparência uma questão de família, a visita acrescentou um "toque pessoal de cordialidade real [...] para eliminar qualquer desconfiança remanescente" e consolidar ainda mais as relações anglo-russas. Na ocasião, Eduardo também teve a oportunidade de oferecer a Nicolau o peso de sua considerável experiência política.[25]

Apesar das clamorosas reclamações do parlamentar trabalhista Ramsay MacDonald de que o rei não devia ficar "trocando amenidades com uma criatura manchada de sangue", Eduardo fez o gesto grandioso em Reval de nomear Nicolau almirante da frota britânica, e Nicolau retribuiu a gentileza nomeando Eduardo almirante da Marinha imperial russa.[26] Ao término dos dois dias de relações públicas, destinados, como disse o jornal *The Times*, "a instaurar a paz mundial", a atmosfera entre os "soberanos dos dois maiores impérios na face da Terra" era de "cordial confiança", fato que enfureceu o cáiser, quando tomou conhecimento da notícia.[27] Na esfera privada, Eduardo tinha sérias reservas quanto à competência de Nicolau como monarca, considerando-o "deploravelmente ingênuo, imaturo e reacionário", mas era um diplomata hábil e de muito tato, que expunha suas posições pelo exemplo e não pela doutrinação (ao contrário do cáiser, seu sobrinho), e no ano seguinte convidou os Románov para uma visita à Grã-Bretanha.

O mês de agosto de 1909 foi o último verão imperial agradável que os Románov passaram com seus parentes ingleses, antes que a guerra mudasse tudo de maneira irreversível. Nicolau, Alexandra e os cinco filhos tinham ido até a ilha de Wight para ficar com "o querido tio Bertie" e família. Mas garantir a segurança do tsar da Rússia era um pesadelo tão grande que os quatro dias de visita tiveram de transcorrer quase totalmente no mar. As reuniões, refeições e recepções entre as duas famílias foram mantidas longe do olhar público, realizando-se nos dois iates reais, *Shtandart* e *Victoria and Albert*, ancorados no estreito de Solent, nas águas do porto de Cowes. Os Románov fizeram um rápido giro pela Osborne House e tomaram o chá da tarde com o príncipe de Gales e família no Barton Manor, ali perto, mas pelo menos a prole dos Románov pôde passar um dia na praia. Encantaram-se com a praia particular da família real junto à Osborne House, onde construíram castelos de areia e cataram conchinhas como crianças comuns. Mas, num passeio de compras a oeste de Cowes, com um bando de seguranças a uma distância discreta, foram as duas irmãs Románov mais velhas, Olga e Tatiana, que mais atraíram atenção e admiração. Elas tinham um ar muito natural, modesto e cativante, e mostraram imenso prazer com a compra singela de cartões-postais e lembrancinhas para os pais e o círculo de acompanhantes.*

A intenção do rei Eduardo era organizar a visita como um importante gesto de apoio à entente anglo-russa, num momento em que se intensificavam as tensões políticas; ele chegou a dizer que a ocasião era "politicamente da máxima importância".[28] Mas, em 1909, a hostilidade crescente do Partido Trabalhista de Ramsay MacDonald se refletia numa crescente hostilidade pública em relação

* Para uma descrição da visita de 1909 a Cowes, ver o capítulo 8, "Primos reais", de meu livro *As irmãs Románov*.

a "Nicolau, o Sanguinário", que atingiu o ápice quando o iate imperial chegou a Cowes. Essa mudança vinha ocorrendo desde as repressões brutais contra manifestantes pacíficos em São Petersburgo (Petrogrado a partir de 1914) em janeiro de 1905, por parte dos cossacos e de outros soldados da Guarda Imperial, leal ao governo. Eduardo foi acusado de confraternizar com um "assassino comum", e o Partido Trabalhista emitiu um protesto formal. Apesar disso, a atmosfera era de agudo contraste com as visitas protocolares e desconfortáveis feitas ao cáiser por Nicolau (em Swinemünde, 1907) e Eduardo (em Berlim, seis meses antes da visita a Cowes), nenhuma das quais contribuiu para atenuar a deterioração das relações com a Alemanha. Já a reunião em Cowes, em 1909, a despeito dos protestos antitsaristas e dos preocupantes sinais de uma grave enfermidade de Eduardo VII, reforçou a nova aliança anglo-russa então nascente. O comparecimento do tsar a uma revista naval em Cherbourg, a caminho da ilha de Wight, também representou um endosso à união russa com a França num bloco de poder contra uma Alemanha agora altamente combativa.

Apesar da vontade de estreitar as relações familiares no momento em que uma guerra parecia inevitável na Europa, a partir de 1909 Nicolau e Alexandra se viram forçados cada vez mais a ficar em casa. A ameaça de violência revolucionária contra eles na Rússia, bem como o estado de saúde de Alexandra, que declinava rapidamente, muitas vezes impediam viagens pelo país e pelo exterior. Sob a pressão desse maior perigo interno, a família imperial se recolheu aos muros protegidos do palácio em Tsárskoie Seló, cerca de 25 quilômetros ao sul de São Petersburgo. Os trajetos de trem eram especialmente vulneráveis a ataques, e agora os Románov só iam visitar os parentes por mar. Mesmo numa visita discreta ao rei e à rainha da Suécia em Estocolmo, em 1909, correram rumores de um atentado a Nicolau, e, por razões de segurança, a família permaneceu a bordo, o que obrigou a família real sueca a se deslocar até o iate. Com tantas restrições, os filhos imperiais tinham pouquíssima ocasião de ficar na companhia dos jovens primos, afora as preciosas viagens a Wolfsgarten, em Hesse.[29]

Em 6 de maio de 1910, faleceu Eduardo VII, o monarca que ocupava o centro da velha ordem real europeia, quando seu corpo obeso enfim cedeu, depois de anos fumando, bebendo e comendo exageradamente. Eduardo pode ter iniciado o reinado com a fama de playboy autoindulgente, mas o terminou como monarca constitucional exemplar, amplamente amado e admirado dentro e fora da Grã-Bretanha. Infelizmente, seu bom exemplo não foi transmitido aos sobrinhos de obstinadíssima índole autocrática — Guilherme e Nicolau.

Um grande serviço fúnebre oficial, nobre e solene, foi realizado, mas antes disso o caixão do rei ficou aberto à visitação em Westminster Hall durante três dias, o que permitiu que quase 250 mil pessoas — numa fila que, no terceiro dia, chegou quase a doze quilômetros de comprimento — passassem por ele e lhe prestassem seus respeitos. Um cortejo de membros da realeza vestidos a rigor — com galões dourados, plumas e rosetas brilhando ao sol pleno — seguiu a cavalo atrás da carreta de canhão que transportava o esquife do rei pelas ruas de Londres, em despedida a esse que fora "o mais régio de todos" os monarcas.[30]

O funeral do rei Eduardo, maior até mesmo do que o de sua mãe em 1901, sem dúvida marcou a apoteose da monarquia europeia. Entre os dignitários de todo o mundo que se reuniram para prestar seus respeitos, havia nove monarcas reinantes: oito reis e um imperador, com idades entre 21 e 66 anos. Sentaram-se juntos no Castelo de Windsor para um retrato agora famoso: o novo rei britânico, Jorge V, o cáiser Guilherme da Alemanha, Frederico VIII da Dinamarca, Jorge I da Grécia, Haakon VII da Noruega, Afonso XIII da Espanha, Manuel II de Portugal, Fernando I da Bulgária e Alberto I, rei dos belgas — todos com relações de parentesco com o finado monarca, fosse por sangue ou por casamento. O mesmo se aplicava à maioria dos 45 príncipes e sete rainhas em seus séquitos.[31]

No entanto, um monarca se destacava pela ausência. Onde estava Nicolau? Não foi surpresa para ninguém que ele não comparecesse, tendo sido representado pelo irmão mais novo, o grão-duque Mikhail Aleksándrovitch, e pela imperatriz-mãe, que era cunhada do finado rei. Não foi dada nenhuma explicação oficial, mas podemos supor que o pesadelo de garantir a segurança do tsar da Rússia, seguindo na procissão fúnebre como possível alvo de um assassinato político, era um risco que nem os conselheiros de Nicolau nem os encarregados da segurança nacional na Grã-Bretanha estavam dispostos a correr. O primo Guilherme, porém, não hesitou em se aproveitar da ausência de Nicolau, e, estando ao lado de Jorge junto ao caixão do rei em Westminster Hall, tomou-lhe a mão num gesto compassivo. A genuína solidariedade que

Guilherme demonstrou naquele dia lhe valeu um convite para voltar à Inglaterra por ocasião da inauguração de uma nova estátua da rainha Vitória — a avó a quem ele reverenciara como "a criadora da grandeza da Grã-Bretanha moderna" — em fevereiro do ano seguinte.[32]

Mesmo com os comentários sobre uma guerra inevitável entre a Inglaterra e a Alemanha, o cáiser tinha esperanças de manter a amizade com o primo inglês. Todavia, pelas costas dele, Jorge já se alinhava com o primo russo, trocando cartas de solidariedade com Nicolau, assegurando-lhe esperar que "sejamos sempre velhos amigos" e insistindo que "sempre tive muita estima por você".[33] "Se ao menos Inglaterra, Rússia e França permanecerem unidas", escreveu Jorge não muito depois do enterro paterno, "a paz na Europa estará assegurada." Sua correspondência com Nicolau nos anos subsequentes se tornou regular, sincera e amistosa. Jorge tinha certeza de que o tsar pensava como ele, pois ambos agora acreditavam na necessidade de fortalecer a entente perante a maior agressividade germânica. "Sei que você não se importa que eu exponha com grande franqueza o que penso, pois sempre fomos muito bons amigos e gosto de lhe contar tudo", escreveu Jorge a Nicolau um ano depois.[34]

Mas, como se constatou mais tarde, o ano de 1910 foi também a última vez que Nicolau e Alexandra conseguiram ir até Hesse para ver os parentes alemães. Uma estada prolongada no castelo de Friedberg ofereceu uma rara oportunidade de reunir os cinco irmãos Hesse: Alexandra, Ella, Irene, Vitória e Ernie. O castelo, situado entre Darmstadt e Frankfurt, foi talvez o local menos régio de todos os lares régios que Nicolau e Alexandra visitaram. Ali os Románov estavam com um entourage pequeno, sem desfiles nem cerimônias, a etiqueta não era tão rígida e Nicolau podia usar roupas civis: conseguia sair incógnito com o cunhado Ernie, sentar-se num café para tomar um copo de cerveja e ver as lojas locais.[35] Mas Alexandra, a essa altura, tinha a saúde seriamente debilitada, com ciática crônica, problemas cardíacos, enxaquecas e nevralgia facial, agravados com a constante tensão mental de ter um filho hemofílico. Antes dessa visita a Hesse, ela estivera em tratamento num balneário em Bad Nauheim e ficara basicamente confinada a seus aposentos, passando grande parte do tempo numa cadeira de rodas. Os cinco filhos, que desde longa data haviam aprendido a se virar sozinhos durante as frequentes crises de saúde da mãe, gostavam da liberdade total e aproveitavam ao máximo o tempo que passavam com os primos.

De volta à Rússia, a nação teve uma última e preciosa oportunidade de ver de perto seus soberanos — a mãezinha e o paizinho —, durante as comemorações do Tricentenário dos Románov, em 1913. Em São Petersburgo e Moscou, a família inteira se reuniu em grandes procissões religiosas, quando o povo russo comparecia aos milhares para poder vê-los, e em maio se seguiu uma turnê de barco pelo Volga até Kostroma, Iaroslavl, Suzdal e outras cidades antigas da velha Moscóvia. As cerimônias em Moscou também permitiram que muitos russos enfim vissem o jovem e esquivo tsarévitche, mas o fato de precisar ser carregado por um cossaco despertou preocupação. Aleksei ainda se recuperava de uma grave hemorragia que quase lhe custara a vida no ano anterior e lhe deixara uma lesão permanente na perna. O público russo ainda não fora informado de sua hemofilia e da ameaça constante que pesava sobre sua vida.

Logo depois, Nicolau foi para a Alemanha, para o último grande casamento real europeu que se realizou antes da guerra — em Berlim. A essa altura, um dos monarcas presentes no cortejo fúnebre do rei Eduardo já perdera o trono: meros cinco meses depois, o rei Manuel de Portugal fora deposto por um golpe militar.

Sempre querendo superar os primos ingleses, Guilherme convidara um número de parentes ainda maior do que os presentes em Londres em 1910. Nicolau, porém, foi sozinho sob fortíssima vigilância num trem blindado, e, ao chegar à estação Anhalter de Berlim, a segurança era tão cerrada que parecia "um acantonamento policial, com policiais e detetives por toda parte".[36] No Berlin Schloss, o tsar se reuniu a Jorge V e sua esposa Maria durante o casamento da filha única do cáiser, Vitória Luísa, com o duque Ernesto Augusto de Brunswick, neto do último rei de Hanover e primo de Nicolau em primeiro grau. Os uniformes militares de gala ali reunidos eram grandiosos, os desfiles e outros cerimoniais germânicos imperiais eram impressionantes, as incontáveis joias resplandeciam e a comida era espetacular. Todavia, apesar da aparência cordial, a atmosfera era de tensão, devido ao agravamento das rivalidades anglo-germano-russas e à constante preocupação com o desenvolvimento naval da Alemanha.

Durante a visita, Guilherme parecia mais paranoico e mais invejoso do que nunca, e fez de tudo para que seus dois primos não tivessem nenhum momento a sós. Mesmo assim, Jorge conseguiu ter "uma conversa longa e satisfatória com o querido Nicky" durante o chá no Kaiserhof Hotel.[37] Via em

Nicolau o mesmo primo amistoso de suas lembranças de infância, e alguns observadores notaram a atmosfera afetuosa, se não jovial, entre os dois. Para selar o prosseguimento da intimidade, tiraram uma foto juntos, envergando os uniformes de seus regimentos alemães honorários – Nicolau com o uniforme dos Hussardos da Westfália e Jorge com o dos Couraceiros do Reno – que haviam usado no casamento. A misteriosa semelhança entre ambos ficava mais do que nunca evidente. Era uma fotografia icônica, que entraria para a história como a última dos "gêmeos celestes", Nicky e Georgy, juntos.

Dezesseis meses depois, o mundo estava em guerra, e Nicolau teve de tomar a angustiante decisão de mobilizar-se em defesa dos sérvios, como companheiros eslavos, quando a Áustria-Hungria declarou guerra a eles. Tomou essa decisão a despeito das sombrias advertências de Guilherme sobre as consequências, mas confiava no apoio britânico e francês. Com o estreitamento das relações do monarca inglês e do monarca russo como aliados, Jorge confidenciou a Margot Asquith, esposa do primeiro-ministro britânico, que seu primo tsar era "o melhor homem, o mais correto, mais claro e decidido que conheço". Agora o inimigo era o primo de ambos, Guilherme, cujos sonhos de uma grande aliança continental entre Alemanha, Rússia e França haviam sido esfrangalhados.[38] A Rússia ortodoxa se tornava aliada de guerra da França socialista e livre-pensadora, união improvável que a Nicolau parecia incômoda, apesar de sua admiração pelo presidente Poincaré. Mas era muito melhor que os países fossem aliados do que inimigos. Em uma conversa com um integrante da Duma, a mãe do tsar, como muitos da família Románov, manifestou enorme alívio: "Depois de quarenta anos sendo obrigada a esconder meus verdadeiros sentimentos, você não pode imaginar como me sinto ao finalmente poder lhe dizer o quanto odeio os alemães!".[39] As chagas da crise Schleswig-Holstein e da guerra resultante entre a Dinamarca e a Prússia em 1864 ainda eram muito profundas. Nicolau estava "decidido a permanecer com meu Aliado francês até o amargo fim", garantiu ao príncipe Nicolau da Grécia. "Não podemos perder essa guerra, pois a vitória do militarismo prussiano significaria o fim de toda a liberdade e civilização."[40]

Na Europa dilacerada pela guerra, não haveria qualquer outra visita a parentes, por breve que fosse, uma vez que as famílias reais haviam tido de tomar partido ou pelos Aliados (a Tripla Entente formada por Grã-Bretanha, França e Rússia) ou pelas Potências Centrais (a Tripla Aliança formada por

Alemanha, Áustria-Hungria e Itália). Agora as suspeitas, por mais irracionais que fossem, recaíam sobre qualquer Aliado que tivesse vínculos familiares com a Alemanha. Logo os laços entre os parentes reais próximos em Coburgo e Hesse e suas famílias na Rússia e na Grã-Bretanha seriam cortados. A duquesa de Coburgo (esposa russa do príncipe Alfredo, filho da rainha Vitória), com seu enfático pró-germanismo, passou a ter de enviar mensagens aos parentes ingleses e russos por intermédio das embaixadas neutras na Escandinávia e dos escritórios da princesa consorte da Suécia, que mantinha uma espécie de serviço postal real para seus parentes em guerra.

As três principais potências escandinavas — a Noruega, a Suécia e a Dinamarca — haviam relutado em participar do conflito, cada qual tendo suas lealdades históricas próprias. O rei Gustavo V da Suécia nutria simpatias congênitas pelo lado germânico, tendo a Suécia travado uma série de guerras contra a Rússia desde a segunda metade do século XV. A esposa de Gustavo, Vitória, era filha do grão-duque do ducado alemão de Baden, e fazia tempo que a Suécia temia incursões da Rússia, que ainda controlava a vizinha Finlândia. Em 1915, Gustavo escreveu secretamente a Nicolau oferecendo-se como mediador, numa tentativa de chegar a um acordo em separado entre a Rússia e a Alemanha, mas Nicolau não aceitou. "Nunca a Rússia esteve tão unida e tão determinada como agora", respondeu a Gustavo. Prosseguiriam com a guerra "até chegar a um fim definitivo".[41] Mas a posição de neutralidade durante uma guerra prolongada veio a isolar cada vez mais a Suécia, sob rigoroso racionamento e fome, a tal ponto que o rei Gustavo passou a temer pelo trono.

A exemplo da Suécia, a Dinamarca e a Noruega também optaram pela neutralidade, apesar dos laços familiares com os principais antagonistas. Jorge V e Nicolau II eram parentes próximos dos reis da Dinamarca e da Noruega: tanto Cristiano X quanto Haakon eram sobrinhos da imperatriz-mãe Dagmar e da rainha-mãe Alexandra. Geograficamente, porém, a Dinamarca sempre fora considerada "parte da Alemanha", escreveu o embaixador Maurice Egan; a capital Copenhague ficava

> tão próxima daquele que era o centro da política mundial — a corte germânica —, sua família real [...] tão intimamente aliada a todas as famílias reais reinantes e não reinantes da Europa, e sua vida diplomática tão densa e abrangente, que recebeu o adequado nome de galeria dos murmúrios da Europa.[42]

Tendo uma relação tão próxima com os Aliados, o rei Cristiano da Dinamarca, por intermédio de Alexandra e Dagmar, suas duas tias viúvas, se ofereceu como mediador na guerra em mensagens enviadas por meio de um rico empresário e armador dinamarquês, Hans Niels Andersen, amigo próximo das duas famílias reais, a dinamarquesa e a britânica. Em 1915, Cristiano sugerira a realização de uma conferência de paz em Copenhague; como país neutro, a Dinamarca estaria, em termos econômicos, em boa posição para capitalizar em cima da reconstrução da Alemanha e da Rússia após a guerra. Naquele mesmo ano, os dinamarqueses haviam montado uma empresa comercial russa e nomearam seu próprio attaché comercial, Harald Schou-Kjeldsen, para a embaixada em Petrogrado. As oportunidades de exportação para a Rússia eram imensas, e a imperatriz-mãe, nascida na Dinamarca, teve um papel fundamental ao patrocinar o empreendimento dinamarquês.[43] O que movia as lealdades em tempo de guerra não eram os laços de sangue, e sim as diretrizes políticas, baseadas na necessidade de territórios, mercados e matérias-primas.

Como Kjeldsen, Andersen apoiou o interesse comercial dinamarquês durante a guerra e fazia viagens periódicas entre Londres, São Petersburgo e Berlim. Parecia o intermediário ideal, e já em 1915, com o incentivo de Berlim, foi a Petrogrado a fim de persuadir o tsar a negociar uma paz em separado com a Alemanha. O governo britânico ficou muito aborrecido com isso, pois desejava uma paz geral entre todas as partes, e só depois que a Alemanha se rendesse. Mas era talvez o rei Haakon da Noruega, o mais distante da Rússia em termos geográficos e o mais pragmático e democrático entre os três monarcas, quem parecia em melhor posição para aconselhar Nicolau a sério, num momento em que a Rússia estava esgotada não só pela campanha desastrosa na Frente Oriental, mas também pela ameaça de distúrbios civis no país. Haakon era na verdade Carlos, um príncipe dinamarquês, e fora convidado a ocupar o trono da Noruega em 1905, quando este ficou vago após a revogação da lei da União que o ligava à Suécia. Sua esposa Maud era aquela jovem princesa inglesa que, nos anos 1880, caçoara de Nicolau e de sua paixão por Alexandra.

Antes de aceitar o trono, Haakon insistira em realizar um referendo nacional, para que sua ascensão tivesse o endosso de toda a nação. A seu ver, era somente pela vontade do povo norueguês que ele e seus colegas monarcas governavam. Numa conversa franca travada com Nicolau algum tempo antes da guerra, Haakon o aconselhara sobre a melhor maneira de evitar uma revolução na Rússia:

> Conceda autonomia aos poloneses. Deixe que os pequenos russos [ucranianos], os georgianos e os armênios tenham um governo autônomo e nacionalidade própria. Devolva a paz ao Cáucaso reconhecendo seus direitos, e pare de tentar russificar a Finlândia.

"Basta isso", disse o rei ao primo russo, e "não haverá qualquer desejo de revolução."[44]

Essa rara entrevista com Haakon, publicada por uma repórter americana, Mary Boyle O'Reilly, ficou perdida durante um século. Esquecida num jornal extinto há muito tempo — o *Fort Wayne Sentinel* —, ela agora pode ser acessada, como muitos outros textos valiosos do período, graças à digitalização de jornais antigos. E apresenta o conselho mais lúcido e mais pragmático que Nicolau II recebeu de um colega monarca, que entendia com plena limpidez o que todos precisariam fazer para sobreviver: transigir, reformar, democratizar, reconhecer direitos civis e políticos. Ah, se Nicolau lhe tivesse dado ouvidos...

Mas, nos anos que culminaram na Revolução de 1917, Nicolau jamais seguiu o conselho de Haakon nem qualquer outro conselho sensato oferecido por parentes. Pelo contrário, afastou-se teimosamente do que era lógico e oportuno e seguiu na contracorrente dos caprichos da superstição e do destino.

No começo de 1917, as famílias reais europeias estavam numa corrida para tentar salvar Nicolau e Alexandra de sua própria loucura. Tendo falhado até aquele momento, que disposição poderia haver para socorrê-los quando chegasse a crise prevista e inevitável?

2. "Alguma catástrofe espreitando nas sombras"

Tudo começou com uma mala de viagem.

Todo historiador precisa de um golpe de sorte na vida, e tive um deles quando fui pesquisar a história do asilo que os Románov nunca conseguiram. Uma amiga e devota entusiasta dos Románov, que sabia que eu estava à procura de novos materiais, entrou em contato comigo. Pouco tempo antes, ela fora a coexecutora do espólio literário de outra entusiasta que passara a vida transcrevendo exaustivamente a correspondência real (redigida em inglês) conservada nos Arquivos Reais romenos. Era uma coleção extensa, um tanto desorganizada, que tivera de ser transferida às pressas, e não havia nada catalogado... "Quer dar uma olhada nas pastas?", ela me perguntou, antes que o conjunto do material fosse enviado para um arquivo real na Espanha, que concordara em recebê-lo.[1]

Nenhum historiador em sã consciência diria "não" numa situação dessas. Vê-se a que ponto vai a devoção da minha amiga à história, aos estudos e ao companheirismo: ela pegou todas as pastas e fichários que achou que poderiam me interessar, pôs tudo dentro de uma grande mala de rodinhas, atravessou Londres com ela e então veio de trem até minha casa no West Country.

Dei uma folheada rápida numa pasta ao acaso e fiquei surpresa ao ver os comentários criticando a tsarina Alexandra: "Tenho a profunda convicção de que ela está sofrendo de um tipo brando, mas moralmente sério, de insanidade", escreveu a duquesa de Coburgo, tia de Alexandra, à filha, a princesa consorte Maria da Romênia, em fevereiro de 1913; um ano depois, foi ainda mais taxativa: "Alix, a *meu ver, está absolutamente louca, tudo o que faz é ditado a ela por esse falso profeta [Raspútin]".*[2] *O grau de causticidade que os parentes reais dirigiam à tsarina enferma parecia excessivo. Perguntei a mim mesma: será que realmente detestavam Alexandra a esse ponto? Terá sido por isso que tantos deles se mostraram ambivalentes quando, em 1917, o mundo dela e de Nicolau desmoronou?*

Logo eu descobriria que o ódio a Alexandra era muito mais generalizado, e iria influenciar as atitudes perante o asilo dos Románov das mais profundas e inquietantes maneiras.

Em 1896, quando Nicolau e Alexandra visitaram a rainha Vitória pela última vez, em Balmoral, as impressões da família sobre a jovem e radiante Alexandra haviam mudado drasticamente. Agora, como imperatriz da Rússia, tomada de um indisfarçado sentimento de superioridade em relação a seus parentes europeus inferiores, ela parecia muito mais imponente e obcecada por sua própria precedência. Ao contrário de outros parentes reais, inclusive a sogra Dagmar, que acreditava que a aristocracia tinha de trabalhar por sua posição, Alexandra considerava vulgar qualquer tentativa explícita de conquistar o apoio ou a afeição de seu povo. Na corte imperial russa, os sentimentos eram muito semelhantes. A aristocracia russa tomara uma aversão quase instantânea por Alexandra desde o dia em que se casou com Nicolau, em novembro de 1894. Faltava-lhe qualquer traço da elegância, do traquejo social e da ousadia nos trajes de sua "magnífica sogra, Dagmar da Dinamarca, [que] ainda era bela e pinturesca", como observou o embaixador Maurice Egan. Mais importante, a imperatriz-mãe era de fato "imperial" em suas maneiras e entendia a importância da pompa e da tradição na corte, enquanto a nora se negava a tudo isso.[3] Alexandra tinha uma aversão patológica aos rituais da vida na corte que Dagmar tanto apreciava: interferiam em sua vida familiar com Nicolau e eram longos demais. O círculo imperial, a seu ver, era desnecessariamente grande. Desde o começo, ela se sentiu incomodada com a vida pública oficial na Rússia e se empenhava em encontrar todas as maneiras possíveis de evitá-la.[4]

Nas frequentes ausências de Alexandra na cena social de São Petersburgo, a presença dominante — depois da sociável e estilosa imperatriz-mãe — fora a tia de Nicolau, Maria Pávlovna, mais conhecida como grã-duquesa Vladímir. Eram suas declarações sociais que definiam quem era moderno ou antiquado.

Desde o primeiro instante, a nova tsarina, ponderada e séria, se mostrou claramente fora de lugar; suas reticentes aparições na corte russa eram motivo de escárnio, e nem de longe encontravam paralelo no *beau monde* sofisticado e ostentador que se reunia no Palácio Vladímir em São Petersburgo. As atitudes de Alexandra, vistas como socialmente inadequadas, e que nenhum de seus parentes Románov jamais tentou entender ou justificar, fortaleciam seus críticos mais estridentes dentro da família. A grã-duquesa Vladímir, que tivera um papel fundamental em persuadi-la a se casar com Nicolau, acreditou que ocuparia junto a ela, quando se tornasse tsarina, a posição de conselheira íntima. Mas não foi o que aconteceu, e a grã-duquesa, quando ficou evidente que sua companhia e seus conselhos não eram bem-vindos, jamais perdoou Alexandra por isso. A partir de então, sempre "dava plena vazão à sua raiva em comentários ácidos sobre tudo o que a sobrinha fazia ou deixava de fazer", relembrou o conde Mossólov. "A corte — *sua* corte — seguiu o exemplo. Era do círculo próximo de Maria Pávlovna que emanavam os comentários mais maledicentes sobre a tsarina."[5]

Ao longo dos anos, esses comentários ganharam força e perfídia, sobretudo depois que Alexandra adotou a orientação espiritual do guru e curandeiro Raspútin, em 1907. Algumas mulheres da família sempre haviam tido a sensação de que Alexandra, hipersensível e desconfiada, era uma pessoa difícil, com problemas emocionais, e seu comportamento parecia corroborar essa impressão. As chamas dessa animosidade familiar eram atiçadas pela própria prima e ex-cunhada, Vitória Melita, agora em segundas núpcias como grã-duquesa Cirilo; e quem agitava vigorosamente o caldeirão era Maria, duquesa de Coburgo e mãe da grã-duquesa Cirilo, quando estava em visita a São Petersburgo. As cartas cheias de mexericos entre ambas mostram o nível das calúnias contra Alexandra na sociedade de São Petersburgo.

O ressentimento explícito e crescente contra a tsarina ganhou impulso durante os anos de guerra. Em setembro de 1915, depois dos sérios reveses sofridos pelo exército russo na Frente Oriental, Nicolau II resolveu dispensar o comandante-chefe, seu tio grão-duque Nikolai Nikoláevitch, e assumir pessoalmente o comando do exército russo. Tomou essa decisão na crença sincera de que assim asseguraria aos Aliados sua absoluta determinação em lutar até o fim, por mais amargo que fosse, e desmentiria os rumores persistentes de que a Rússia procurava uma rápida saída da guerra. Embora a presença de Nicolau na frente de batalha tenha contribuído ligeiramente para levantar o moral abatido das tropas, sua ausência de Petrogrado abriu as comportas para o que, àquela altura, convertera-se numa torrente de rumores, mexericos e acusações contra sua esposa. Alexandra entrou no vazio político e logo começou a ir longe demais, usando diretamente sua influência para demitir e nomear ministros de importância fundamental, substituindo por sicofantas os que fossem favoráveis à reforma. Os Románov mais velhos estavam convencidos de que ela solicitava o conselho de Raspútin a cada ocasião, o que, aos olhos deles, tornava tudo ainda pior.

Alexandra reiterava constantemente seu grande amor pela Rússia, e, sem dúvida, nutria incontestável devoção pela Igreja Ortodoxa. Todavia, nada era capaz de dissipar a ampla convicção, também no exterior, de que a tsarina nascida em Hesse era uma secreta simpatizante alemã. As pessoas não tinham dúvidas de que ela estava maquinando contra o esforço de guerra dos Aliados e passando informações militares para o alto-comando germânico. Na França, referiam-se abertamente a ela como "*la bochesse*"; na Rússia, era "a alemã".[6*] Muitos achavam que Alexandra, Raspútin e sua camarilha de ministros reacionários eram traidores, em conivência secreta para firmar uma paz em separado com a Alemanha.[7] Corriam até mesmo boatos de que a imperatriz tinha "um aparelho de radiotelégrafo" escondido no Palácio de Alexandre, pelo qual transmitia a Berlim informações sobre o esforço de guerra russo.[8] Tais flagrantes difamações levaram o embaixador francês Maurice Paléologue a sair em defesa de Alexandra. A imperatriz não era "alemã nem no espírito nem nas ideias, e nunca fora", insistiu ele. Era inglesa por parte de mãe e de avó, a rainha Vitória, e na "inflexível e combativa austeridade de sua consciência". O político britânico Lord Hardinge concordava: se Nicolau fosse inglês, "teria sido o tipo mais perfeito de cavalheiro inglês", e sem dúvida alguma Alexandra,

* Outras esposas reais haviam sido igualmente expostas a agitações nacionalistas em meio à guerra ou tempos de crise. Durante a Revolução Francesa, a plebe se referia a Maria Antonieta como "a austríaca"; ao longo da Primeira Guerra Mundial, a rainha Sofia da Grécia, prima de Alexandra e irmã do cáiser, também era chamada de "a alemã". Chegaram a circular boatos de que ela mantinha um transmissor secreto no Palácio Tatoi, pelo qual enviava mensagens aos alemães.

"embora tímida e reservada, era devotada à Inglaterra e inteiramente inglesa em todos os seus gostos".[9]

Acreditando que, por ser imperatriz, não tinha qualquer necessidade de se explicar, e confiando apenas em Nicolau, Alexandra não fazia nada para desmentir os rumores. Mas sua contínua ausência da vida pública apenas avivava as chamas. No Palácio de Alexandre, em Tsárskoie Seló, ela foi aos poucos se fechando a todos, exceto a seu círculo mais íntimo. Mesmo as damas de companhia raramente a viam, e sentiam tédio e frustração por não terem quase nada para fazer. A uma mulher tão comme il faut como era a duquesa de Coburgo, os hábitos reclusos de Alexandra chegavam a ser ofensivos; ela tinha obrigações para com seu povo. Em 1913, em sua visita pelo Tricentenário, a duquesa comentou que a atmosfera em Tsárskoie Seló "era exatamente como morar numa casa com um fantasma invisível".[10] "Agora ela nunca sai, e passa a maior parte do dia estendida no sofá", reclamou a duquesa. Alexandra não fazia nenhum esforço para conversar com ela, apenas ficava deitada ali com "um sorriso de sofrimento no rosto". A paciência de seus parentes estava chegando ao limite. Ela estava sempre se fazendo de "mártir sacrificada".[11]

Mas o que mais preocupava a duquesa era o bem-estar das filhas de Alexandra. Pareciam muito descuidadas e quase nunca saíam, passando os dias sempre à disposição da mãe. A triste realidade de suas vidas era que, em vez de sair, passear e conviver com pessoas da mesma idade e posição social, elas agora haviam se tornado cuidadoras e protetoras da mãe enferma e do irmão hemofílico. Alexandra nunca aprovara que as filhas se misturassem com a sociedade de São Petersburgo, que considerava decadente; antes da guerra, ir com o pai à ópera ou ao balé constituía um grande acontecimento na vida das meninas. E, assim, seu círculo social era rigidamente controlado, composto por mulheres do entourage próximo de Alexandra e por oficiais do Iate Imperial ou da Escolta Cossaca de elite encarregada da segurança da família, todos escolhidos a dedo. O prazer das meninas consistia em miudezas — principalmente passear, andar de bicicleta e sair de barco com o pai, para espairecer ao ar livre. Afora isso, as quatro irmãs passavam horas intermináveis sentadas em casa com a mãe, costurando e tricotando. Espantada com a vida restrita das meninas, a duquesa de Coburgo perguntou a elas certa vez: "Mamãe nunca lê?". "Ah, nunca", responderam. "Está sempre com dor de cabeça."[12] Para a duquesa, Alexandra sofria de alguma doença interna que se recusava a tratar e devia ter algum distúrbio mental. "O tio Serguei [marido de Ella] me contou, mais de dez anos atrás, que já achava isso *une douce folie*, como dizia. Como tinha razão!"[13]

Com a esposa vivendo retirada, e sempre preocupado com a saúde frágil do filho, Nicolau parecia ter se fechado mentalmente aos perigos de agitação social e política em curso. Até mesmo a comunidade diplomática estrangeira o alertava sobre os riscos de uma revolução iminente, caso não cedesse a algum tipo de reforma democrática. Na corte, o príncipe Volkonski comentou com a duquesa de Coburgo que, sempre que ele ou "alguém bem-intencionado tentava abrir os olhos de Nicky e salvar a Rússia", Nicolau desviava o olhar, fitava o horizonte pela janela e "então deixa a conversa cessar por completo, de tal modo que não há como prosseguir!". Pelo visto, sua única e constante reação era se esquivar. A imperatriz constituía um obstáculo a qualquer tentativa de entabular uma conversa séria com Nicolau: "Ele lhe conta tudo, mostra-lhe todas as cartas, discute tudo com ela, e ela põe fim a todas as boas resoluções e todos nós sentimos a absoluta impossibilidade de chegar a Nicky sem que a esposa estrague tudo". A única esperança agora, aventou o príncipe Volkonski, era "que todos os membros influentes da família se unissem numa grande demonstração e fossem lhe dizer a verdade". A seu ver, isso "lhe causaria impressão".[14]

Em dezembro de 1916, a hostilidade da família aumentara tanto que até Ella, irmã de Alexandra, veio de Moscou especialmente para rogar à imperatriz que afastasse Raspútin de sua posição de influência e deixasse de interferir nos assuntos de Estado. Mas, por mais que se argumentasse com a tsarina, de nada adiantava; como recordou sua prima Maria Luísa de Schleswig-Holstein, ela tinha "uma estranha e intransponível obstinação, que nada conseguia vencer".[15] Alexandra, por sua vez, nutria a paranoia de que toda a família Románov conspirava contra ela e instigava a desconfiança de seus parentes no estrangeiro. A essa altura, a própria aristocracia russa pouco respeito sentia pelo trono, e para isso contribuía uma série de escândalos de adultérios, divórcios e casamentos morganáticos entre tios e primos de Nicolau, que haviam corroído o prestígio e a unidade familiar dos Románov. Mesmo seu irmão mais novo, o grão-duque Mikhail Aleksándrovitch, transgredira as normas da Casa Románov: fora para o exterior sem permissão, despistando a polícia tsarista que o seguia, para se casar com uma plebeia, Natalia Wulfert.

Enquanto isso, a única resposta de Nicolau e Alexandra a todos os apelos a concessões políticas fora a de interferir reiteradamente nos trabalhos da Duma, aferrando-se com obstinação cada vez maior a seus próprios valores e princípios morais, mantidos a todo custo.[16] A reação de Alexandra aos rogos da prima grã-duquesa Cirilo foi típica: "Quem está contra nós? Petrogrado, um bando de aristocratas jogando bridge que não sabem de nada. Estou no trono faz 22 anos, conheço a Rússia, tenho viajado por todo o país e sei que o povo ama nossa família".[17]

Os diplomatas em Petrogrado observaram a aguda intensificação da crise naquele inverno de 1916-7, não só na guerra, mas dentro da família Românov. A Rússia, tendo sofrido perdas catastróficas na Frente Oriental, enfrentava a deserção em massa de recrutas desmoralizados. A rede de abastecimento nas cidades grandes encontrava-se em estado precário; as ferrovias estavam em situação caótica, devido à escassez crônica de vagões e locomotivas; alimentos e combustíveis de extrema necessidade não chegavam às populações sitiadas das principais cidades. O povo estava cansado da guerra, da escassez, de um governo que não ouvia suas reclamações sobre as duras condições de trabalho, os salários baixos e as longas jornadas. O povo já não acreditava que veria algum dia a implantação de um governo constitucional. A insatisfação era cada vez maior, com uma sucessão de greves de sérias consequências e passeatas de trabalhadores em protesto que paralisavam a vida da cidade. O velho regime tsarista, já moribundo, estava prestes a cair, mas Alexandra se negava a enxergar os perigos, atribuindo os distúrbios à ação de vândalos desorganizados; na frente de batalha, o general Alekseiev, braço direito de Nicolau, também subestimava a importância de tais manifestações para o tsar, o qual, ignorando a real gravidade da situação, pensava que tudo logo passaria.

Em Petrogrado, porém, não era esse o caso, nem de longe: com a revolução às portas, vários membros da família Románov tramavam um golpe palaciano contra o tsar e a tsarina, imobilizados em sua própria intransigência. Maurice Paléologue ouviu dizer que os três filhos da grã-duquesa Vladímir estavam "falando até mesmo em salvar o tsarismo com uma mudança de soberano". Outro parente, o grão-duque Gavriil Konstantínovitch, falou em conduzir quatro regimentos das Guardas numa marcha noturna sobre Tsárskoie Seló e retirar Alexandra à força.[18] Segundo seu cunhado Sandro (grão-duque Alexandre, casado com Xenia, irmã de Nicolau), que fora tentar argumentar com ela em

Tsárskoie Seló, Alexandra encontrava-se "num estado de absoluto e irremediável delírio".[19] Era preciso detê-la: ou enviá-la para um convento ou interná-la num hospital psiquiátrico. Um plano mais extravagante consistia em atraí-la com algum pretexto para um destróier e levá-la para a Inglaterra.[20] Mesmo o embaixador britânico, Sir George Buchanan, uma pessoa muito controlada, admitiu anos depois que chegara à conclusão de que o tsar devia se dissociar da esposa e salvar a si mesmo.[21] "O ódio que sentiam pela imperatriz chegou a um grau terrível", admitiu um oficial russo em conversa com Maria, rainha da Romênia e prima da tsarina; "consideram-na uma desgraça para o país, e hoje não há ninguém que não se sentiria feliz em se livrar dela por qualquer meio possível".[22] Nem mesmo a imperatriz-mãe conseguiu manter sua discrição imperial: a nora "precisa ser banida. [...] Não sei como, mas é preciso que se faça. Do contrário, ela pode ficar completamente louca". É surpreendente que o desprezo de Dagmar por Alexandra chegasse ao ponto de ela não se importar com o destino subsequente da tsarina: "Ela que entre num convento ou simplesmente desapareça".[23]

Quanto ao tsar, era cada vez maior o consenso de que Nicolau, caso não cedesse a um governo constitucional e responsável, livre de interferências dele e da esposa, deveria ser deposto, e o trono ocupado por seu filho Aleksei, de doze anos, sob a regência do grão-duque Nikolai Nikoláevitch ou do grão-duque Mikhail Aleksándrovitch. Mas agora a situação fora além de qualquer tentativa razoável de persuasão. O reflexo automático de Alexandra a toda e qualquer sugestão de reforma era arrogante e dogmático: "Nicky é um autocrata. Como iria dividir seus direitos divinos com um parlamento?".[24] A família Románov protestava, conspirava, mas todos os seus planos de afastar Nicolau e Alexandra do poder tinham, na opinião do presidente da Duma, Mikhail Rodziánko, o mesmo defeito fatal da "irresolução". Um golpe contra Nicolau e Alexandra só teria êxito se apoiado por "uma força efetiva" — em outras palavras, com a participação dos militares.[25]

No final de dezembro de 1916, com o assassinato de Raspútin, que fez desaparecer aquele que era visto como o malévolo conselheiro de Alexandra, a situação de desespero pareceu se atenuar um pouco. O assassinato fora planejado pelo príncipe Félix Iussúpov e pelo grão-duque Dmítri Pávlovitch, na esperança de salvar a Rússia do desastre iminente. "Uma situação desesperada exige medidas desesperadas", escreveu Iussúpov mais tarde. "Não há como argumentar com insanos." "As coisas estavam prestes a entrar em ebulição", relembrou o grão-duque Pável Aleksándrovitch, "havia um peso no ar." O povo não precisava se lançar a agitações revolucionárias; a própria casa imperial estava se incumbindo da tarefa.[26]

Na Europa, nenhum dos primos reais de Nicolau e Alexandra fizera qualquer esforço para disfarçar o enorme alívio pela morte de Raspútin. Na Grã-Bretanha, a rainha-mãe Alexandra escreveu que a morte de Raspútin "só [foi] lamentada pela pobre e querida Alicky, que podia arruinar todo o futuro da Rússia por influência dele. [...] ela pensa que é a imperatriz Catarina".[27] A grã-duquesa Cirilo concordava: a convicção de Alexandra de que "dela dependia a salvação e a reconstrução da Rússia [...] tinha criado uma situação complicada, da qual não havia saída".[28]

"Que bênção que R[aspútin] tenha saído do caminho", a rainha Maud da Noruega escreveu a Dagmar em 27 de janeiro de 1917.[29]* Mas, para muitos membros da família imperial, a remoção de Raspútin não bastava: "precisamos nos livrar totalmente de Alexandra Fiódorovna e de Protopopov [ministro russo do Interior]", escreveu o grão-duque Nikolai Mikháilovitch a Dagmar, a qual, exasperada porque o filho e a nora não ouviam seus conselhos, mudara-se para Kiev. "Coloco-lhe o mesmo dilema", prosseguiu ele:

> Depois de remover o hipnotizador, precisamos neutralizar a hipnotizada. [...] É uma questão de *salvar o trono* — não a dinastia, que permanece firme, mas o atual soberano. Do contrário, será tarde demais. [...] toda a Rússia sabe que o finado Raspútin e A. F. são uma pessoa só. Um foi morto, agora a outra precisa desaparecer.[30]

Continuou a predominar na corte uma atmosfera mortal de hostilidade e recriminação. Nicolau e Alexandra pareciam "exclusivamente ocupados com a vingança contra todos os que julgavam estar implicados" no assassinato, escreveu a grã-duquesa Cirilo. "Está tudo tão horrível por aqui que parece que vivemos num hospício."[31] A reação de Nicolau à morte de Raspútin fora inegavelmente dura: os dois perpetradores, Dmítri Pávlovitch e Félix Iussúpov, foram respectivamente enviados para a frente de batalha persa e para o exílio

* Todas as datas no texto seguem o calendário gregoriano em uso na Europa Ocidental, para evitar confusões com o calendário juliano, que foi usado na Rússia até 13 de fevereiro de 1918.

interno. A família Románov escreveu a Nicolau uma carta de protesto coletiva; como ele se recusou a abrandar a pena, alguns se viram impelidos a aventar seriamente a deposição do tsar e da tsarina. Num jantar na casa do príncipe Gavriil Konstantínovitch, como relembrou Maurice Paléologue, a conversa girou exclusivamente em torno da conspiração. Houve outros encontros secretos para debater o tema no palácio da grã-duquesa Vladímir. O receio da família era que, quando Nicolau retornasse à frente de batalha, a "imperatriz possa se pôr como regente".[32]

No começo de 1917, as pressões constantes da família e da esposa autoritária, somadas às enormes preocupações com a campanha russa, tinham deixado Nicolau muito envelhecido. Ele parecia extremamente abatido, cada vez mais rendido ao fatalismo. "Tinha fios brancos no cabelo e na barba, e os olhos fundos", relembrou o embaixador russo em Estocolmo, Anatóli Nekliudov. Mas não foi isso que mais o impressionou:

> Notei uma espécie de cansaço, de preocupação constante, que parecia impedi-lo de concentrar a atenção na conversa em curso; a vivacidade dos modos e do intelecto parecia ter desaparecido. [...] parece-me que, nas maneiras e na aparência do imperador Nicolau II, havia mais do que preocupação, mais do que inquietação. Talvez ele já visse o abismo se abrindo a seus pés, e talvez soubesse que era impossível parar, que teria de prosseguir para a queda fatal e inevitável.[33]

Todos lamentavam a fraqueza de Nicolau, mas detestavam Alexandra ainda mais, por conta de sua mórbida histeria. "Ela tem uma vontade ativa, agressiva e incansável", observou a Paléologue a grã-duquesa Vladímir. A vontade de Nicolau, por sua vez, era "meramente negativa. Quando deixa de acreditar em si mesmo e pensa que Deus o abandonou, ele não procura se recompor, mas simplesmente se abriga numa obstinação resignada e entorpecida". Alexandra se tornava poderosa demais: "Em pouco tempo ela será a dirigente exclusiva da Rússia".[34] A imperatriz-mãe estava desesperada com a apatia do filho. "Sinto que nos aproximamos a passos firmes de um desastre, e que Sua Majestade ouve apenas os aduladores", ela comentou com o primeiro-ministro Vladímir Kokóvtsov. O filho não enxergava "que há algo se formando sob seus pés. Algo que ele ainda não vê e que eu sinto instintivamente, embora não consiga saber ao certo em que ponto estamos".[35] Avolumava-se uma onda de mudanças, apontando claramente na direção de Nicolau, e dentro da Duma, como observou Paléologue, mesmo os mais "ardentes devotos do tsarismo e da reação agora discutiam abertamente a possibilidade de assassinato do imperador".[36]

O destino da Rússia era então o "único assunto de conversa nos círculos diplomáticos", relembrou Maurice Egan. "Era opinião geral que a imperatriz constituía o grande obstáculo para que o imperador desse uma constituição liberal ao povo."[37] Foi então que Sandro, cunhado de Nicolau, redigiu uma longa carta ao tsar, rogando-lhe que fizesse concessões políticas e mantivesse a esposa autocrática sob controle. "Você não pode governar um país sem ouvir a voz do povo", escreveu ele. "Com algumas palavras e uma simples canetada, poderia acalmar tudo e dar ao país o que ele deseja, isto é, um governo de confiança e liberdade às forças da sociedade."[38] Sandro estava transtornado; os conselheiros de Nicolau, na maioria escolhidos por Alexandra na ausência do marido, conduziam o tsar e a Rússia "para a ruína certa". Numa conversa de absoluta franqueza com Mikhail Rodziánko, a grã-duquesa Vladímir agora insistia que Alexandra "precisa ser aniquilada".[39]

Numa reunião secreta na capital, os principais membros da Duma, do Conselho do Império e do Conselho Especial discutiram a possibilidade de um golpe de Estado.[40] Na Duma, um grupo em torno do príncipe Lvov falou em enviar Alexandra para a Crimeia e obrigar Nicolau a ceder a autoridade a seu tio, o grão-duque Nikolai Nikoláevitch, mas este não aceitou a ideia.[41] Então "decidiu-se obrigar o menino [Aleksei] a assinar um documento preparado de antemão", relembrou o deputado Bóris Engelgardt, "e formar um conselho dirigente em torno dele", constituído por vários ministros da Duma.[42] Isso era fundamental para evitar que o esforço de guerra ficasse ainda mais prejudicado. Eles planejaram um golpe para o começo de março; Mikhail Terechtchenko iria à frente de batalha para recrutar oficiais simpáticos à ideia. Mas, como ocorreu com tantas das várias conspirações contra Nicolau e Alexandra nessa época, o plano praticamente não foi "além de conversa de salão" e, como todos os outros, veio tarde demais.[43]

Nos Arquivos Nacionais em Kew, há uma enorme pasta não indexada de 573 páginas, com o nome "Rússia e Sibéria", que inclui os papéis do ministro das Relações Exteriores Arthur Balfour referentes ao período de guerra. Normalmente, o objeto de consulta é a extensa documentação sobre a intervenção dos Aliados em 1918, mas a pasta também contém — o que é típico da organização absolutamente excêntrica dos papéis do Ministério das Relações Exteriores dessa época — documentos fundamentais sobre o asilo dos Románov e um de seus principais protagonistas, Sir George Buchanan, alguns dos quais amplamente desconsiderados até a presente data, e que serão utilizados no decorrer deste livro. Um desses documentos é um telegrama de Buchanan de janeiro de 1917, que mostra o tom de suas preocupações sobre a iminente queda do regime na Rússia; a resposta oficial a ele é um indicador significativo do tipo de reação do governo britânico e do rei a todo esse processo.

Ao longo do inverno de 1916-7, Sir George Buchanan, na embaixada britânica na praça Suvorov, em Petrogrado, observara apreensivo a escalada da situação, e rogara a seu governo que o autorizasse a fazer uma séria exposição dos fatos ao tsar, mostrando-lhe o perigo que corria. "A revolução estava no ar", e "a única dúvida era se viria de baixo ou de cima", relembrou ele.[44] Apesar de seus reiterados e prementes alertas de que era preciso expor os perigos ao tsar, o governo britânico se mostrara avesso a interferir, avisando-o de que tinha

> sérias dúvidas se um conselho diplomático sobre tal assunto, por mais amigável que fosse, seria bem recebido — ou, se fosse bem recebido, se levaria a algum resultado prático. Afinal, os fatos do caso são notórios e é impossível que não sejam conhecidos pelo imperador.[45]

Mas Sir George foi inflexível: a situação estava "ficando tão séria", escreveu ele num telegrama em 7 de janeiro de 1917, "que, na minha opinião, temos o dever, junto ao imperador, à Rússia e a nós mesmos, como aliados da Rússia, de falar abertamente". O país estava à beira do precipício:

> À exceção de um pequeno grupo de interessados, o país inteiro está unido contra a atual política do imperador, que também é condenada pela maioria de seus ministros. [...] O ministro das Relações Exteriores, com quem conversei hoje de manhã em caráter reservado, rogou-me que solicitasse uma audiência, e disse que, mesmo que falasse apenas em meu próprio nome, meu apoio seria de grande valia

neste momento para os que já expuseram ao imperador posições semelhantes. O embaixador francês [...] [disse] que *uma palavra de nosso rei teria valor inestimável* [itálico meu].[46]

Sir George estava tão preocupado que foi além: se a instituição oficial não lhe permitisse falar ao tsar como embaixador, em nome do rei Jorge e de seu governo, teria autorização para uma abordagem em caráter estritamente pessoal? Ele se declarou

plenamente preparado para assumir total responsabilidade pelo que eu possa dizer, e creio ser capaz de apresentar a questão de uma maneira que não ofenda o imperador. O pior que pode acontecer é que eu venha a incorrer pessoalmente no desagrado temporário de Sua Majestade.

Não havia como exagerar a urgência da situação:

A única coisa que peço é que me encarreguem de alguma mensagem do rei, mostrando que Sua Majestade, tanto como parente do imperador quanto como aliado da Rússia, está muito preocupada com a feição que os acontecimentos vêm assumindo. Submeto humildemente essa sugestão à graciosa consideração de Sua Majestade. A menos que o imperador altere inesperadamente sua posição atual, os principais ministros renunciarão, e considero que este seja o momento psicológico adequado para travar tal conversa. Se o adiarmos, pode ser que seja tarde demais, e as consequências talvez sejam incalculáveis.[47]

Num telegrama enviado a Buchanan em 8 de janeiro, e em vista das firmes posições do embaixador, Balfour retirou sua objeção e permitiu que ele solicitasse uma audiência com Nicolau. Mas numa coisa o ministro das Relações Exteriores britânico foi intransigente: não queria "pressionar o rei a enviar um telegrama privado ao imperador". "Toda a questão", frisou ele, estava "causando grande ansiedade ao rei." Confiava no "tato e discrição [de Buchanan] em lidar com o assunto de maneira que não ofenda Nicolau", pois do contrário faria "mais mal do que bem".[48]

Em 12 de janeiro, Buchanan teve por fim sua audiência com o tsar, mas o encontro foi rígido e formal, e Nicolau estava mais defensivo e evasivo do que nunca.[49] Recusou-se categoricamente a levar a sério os comentários sobre a revolução. Sir George ficou horrorizado e avisou o governo britânico de que o tsar e a tsarina pareciam "possuídos pela loucura e cortejando deliberadamente o desastre".[50]

Essa troca de telegramas em 7 e 8 de janeiro indica claramente que, em caráter pessoal, o rei britânico tinha a mesma sensação de urgência de Buchanan quanto à segurança do trono russo, mas que seu governo já estava erguendo obstáculos para impedir qualquer intervenção do monarca em problema tão espinhoso. Apesar disso, informado desta última mensagem do embaixador, e tendo lido "relatos alarmantes" sobre o envolvimento da família Románov no assassinato de Raspútin – a conselho ou não de seu governo –, o rei Jorge naturalmente reagiu da maneira como qualquer um reagiria: como um parente de sangue. Ele concluíra, com toda a razão, que somente uma abordagem pessoal de um membro da família poderia incutir sensatez ao primo naquele momento crítico.[51] Assim, por meio de seu camarista Arthur Davidson, recrutou seu amigo dinamarquês Hans Niels Andersen para uma tarefa delicada, perguntando-lhe "vivamente" se conseguiria persuadir o rei Cristiano a enviá-lo, junto com o príncipe Valdemar (tio de Cristiano e de Nicolau), numa missão especial a Petrogrado para tentar impedir o que via como "uma ameaçadora catástrofe familiar".[52]

Atendendo à solicitação do rei, Andersen teve um encontro reservado com Balfour em 21 de janeiro, em Londres. "No caso de uma revolução, ou de uma grande revolta social", disse a Balfour, ele não acreditava, "ao contrário de muitos, que a nação russa esteja suficientemente unida para levar a guerra com a Alemanha a um desfecho vitorioso", alertando ainda que

> a Alemanha está observando tudo o que se passa na Rússia com o máximo prazer e avidez, e [...] no momento adequado oferecerá Constantinopla à Rússia como suborno para uma paz em separado e para "ficar de lado" pelo restante da guerra.[53]

Andersen foi muito claro: se houvesse uma revolução, "a tarefa alemã seria relativamente fácil". A Rússia se retiraria da guerra na Frente Oriental. Essa possibilidade acarretaria um difícil problema para os Aliados: "Todo o resultado da guerra está agora literalmente oscilando na balança, devido ao que se passa na Rússia". Por meio do camarista Davidson, o rei frisou a máxima urgência da missão Andersen/ Valdemar, não tanto para salvar Nicolau de si mesmo quanto para manter a Rússia na guerra.

O único problema era Alexandra: o receio de Andersen era que, se a tsarina ficasse a par de alguma conversa dele e de Valdemar com Nicolau, sua negatividade prejudicasse a mensagem que queriam transmitir, e ela fizesse o marido mudar de ideia. Mas talvez Alexandra também precisasse "ouvir em primeira mão sobre os perigos que ameaçam a continuidade desse regime reacionário". A menos que sua influência sobre Nicolau fosse "desviada para outro canal", alertou Andersen, "o desastre, com todo o seu conjunto de consequências inevitáveis, é praticamente certo".[54] Era "inútil", disse ele a Davidson, tentar discorrer com o tsar sobre a reforma constitucional e a maneira de conduzir seu governo, mas talvez Nicolau ouvisse o tio Valdemar, se este lhe falasse "em bases familiares".[55]

Conforme o reinado de Nicolau se encaminhava para a crise, as lealdades de família constituíam a única esperança do rei britânico para salvar a situação. Infelizmente, o recurso às ligações dinásticas para manter a paz e a estabilidade já havia se demonstrado ineficaz, com a deflagração dos conflitos em 1914; agora as famílias reais estavam lutando umas contra as outras numa guerra mundial, bem como dentro da própria Rússia. Era uma situação crítica no que concernia ao rei Jorge. Em Londres, Andersen e Valdemar, tendo recebido o sinal verde do rei Cristiano, preparavam-se para sair em missão, sendo que Andersen levava uma carta datada de 22 de janeiro, escrita por Davidson em nome do rei e dirigida ao embaixador britânico Sir George Buchanan. O envelope trazia a instrução em tinta vermelha: "Destruir imediatamente após a leitura". A carta reiterava a preocupação do rei em conscientizar o tsar e a tsarina "de que estão diante do abismo".[56]

Infelizmente, a carta nunca foi entregue: no momento em que os dois homens se preparavam para partir, no começo de fevereiro, os alemães se lançaram a um vasto bloqueio submarino da Grã-Bretanha. A viagem seria arriscada demais. Dois dias depois, Sir George Buchanan telegrafava ao rei e ao gabinete ministerial, avisando: "Chegaram notícias alarmantes de várias fontes sobre preparativos para uma revolução no Palácio ou um assassinato em altas posições, mas não tenho confirmação".[57] Em 10 de fevereiro, Andersen telegrafou avisando que o "ministro dinamarquês em Petrogrado informou que há um complô para depor o tsar e entronar o grão-duque Aleksandr [Sandro] ou instaurar a república".[58]

Em 27 de fevereiro, passado o choque inicial da guerra de submarinos alemães de três semanas antes, mais uma vez o rei Jorge enviou um telegrama a Hans Niels Andersen sobre a urgência de sua missão com Valdemar junto a Nicolau.[59] Mas era tarde demais. A revolução já eclodira nas ruas de Petrogrado.

A história da iniciativa do rei Jorge no começo de 1917, e do malogro de seu gesto de intercessão, manteve-se até agora restrita aos materiais nos Arquivos Reais e a uma breve menção em fontes dinamarquesas. Ela mostra de maneira clara que o rei não ficara de modo algum indiferente ao drama de seus parentes russos e ao impacto que sua queda do poder teria sobre a guerra. Talvez seja hora de lhe dar um reconhecimento um pouco maior, quando devido.

Um pronunciamento de maio de 1917 feito pelo presidente da Duma, o moderado Mikhail Rodziánko — um dos homens mais competentes no governo de Nicolau —, mostra-nos todo o horror da intransigência do tsar e da tsarina diante da calamidade iminente. Rodziánko não era monarquista, mas combatera durante seis anos a resistência do tsar, tentando convencê-lo da necessidade premente de fazer concessões políticas, prevendo com grande antecipação o que viria pela frente. Mas mesmo ele chegara à triste conclusão de que "não conseguia vislumbrar a salvação da Rússia sem um golpe".[60] Era melhor implantar um novo regime no lugar da monarquia do que enfrentar os perigos de uma revolução radical, num momento em que a Rússia estava em guerra:

> Estou convicto de que, se um gabinete ministerial responsável tivesse sido confirmado no dia 25 [de fevereiro; 10 de março no calendário gregoriano] e Alexandra Fiódorovna enviada para Livadia, o movimento teria cessado e teria sido possível evitar a revolução. As massas populares — e todos concordam com isso — não estavam propensas a excessos. Esta era a salvação. Tudo poderia ter dado certo se se tivessem implementado rapidamente medidas enérgicas, legais e responsáveis.[61]

A "catástrofe espreitando nas sombras", que os parentes reais de Nicolau e Alexandra haviam previsto por tanto tempo, finalmente irrompera.[62]

Em 12 de março de 1917, um telefonema de Petrogrado a Tsárskoie Seló informou que regimentos de importância essencial — os Preobrajenski, os Pavlovski e os Volinski, com os quais o regime sempre pudera contar — estavam se amotinando. Mais cedo ou mais tarde, a multidão de manifestantes em Petrogrado se dirigiria a Tsárskoie Seló. A tsarina, porém, tinha preocupações muito mais prementes: Aleksei, Tatiana e Olga haviam sido acometidos por um grave surto de sarampo, com mais de 38 graus de febre.[63] Ao saber da violenta guinada insurrecionista em Petrogrado, ela disse à sua dama de companhia, a baronesa Buxhoeveden, que "era o fim". Tinha de pensar na segurança dos filhos, e mandou chamar imediatamente o grão-marechal e mestre de cerimônias da corte, conde Benckendorff, e o coronel Groten, comandante da guarnição palaciana. Sua primeira ideia foi deixar a cidade de trem, com os filhos doentes, para encontrar Nicolau no Quartel-General do Exército russo em Moguilev. Mas eram dezesseis horas de viagem. O conde Benckendorff telefonou ao ajudante de campo do tsar, Vladímir Voeikov, que transmitiu a Nicolau a sugestão.[64] Ele se mostrou horrorizado à ideia: sua esposa não devia "absolutamente, em hipótese alguma", fazer isso. "As crianças doentes não devem ser trazidas de trem [...] de maneira alguma."

Naquele mesmo dia, às dez da noite, Rodziánko telefonou ao conde Benckendorff, recomendando energicamente que Alexandra levasse os filhos para algum lugar — qualquer lugar — fora de Tsárskoie Seló. O dia seguinte seria tarde demais. Alexandra recuou à ideia de ser vista em fuga, mas julgou que devia ter pelo menos um plano de contingência; no dia 13, pela manhã, disse à baronesa Buxhoeveden para "preparar discretamente minha mala para que eu possa partir com eles [os filhos] a qualquer momento, caso seja necessário".[65] Logo em seguida, porém, recebeu uma notícia arrasadora: às três horas da tarde de 15 de março, em Pskov, a trezentos quilômetros de distância, seu marido Nicolau havia abdicado do trono.

Na segunda-feira, 12 de março, Nicolau finalmente confrontara o pior: a Duma perdera o controle da situação em Petrogrado, e os soldados que guardavam a cidade, até mesmo a Guarda Imperial de elite, estavam desertando e se unindo aos revolucionários. Abalado com a notícia dessa traição, e aflito com a doença dos filhos e a segurança da família, Nicolau mandou avisar que retornaria imediatamente a Tsárskoie Seló. Às cinco horas da manhã seguinte, embarcou em seu trem particular em Stavka, confiando que conseguiria restaurar a ordem na capital. E telegrafou: "Sempre juntos em pensamento. Tempo magnífico. Espero esteja bem e tranquila. Muitos soldados vindos da frente. Profundo amor, Nicky".[66] Se tudo corresse bem, ele estaria de volta a Tsárskoie Seló no dia 14, de manhã cedo.

Mas, a 150 quilômetros de Petrogrado, o trem foi detido em Malaía Vichera. Os revolucionários haviam tomado Gatchina e Luga, mais adiante. Era preciso dar meia-volta. Chegando a Pskov, o Quartel-General do Exército do Norte, Nicolau foi informado pelo comandante local, o general Ruzski, que a situação em Petrogrado era desesperadora. Depois de outro comunicado do primeiro-ministro Rodziánko, Nicolau teve de admitir: "É necessário que eu abdique".[67] Logo a seguir, Aleksandr Guchkov, ministro da Guerra do Governo Provisório, e o deputado Vassíli Tchulgin, da Duma, chegaram a Pskov, para garantir que Nicolau não mudasse de ideia e se certificar de que assinasse o documento de abdicação.* Ninguém, porém, previra o que aconteceu a seguir: Nicolau declarou que não podia reconhecer o governo constitucional, pois, com isso, estaria abandonando seu direito divino de governar; portanto, decidia não só pela própria abdicação, mas também pela do filho – quando todos pensavam que Aleksei ocuparia o trono, sob a regência do grão-duque Mikhail Aleksándrovitch. Nicolau tomou a decisão sabendo que o filho hemofílico teria poucas chances de vida após a adolescência, mas também porque a ascensão de Aleksei ao trono exigiria que ele e Alexandra, como ex-monarcas, seguissem para o exílio. Nicolau não queria nem se dispunha a contemplar a hipótese de se separar do filho. Assim, o trono passou para seu irmão mais novo, Mikhail. Mas Mikhail tinha plena consciência do cálice de veneno que lhe era oferecido e, no dia seguinte, acatando o conselho de Rodziánko, declinou. Assim como seu sensato parente, o rei Haakon da Noruega, Mikhail declarou que "não aceitaria o trono a menos que fosse chamado a ele pela voz do povo expressa

* A documentação do Ministério das Relações Exteriores da Alemanha inclui um relatório dos serviços de inteligência, elaborado pelo embaixador alemão na Dinamarca, Ulrich von Brockdorff-Rantzau, sugerindo que a família de Nicolau estaria ameaçada caso ele não assinasse a abdicação. Naturalmente, ele estava em extrema aflição por causa da esposa e dos filhos doentes, e só pensava em voltar a eles o mais depressa possível.

numa assembleia constituinte". Dessa forma, a abdicação de Nicolau deixou o caminho aberto para que a Duma, presidida por Rodziánko, ficasse com o estatuto de autoridade suprema da Rússia.[68]

Uma das grandes ironias da história de Nicolau e Alexandra é que a importantíssima decisão de abdicar, quando se deu, foi tomada quando Nicolau estava totalmente isolado da esposa, a qual passara os últimos 23 anos empenhando-se ao máximo em supervisionar todas as decisões políticas cruciais do marido. Se estivesse com ele, Alexandra teria sido radicalmente contrária. Mas, para Nicolau, em vista do colapso da lei e da ordem na capital, e da terrível situação da Rússia, essa parecia ser a única coisa a fazer, e a melhor — um gesto de sacrifício pessoal para deter a onda da revolução. Em sua avaliação, o gesto salvaria o Exército Imperial da crise gerada pela divisão entre monarquistas e revolucionários, preservaria o esforço de guerra dos Aliados e pouparia a própria Rússia da guerra civil.

Fiel à sua consciência, Nicolau II procedera "como Deus dispõe em minha alma", assim cumprindo seu dever como piedoso devoto da ortodoxia russa. A abdicação fora "um grande desencargo do espírito". Ele estava disposto a ceder "não só o trono, mas também a vida pela Rússia".[69] Todavia, a lealdade sincera expressa na carta de abdicação, insistindo que "o bem-estar da Rússia deve estar acima de tudo", não causou qualquer impressão nos novos homens da Rússia: "Rimos muito do anacronismo ingênuo do texto", relembrou o bolchevique Nikolai Sukhánov. "O documento da abdicação era um pedaço de papel sem valor que até podia ter interesse literário, mas certamente nenhum interesse político para nós."[70]

À uma da madrugada do dia seguinte, 16 de março, Nicolau II, o derradeiro tsar da Rússia, embarcou pela última vez no trem imperial e partiu sob vigilância cerrada em sua viagem para o cativeiro. Estava mergulhado em profunda melancolia diante do que se avizinhava. "Há traição, covardia e falsidade por toda parte", anotou em seu diário.[71]

Mas o pior mal começara. A corrida para salvar os Románov de si mesmos havia fracassado; poderiam agora ser salvos da vingança revolucionária?

O último casamento de família com a presença da rainha Vitória, Coburgo, 1894. A monarca aparece no centro com a filha mais velha, a imperatriz-mãe da Prússia. À esquerda, o jovem cáiser Guilherme II, e logo atrás dele o tsarévitche Nicolau da Rússia com a noiva, a princesa Alexandra de Hesse e Reno.

Nove monarcas europeus no ofício fúnebre do rei Eduardo VII, em 1910. Atrás, da esquerda para a direita: Haakon VII da Noruega; Ferdinando da Bulgária; Manuel II de Portugal; Guilherme II da Alemanha; Jorge I da Grécia; e Alberto I da Bélgica. Na frente, da esquerda para a direita: Afonso XIII da Espanha; Jorge V do Reino Unido; e Frederico VIII da Dinamarca.

Os cinco irmãos Hesse no casamento em Coburgo. Na frente, da esquerda para a direita: Irene (futura princesa Henrique da Prússia); Ella; a noiva, Vitória Melita, e o grão-duque Serguei, marido de Ella. Atrás, da esquerda para a direita: Nicolau; Alexandra; Vitória (em breve marquesa de Milford Haven) e o noivo, Ernesto.

A família real britânica. O rei Jorge V está atrás da filha Maria, com a rainha Maria segurando John, e na frente seus irmãos, da esquerda para a direita: George, Henry, David (Eduardo VIII) e Albert (Jorge VI).

As princesas dinamarquesas Dagmar (esquerda) e Alexandra (direita), agora imperatriz Maria Fiódorovna da Rússia e rainha Alexandra da Grã-Bretanha, com o marido de Dagmar – e pai de Nicolau –, o tsar Alexandre III (centro).

Os primos reais Jorge e Nicolau mantiveram relações próximas e cordiais nos anos anteriores à guerra. A curiosa semelhança entre eles levava as pessoas a tratá-los como "os gêmeos celestes".

Assim como a realeza britânica, a família imperial russa preferia a vida doméstica em Tsárskoie Seló, a cerca de 25 quilômetros de São Petersburgo. Aqui eles aparecem na escada do Palácio Catarina, de estilo barroco, mas moravam no Palácio de Alexandre, mais modesto, e logo ao lado.

O rei Haakon, ex-príncipe Carlos da Dinamarca, aceitou o trono vago da Noruega em 1905. Casado com Maud, prima dele e de Nicolau II, foi um dos vários parentes reais que insistiram com Nicolau para que iniciasse a reforma política no período que antecedeu a revolução.

Nicolau após a abdicação, agora em prisão domiciliar, com Alexandra, no Parque Alexandre em Tsárskoie Seló, primavera de 1917.

Na primavera de 1917, toda a prole dos Románov foi gravemente acometida pelo sarampo. Maria, aqui se recuperando com o pai ao lado, teve pleurisia e quase morreu.

Duas das filhas Románov, Tatiana e Anastácia, conduzindo um tonel de água no Parque Alexandre. Durante o cativeiro em Tsárskoie Seló, a família teve permissão para cultivar uma horta.

O tsarévitche Aleksei ajudando a limpar a neve no Parque Alexandre, 1917. No Quartel-General do Exército russo e no cativeiro, Aleksei, tal como o pai, usava uniforme militar. Em 1916, ele fora promovido a anspeçada, e aqui aparece ostentando orgulhosamente sua Ordem de São Jorge.

As quatro irmãs Románov — Anastácia, Tatiana, Olga e Maria — estavam perdendo o cabelo devido ao sarampo, e em junho de 1917 decidiram raspar a cabeça. Aleksei fez o mesmo, em solidariedade.

Lord Stamfordham (Sir Arthur Bigge) gozava de especial influência sobre o rei Jorge V, como seu secretário particular, e teve um papel fundamental em persuadi-lo a mudar de ideia sobre o asilo aos Románov.

O embaixador britânico em Petrogrado, Sir George Buchanan, se empenhou ao máximo para proceder a uma pronta evacuação da família Románov após a Revolução de Fevereiro de 1917.

O primeiro-ministro britânico, David Lloyd George, liderou o governo de coalizão de 1916-22 que ofereceu asilo temporário aos Románov em março de 1917.

O político liberal russo Pável Miliúkov, o primeiro-ministro das Relações Exteriores no Governo Provisório, foi o principal responsável por assegurar a oferta de asilo britânico de 23 de março de 1917.

Aleksandr Kerénski, ministro da Justiça no Governo Provisório, supervisionou o cativeiro dos Románov no Palácio de Alexandre. Já como primeiro-ministro, organizou a transferência da família para Tobolsk em agosto de 1917.

O porto russo em Murmansk (Románov sobre o Múrman), julho de 1918. Em 1917, o porto se tornou uma importante base britânica de abastecimento militar, e foi sugerido como local de permanência temporária para os Románov, caso fossem evacuados por via marítima.

Em 1919, esse cargueiro americano precisou cortar cinco metros de gelo do mar Branco congelado para alcançar o porto de Arcangel, o que mostra como teria sido difícil uma evacuação dos Románov pelo mar, mesmo em maio.

3. "Alicky é a causa de tudo isso, e Nicky foi fraco"

Na terça-feira, dia 13 de março de 1917, em seu gabinete no Palácio de Buckingham, o rei Jorge V anotou horrorizado em seu diário que finalmente ocorrera o inevitável: "Más notícias da Rússia, praticamente estourou uma revolução em Petrogrado". "Alguns regimentos das Guardas se amotinaram e mataram seus oficiais", prosseguiu, alarmado, mas havia pelo menos um alívio: "Trata-se de um levante contra o governo, não contra a guerra".[1] No esquema político das coisas, a reação inicial do rei é bastante lógica. Nicky fora derrubado, o tsarismo chegava ao fim e não havia mais o que fazer a respeito. Sua preocupação básica, como monarca, devia ser a campanha dos Aliados na Frente Ocidental e na Frente Oriental. A Rússia precisava continuar na guerra a qualquer custo. As exigências políticas vinham em primeiro lugar, mesmo nesse comentário inicial do rei sobre a deposição do primo.

Mesmo assim, ele ficou abalado com a queda de Nicolau do trono após 23 anos de reinado, ainda mais porque todas as tentativas de alertá-lo, suas e de seus parentes reais, haviam caído em ouvidos moucos. Ele não tinha qualquer dúvida quanto a quem cabia a culpa: "Alicky é a causa de tudo isso, e Nicky foi fraco". A esposa de Jorge, a rainha Maria, não tinha muito o que falar a respeito, limitando-se a anotar em seu diário que a grã-duquesa Gueórgui (irmã do rei Constantino da Grécia) tinha vindo para o chá e que as duas haviam conversado sobre "os surpreendentes eventos na Rússia".[2]

Em Berlim, o cáiser ficou exultante. Por coincidência, era também o Jubileu de Prata de seu primo Ernie, grão-duque de Hesse. Guilherme não resistiu a um gostinho de *Schadenfreude* pela abdicação e telefonou a Ernie para informá-lo de que sua irmã Alexandra fora deposta, acrescentando, sem qualquer palavra de solidariedade, um "feliz aniversário" antes de bater o telefone.[3]

Os relatos históricos da queda dos Románov em março de 1917 giravam até agora em torno da reação do rei Jorge V, mas, na verdade, há documentos no AVPRI, o Arquivo de Política Exterior do Império Russo — instituição de acesso notoriamente difícil, que contém os papéis dos diplomatas russos na Europa no período anterior à revolução — que revelam o interesse de outros atores desde o começo. As primeiras mensagens de apoio a Nicolau na Rússia, com efeito, não vieram do rei Jorge, como sempre se supôs, mas de um de seus primos reais menos destacados e mais improváveis: o rei Afonso XIII da Espanha.

Em 14 de março, o embaixador russo em Madri, o príncipe Ivan Kudachev, recebeu uma visita inesperada.* Era o secretário particular do rei Afonso da Espanha, o marquês de Torres de Mendoza, que trazia uma mensagem, "em nome dos mais calorosos sentimentos de amizade para com o imperador e suas mais profundas simpatias pela Rússia", expressando as graves preocupações de Afonso com o bem-estar da família imperial à luz dos recentes distúrbios em Petrogrado. Torres pediu confirmação da notícia a Kudachev e enviou os votos de compassiva solidariedade de Afonso a Nicolau. No dia seguinte, Afonso enviou Torres mais uma vez à presença do embaixador russo, para reiterar sua preocupação quanto à situação na capital.[4]

Até então, a presença de Afonso e da realeza espanhola na vida dos Románov fora muito pequena, apesar do laço de sangue que os unia a Ena, esposa de Afonso, que era prima de Alexandra. Como monarca de um país neutro, o rei espanhol, de 31 anos, trabalhara incansavelmente desde 1914 pelo bem-estar dos prisioneiros de guerra de ambos os lados, e seu primeiro impulso em favor dos Románov foi de caráter humanitário. Todavia, talvez Afonso tivesse mais

* Kudachev foi nomeado logo antes da revolução e removido logo depois, substituído por Anatóli Nekliudov.

motivos do que outros parentes reais para mostrar solidariedade a Nicolau e Alexandra, pois Ena, como Alexandra, era portadora do fatal gene da hemofilia, que lhes fora transmitido pela avó de ambas, a rainha Vitória. Seu casamento com Afonso lhes trouxera o infortúnio de dois filhos hemofílicos: o herdeiro, Afonso, nascido em 1907, e Gonzalo, em 1914.

É mais provável, porém, que esse gesto de solidariedade tenha sido motivado pelo instinto de Afonso pela preservação dos tronos, no espírito cavaleiresco do *Rey Caballero* com que via sua própria monarquia. Não resta dúvidas de que, entre todos os reis europeus, foi Afonso quem melhor soube avaliar a seriedade da posição de Nicolau e Alexandra. Pois ele também passara anos sob a ameaça de violência revolucionária, e sobrevivera a diversos atentados, inclusive no dia de seu casamento, em 1906, quando um anarquista catalão detonou uma bomba que matou trinta pessoas. Em 1917, o próprio Afonso enfrentava a crescente ameaça de insurreição de grupos espanhóis anarquistas e republicanos.[5]

Em Copenhague, o rei dinamarquês também recebeu com grande horror a notícia da revolução e da abdicação de Nicolau: "A família da tsarina removeu minha família do trono", disse a seu primeiro-ministro, referindo-se à ascendência germânica de Alexandra e à ascendência dinamarquesa do primo Nicolau. Mesmo em 1917, Alexandra ainda era vista entre os parentes próximos como uma integrante pró-germânica contra o Estado russo. O rei Cristiano estava de tal modo apreensivo que enviou instruções a Harald Scavenius, seu embaixador em Petrogrado, pedindo que lhe enviasse um relatório detalhado sobre a situação da família imperial e averiguasse a possibilidade de deixarem a Rússia. Nessa fase inicial, o governo dinamarquês adotou a suposição lógica de que Cristiano ofereceria asilo político tanto à imperatriz-mãe dinamarquesa (sua tia) quanto à família imperial.[6] Também parecia ser esta a expectativa inicial na Rússia, como confirmou a enfermeira britânica Dorothy Seymour em seu diário de Petrogrado: "Segundo os boatos, a família (imperial) irá imediatamente para a Dinamarca".[7]

Depois de assinar a carta de abdicação em Pskov e tentar mais uma vez voltar à esposa e aos filhos em Tsárskoie Seló, Nicolau pediu permissão para ir a Stavka, a fim de se despedir do exército e dos oficiais de seu círculo. O trem chegou a Moguilev às 20h20 de 16 de março, e, numa de suas últimas conversas privadas, o ajudante de campo de Nicolau, Anatóli Mordvinov, perguntou ao tsar o que pretendia fazer dali em diante. "Vou viver como uma pessoa totalmente privada", respondeu ele. "Creio que iremos para Livadia, por causa da saúde de Aleksei." "Também é essencial para minhas filhas doentes." Ou talvez, acrescentou um tanto fantasiosamente, pudessem ir para o mosteiro em Kostroma, 350 quilômetros ao sudoeste de Moscou, onde, em 1613, se iniciara a dinastia Románov. Mordvinov não conseguiu disfarçar seu receio: "Sua Majestade precisa ir para o estrangeiro o mais rápido possível", disse, "porque nem mesmo a Crimeia é segura nas atuais circunstâncias. 'Não, de maneira alguma', respondeu Nicolau, categórico. 'Amo demais a Rússia e não quero deixá-la'".[8]

Em Petrogrado, também se debatia a questão do que aconteceria a seguir ao ex-tsar e à sua família. Numa reunião do Gabinete Ministerial do Governo Provisório recém-formado, o ministro das Relações Exteriores, Pável Miliúkov, se manifestou sobre o futuro deles. Era essencial que atravessassem as fronteiras do Estado russo, por razões políticas e para sua própria segurança. Tratava-se de uma medida cabível, argumentou Miliúkov, para todos os integrantes da Casa Románov, e absolutamente essencial para Nicolau II e seu irmão grão-duque Mikhail e respectivas famílias. Enquanto isso, suas residências ficariam sob guarda e eles teriam liberdade restrita de movimento. Era urgente que ficassem detidos em segurança.[9]

Em Londres, porém, onde acabara de chegar a notícia da abdicação, "os círculos governamentais estavam preocupados com uma única coisa: o potencial enfraquecimento da força militar da Rússia", como relembrou em suas memórias o embaixador russo em Londres, Konstantin Nabokov. Mesmo o movimento trabalhista britânico, ocupado em congratular as classes trabalhadoras russas pela derrubada da velha ordem, insistia que elas mantivessem seu apoio na guerra, alertando que "qualquer redução do esforço de guerra será desastrosa".[10] Arthur Balfour, ministro britânico das Relações Exteriores, expôs claramente as inquietações do governo com a implantação de uma república na Rússia, agora que Nicolau abdicara em nome do filho. Preocupava-se que, diante de pressões extremistas, "costure-se às pressas uma paz ignominiosa com a Alemanha". Tendo isso em mente, o Ministério das Relações Exteriores se apressou a instruir Sir George Buchanan, em Petrogrado, sobre como conduzir os assuntos com o novo governo: "Utilize toda a sua influência contra qualquer administração que não esteja decidida a lutar até o fim".[11]

Em Stavka, findo agora seu papel na guerra, Nicolau se sentou à mesa em 17 de março e redigiu uma nota a lápis, expondo quatro demandas principais para o futuro de sua família e dos integrantes de seu círculo que permaneceram com eles:

1) Que eu possa seguir sem impedimentos a Tsárskoie Seló com as pessoas que me acompanham.
2) Que possamos residir em segurança em Tsárskoie Seló até a recuperação das crianças, com essas mesmas pessoas.
3) Que possamos seguir sem impedimentos para Románov sobre o Múrman [Murmansk] com as mesmas pessoas.
4) Que possamos voltar à Rússia ao final da guerra para ficar na Crimeia – em Livadia.[12]

O documento foi enviado naquela noite por telégrafo ao primeiro-ministro do Governo Provisório, o príncipe Lvov, pelo comandante-chefe de Nicolau, o general Alekseiev. A despeito de sua extrema relutância em deixar o país, Nicolau percebera que talvez precisasse concordar em sair da Rússia durante o prosseguimento da guerra, com a promessa de poder voltar quando ela terminasse. Nessa ocasião, queria poder viver em tranquila obscuridade no lugar que ele e a família mais amavam – o lar nas praias do mar Negro em Livadia. Era uma esperança ingênua, e Nicolau sequer soube que Alekseiev, ao transcrever a nota para um telegrama ao Governo Provisório, omitiu a quarta demanda, sabendo muito bem que a resposta seria um enfático "não".[13] Nunca permitiriam que os Románov morassem na Crimeia; a presença da antiga família imperial na Rússia era uma hipótese que o novo governo não se dispunha a contemplar. Para qualquer lugar que resolvessem ir, teria de ser fora da Rússia e bem longe de qualquer tentativa de uma contrarrevolução. Mesmo agora o governo temia um levante de oficiais em Stavka, em apoio ao ex-tsar.

Por ora, o rei Jorge, primo de Nicolau, mantinha silêncio. Ninguém na Grã-Bretanha sabia ao certo onde estava o tsar naquele momento, mas uma coisa era incontestável: "Parecia não haver qualquer esperança de manter o imperador no trono", informou Buchanan. A preocupação imediata, nos telegramas que trocou com Londres, era como manter o povo russo na guerra e, mais importante, conseguir que se retomasse na Rússia a produção de munições indispensáveis, a qual se interrompera durante a revolução. No dia da abdicação, Sir George insistira que os líderes trabalhistas britânicos enviassem mensagens de apoio ao Governo Provisório, pois "a posição da Inglaterra no momento tem grande peso". O Ministério das Relações Exteriores respondeu com uma mensagem em 16 de março, afirmando que "a força de trabalho organizada da Grã-Bretanha" estava "acompanhando com a mais profunda solidariedade os esforços do povo russo em se livrar do poder de elementos reacionários que impedem seu avanço rumo à vitória". O "despotismo da Alemanha deve ser derrubado", qualquer "redução do esforço significa um desastre para os camaradas nas trincheiras e para nossas esperanças comuns de regeneração social".[14]

Até então, não se mencionara nenhum destino final de exílio para os Románov. Na tarde de 17 de março, Sir George Buchanan se reuniu com Miliúkov, do Governo Provisório, na companhia dos embaixadores da França e da Itália, e as discussões cobriram um amplo leque de questões. Miliúkov, que se encontrava visivelmente sob grande tensão, confirmou que sua prioridade, tal como a deles, era assegurar que a Rússia "prosseguisse implacavelmente a guerra até a vitória". Mas, para isso, era necessário fazer concessões e remover qualquer ameaça de contrarrevolução — em outras palavras, a família imperial. Tendo isso em mente, Buchanan perguntou: "O que o imperador vai fazer?". Miliúkov foi vago; a posição do tsar "era precária, pois todos os erros cometidos pelo último governo foram postos sob sua responsabilidade". Mas a vida de Sua Majestade corria perigo?, indagou Buchanan. Não, respondeu Miliúkov, mas "ele gostaria de vê-lo deixar o país o quanto antes".[15] O Governo Provisório estava em situação tão precária que o embaixador Paléologue telegrafou ao Ministério das Relações Exteriores francês para informar que estavam pensando "em expulsar [sic] da Rússia toda a família imperial".[16] Era tão grande a sua preocupação que, naquele mesmo dia, foi à embaixada britânica para ver seu colega Buchanan. Durante o chá e na companhia da esposa de Buchanan, Lady Georgina, os três falaram sobre os perigos que a família real corria em Tsárskoie Seló e a necessidade de uma evacuação urgente:

> Eles achavam que um cruzador britânico deveria ser enviado para recolher o Soberano caído na costa de Murmansk. Não seria adequado que um barco francês assumisse a tarefa, pois o oceano Ártico ficava na zona das operações navais britânicas.[17]

Em Moguilev, o general Alekseiev estava extremamente aflito com a demora em receber uma resposta do Governo Provisório ao telegrama do tsar. Assim, em 18 de março, enviou um novo, insistindo na permissão para que o trem de Nicolau saísse o quanto antes de Stavka para Tsárskoie Seló. A essa altura, as complicações sobre as providências a tomar em relação ao ex-tsar começavam a se resolver para o Governo Provisório. Três dias após a abdicação, este ainda não tivera, para sua grande consternação, nenhuma notícia por parte do rei Jorge. Como principal aliado da Rússia, todos agora aguardavam uma solução de sua parte. Assim, em 18 de março, Miliúkov se antecipou e enviou um telegrama ao governo britânico, pedindo expressamente que concedessem asilo ao ex-tsar e família.

Enquanto isso, indiferente a todo o alvoroço nos bastidores, Nicolau estava na companhia da mãe, Dagmar, que, a pedido do filho, na véspera, tomara um trem em Kiev para ir vê-lo. Ela chegou com o genro Sandro. Dagmar ficou sentada ali, "soluçando alto, enquanto [Nicky] permaneceu imóvel, fitando os pés e, claro, fumando", relembrou Sandro, a quem a misteriosa calma do cunhado parecia "mostrar sua firme crença de ter tomado a decisão correta".[18] Nos três dias seguintes, Dagmar e Nicolau passearam juntos, choraram juntos, jantaram, foram à igreja e se recolheram em conversas privadas. No dia 19, chegaram notícias tranquilizadoras de Alexandra e dos filhos: Olga, Tatiana e Aleksei agora se recuperavam do sarampo; Anastácia, que também contraíra a doença, ainda estava com febre; infelizmente, Maria agora também fora acometida e sofria com as complicações de uma pneumonia.[19]

Na mesma manhã de 19 de março, Dagmar mandou chamar o general de divisão Hanbury-Williams, um dos comandantes dos Aliados em Stavka, e eles tiveram uma longa conversa sobre o futuro de Nicolau. Ambos concordavam que ele devia deixar imediatamente a Rússia, saindo direto de Stavka, sob proteção militar britânica, mas "o nó do problema" era que não havia a menor hipótese de que Nicolau fosse a lugar algum sem Alexandra e os filhos.[20] Como Miliúkov, Hanbury-Williams também já tomara a iniciativa e telegrafara ao governo britânico sobre "possíveis planos para enviar o tsar à Inglaterra", mas Dagmar ficou "alarmada com a questão da viagem marítima", devido ao bloqueio submarino germânico, e preferia a opção da Dinamarca, que ficava muito mais perto.[21] Mas mesmo uma demorada viagem de trem até um porto sem gelo, assinalou Sandro, seria arriscada. Hanbury-Williams lhes assegurou que, junto com seus colegas generais aliados, Maurice Janin e Louis de Ryckel, estava disposto a escoltar o trem do tsar na volta a Tsárskoie Seló e mais além, a fim de garantir sua segurança. "Fomos seus hóspedes por mais de um ano e ele foi muito bondoso conosco."[22] Nicolau se sentiu tocado pelo oferecimento, mas disse a Hanbury-Williams que "esperava não ter de deixar a Rússia". Ainda se aferrava à ideia de que lhe permitiriam ir para a Crimeia.[23]

Foi somente na segunda-feira, 19 de março, que o general Alekseiev enfim recebeu uma resposta do Governo Provisório, concordando com as três solicitações de Nicolau. Depois que voltasse a Tsárskoie Seló e os filhos se recuperassem do sarampo, a família teria "passagem livre" para o norte, até o porto de Murmansk.[24] Como se soube mais tarde, o governo considerara necessário concordar com esses pedidos a fim de ganhar a confiança de Nicolau e garantir sua pronta e dócil saída de Stavka. Nicolau manteve então uma longa conversa com Hanbury-Williams e, embora relutante, admitiu que, se tivesse mesmo de deixar o país, preferiria ir para a Inglaterra.[25] Hanbury-Williams e Buchanan vinham insistindo que o governo britânico recebesse os Románov, mas o Ministério das Relações Exteriores continuava a recomendar cautela a Buchanan: "Quanto aos futuros movimentos do imperador, naturalmente gostaríamos de vê-lo deixar a Rússia, quando menos no interesse de sua segurança pessoal". E informava a Sir George que, "no entanto, não foi enviado nenhum convite para que Sua Majestade venha para a Inglaterra, e parece muito duvidoso que tal curso seja desejável".[26] A posição do governo britânico continuava a ser de extrema reticência em fazer qualquer coisa.

Ainda naquele dia, em conversa com Buchanan, Miliúkov insistiu num compromisso dos britânicos e perguntou "se eu sabia se estavam tomando providências para que Sua Majestade fosse para a Inglaterra". No dia seguinte, Buchanan recebeu novas solicitações para ressaltar a urgência do assunto, pois agora o Governo Provisório mostrara seu jogo, declarando publicamente sua "intenção de enviar Nicolau II para fora do país" — fato confirmado naquele dia pelo ministro da Justiça, Aleksandr Kerénski, em uma reunião no Soviete de Deputados Operários e Soldados de Moscou. Operários revoltados já começavam a reivindicar em comícios nas fábricas de Petrogrado retaliações contra "Nicolau II, o sanguinário deposto"; "Não temos garantia de que esse vampiro não tentará voltar a entrar em nossas vidas", anunciava uma resolução. Outros operários defendiam a prisão de todos os membros da Casa Románov.

A abdicação não bastava; pairava no ar o regicídio.[27] Em 20 de março, Hanbury-Williams estava alarmado: "O anarquismo já está se mostrando", anotou em seu diário, "e será uma sorte se a família imperial conseguir ser levada para algum lugar em segurança".[28]

Em resposta às demandas de que Nicolau fosse preso e até mesmo executado, Aleksandr Kerénski insistiu que o governo assumira a responsabilidade pela segurança pessoal do tsar e de sua família e que honraria fielmente tal obrigação. "Com a menor delonga possível e sob sua supervisão pessoal, todos seriam transferidos para Murmansk, de onde poderiam embarcar para a Inglaterra."[29] Mas havia um navio a caminho?, indagou Sir George Buchanan, aflito, em outro telegrama urgente a Londres, no dia 20. O ministro das Relações Exteriores, Miliúkov, agora pressionava "decididamente pela partida do tsar e dava por certo que a Grã-Bretanha enviaria um navio para apanhá-lo".[30]

Mas ainda não chegara nenhum convite oficial; era evidente que o gabinete britânico estava fazendo corpo mole. O máximo que o governo sugeriu, em resposta às mensagens frenéticas de Miliúkov e Buchanan, foi que a Dinamarca e a Suíça seriam refúgios melhores para a família imperial.[31] Era uma sugestão vazia; a Dinamarca nunca foi uma opção realista para os Aliados, por ser próxima demais da Alemanha. Essa proximidade colocava "um sério risco de que Sua Majestade Imperial se tornasse foco de intriga da Alemanha".[32] Havia ainda outros aspectos a levar em conta: pouco tempo antes, David Lloyd George enviara suas congratulações ao povo russo por uma revolução que fora "o maior serviço [...] prestado à causa pela qual os povos Aliados vêm lutando desde agosto de 1914".[33] "Um pouco forte", avaliou o rei Jorge ao ver a declaração, embora, como se viu depois, os termos tivessem sido adotados a conselho do embaixador russo em Londres, Nabokov.[34]

A essa altura, Miliúkov estava seriamente preocupado. Se os revolucionários marchassem de Petrogrado para Tsárskoie Seló, o governo não conseguiria proteger Nicolau, e dessa vez ele foi muito direto ao perguntar: "O rei e o governo de S. M. [...] [se dispõem a] oferecer asilo imediato na Inglaterra?".[35] Ele confidenciara ao embaixador francês Paléologue que desejava que o tsar partisse "sobretudo para ser poupado dos desgostos da prisão e do julgamento, que só agravariam as dificuldades do governo".[36] A presença de Nicolau na Rússia contribuía para uma desestabilização; sua partida iria "fortalecer o governo russo e ajudar a assentar as coisas".[37] Outra esperança de Miliúkov era que os britânicos garantissem que Nicolau "se abste[ria] de interferir na política russa estando em solo inglês".[38] Na Rússia ou fora dela, a ex-família imperial logo se tornara uma grande dor de cabeça para ele e seus colegas, que ansiavam por se livrar do problema.

Antes de deixar Stavka em 21 de março, agora avisado de que estava formalmente detido, Nicolau, pálido e esgotado, emitiu uma última ordem a seus soldados, confiando no imorredouro amor e lealdade das tropas à Rússia e em seu compromisso de prosseguir a luta na Frente Oriental. Então despediu-se sobriamente dos oficiais, em especial dos leais cossacos de sua escolta. Como relembrou um oficial, parecia que "os que o cercavam estavam muito mais transtornados do que ele", porém mais tarde Nicolau registrou em seu diário: "Meu coração quase se partiu".[39] Então almoçou com a mãe, reiterando que preferia permanecer na Rússia. Ela, porém, começou a suplicar que, chegando a Tsárskoie Seló, não se demorasse — era preciso que eles saíssem imediatamente da Rússia, mesmo que as crianças ainda estivessem doentes.[40] Mãe e filho ficaram juntos no trem materno até as quatro e meia da tarde, quando veio a "dolorosa e terrível separação", como registrou Dagmar mais tarde. Quinze minutos depois, Nicolau — usando sua túnica cáqui simples "com a cruz de São Jorge na botoeira" — postou-se à janela do vagão quando seu trem se pôs em partida. "A expressão dele", recordou Sandro, era "de infinita tristeza" enquanto o trem partia, "uma onda de fumaça no horizonte", deixando a Moguilev ventosa e gelada e retornando a Tsárskoie Seló. Logo a seguir, ele informou aos companheiros no trem: "Vocês sabiam? Tiraram-me a liberdade". Um dos presentes, diante do tom prosaico, lembrou-se daquele famoso "*Rien!*" que Luís XVI registrou em seu diário no dia da Queda da Bastilha.[41]

Claro que os apelos de Dagmar para que Nicolau saísse logo da Rússia de nada adiantaram, pois já era tarde demais. Como prisioneiro do Governo Provisório, ele não tinha mais qualquer controle sobre os próprios movimentos. Na manhã do dia 21, em Tsárskoie Seló, o general Kornílov (comandante-chefe da guarnição de Petrogrado) chegou para informar Alexandra que ela e sua família também estavam presos. Explicou que era para sua própria segurança, e para pôr fim aos eventuais rumores de alguma tentativa de restaurar a monarquia.[42] (Desde então surgiram indicativos quase inequívocos de que o Governo Provisório prendeu Nicolau e Alexandra para aplacar o beligerante soviete de Petrogrado, que ameaçava usurpar o controle sobre o destino da família imperial, caso o governo não agisse.) Coube a Kornílov tranquilizar Alexandra: "Tão logo a saúde das crianças permita, a família do imperador será enviada a Murmansk, onde haverá um cruzador britânico pronto para levá-los para a Inglaterra", suposição para a qual o governo ainda não recebera nenhuma confirmação.[43] Enquanto isso, com todas as suas vias de acesso firmemente trancadas, exceto uma, o Palácio de Alexandre ficou isolado e sob vigilância cerrada.

Quando Nicolau, exausto, finalmente chegou ao Palácio de Alexandre, em 22 de março, às 11h30, ele e a família começaram sua nova vida como prisioneiros, mal sabendo que uma mensagem de apoio do primo Jorge fora enviada para Stavka, chegando depois da partida do ex-tsar. Enquanto o governo britânico tergiversava, o rei Jorge tomara para si a iniciativa de enviar uma mensagem pessoal e privada, dirigida a Nicolau como tsar e imperador, aos cuidados do general de divisão Hanbury-Williams, como segue:

> Os eventos da semana passada me causaram profunda angústia. Penso constantemente em você e sempre serei seu sincero e devotado amigo, como você sabe que fui no passado.[44]

Por fim, uma semana após a abdicação, chegou da Inglaterra um pequeno sinal de apoio, ainda que sem maiores envolvimentos e sem o esperado oferecimento concreto de ajuda, o que foi uma decepção, em vista do profundo apreço que Jorge manifestara por Nicky, mas pelo menos confirmava que Nicolau não fora esquecido. O telegrama foi encaminhado de Stavka para Sir George Buchanan em Petrogrado, e recebido no dia 24, mas o embaixador britânico não pôde entregá-lo ao tsar, agora prisioneiro em Tsárskoie Seló, e o confiou ao ministro das Relações Exteriores, Miliúkov, pedindo-lhe que o passasse adiante.[45]

Esse telegrama isolado e relativamente inócuo tem sido fonte de consideráveis equívocos e flagrantes mal-entendidos ao longo dos anos. Muitos memorialistas posteriores, inclusive o embaixador francês Maurice Paléologue, parecem ter ficado com a falsa ideia de que a mensagem oferecia asilo, o que claramente não era o caso. O rei não estava em posição de tomar esse tipo de decisão executiva. A interpretação equivocada, porém, teve ampla divulgação, e, sem análise, pode ter contribuído para que o rei Jorge fosse transformado mais tarde em bode expiatório, por não ter conseguido tirar os Románov da Rússia. Da mesma forma, muitas vezes alega-se que Sir George Buchanan decidiu não entregar o telegrama, o que tampouco corresponde à verdade. Foi o Governo Provisório que levantou objeções para entregá-lo ao destinatário. Miliúkov informou a Buchanan que não o entregariam a Nicolau, em primeiro lugar, porque estava dirigido ao "imperador", e Nicolau não portava mais esse título, e em segundo lugar porque o conteúdo, mesmo expresso de maneira inocente, podia ser mal interpretado e visto "como um argumento adicional para a detenção da família imperial, e provavelmente [para] aumentar o rigor da prisão [do tsar]". Sir George protestou, mas disseram-lhe que era "impossível entregar o telegrama", porque ele poderia ser usado como prova "de um complô britânico para salvar o tsar".[46]

O efeito colateral desse pequeno gesto independente do rei Jorge foi extraordinário. Quando o gabinete britânico finalmente soube do telegrama, em 8 de abril, os integrantes do governo pediram para vê-lo; o rei recusou. Foi "puramente pessoal", disse-lhes o secretário particular do rei, Lord Stamfordham, e ele "não está disposto a comunicar seus termos". Na verdade, Jorge já lamentava que se fizesse qualquer menção a ele em um telegrama oficial do Ministério das Relações Exteriores. Se sua mensagem pessoal a Nicolau ainda não fora entregue, então o rei agora queria que Buchanan não a entregasse mais.[47]

Jorge ficou visivelmente aturdido. O alarde imprevisto gerado pelo telegrama está registrado nas notas de uma conversa telefônica entre Hanbury-Williams e Harry Verney, funcionário do Ministério das Relações Exteriores britânico. Desconsideradas até agora, essas anotações manuscritas se encontram na pasta FO 800/205 dos Arquivos Nacionais, sob a rubrica "Rússia e Sibéria". Observando que Buchanan não devia ter convertido esse assunto pessoal numa "questão oficial" em seus telegramas ao ministério, as notas também dizem: "O fato de que todo o governo aqui parece ter ficado muito intrigado com esse telegrama natural e inofensivo aborreceu bastante S.[ua] M.[ajestade]".[48]

A alguns podia parecer tempestade em copo d'água, mas a reação oficial ao telegrama do rei teve claras consequências sobre sua posterior reticência em se envolver mais ativamente na questão Románov.

Jorge V estava pisando em ovos. Tanto isso é verdade que não repetiu o gesto tão necessário de solidariedade ao primo. Vira com toda a clareza a que ponto qualquer apoio independente que mostrasse ao ex-tsar vinha carregado de implicações políticas. Os britânicos não podiam correr o risco de comprometer o novo Governo Provisório russo — seu aliado na guerra. O máximo que o gabinete britânico se sentia capaz de fazer, nessa fase de uma crise política e diplomática que já se mostrava extremamente delicada, era autorizar a sugestão de Buchanan de fazer um apelo humanitário mais geral ao Governo Provisório, alertando que "qualquer violência [feita ao] imperador" teria um "efeito deplorável" e iria "afetar a simpatia do governo de Sua Majestade pelo atual regime".[49]

Na noite de 21 de março, na embaixada britânica, no cais do Palácio de Petrogrado, Sir George Buchanan recebeu uma visita. O duque Aleksandr de Leuchtenberg, amigo próximo da família imperial, fora especialmente até lá, como recordou mais tarde Meriel Buchanan, filha de Sir George, "para implorar a meu pai que tomasse uma medida imediata para retirar da Rússia o imperador com a esposa e filhos". "Corriam o mais grave perigo", insistiu ele, "e, se não fossem transferidos logo para a Inglaterra, seria tarde demais para retirá-los, tarde demais para salvá-los da possível catástrofe."[50]

Na manhã seguinte, depois de outro encontro angustiante com Miliúkov, Sir George telegrafou mais uma vez a Londres, "ressaltando a necessidade de uma ação rápida".[51] Ele tinha boas razões para continuar pressionando o governo, pois "os extremistas [estão] atiçando a opinião pública contra Sua Majestade". "Concordo plenamente que o imperador deve sair antes que a agitação aumente, e espero com toda sincerade que, apesar das evidentes objeções, possa ser autorizado sem demora a oferecer à Sua Majestade asilo na Inglaterra."[52] Naquele dia, Miliúkov, muito melancólico, lhe disse que o tempo estava acabando e declarou: "É a última chance de assegurar a liberdade desses pobres infelizes e talvez de salvar a vida deles".[53] "Coloquei as coisas em termos muito fortes", disse Sir George à filha naquela noite, "penso que terão de agir."[54]

Em Stavka, o general de divisão Hanbury-Williams também pressionava. O general Alekseiev o mantinha a par dos acontecimentos em Petrogrado, agora que os Románov eram prisioneiros em Tsárskoie Seló, e lhe rogou que enviasse prontamente um telegrama

> para solicitar ao governo de Sua Majestade que faça seus melhores esforços diplomáticos para garantir salvo-conduto integral a toda a família imperial até Románov [Murmansk] e a Inglaterra, o quanto antes. Ele teme pela segurança daqueles à sua volta se não se tomar tal ação o mais rápido possível.[55]

Hanbury-Williams só podia torcer para "que todas as providências possíveis sejam tomadas imediatamente".[56] Mas, "em termos pessoais e privados", considerava "a condição [do Governo Provisório] referente à partida do imperador para o Reino Unido injusta e um insulto a ele". O ex-monarca devia, no mínimo, ser autorizado a permanecer na Rússia, como queria, e sob a proteção deles.[57]

Foi apenas em 22 de março, numa reunião em Downing Street, que o primeiro-ministro David Lloyd George finalmente se sentou com Lord Stamfordham, o secretário particular do rei, para discutir a difícil situação da família imperial. Em seguida, o chanceler do Tesouro, Andrew Bonar Law, e o vice-ministro permanente do Ministério das Relações Exteriores, Lord Hardinge, juntaram-se à discussão, concluindo que o governo britânico, gostasse ou não, tinha a obrigação de "convidar o tsar e a tsarina a estabelecerem residência neste país", no interesse de sua "segurança pessoal" e como gesto de solidariedade a um aliado de guerra. A solicitação de Miliúkov "não poderia ser negada".[58] Mas *não negar* uma solicitação não é o mesmo que fazer um oferecimento livre e espontâneo. E havia condições: o governo de Miliúkov precisaria dar garantias quanto ao apoio financeiro à "Sua Majestade Imperial", "meios suficientes que lhe permitam viver aqui com a apropriada dignidade".[59]

Tais ressalvas foram comunicadas a Petrogrado pelo embaixador russo em Londres, Konstantin Nabokov, após uma conversa "amistosa e privada" naquele dia com Hardinge, que ressaltara que a estada do tsar na Inglaterra apresentava "grandes dificuldades". Ele disse a Nabokov que seu governo estava preocupado com uma eventual "agitação indesejável" ocasionada pela presença do tsar no Reino Unido, e que cabia ao Governo Provisório exercer um controle rigoroso sobre as pessoas indo e vindo da Rússia durante a permanência da família real, a fim de impedir "tramas e conspirações para a restauração da monarquia".[60]

Nessa altura, é claro, ninguém fazia ideia do número de acompanhantes que os ex-soberanos pretendiam levar. Onde iriam morar, e quem pagaria por isso? Poderiam talvez lhes ceder uma das residências reais? Mas a família real britânica usava regularmente o Palácio de Buckingham, Windsor e Sandringham, e a Osborne House fora convertida em local de convalescença para oficiais feridos. Balmoral era a única residência particular da realeza que talvez pudesse servir, mas Stamfordham insistiu que era inadequada para o inverno.[61] (Durante uma visita à rainha Vitória em Balmoral, em 1896, todos os acompanhantes de Nicolau e Alexandra reclamaram do frio terrível que fazia no castelo.) Quanto à questão do sustento financeiro dos Románov, Miliúkov concordou que seu governo concederia "um subsídio generoso" para esse fim, mas "rogou que não se fizesse público o fato de que o Governo Provisório tomara a iniciativa nessa questão".[62] Com efeito, como confidenciara ao ex-mestre de cerimônias da corte, conde Benckendorff, o tsar, após o retorno a Tsárskoie Seló, não tinha mais nenhum recurso financeiro na Inglaterra; "todo o dinheiro depositado lá fora enviado para a Rússia" (para ajudar no esforço de guerra), e, "se fosse para a Inglaterra, teria de depender da caridade dos parentes".[63]

Miliúkov estava cada vez mais nervoso, como notaram os funcionários britânicos, temendo que, ao "insistir na questão do asilo do ex-imperador na Inglaterra", fora "além dos desejos de alguns colegas".[64] Seja como for, no final da tarde de 22 de março, Lord Hardinge informou a Buchanan em Petrogrado que o governo britânico anuíra à sua solicitação para receber o tsar e a família. Em 23 de março — dia em que os embaixadores da França, da Itália e da Grã-Bretanha anunciaram o reconhecimento oficial de seus governos do novo regime na Rússia —, enfim chegou o oferecimento britânico. Mas, ao contrário do que Miliúkov pedira a Buchanan, o governo de David Lloyd George insistia que qualquer anúncio público desse oferecimento deveria deixar absolutamente claro que ele não fora feito por iniciativa britânica, mas *a pedido dos russos*.[65]

Em Madri, de onde acompanhava atentamente os fatos na Rússia, o rei Afonso também receava que o tempo estivesse se esgotando, e solicitou que o embaixador russo Kudachev fosse vê-lo. Logo chegou a Petrogrado um telegrama dirigido a Miliúkov:

Urgente e Altamente Confidencial. Tendo voltado hoje da Andaluzia, o rei me chamou. Sua Alteza está muito preocupada com o destino da família imperial, mas também, ao mesmo tempo, receia que a permanência na Rússia de Sua Majestade, depois de renunciar ao trono, possa incentivar a revolução e um grande derramamento de sangue. Embora nossa conversa tenha sido privada e o rei tenha me pedido para não divulgá-la, considero meu dever alertá-lo de que o embaixador espanhol [em Petrogrado] será instado a apelar ao Governo Provisório no referente ao futuro destino da família imperial. Desconheço o teor do apelo, mas o rei ressalta o fato de que os acontecimentos na Rússia têm impacto sobre a Espanha. Já há sinais de ebulição revolucionária nos distritos operários. Em Barcelona, têm havido distúrbios com mortos e feridos que eles estão tentando ocultar.[66]

Tendo enfim chegado a um acordo com os britânicos para retirar os Románov da Rússia, o Governo Provisório não viu necessidade de prestar muita atenção aos apelos do rei Afonso quanto às "garantias do futuro destino do tsar", descartando-os como "supérfluos".[67] Mas a mensagem deixa claro que o instinto de sobrevivência do rei espanhol fora acionado. Ele estava preocupado não só com a segurança dos Románov, mas com os efeitos que a permanência deles na Rússia poderia gerar sobre o próprio trono espanhol, à luz das simpatias republicanas e anarquistas radicais pela Revolução Russa. "O que afeta um trono pode afetar outro. A história mostra que todas as revoluções importantes num país abalaram a posição dos governantes em outros."[68]

É de se perguntar se, mesmo nessa fase inicial, tais reflexões já haviam ocorrido ao rei Jorge. Em outros tempos, a Inglaterra fora o refúgio favorito de monarcas banidos, sobretudo os franceses, como Carlos X, Luís Filipe e Luís Napoleão, que aproveitaram a hospitalidade britânica ao perder o trono no século anterior. Mas as repercussões internacionais da Revolução Russa eram muito mais profundas, e já se alastrava pela Europa uma grande onda de simpatia popular de esquerda pela causa revolucionária, como constatava o rei Afonso. Será que isso explicaria o intrigante silêncio do rei Jorge, que se absteve de pedir ao governo britânico para tomar providências em favor de seus primos, muito embora sua própria mãe, a rainha-mãe Alexandra, já pressionasse o Ministério das Relações Exteriores para ter notícias da irmã Dagmar? Como monarca constitucional, Jorge não tinha poderes para dar ordens ao governo, o que coloca a seguinte pergunta: se Miliúkov, premido por urgentes e reiteradas instâncias de Buchanan e Hanbury-Williams, não tivesse persistido em solicitar que os britânicos recebessem os Románov, será que Jorge e seu governo teriam em algum momento tomado a iniciativa e se prontificado a recebê-los?

Oito dias depois da abdicação de Nicolau, e após uma espera que parecera torturante, o Ministério das Relações Exteriores da Rússia recebeu um comunicado formal do embaixador britânico Buchanan:

> Monsieur le Ministre,
>
> Em relação à conversa que tive a hora de manter com Sua Excelência na última segunda-feira, tenho a honra de declarar que o rei e o governo de Sua Majestade têm a satisfação de oferecer asilo ao antigo imperador e à antiga imperatriz, e confiam que eles irão aceitá-lo pela duração da guerra.[69]

"Infelizmente, creio que seja tarde demais", disse Miliúkov num suspiro, quando a carta de Buchanan enfim chegou.[70] O ministro das Relações Exteriores da Rússia tinha boas razões para pensar dessa maneira, pois sabia muitíssimo bem que uma força política muito mais beligerante já passara para a ação a fim de garantir que a família Románov enfrentasse grandes dificuldades para deixar a Rússia, qualquer que fosse o país que lhe oferecesse refúgio.

Sir George Buchanan pressionara seu governo durante vários dias para que tomasse uma decisão, alertando que "o poder do soviete estava aumentando a cada dia".[71] E seu alerta era acertado, pois, ao fim e ao cabo, seria o Soviete de Deputados Operários e Soldados de Petrogrado — e não o Governo Provisório — que controlaria o destino da família imperial na primavera de 1917.

4. "A cada dia, o rei fica mais preocupado"

Nos primeiros dias da revolução, os ex-integrantes da antiga Duma imperial em Petrogrado haviam se debatido para montar algum tipo de governo interino. Esperavam que isso bastasse para impor ordem durante alguns meses, até conseguirem organizar as eleições para uma Assembleia Constituinte. Mas esse chamado Governo Provisório se viu cada vez mais envolvido em conflitos com uma entidade política rival — o soviete de Petrogrado. Esse conselho de operários e soldados revolucionários militantes fora formado como pressão para que se declarasse a república e se instaurasse nada menos que um novo Estado socialista, controlado pelo povo e para o povo. Muitos membros do soviete tinham influência sobre os trabalhadores em setores-chave da indústria de Petrogrado, nos serviços de correios e telégrafos e nas redes ferroviárias, de importância estratégica fundamental. Outro setor essencial no equilíbrio de poder também estava cada vez mais sob o controle do soviete: as forças armadas. Até outubro de 1917, quando os bolcheviques de Lênin finalmente assumiram, o país foi governado pelo poder dual dos sovietes regionais e da capital, muitas vezes em conflito direto com o Governo Provisório.

Embora o Governo Provisório encabeçado pelo príncipe Lvov, com sua mescla de elementos burgueses e velhos latifundiários monarquistas, pudesse desejar que o ex-tsar fosse autorizado a deixar a Rússia incólume e com alguma dignidade, a linha dura do soviete de Petrogrado não tinha a menor intenção de deixar que Nicolau II se afastasse tranquilamente dos destroços do velho sistema tsarista corrupto sob seu comando. Havia um preço a pagar pelos séculos de despotismo imperial. Em 19 de março de 1917, tão logo o soviete soube que o Governo Provisório planejava enviar os Románov para o exterior, foi convocada uma reunião urgente do Comitê Executivo. Os deputados do soviete ficaram tão alarmados com os boatos de que um trem especial se preparava para retirar a família da Rússia que enviaram tropas para ocupar todas as estações ferroviárias, e telegrafaram a todas as ferrovias, instruindo os chefes de estação e os trabalhadores ferroviários de "que os Románov e seu trem devem ser detidos onde forem encontrados".[1] Na verdade, imediatamente após a abdicação, o soviete de Petrogrado enviara mensagens para que o trem do tsar fosse detido na volta de Stavka e ele fosse preso, mas os telegramas só chegaram depois que Nicolau já havia alcançado Tsárskoie Seló.[2]

"Era evidente que não podíamos deixar os Románov irem para o exterior para buscar seu destino em outro lugar e aguardar seu momento", relembrou Nikolai Sukhánov, do Comitê Executivo do soviete, e tampouco se poderia permitir que eles voltassem à "arena histórica". O comitê "reconheceu rapidamente e de forma unânime que o soviete devia tomar a questão dos Románov nas mãos", e estava preparado para isso, "mesmo que sob o risco de um rompimento com o Governo Provisório".[3] Os integrantes do soviete estavam convencidos de que os Románov dispunham de enormes riquezas, escondidas em segurança em bancos estrangeiros; por que haveriam de enviá-los para o exterior, de onde poderiam recorrer a seus "milhões" para financiar uma contrarrevolução?, indagava o novo jornal oficial, o *Pravda*, dirigido pelos bolcheviques. "Não! Os Románov não devem ser autorizados a sair. Seria um crime de Estado, uma traição da nação."[4] Havia também a questão da segurança política: "O imperador conhece demasiados segredos de Estado"; devia ficar isolado, de preferência na Fortaleza de São Pedro e São Paulo, ou no bastião revolucionário em Kronstadt.[5] Em 22 de março, Serguei Maslovski, um comissário do soviete de Petrogrado, foi enviado a Tsárskoie Seló para "tomar as rédeas da situação" — em outras palavras, para levar Nicolau à fortaleza, onde ficaria encarcerado no temido Bastião de Trubetskoi.[6] Maslovski chegou ao Palácio de Alexandre com três veículos blindados cheios de homens e metralhadoras. A caminho, brandiu a pistola e prometeu "prender Nicolau Románov e levá-lo de volta para Petrogrado, vivo ou morto". Caso necessário, estava preparado para "liquidar o assunto aqui mesmo em Tsárskoie", jactou-se. Chegando ao palácio, ele e o comissário bolchevique Aleksei Tarassov-Rodiónov tentaram convencer os guardas a entregarem "Nikolachka", caso se decidisse "mandá-lo para o estrangeiro e depois pôr de novo o jugo dele em vocês". Quando os oficiais da guarda garantiram que o ex-tsar era prisioneiro e não ia a lugar algum, Maslovski abrandou um pouco. Autorizado a ver o ex-tsar à distância num corredor, para ter certeza de que estava realmente ali, Maslovski foi entrevisto num rápido vislumbre pelo coronel Evguéni Kobilínski, comandante da guarda externa de Tsárskoie Seló.[7]

Naquela noite, Nikolai Tchkheidze, o presidente menchevique do soviete, informou que o Governo Provisório cedera à pressão "de não permitir que o ex-tsar e a família deixem Tsárskoie Seló sem a anuência explícita do Comitê Executivo", que a essa altura resolvera "tomar medidas extraordinárias e imediatas" em caso de alguma tentativa nesse sentido.[8] Para garantir que o governo manteria a palavra, o soviete montou sua própria rede de observadores, para atestar que a família imperial permanecia confinada no Palácio de Alexandre.[9] O embaixador francês Maurice Paléologue observou que eles também haviam "postado guardas 'revolucionários' em Tsárskoie Seló e nas rotas de saída de lá, para impedir qualquer retirada sub-reptícia dos soberanos", fosse por membros do Governo Provisório ou por qualquer outra pessoa.[10]

Assim, antes mesmo que Miliúkov recebesse da Inglaterra o oferecimento de asilo, já na noite anterior seu governo se vira colocado numa posição insustentável: como conseguiria proceder à evacuação da família imperial em segurança quando o soviete de Petrogrado estava fazendo todo o possível para impedi-la, e exigindo o julgamento e a execução de Nicolau?

O oferecimento britânico, que chegou na manhã seguinte, foi praticamente inútil — mais um pedaço de papel sem efeito, que passou para a história prometendo muito, mas não cumprindo nada. Por que Miliúkov continuou com a encenação de discutir uma evacuação que sabia ser logisticamente impossível e, se fosse tentada, terminaria de modo violento? Uma semana após a abdicação, a questão da evacuação dos Románov já era totalmente acadêmica. No entanto, as recriminações e controvérsias sobre os responsáveis pelo constrangedor fiasco subsequente prosseguiriam durante décadas.

Com o soviete fazendo todo o possível para retirar do Governo Provisório o controle sobre o destino da família Románov, este se viu obrigado a agir.

Aleksandr Kerénski, socialista revolucionário que também ocupava um cargo no soviete de Petrogrado, foi então incumbido, como novo ministro da Justiça, de supervisionar a proteção da família imperial no Palácio de Alexandre até que se conseguisse definir um plano para seu futuro. "Considerávamos qualquer demonstração de vingança algo indigno da Rússia Livre", relembrou Kerénski mais tarde. A prisão do tsar e da tsarina, com a família, fora uma medida não de castigo, mas de proteção, insistiu ele, e confiou ao coronel Kobilínski — que logo se tornaria comandante da guarnição do Palácio de Alexandre — a tarefa de garantir que a família fosse bem tratada e não houvesse nenhuma brecha na segurança.[11] Enquanto isso, a fim de acalmar a situação explosiva, e contando com a aprovação de Sir George Buchanan, o Governo Provisório assegurou ao soviete de Petrogrado que Nicolau ainda não fora informado sobre o oferecimento britânico. Num encontro reservado com Miliúkov, Buchanan concordou que era preciso tratar de duas coisas importantes antes de informar qualquer plano ao tsar e à esposa: o governo precisava "vencer a oposição do soviete, e [...] Suas Majestades não podiam partir em hipótese alguma enquanto seus filhos não melhorassem".[12] Agora havia trezentos soldados guardando o perímetro externo do palácio; os aparelhos telefônicos e o telégrafo estavam fora de alcance; toda correspondência que entrava e saía era submetida a um exame cerrado. A recreação ao ar livre, numa parte cercada do parque, era rigorosamente regulamentada. Os membros do entourage da família imperial que não haviam aceitado a oferta do Governo Provisório de partir estavam agora presos junto com ela.[13]

Assim, ao mesmo tempo se empenhavam em manter o apoio do soviete de Petrogrado, assegurando-lhe que não deixariam os Románov saírem da Rússia, Kerénski e Miliúkov travavam conversas com a Inglaterra exatamente sobre isso. Em Tsárskoie Seló, ninguém do círculo imperial conseguia uma resposta direta sobre o que estava acontecendo; os ex-monarcas estavam no escuro sobre o local para onde iriam, embora tivessem chegado à conclusão de que talvez a Noruega fosse uma opção melhor; seria um bom lugar para a saúde de Aleksei, como comentou Alexandra com a baronesa Buxhoeveden, sua dama de companhia.[14] Pelo menos isso vazou para a imprensa ocidental, ansiosa por conseguir qualquer notícia fidedigna sobre a família imperial. Segundo um "telegrama de Copenhague", "o ex-tsar pediu permissão para que o filho vá para a Noruega, a fim de recuperar a saúde". Um artigo no *Liverpool*

Echo de 29 de março, intitulado "O futuro lar do ex-tsar", entregou-se a uma intensa especulação sobre a possibilidade de que a família imperial fosse para a Inglaterra, observando ter recebido uma mensagem "de uma fonte bem--informada" indicando a "probabilidade de que a família real russa acabe por estabelecer seu novo lar na Dinamarca".[15]

E então, um dia depois, soou o primeiro sinal de alerta de uma mudança nos sentimentos oficiais britânicos. Praticamente desde o instante em que o governo desaprovara seu telegrama particular ao tsar, o rei Jorge se retorcia de dúvidas sobre toda a questão do asilo dos Románov, e na quinta-feira, 30 de março, instruiu Lord Stamfordham a escrever para o ministro das Relações Exteriores:

> Meu caro Balfour:
>
> O rei tem pensado muito sobre a proposta do governo para que o imperador Nicolau e família venham para a Inglaterra.
>
> Como certamente você sabe, o rei possui uma sólida amizade pessoal com o imperador e, portanto, ficaria contente em fazer algo para ajudá-lo nesta crise. Mas Sua Majestade tem sérias dúvidas, não só por causa dos perigos da viagem, mas *por razões gerais de conveniência* [itálico meu], se é aconselhável que a família imperial estabeleça residência neste país.[16]

O governo britânico refletiu sobre a mensagem durante três dias antes de responder. Nunca encorajara a ideia do asilo na Inglaterra, na esperança de que a Dinamarca ou mesmo a Suíça se prontificassem a concedê-lo, mas, ainda assim, agira de modo honroso sob a pressão de Miliúkov e emitira um convite formal. Embora o governo visse claramente que o rei estava agora repensando a questão, David Lloyd George ficou numa posição muito delicada. No dia seguinte, portanto, Stamfordham foi informado de que o governo "não pensa, a menos que a situação mude, que seja possível, neste momento, retirar o convite enviado, e, portanto, confia que o rei acederá em manter o convite original". Como monarca constitucional, Jorge não podia senão capitular. No dia seguinte, Stamfordham enviou uma breve resposta, informando a Balfour que o rei "considera a questão encerrada, a menos que o governo russo chegue a alguma nova decisão sobre o tema".[17]

Mas quais eram, exatamente, as "razões gerais de conveniência" que agora tanto preocupavam o rei Jorge? Em suma, era o receio de inflamar os sentimentos da esquerda radical em favor da revolução e contra a família imperial que estavam ganhando terreno na Grã-Bretanha, tal como faziam o máximo em Petrogrado para impedi-la de sair do país. O que nascera como um gesto humanitário aparentemente simples já vinha se carregando de conotações políticas, que não só eram antimonárquicas e potencialmente prejudiciais ao esforço de guerra dos Aliados, como criavam um dilema moral incômodo e muito pessoal para o rei.

Desde a eclosão da guerra, em 1914, o reinado de Jorge já testemunhara uma série de greves e insatisfações fabris, alimentadas pelo crescente apoio ao socialismo e pelo surgimento do Partido Trabalhista. O socialismo trouxera o temido espectro do republicanismo, e o monarca sabia muito bem que a prioridade de seu governo era manter a Frente Nacional unida enquanto houvesse uma guerra em curso. A ideia de uma guerra de classes na Grã-Bretanha, imitando a da Rússia, enchia-o de pavor; a queda de seu primo Nicolau trazia um sério conflito de interesses que o confundia e atormentava enquanto tentava conciliar suas simpatias familiares pessoais com seu dever como chefe da nação.

As vozes da dissidência se avolumavam à sua porta. Em 31 de março, realizara-se no Royal Albert Hall de Londres um comício para "comemorar" a chegada da Revolução Russa, liderado pelo político trabalhista republicano George Lansbury. Não era uma reunião de meia dúzia de extremistas de esquerda; o salão ficou completamente lotado, com 12 mil pessoas, mais 5 mil do lado de fora que não conseguiram entrar.[18] Embora não tivesse sido explicitamente hostil ao rei, o comício no Albert Hall, ao comemorar a revolução e uma nova Rússia livre, dera um enorme impulso na confiança do operariado em sua crescente força política. Atento aos sinais de hostilidade pública, o secretário particular do rei, Lord Stamfordham, avivava vigorosamente as chamas da ansiedade de Jorge, alimentando-o com uma torrente de matérias negativas na imprensa sobre a questão da ida do tsar para a Inglaterra.

Dia após dia, Stamfordham esquadrinhava os jornais à procura de qualquer crítica ao rei ou sinais de um crescente movimento antimonarquista, arquivando os recortes numa pasta com a rubrica "Insatisfação no país". Havia uma passagem em particular marcada com força a tinta vermelha para chamar a atenção do rei: era de um artigo publicado em 5 de abril pelo líder do Partido Trabalhista Independente, Henry Hyndman, com o título

"A necessidade de uma República britânica". Saíra em *Justice: The Organ of Social Democracy*, que logo se tornaria o semanário oficial do Partido Trabalhista; o artigo relembrava aos leitores que a família real britânica era "essencialmente germânica"* e defendia uma república britânica, observando: "Se o rei e a rainha convidaram seus primos russos depostos a virem para cá, estão interpretando de maneira totalmente equivocada os sentimentos que nós, os ingleses comuns, nutrimos".[19]

O artigo prosseguia advertindo sobre o desejo de uma república na Grã-Bretanha após a guerra. No mesmo dia, o rei recebeu uma carta de alerta de um amigo, o bispo de Chelmsford, avisando que havia "uma desconfiança entre o público de que o tsar [tinha] o respaldo deste país"; outras cartas, solicitadas ou não, manifestavam sérias preocupações com o crescimento do Partido Trabalhista e o incitamento da insatisfação social a que vinha procedendo.[20] Havia um medo generalizado da plebe. Será que o governo levara tudo isso em conta antes de aceder ao pedido de Miliúkov para receber o tsar? Será que não calculou que o povo britânico não havia esquecido a brutal repressão à Revolução de 1905 na Rússia? Stamfordham foi muito meticuloso, para não dizer obsessivo, na tarefa de fazer chegar ao rei toda e qualquer indicação inquietante: "Não há nenhum jornal socialista, nenhum pasquim calunioso que não seja lido, marcado e mostrado ao rei, caso contenha qualquer crítica, amistosa ou não, à Sua Majestade e à família real", declarou ele.[21] Sua investida sistemática contra a já frágil posição do rei sobre o assunto logo teria os efeitos desejados.

Enquanto isso, no Palácio de Alexandre em Tsárskoie Seló, Aleksandr Kerénski fez em 3 de abril sua primeira visita oficial aos Románov encarcerados, chegando de maneira ostensiva num dos vários automóveis de luxo confiscados da garagem imperial. Ao ser apresentado a Nicolau, Kerénski informou de maneira solene que uma de suas primeiras medidas como ministro da Justiça

* Não há dúvida de que esta e outras insinuações sobre as possíveis simpatias pró-germânicas da família real, feitas até por escritores ilustres como H. G. Wells, motivaram a troca de seu sobrenome, passando de Saxe-Coburgo-Gota para Windsor em 17 de julho de 1917, a fim de ajudar a dissipar tais acusações.

fora abolir a pena de morte. Mas qual a razão? Teria sido menos por um altruísmo genérico e mais para dissipar uma eventual pressão pelo julgamento e execução de Nicolau? Kerénski certamente estava sendo pressionado a manter a pena de morte para "líderes do antigo regime".[22]

Perguntado sobre a questão do asilo em outro país, Kerénski não pôde dar nenhuma resposta definitiva, mas disse a Nicolau que ainda tinha esperança de conseguir organizar sua partida. Ficou desconcertado com a atitude estranhamente passiva e distanciada do tsar, tão pouco tempo depois do turbilhão que enfrentara; havia em torno dele uma profunda sensação de solidão, até de desolação. "Ele não queria lutar pelo poder, que simplesmente caiu de suas mãos"; a retirada de Nicolau para a obscuridade civil "não lhe trouxe senão alívio". Liberado das horas que passava à mesa assinando "aqueles incessantes documentos", parecia realmente satisfeito com sua vida lendo, caminhando, cortando lenha e cuidando do jardim com os filhos. Era Alexandra "quem sentia agudamente a perda de autoridade e não conseguia se resignar à sua nova posição"; sua atitude hostil e negativa deprimia a todos.[23] Mais tarde, Kerénski confidenciou a um amigo que, como muitos outros, fizera um juízo prévio de Nicolau que era injusto. De fato, ficou tão impressionado com o porte digno do tsar que, durante o encontro, viu-se tratando-o por "Sua Alteza Real" em vez do simples e direto Nikolai Aleksándrovitch.[24]

Nos primeiros dias de abril, sem saber de todas as maquinações sobre sua evacuação, Nicolau anotou que começara a selecionar suas coisas, a separar "tudo o que quero levar comigo, se tivermos de ir para a Inglaterra".[25] Quando um de seus captores sugeriu a Alexandra que talvez devesse acelerar as coisas e "escrever à rainha britânica pedindo ajuda", a ex-tsarina prontamente o cortou: "Depois de tudo o que passamos, não preciso pedir ajuda a ninguém, exceto a Deus, Nosso Senhor. Não tenho nada a escrever para a rainha britânica".[26]

Durante sua visita, Kerénski informara ao médico da família, o dr. Evguéni Bótkin, que a rainha dinamarquesa telegrafara de Copenhague ao Governo Provisório "para indagar sobre a saúde da ex-imperatriz". Esse comentário de passagem sempre foi entendido como uma pergunta sobre a tsarina Alexandra, mas sem dúvida não foi o caso. Por que os dinamarqueses haveriam de se interessar subitamente pela saúde de Alexandra, nascida na Alemanha? Eram os filhos *dela que estavam doentes. Não seria pergunta sobre a saúde da imperatriz-mãe Dagmar, tia do rei Cristiano, agora de volta a Kiev, e sobre a qual as notícias eram intermitentes?* De maneira semelhante, ouviram Kerénski dizer durante a visita que "a rainha inglesa" também estava perguntando sobre a saúde da imperatriz. Isso, mais uma vez, parece um equívoco de interpretação, baseado no uso indefinido de "rainha" e "imperatriz" em telegramas breves como esses. À luz do enorme bafafá gerado pelo recente telegrama de seu marido a Nicolau, a última coisa que a rainha Maria faria seria enviar um telegrama privado indagando sobre a tsarina. Não; o telegrama era de Alexandra, a rainha-mãe, pedindo com urgência notícias sobre a irmã, a imperatriz-mãe Dagmar.*[27]

Nesse ponto crucial das negociações para dar asilo aos Románov, a rainha-mãe estava de fato se tornando um espinho para o governo britânico. "A querida mãe" vivia atormentando o filho Jorge "sobre a Rússia e Nicky", pois "estava muito transtornada com tudo isso". Embora o rei tivesse se reunido em caráter privado com o grão-duque exilado Mikhail Mikháilovitch,** e conversado sobre "a ideia de o pobre Nicky vir para a Inglaterra", também estavam chegando à embaixada britânica em Petrogrado, sem que ele soubesse, telegramas enviados por sua mãe, "extremamente ansiosa por notícias", uma vez que fazia "alguns dias" que não tinha informações sobre Dagmar.[28] A rainha-mãe rogava a Sir George Buchanan que passasse por cima da burocracia oficial e encaminhasse suas cartas para Dagmar em Kiev, assim como outros membros da família real com parentes na Rússia — todos na impossibilidade de receber notícias —, mas ele se desculpava dizendo que não poderia proceder dessa maneira "enquanto não obtiver permissão do governo". Numa mensagem ao Ministério das Relações Exteriores, em 4 de abril, Buchanan comentou que

* Dagmar, que tinha problemas de estômago, morava em Kiev desde maio de 1916, onde trabalhava com a Cruz Vermelha e outros serviços de assistência hospitalar para os feridos de guerra. É praticamente certo que tenha sido isso o que a salvou de ser detida e aprisionada em Tsárskoie Seló com os outros membros da família imperial, caso ainda morasse em Petrogrado.

** O grão-duque Mikhail Mikháilovitch, ou Miche-Miche, como era conhecido na família, fora banido da Rússia por Alexandre III ao contrair um casamento morganático com a condessa Sophie von Merenberg em 1891. Estabelecera-se na Inglaterra em 1900, onde mais tarde arrendou a Kenwood House, em Hampstead Heath.

essas intervenções de caráter privado estavam lhe causando vários problemas: "Fiquei sabendo que dois telegramas enviados pela rainha Alexandra foram retidos. Um era totalmente inofensivo, mas o outro, receio, tinha uma linguagem bastante comprometedora. Por ora, é inútil Sua Majestade telegrafar".[29] Havia boas razões para temer que tais telegramas caíssem nas mãos erradas: os russos estavam interceptando e lendo todos os telegramas britânicos enviados "*en clair*" e, provavelmente, também os telegramas diplomáticos cifrados, tendo uma longa tradição de decodificação estabelecida sob a Okhrana, a antiga polícia secreta tsarista.

Na pasta Rússia e Sibéria FO 800/205, há uma troca de mensagens reveladora, nunca citada anteriormente, entre o secretário particular da rainha Alexandra, Sir Arthur Davidson, e o ministro das Relações Exteriores britânico, Arthur Balfour. O conteúdo ilustra mais uma vez — e apenas dias depois do grande alarme despertado entre eles pelo telegrama oficioso do rei Jorge em apoio a Nicolau — que o governo britânico estava ficando extremamente irritado com a conduta dos membros da realeza, enviando mensagens privadas à Rússia pelas costas do governo.

Sir Arthur Davidson expôs os problemas a Balfour:

> Espera-se que Sua Majestade não envie mais nenhum telegrama, pois sua continuidade pode levar muito facilmente aos mais sérios resultados que é imperioso evitar. A rainha Alexandra, porém, é muito avessa a aceitar conselhos, exceto da Fonte do conhecimento [isto é, seu filho, rei Jorge], e receio que qualquer recomendação de cautela terá pouco ou nenhum efeito, a menos que venha suplementada com algo de uma fonte com autoridade muito maior.
>
> Assim, você poderia me enviar [...] um breve memorando mostrando que, devido à fase de transição pela qual a Rússia está passando, a situação é extremamente delicada e pode se tornar com grande facilidade extremamente perigosa.[30]

Balfour respondeu prontamente com um memorando oficial para Davidson aprovar e passar ao rei e à rainha-mãe:

O governo encontra-se muito apreensivo, temendo que se pense que a Inglaterra está exercendo qualquer influência a fim de restaurar o regime imperial. Se o comitê revolucionário [o soviete] pudesse apresentar alguma prova disso, o Governo [Provisório] ficaria muito enfraquecido, e toda a questão da aliança e da permanência da Rússia na guerra estaria em risco. E também a segurança de toda a família imperial depende em grande medida da mais rigorosa e mais cuidadosa abstenção de qualquer forma de interferência ou expressão de opinião por parte da Inglaterra, sobretudo do rei, da rainha e da rainha-mãe Alexandra. Mesmo as mais simples mensagens de solidariedade podem ser facilmente distorcidas e apresentadas como ideias ou ações políticas.[31]

Era Sexta-feira Santa, dia 6 de abril, mas a crise crescente sobre a questão do asilo oferecido aos Románov mantinha todos presos a suas escrivaninhas, tanto em Windsor quanto em Westminster. O rei, tendo sem dúvida examinado as últimas atualizações na pasta "Insatisfação no país", mal terminara o desjejum matinal e mandara chamar Stamfordham. Logo uma carta seguia para Balfour, no Ministério das Relações Exteriores:

A cada dia, o rei fica mais preocupado sobre a questão da vinda do imperador e da imperatriz para este país.

Sua Majestade recebe cartas de pessoas de todas as extrações, conhecidas ou desconhecidas, dizendo o quanto o assunto tem sido discutido, não só em clubes, mas por trabalhadores, e que os parlamentares trabalhistas da Câmara dos Comuns estão manifestando opiniões contrárias à proposta.

Como você sabe, desde o começo o rei avaliou que a presença da família imperial (sobretudo da imperatriz) neste país criaria dificuldades de toda espécie, e tenho certeza de que você entende como será embaraçoso para nossa família real, que é intimamente ligada ao imperador e à imperatriz. [...]

O rei deseja que eu lhe pergunte se, depois de consultar o primeiro-ministro, Sir George Buchanan não deveria ser contatado com uma sugestão de abordar o governo russo para que escolha algum outro lugar como futura residência de Suas Majestades Imperiais.[32]

Seis horas depois, chegou outra nota de Stamfordham; dessa vez, a apreensão do rei Jorge atingira tal ponto que ele *rogou* explicitamente a Balfour que exponha ao primeiro-ministro que, por tudo o que ele ouve e lê na imprensa, a residência do ex-imperador e da ex-imperatriz neste país despertaria grande indignação entre o público e sem dúvida comprometeria a posição do rei e da rainha, que seriam acusados de fazer o convite.[33]

Evidentemente, Jorge lera o artigo de Hyndman no número anterior de *Justice*, pois agora estava em pânico com a sugestão do articulista de que o convite ao tsar "veio de Suas Majestades". Dessa vez, Stamfordham não usou de rodeios:

> Buchanan deve ser instruído a dizer a Miliúkov que a oposição à vinda do imperador e da imperatriz para cá é tão grande que nos deve ser permitido recuar da anuência previamente dada à proposta do governo russo.[34]

Arthur Balfour não tinha alternativa a não ser acatar, e naquela noite enviou uma nota a Lloyd George sobre a necessidade de um plano de contingência: "Penso que talvez tenhamos de sugerir a Espanha ou o sul da França como residência mais adequada para o tsar do que a Inglaterra".[35]

Um dos primeiríssimos estudos sobre o assassinato dos Románov, publicado em Paris em 1931, foi escrito pelo historiador russo emigrado Serguei Melgunov. Em seu Sudba Imperatora Nikolaia II posle otrecheniya [O destino do imperador Nicolau II após a abdicação], *ele cita um artigo de um jornal britânico que deixa absolutamente claro, nos termos mais inflexíveis, o grau de oposição oficial que então se avolumava contra a ida dos Románov para a Inglaterra.*[36] *No entanto, ele atribui erroneamente o artigo ao* Daily Telegraph *e não dá a data, e assim o texto nunca havia sido verificado, até esse momento. Pelo tom, fica claro que devia ser um editorial, pois trazia o título "Um protesto respeitoso".* O Daily Telegraph *desse período crucial não está digitalizado, e uma longa busca nos microfilmes não resultou em nada. Assim, num domingo, sentei-me à escrivaninha para tentar uma busca no British Newspaper Archive on-line. Entrei com as palavras-chave "protesto respeitoso" e algumas outras combinações possíveis — e, de repente, ali estava.*

A referência ao Daily Telegraph *está errada; o artigo foi publicado num vespertino de Londres,* The Globe. *O timing desse editorial — datado de 5 de abril de 1917 — é fundamental, e sua importância política mais que evidente.*

> Temos a sincera esperança de que, se existe de fato alguma ideia sobre convidar o ex-tsar e sua consorte a estabelecerem residência na Inglaterra, ela seja abandonada. É preciso falar com toda a clareza sobre o assunto. O oferecimento de asilo à família imperial neste país seria motivo de profunda e justa indignação dos russos que foram levados a organizar uma grande revolução sobretudo porque, enquanto o ex-tsar esteve no trono, estavam sendo continuamente traídos por aqueles que são inimigos tanto nossos quanto deles. Lamentamos ser obrigados a falar em termos fortes sobre uma dama exaltada, parente próxima de nossa Casa Real, mas é impossível fechar os olhos para o fato de que a ex-tsarina foi o centro, se não a efetiva origem, das tramas pró-germânicas que infligiram o mais grave desastre a nossos Aliados e estiveram muito perto de atraí-los para uma paz prematura e desonrosa. Consorte do tsar russo, mesmo assim ela nunca esqueceu que era uma princesa alemã, e destroçou a dinastia dos Románov com tentativas de trair seu país de adoção e entregá-lo a seu país natal. O povo inglês não admitirá que receba refúgio na Inglaterra, de onde poderá retomar suas atividades perigosas, e nenhuma comiseração pela grandeza caída o levará a tolerar um passo tão suicida. Falamos claramente porque é necessário, e porque o perigo é grande e iminente. O próprio trono britânico estaria em perigo caso se fizesse tal coisa.[37]

Havia uma excelente razão para que esse artigo condenador, se não calunioso, aparecesse no *Globe*. O jornal era de linha política conservadora e, de vez em quando, publicava comunicados ministeriais; seu público eram as classes instruídas. Em 1917, era controlado pelo magnata industrial Max Aitken, que no ano anterior, como proprietário do *Daily Express*, desempenhara um papel fundamental na queda do governo liberal de Asquith. Aitken também oferecia um importante apoio ao novo governo de coalizão de David Lloyd George, que então ocupava o poder. Lloyd George o recompensou com um título de nobreza, e Aitken adotou o título de barão Beaverbrook.

É curioso que essa colérica difamação da tsarina não conste entre os inúmeros recortes da pasta "Insatisfação no país", que Lord Stamfordham apresentava ao rei Jorge. Talvez ele tenha considerado o tom subversivo do artigo forte demais para os ouvidos sensíveis do rei — afinal, Alexandra era sua prima. Mas o artigo deixa claro, agindo como porta-voz indireto de David

Lloyd George, que a posição do governo britânico perante o asilo dos Románov era totalmente negativa, apesar das mostras de uma superficial boa intenção. Isso torna ainda mais pungente o fato de nunca ter chegado a Nicolau a única mensagem positiva e bem-intencionada de apoio do primo e aliado britânico, o rei Jorge.

Na Rússia, Sir George Buchanan ainda debatia com Kerénski uma possível data de partida da família imperial. Kerénski lhe havia dito que visitaria o tsar em Tsárskoie Seló no dia seguinte, mas que

> pensava que o imperador não conseguiria ir para a Inglaterra pelo próximo mês. Seria difícil autorizá-lo a partir enquanto não se completasse o exame dos documentos apreendidos, e ele esperava que eu não pressionasse o governo para apressar sua partida. Respondi que não tinha nenhuma intenção de fazer isso, embora estivéssemos naturalmente ansiosos para que se tomassem todas as precauções para a segurança de Sua Majestade.[38]

Kerénski deu a entender que eram documentos potencialmente incriminadores, mostrando as "simpatias pró-germânicas" da tsarina e seu envolvimento num complô para chegar a uma paz em separado com a Alemanha. Em decorrência disso, Nicolau e Alexandra estavam temporariamente apartados em Tsárskoie Seló, enquanto a investigação estava em curso, e só tinham autorização de se encontrar às refeições.

O que há de impressionante nesse despacho de Buchanan é que ele foi enviado a Balfour em 9 de abril, três dias depois que o rei e seu governo haviam começado a recuar e a decisão britânica de retirar a família imperial da Rússia já estava se desfazendo. Por que Buchanan não fora informado mais cedo? Uma carta escrita naquele mesmo dia por um auxiliar de Stamfordham — seu secretário-assistente particular, Sir Clive Wigram —passou quase despercebida, mas tem importância fundamental, e é muito franca em sua avaliação da situação:

> Provavelmente você ouviu rumores de que o imperador e a imperatriz da Rússia, junto com muitos grão-duques, estão vindo à Inglaterra para receber asilo aqui.

> Claro que o rei tem sido acusado de organizar isso para seus amigos reais. Mas, na verdade, Sua Majestade vem se opondo a essa proposta desde o início, e tem pedido aos ministros que parem com isso. Não creio que essas realezas russas venham, mas, se vierem, sua presença aqui se deverá ao Ministério da Guerra, e não à Sua Majestade.[39]

Em 10 de abril, o rei estava tão decidido a deixar seus sentimentos extremamente claros ao governo que Lord Stamfordham, empunhando sua pasta de recortes, foi do Castelo de Windsor, onde a família real estava passando a Páscoa, até o número 10 de Downing Street para um encontro frente a frente com David Lloyd George. Durante o encontro, Stamfordham defendeu energicamente a posição de Jorge e procurou "transmitir a ele [Lloyd George] a firme opinião do rei de que o imperador e a imperatriz da Rússia não deviam vir para este país". A situação desde a primeira manifestação de apoio do rei mudara drasticamente: a opinião pública britânica se tornara "energicamente contrária à ideia"; Stamfordham ressaltou ainda que o rei estava recebendo mensagens diárias, "anônimas e não anônimas, de pessoas que desconhecia, bem como de amigos, criticando um arranjo que, diga o governo o que disser, *será inteiramente atribuído ao rei* [itálico meu]".[40]

Como defensor da honra do rei, isso não bastava para Stamfordham: "Mesmo que o governo declarasse publicamente a responsabilidade pela vinda de Suas Majestades Imperiais, o POVO responderia que isso era para proteger o rei". Esse peso de responsabilidade pessoal por toda a operação, a ser colocado nos ombros de Jorge, era mais do que ele podia suportar — ou, aliás, arriscar. "O governo de Sua Majestade", insistiu Stamfordham uma vez mais, "deve retirar a anuência concedida."[41] Lloyd George concordou que talvez o sul da França fosse um local melhor para os Románov; disse que aventaria o assunto com o presidente francês, Alexandre Ribot, numa próxima reunião; seu ministro das Relações Exteriores, Balfour, também pediria a opinião de Francis Bertie, embaixador britânico na França.

Stamfordham ficou um tanto surpreso ao descobrir, numa reunião com Balfour logo em seguida, que Sir George Buchanan ainda dava "por certo que o imperador e a imperatriz estavam vindo para a Inglaterra, e que o atraso se devia a algumas questões que ainda precisavam ser esclarecidas". O embaixador, perguntou ele, não devia ter "sido informado de que toda a questão está sendo reconsiderada, e de que nosso Acordo anterior não pode mais ser mantido?". Balfour concordou no envio imediato de um telegrama a Buchanan em Petrogrado.

Em suas memórias posteriores, Meriel, filha de Buchanan, afirma ter uma clara lembrança do momento em que chegou um telegrama urgente à embaixada britânica em Petrogrado. "'Tenho más notícias da Inglaterra', disse seu pai, num tom de voz apático e sem vida. 'Eles se negam a receber o imperador.'"[42] "Era 10 de abril", afirmou ela, mas isso não é possível.[43] Fiz longas e árduas buscas desse citadíssimo comunicado de 10 de abril. Não consegui encontrar nos arquivos oficiais nenhum telegrama do Ministério das Relações Exteriores a Sir George em Petrogrado nessa data, embora haja um sobre as cartas da rainha-mãe a Dagmar. O telegrama a Buchanan, informando-o sobre a mudança de ideia do governo britânico, foi enviado a Petrogrado às quatro da tarde do dia 13 de abril, marcado como "Pessoal e altamente confidencial", e provavelmente só chegou na manhã seguinte, dia 14.*

Aprovado por Lord Hardinge e David Lloyd George, o telegrama frisava as sérias preocupações do governo:

> Há indicações de que se está desenvolvendo aqui um considerável movimento antimonarquista, incluindo ataques pessoais ao rei. [...] Acreditamos que, se o imperador vier para cá, esse movimento pode se ampliar perigosamente. Devemos também considerar se a presença do imperador aqui não nos enfraqueceria em nossas tratativas com o novo governo russo. [...] Por favor, exponha-me suas opiniões, e, enquanto isso, *não diga nada mais* [itálico meu] sobre o assunto ao governo russo, a menos que eles próprios levantem a questão.[44]

* É de se concluir que Meriel Buchanan se enganou na data, escrevendo muitos anos depois do ocorrido; algumas linhas abaixo, na mesma página, ela se engana na data de outro documento importante nessa história. Kerénski também aparece misturando ou confundindo as datas nessa sequência.

Sir George ficou extremamente perturbado com a mudança de posição do governo, mas em 15 de abril começava a aceitar pesarosamente a sensatez da decisão tomada em Londres, tendo se inteirado um pouco melhor das ramificações políticas mais amplas. Apenas um dia antes, recebera em Petrogrado dois parlamentares trabalhistas britânicos, Will Thorne e James O'Grady. Em conversa reservada, Thorne o alertara de que, "se oferecermos asilo a Sua Majestade na Inglaterra, as consequências podem ser muito graves", sem dúvida numa ameaça velada de insatisfação da esquerda. Mas e se a iniciativa viesse do Governo Provisório?, perguntou Buchanan, esperançoso. Thorne respondeu que, "enquanto durar a guerra, não devemos permitir em circunstância alguma que ele fique na Inglaterra".[45] Em Moscou, logo a seguir, um delegado do Partido Trabalhista foi ainda mais franco, durante um jantar oferecido à colônia britânica local: "As pessoas estão dizendo que o tsar vai para a Inglaterra. Digo-lhes desde já que não é verdade. Se ele não presta para a Rússia, não presta para nós".[46]

Embora a iniciativa britânica oficial de conceder asilo aos Románov agora tivesse definhado, ainda assim Sir George Buchanan continuou a buscar uma alternativa. Por que o Governo Provisório não deixava o tsar "ir para Livadia, como julguei ser desejo dele?", indagou ao príncipe Lvov. Parecia-lhe que "seria muito fácil isolá-lo lá, e lhe fornecer proteção". "O risco da viagem seria excessivo", foi a resposta; o governo de Lvov ainda tinha esperança de que a Inglaterra o recebesse. Agora, no entanto, o embaixador também estava preocupado com a reação dos "partidos de extrema esquerda" a tal eventualidade. E telegrafou a Londres: "Se o governo francês consentisse, seria muito melhor do nosso ponto de vista. Não seria bom, talvez, sondá-los sobre o assunto?".[47]

Lord Cecil, vice-ministro das Relações Exteriores, confirmou que já haviam entrado em contato com a França.[48] Naquele ínterim, Lord Hardinge enviara uma carta privada ao embaixador britânico em Paris, Francis Bertie, reforçada por uma mensagem pessoal de Stamfordham em nome do rei. O governo britânico se via numa "situação de grave dificuldade". O rei não gostaria de mostrar "indiferença" ao tsar, explicou Hardinge, mas será que os franceses não poderiam intervir e salvar a situação?[49]

Infelizmente, todas as esperanças de uma solução logo se desfizeram. Os franceses mostraram não só indiferença, mas franca hostilidade pelo destino dos Románov. Muitos na esfera política francesa tinham recebido com grande prazer a derrubada do tsar, vendo nela paralelos próximos com a Revolução Francesa de 1789; e, tal como a esquerda britânica, a esquerda francesa enviara delegados socialistas à Rússia, em abril, para congratular o novo governo. O primeiro-ministro francês Raymond Poincaré, tal como os britânicos, também estava preocupado com os efeitos que a revolução traria para o esforço de guerra russo.[50] Assim, não foi surpresa que Francis Bertie escrevesse a Balfour dizendo julgar uma "sorte que tivessem desistido da ideia":

> Não creio que o ex-imperador e sua família seriam bem recebidos na França. A imperatriz é uma boche não só por nascimento, mas por sentimento. Fez tudo o que pôde para obter um acordo com a Alemanha. É vista como uma criminosa, ou uma lunática criminosa, e o ex-imperador como um criminoso, por sua fraqueza e submissão à influência dela.[51]

Com tanta hostilidade em relação a Alexandra se manifestando nos círculos diplomáticos, é evidente que ela e Nicolau, em termos políticos, eram uma batata quente que ninguém queria ter nas mãos. No final de abril, mal tendo transcorrido seis semanas desde que a revolução os derrubara do poder, o ex-imperador e a ex-imperatriz da Rússia eram *personae non gratae* em toda a Europa. "Estamos procurando por todo lado um refúgio para eles", Lord Hardinge disse a Bertie em Paris, "mas não vemos onde seriam bem-vindos. Entendo muito bem que os franceses não os queiram, tal como nós, mas a posição aqui seria muito mais difícil do que na França."[52]

Na Rússia, a família imperial e o Governo Provisório continuavam a aguardar notícias sobre a evacuação, sem saber que o oferecimento britânico não estava mais de pé e que o ex-tsar e a ex-tsarina eram párias aos olhos dos demais países europeus. Apesar disso, nos últimos cem anos, persistiram rumores de que os britânicos talvez tivessem realmente preparado planos de evacuação da família imperial russa nos primeiros dias após a revolução.

5. "Ao porto Románov pela ferrovia de Murmansk"

No final de março de 1917, o tutor suíço Pierre Gilliard, mantido em cativeiro com os Románov no Palácio de Alexandre, notou uma incerteza crescente sobre a esperada evacuação para a Inglaterra: "Os dias se passavam e nossa partida era sempre adiada". Ele já havia percebido que o Governo Provisório enfrentava a intransigência do soviete de Petrogrado para organizar as coisas e que "estava perdendo autoridade". "No entanto, estávamos a poucas horas de trem da fronteira finlandesa", observou ele melancólico, "e a necessidade de atravessar Petrogrado era o único obstáculo sério. [...] Se as autoridades agissem com decisão e de maneira sigilosa, não seria difícil levar a família imperial a um dos portos finlandeses e dali para um país estrangeiro".[1]

A conclusão de Gilliard, claro, era totalmente lógica, mas a realidade era muito mais complicada. Depois da Revolução de Fevereiro, a Finlândia — que até então fora um grão-ducado do Império russo — obtivera estatuto semiautônomo, com parlamento próprio, e poderia oferecer aos Románov, se chegassem até lá, um certo grau de proteção para saírem da Rússia. Mas qualquer plano de evacuação sugerido por Petrogrado em março ou abril de 1917, depois do oferecimento britânico feito inicialmente, detinha-se diante da primeira dificuldade: a logística de retirar a família de Tsárskoie Seló. O inverno, a distância, as crianças doentes, as condições das ferrovias, os encarregados delas, tudo tinha importância fundamental. E isso sem mencionar a presença pouco tranquilizadora do soviete de Petrogrado, que já controlava qualquer movimento dos Románov.

Quando o Ministério da Guerra, em março de 1917, perguntou ao adido militar britânico na Rússia, o general de brigada Waters, sua opinião sobre uma evacuação, ele observou com certa leviandade que, se os "moderados" agissem depressa — e antes que o soviete de Petrogrado tomasse a dianteira —, um "torpedeiro veloz e algumas maletas de moedas britânicas" conseguiriam levar a família para o outro lado do golfo da Finlândia. Mas isso teria de ser feito "dentro de uma quinzena".[2] Waters, sem dúvida, estava certo quanto ao prazo: na verdade, a única brecha realista para conseguir a evacuação da família imperial era até mais estreita do que seu cálculo aproximado. Consistia nos seis dias entre a abdicação no dia 15 e a decisão do Governo Provisório, votada em 20 de março, de que "o imperador deposto e sua consorte sejam privados de sua liberdade" — e certamente antes que o soviete de Petrogrado enviasse seus capangas a Tsárskoie Seló, para garantir que a família não saísse de lá.[3]

Se Nicolau, após a abdicação, tivesse ido diretamente para Tsárskoie Seló em vez de passar por Stavka para ver o exército e a mãe, poderia ter chegado em 16 de março — isto é, se não detivessem o trem antes de alcançar seu destino.[4*]

A sugestão de Waters de que os Románov partissem depressa passando pelo golfo da Finlândia (a casa de veraneio da família em Peterhof poderia servir de base para a operação) — e então pelo Báltico até a Inglaterra — certamente teria sido a rota mais rápida, mas seria preciso evitar os campos de minas russas, armadas contra os submarinos alemães. Em março, porém, grande parte do golfo estava coberta de gelo, e o Báltico, mais adiante, era patrulhado por mortíferos submarinos e navios de guerra alemães, deliberadamente posicionados de forma a manter os navios britânicos e russos confinados ao golfo.[5]

Está claro que, dias antes do oferecimento britânico oficial — e, na verdade, *antes* mesmo que Nicolau chegasse de Stavka —, a ansiedade do Governo Provisório em retirar os Románov da Rússia era tão grande que ele já começara a examinar as possibilidades logísticas para a evacuação. Em suas memórias posteriores, Kerénski e Miliúkov comentaram enfaticamente que imaginavam que a prisão da família em Tsárskoie Seló seria apenas temporária (uma medida

* O conde Benckendorff e Elizaveta Naríchkina, ex-camareira-mor, que integravam o entourage imperial, estavam tão desesperados para que o tsar e a tsarina escapassem a possíveis represálias bolcheviques que insistiram que o casal fugisse imediatamente, prontificando-se a cuidar das crianças doentes e acompanhá-las mais tarde ao exterior, para se juntarem aos pais.

necessária para aplacar o soviete de Petrogrado), até a partida para o exterior. Estavam tão confiantes disso que Kerénski, num discurso feito ao soviete de Moscou em 20 de março, comprometera-se em público a escoltar pessoalmente a família até Murmansk.[6] E depois, no mesmo dia, como reiterou num artigo publicado em 1932, "havíamos assentado a partida do tsar e estabelecêramos o itinerário de sua viagem ao exterior".[7]

Segundo Meriel Buchanan, em 23 de março, quando chegou o oferecimento britânico, seu pai foi prontamente conversar com Miliúkov para "tomar as providências necessárias". "Ficou combinado", escreveu ela, "que o imperador iria ao porto Románov pela ferrovia de Murmansk [...] e um cruzador britânico os embarcaria e levaria à Inglaterra."[8] Essas linhas gerais do plano esboçado encontram confirmação numa "Lista de medidas a serem tomadas em relação à proposta de partida de Nicolau II para o exterior", sem data, redigida por uma figura central nessa história, o conde Benckendorff. As prioridades eram:

1. Saída por Románov sobre o Múrman ou por Tornio [a fronteira finlandesa com a Suécia], devido ao desejo de uma parada na Noruega para o tratamento das crianças.
2. Conde Benckendorff incumbido do contato com um representante do Governo Provisório para discutir questões ligadas à viagem.

Outros itens do documento enumeravam a proteção dos móveis e bens pessoais da família imperial, deixados no Palácio de Alexandre, a preservação do conteúdo do Palácio Anitchkov de Dagmar em Petrogrado e das demais propriedades dos Románov em Peterhof e Livadia. O documento também insistia na garantia de que fossem pagas as pensões dos servidores da ex-família imperial.[9] O tom deixa claro que, de início, esperava-se uma evacuação ordeira da família. Qualquer tipo de "resgate" dramático e secreto de Tsárskoie Seló, nesse contexto, é absurdo.

Aqui cabe fazer a pergunta que tem intrigado muita gente: de fato chegou a ser enviado um navio britânico com essa finalidade específica em março de 1917, logo após o oferecimento britânico? Não se encontra um único documento referente a isso em lugar algum, seja nos arquivos do Ministério das Relações Exteriores ou do Ministério da Guerra, seja no registro de sinais políticos em Petrogrado. Encontra-se, porém, um documento no arquivo secreto do ministro russo das Relações Exteriores no AVPRI que confirma o caráter de extrema urgência. Esse pró-memória (e não um memorando oficial) da conversa entre eles, entregue por Sir George Buchanan a Miliúkov em 24 de março, frisava "a máxima urgência dada pelo governo do rei à evacuação em segurança para a Inglaterra, no prazo mais curto possível, do ex-imperador e de sua família".[10] Assim, ao que parece, qualquer plano esboçado por Sir George e Miliúkov, se é que houve algum, fora discutido em caráter totalmente oficioso.

Há dois roteiros possíveis para a evacuação dos Románov nesse momento: o primeiro é a opção Murmansk.[11] Com efeito, Murmansk como ponto de partida tem sido o mantra da maioria dos livros sobre os Románov, repetido desde os anos 1920, mas sem que se procedesse a qualquer exame sério da logística envolvida. É de se perguntar se, mesmo em março de 1917, a viabilidade de uma evacuação por Murmansk fora devidamente examinada. De fato, até que ponto era realista conduzir a família imperial a um destróier britânico com destino à Inglaterra naquele momento, em vista da guerra submarina alemã e da situação política explosiva na Rússia? Que chance havia de que um trem transportando a família conseguisse sequer sair de Petrogrado? A viabilidade concreta da opção Murmansk se esfacela tão logo se analisam os detalhes. Qualquer trem saindo da estação em Tsárskoie Seló teria de entrar em Petrogrado, primeiro seguindo para leste via Petrozavodsk na recente ferrovia Vologda-Petrogrado, e então continuando para norte via Zvanka até Románov sobre o Múrman (rebatizada Murmansk em 16 de abril de 1917).

O povoado de Románov fora criado em 1915 na península de Kola, na costa ártica russa, como importante local de abastecimento com suprimentos vindos da Inglaterra durante a guerra, através de seu porto, não sujeito a congelamento, no mar de Barents. No começo de 1917, era um simples aglomerado de cabanas, docas e ramais ferroviários, mas, depois, viria a se tornar uma base importante para a Intervenção Aliada e o Exército Branco, durante a guerra civil de 1917-22. A ideia de um submarino ou de um destróier britânico, sem nada melhor para fazer, aguardando na expectativa os Románov em Murmansk na primavera de 1917 é pura fantasia. Ainda que as águas do porto de Murmansk não congelassem, a rota marítima até lá, naquela altura, seria extremamente perigosa, com inúmeras geleiras. Além disso, os submarinos não conseguiam se manter submersos por longas distâncias, tendo, na maior parte do percurso, de navegar na superfície escoltados por um cruzador, e os submarinos germânicos já tinham afundado várias embarcações na área de Murmansk. Para completar, nessa época do ano, a maior parte do dia e a noite eram escuras feito breu. No início de 1917, os únicos navios que sabidamente estiveram em Murmansk foram um velho navio de combate, um cruzador (que estacionava lá regularmente) e seis traineiras armadas. O Almirantado britânico *de fato* enviou dois submarinos em operações de guerra de Scapa Flow para Murmansk, mas eles só chegaram em 27 de abril.[12]

Qualquer sugestão do porto de Arcangel como outro local para a evacuação nessa época do ano é ainda menos plausível. Embora fique a cerca de 1600 quilômetros ao sudeste de Murmansk, na entrada para o mar Branco, a camada de gelo em março-abril tinha mais de 3,5 metros de espessura; o tempo era inclemente, e o porto, com sua vasta extensão de superfície congelada, às vezes parecia o Polo Norte, ficando degelado apenas entre meados de maio e o começo de novembro. Mesmo então o gelo, ao recuar, tendia a se amontoar no gargalo estreito do mar Branco, por onde desembocava no Ártico, muitas vezes obstruindo a navegação de entrada e saída de Arcangel até uma altura bem avançada de junho.[13] No entanto, segundo um telegrama secreto enviado ao embaixador Nabokov em Londres, preferia-se a evacuação por Arcangel, tão logo fosse possível começar a transitar, em meados de maio.[14]

No inverno de 1917, um percurso de 1400 quilômetros para o norte, de Tsárskoie Seló até Murmansk, mesmo nas melhores circunstâncias, teria sido de extrema dificuldade — sobretudo para cinco crianças ainda enfraquecidas pelo recente sarampo. A estrada de ferro era de via única, sem leito adequado (contingência em época de guerra para permitir levantar os trilhos, em caso de acidente, e criar uma passagem secundária), e fora feita às pressas, no geral por prisioneiros de guerra, para ligar a rota de abastecimento com a capital. Um trem de passageiros levaria até seis dias para chegar lá; somente os trens com munições, que tinham prioridade, conseguiam ir mais depressa. Durante a longa e árdua viagem, um trem com a família imperial poderia ser paralisado a qualquer instante, bastando para isso que alguns trabalhadores ferroviários beligerantes removessem os trilhos adiante; pior ainda, poderia ser atacado por Guardas Vermelhos doidos para pôr as mãos no ex-tsar e na ex-tsarina e lhes impor sua justiça brutal. A família seria um alvo fácil durante toda a viagem.

No entanto, o roteiro Murmansk/ Arcangel não se encerra por aqui. Murmansk ressurgirá em nossa história no começo de 1918.

Havia outra rota escandinava para sair da Rússia, mais prática e plenamente exequível, que pode ter sido analisada e foi sugerida no memorando de Benckendorff – é a rota *atravessando Tornio*. A família imperial teria de atravessar Petrogrado e seguir para o norte, pelo istmo da Carélia, até a fronteira finlandesa, setenta quilômetros adiante, no rio Sestra. Dali o trem passaria pela estação da fronteira russa em Beloostrov, rumaria para o oeste e então para o norte na lenta estrada de via única até o ponto de cruzamento, sob controle britânico, com a Suécia, neutra, em Haparanda/ Tornio, numa viagem de trem totalizando 1200 quilômetros, 320 quilômetros mais longa do que pela rota direta mais curta. A situação na Finlândia era menos explosiva do que na Rússia, e um trem talvez tivesse chances de chegar até a fronteira sueca. Dali, com a conivência da neutralidade sueca, a família poderia atravessar o país sob uma escolta militar britânica disfarçada até a Noruega (os dois países, unidos politicamente até 1905, deviam ter ligações entre si), para um local de evacuação pelo mar, em Gergen.

No registro de Lord Stamfordham sobre a reunião que tivera com David Lloyd George em 22 de março, o secretário particular do rei observou que o Governo Provisório "queria que o imperador fosse a Románov porque estaria sob a guarda deles até se encontrar a salvo num navio inglês, *ao passo que, se fosse a Bergen, ficaria livre tão logo cruzasse a fronteira russa* [itálico meu]".[15] A opção Bergen, se tivesse sido adotada, muito provavelmente teria sido a única maneira viável de levar os Románov da Escandinávia para a Inglaterra naqueles primeiros dias cruciais. Pois no começo de março, logo antes da abdicação de Nicolau, o Almirantado britânico inaugurara um novo serviço de vapores rápidos semanais de Bergen até Aberdeen – porto seguro no qual só podiam entrar embarcações britânicas –, para propiciar maior segurança e eficiência no transporte de malotes diplomáticos e de servidores militares e diplomáticos da e para a Rússia. O que levara a essa iniciativa fora a demora em receber documentos essenciais do Serviço Secreto de Inteligência, enviados de Petrogrado para a Inglaterra em barcos comuns que operavam a partir da Noruega. Era a rota perfeita de saída da Rússia para viajantes incógnitos especiais, como os

Románov, pois a embarcação era armada e o consulado britânico em Bergen tinha um controle rigoroso do acesso a ela. O oficial do Controle Militar britânico em Petrogrado, que estava encarregado da operação Bergen, era o major Stephen Alley (que ressurgirá adiante nessa história), agente do SSI, e o local de desembarque em Aberdeen tinha seu próprio oficial de Controle Portuário — que era um membro do MI5, o Serviço de Segurança britânico.[16]

Talvez seja coincidência, mas outra versão de um plano de evacuação para a Inglaterra, que o príncipe Michael de Kent contou a Simon Sebag Montefiore, era a possibilidade de levar a família até a base naval em Scapa Flow, nas Órcades, e de lá para Balmoral, onde se hospedariam em caráter temporário.[17] Seria, de fato, a rota tomada por um cruzador britânico vindo de Murmansk — mas parece ilógica, visto que Aberdeen fica apenas a 75 quilômetros de Balmoral, numa estrada em linha reta. Com isso, o roteiro Bergen-Aberdeen não seria uma opção muito melhor?

Não há como saber se a opção Bergen chegou em algum momento a ser examinada, embora seja uma alternativa óbvia demais para não ter sido ao menos aventada. Nesse caso, a avaliação não foi registrada em lugar algum, ou foi discutida por meio de canais oficiosos. Certamente estavam chegando à Inglaterra informações vindas da Rússia, que não passaram pela censura do SSI e nunca apareceram nos registros do Ministério das Relações Exteriores, e o Almirantado tinha seu próprio aparato telegráfico e rádios navais.

Estes são os melhores esboços de roteiros para qualquer evacuação por Románov — plano que foi abortado tão logo sugerido. A saída dos Románov de Tsárskoie Seló em abril de 1917 "se demonstrou impossível [...] por razões internas", como o próprio Kerénski admitiu mais tarde.[18] Em termos simples, qualquer evacuação — independentemente da disposição das partes envolvidas — estava bloqueada pela distância a ser coberta, por ferrovias em larga medida controladas por revolucionários bolcheviques hostis. Mesmo o percurso relativamente curto de 24 quilômetros de Tsárskoie Seló a Petrogrado poderia ser perigoso demais, visto que o governo "ainda não [tinha] domínio completo da máquina administrativa", como afirmou Kerénski, num eufemismo. As "ferrovias, em especial", reconheceu ele, "ainda estavam ao livre dispor de todos os tipos de sindicatos e sovietes". Esse reconhecimento está aí, em letra impressa, desde 1935, para todos verem: "Haveria uma greve no momento em que o tsar embarcasse no trem para Murmansk [ou, aliás, para qualquer outro lugar], e o trem nem sequer sairia da estação".[19]

E, no entanto, nos últimos cem anos, os comentadores do malogrado asilo aos Románov, em sua grande maioria, têm-se contentado com uma visão ultrassimplificada da situação, com pouco ou nenhum exame aprofundado das circunstâncias, preferindo fazer do rei Jorge V o alvo de sua fúria e o repositório de todas as culpas. O rei pode ter mostrado covardia moral, mas, quanto a providências pessoais para a remoção física dos Románov da Rússia e sua transferência em segurança para a Inglaterra na primavera de 1917, não tinha absolutamente poder algum. Nem ele, nem ninguém. Foi Aleksandr Guchkov, o ministro da Guerra, quem melhor resumiu a questão: "A única maneira de enviar o imperador para o exterior era agir de maneira inesperada e com o máximo sigilo possível".[20]

Havia também, claro, a alternativa mais romântica de um resgate por obra de leais monarquistas russos. Na história do cativeiro dos Románov, há muitas intrigas e mistificações sobre esse aspecto, mas são escassos os detalhes publicados em outros veículos que não a imprensa dos russos brancos exilados dos anos 1920 e 1930. Existem, no entanto, indicações de que Anna Vírubova e Lili Dehn, que Kerénski banira do Palácio de Alexandre em 3 de abril por serem próximas demais da tsarina, conspiraram nos meses subsequentes com vários grupos monarquistas nebulosos para elaborar um plano de resgate.[21] Graças a um regime razoavelmente solidário dentro do palácio, por meio do comandante Evguéni Kobilínski, Alexandra conseguira enviar clandestinamente cartas para Vírubova e Dehn, com seus nomes em código, por meio de outra ex-dama de companhia, Rita Khitrovo. Naquela época, Khitrovo estava trabalhando como enfermeira voluntária num dos hospitais de Tsárskoie Seló, e Kobilínski lhe permitira ir periodicamente ao palácio para recolher e entregar cartas.

Em maio de 1917, o serviço secreto alemão informou ao chanceler Theobald von Bethmann-Hollweg, em Berlim, que havia grandes esperanças nos círculos monarquistas russos de que o grão-duque Nikolai Nikoláevitch, tio do tsar e ex-comandante-chefe do exército, "estava resolvido a se colocar à frente de uma contrarrevolução", mas fora posto em prisão domiciliar na Crimeia, onde estava sob vigilância cerrada e com a ameaça de ser enviado a uma corte marcial. Mesmo assim, tais rumores "ocupam e preocupam os pensamentos dos círculos governamentais de São Petersburgo [sic], bem como os do governo efetivo, se não o 'poder paralelo' — o soviete de Petrogrado".[22] Em junho, chegavam a Berlim mais notícias de uma fonte "altamente confiável" de que "existe em Moscou uma sólida conspiração monarquista", chegando a nomear vários "pretendentes à coroa", inclusive o assassino de Raspútin, o príncipe Félix Iussúpov, e seu pai, o conde Sumarokov-Elston.[23] Muitos dos potenciais conspiradores monarquistas eram oficiais que haviam servido nos regimentos do tsar ou da tsarina, ou tinham sido atendidos como feridos de guerra no hospital mantido por Alexandra, suas filhas e outros aristocratas em Tsárskoie Seló.

Por volta de junho de 1917, vários desses oficiais monarquistas, aflitos porque a família imperial ainda não fora transferida da Rússia para um local seguro, puseram-se a tentar elaborar um plano factível para tirá-los do cativeiro. O empenho em acompanhar de perto a situação no Palácio de Alexandre começara logo após a revolução, quando o porta-estandarte e comandante Serguei Márkov, oficial no regimento de cavalaria da Crimeia de Alexandra, conseguiu entrar no palácio para vê-la, pouco antes que Nicolau voltasse de Pskov. Alexandra não estava bem e enviou Lili Dehn para recebê-lo; Márkov declarou sua absoluta lealdade: "Abri caminho a duras penas entre a turba a fim de ver a imperatriz e lhe assegurar minha devoção. Os assassinos queriam arrancar minhas dragonas com o monograma DELA. Disse-lhes que me haviam sido dadas pela imperatriz e que apenas ela tinha o direito de retirá-las de mim".[24] Quando Lili Dehn foi removida de Tsárskoie Seló, o devotado Márkov (que aparece nas fontes, por razões que logo ficarão evidentes, como Pequeno Márkov) foi visitá-la. Nesse meio-tempo, ela havia recebido uma carta clandestina confirmando a posição intransigente da tsarina contra a ideia de ser "salva dessa posição monstruosa" em que se encontrava, junto com a família, e fugir para o exterior. "Vilão seria quem deixasse seu país num momento tão fatídico", escreveu ela. "Podem fazer o que quiserem conosco; podem nos jogar na Fortaleza de São Pedro e São Paulo, mas não deixaremos a Rússia em hipótese alguma."[25] A relutância de Alexandra em capitular e sair da Rússia talvez fosse também um reflexo de sua obstinada determinação de vir algum dia, com Nicolau, a reivindicar novamente o trono — não para eles mesmos, mas para o amado filho.

Isso não impediu que o Pequeno Márkov recrutasse cerca de uma dúzia de oficiais leais em sua base em Novogeorgievsk, na província de Kherson, no sul da Rússia, para planejarem uma missão de resgate, à qual não faltavam "disfarces, nomes falsos, um código secreto especial e palavras com sentidos secretos".[26] Foi então que ele conheceu outro Márkov, Nikolai Evguenevitch (conhecido como Márkov II, para evitar confusões), com quem tinha remoto parentesco. Ex-deputado da Duma e figura importante nos círculos monarquistas, Márkov II era membro destacado de uma organização de direita, conhecida como "União do Povo Russo" — criada em 1905 e sancionada por Nicolau por sua defesa da tríade "Tsar, Fé e Pátria" —, que estava planejando uma revolta e "tomara como missão proteger e libertar a família imperial aprisionada". Embora a organização fosse perseguida desde a revolução, tendo alguns de seus membros presos e mortos, Márkov II conseguira se manter em posição discreta, criando laços clandestinos com grupos de oficiais no sul e em outros locais, que depois viriam a reunir forças contrarrevolucionárias contra os bolcheviques. A União chegara a infiltrar alguns agentes nas fileiras bolcheviques, na esperança de obter informações sobre os planos do governo em relação à família imperial.[27] Tendo isso em mente, Márkov II e outros monarquistas já estavam em contato com Lili Dehn, fazendo reuniões secretas na relativa segurança de uma *dacha* em Kellomäki (Komarova), no outro lado da fronteira com a Finlândia. Após tais reuniões, Dehn passara uma mensagem secreta a Alexandra, declarando que os monarquistas eram totalmente devotados à causa e podia contar com eles para uma ajuda efetiva.[28]

Os dois Márkov concordavam que a situação enfrentada pela família em Tsárskoie Seló era cada vez mais perigosa: a Guarda do Palácio não era confiável e tinha ânimo explosivo, e a cidade estava "repleta de soldados desmoralizados" que podiam marchar sobre o palácio a qualquer instante. Concluíram que o tsar e a tsarina deviam ser "removidos, se necessário à força, para sua própria segurança",[29] e discutiram a ideia de formar "um grupo de trinta oficiais, dispostos a tudo", que incluiria os doze oficiais leais que o Pequeno Márkov já havia recrutado no sul. Estava tudo planejado: os oficiais do grupo se disfarçariam com roupas civis e levariam documentos falsos para os sete membros da família imperial, além de para si mesmos. Portando armas e granadas, após informarem secretamente a família imperial de antemão sobre o dia e a hora exata, lançariam um "falso ataque" ao Palácio. Márkov achava que seria fácil abater os guardas externos "com a ajuda de espingardas de ar comprimido com dardos envenenados", antes de "abrirem caminho no palácio". Nicolau precisaria apenas trajar roupas civis e raspar a barba, "para garantir que ninguém o reconhecesse".[30] Os libertadores então criariam uma grande explosão diversionista com granadas, o que lhes daria tempo de retirar a família por meio de carros que estariam à espera, "com motoristas de confiança" posicionados nas ruas laterais. Depois de instalar os Románov em fuga num abrigo seguro previamente escolhido, iriam então organizar a saída deles pela Finlândia e pela Suécia. Se eles se negassem a deixar o país, iriam escondê-los — separadamente — "nas aldeias remotas do norte da Rússia, onde se podia ter certeza de que nenhum espião iria descobri-los, e onde poderiam aguardar tranquilamente o curso futuro dos acontecimentos".[31]

O plano mais parece uma história de fantasia saída de uma revista para adolescentes, com sua ingenuidade tão desarmante; Márkov II descartou de imediato a ideia do Pequeno Márkov como "totalmente impossível"; eles "não [tinham] o direito de expor Suas Majestades a tal risco". Disse de maneira enigmática que estava planejando as coisas "de maneira muito diferente", mas não entrou em detalhes. Com o improvável codinome "Tia Ivette", ele enviara a Nicolau, por meio de Lili Dehn, um bilhete escondido dentro de um maço de cigarros, em que lhe solicitava permissão para servir aos interesses da família imperial da maneira que pudesse. E perguntava se o tsar daria sua bênção ao grupo enviando um ícone. Em resposta, Nicolau enviou secretamente a Lili Dehn um ícone de são Nicolau, o Santo Milagreiro, com as iniciais dele e de Alexandra.[32]

Apesar de temerário, o plano do Pequeno Márkov guarda de fato algumas interessantes semelhanças com outro plano de resgate, igualmente ousado, embora mais convincente, elaborado mais ou menos na mesma época por um oficial britânico que então se encontrava na Rússia: Oliver Locker-Lampson. No comando do Esquadrão Real de Blindados Navais que fora enviado para auxiliar os aliados russos na Frente Oriental, Lampson conhecera Nicolau no Quartel-General do Exército russo em Moguilev e estava em Petrogrado quando eclodiu a revolução. Ele notou que o tsar volta e meia ficava ao ar livre no Parque Alexandre, cuidando da horta, cortando lenha ou conversando com seus guardas: "Parecia tão fácil resgatá-lo que resolvi tentar".[33] Lampson planejava usar alguém de dentro do Palácio de Alexandre, um dos criados que recrutara — codinome Vladímir —, que aprendera a fazer barba e cabelo para servir como barbeiro do tsar. O oficial britânico subornou guardas em posições estratégicas dentro do palácio com vodca, cigarros e carne enlatada. O plano era que, quando estivessem distraídos ou bêbados, Vladímir faria entrar o ordenança de Lampson, Tovell (da mesma altura do tsar), rasparia a barba de Nicolau, que, então, vestiria o uniforme cáqui britânico que Tovell estava usando por baixo da roupa. Então o tsar passaria bem debaixo do nariz dos guardas, enquanto Vladímir, com barba falsa e manto, tomava o lugar dele. Lá fora, Locker-Lampson – fingindo ser um ordenança – encontraria Nicolau, que então seria transportado numa ambulância de campo. De lá seria enviado a Arcangel num trem militar e transferido clandestinamente por mar até a Grã-Bretanha. Mas, quando Nicolau soube do plano, "recusou-se absolutamente a ser resgatado, a menos que salvassem também sua esposa e família". Isso confirma que em momento algum o tsar concordaria em se separar da família para salvar a própria pele. Quando menos, isso provava que era, aos olhos de Lampson, "um verdadeiro rei e um verdadeiro homem".[34]

Embora se opusesse a qualquer tentativa de resgate forçado durante a permanência da família em Tsárskoie Seló, o que contrariava claramente a vontade do tsar, Márkov II e o Pequeno Márkov se envolveram no outono em outro complô para resgatar a família imperial. Em maio de 1917, porém, como registrou a ex-camareira-mor Elizaveta Naríchkina em seu diário, "uma reação monarquista é impossível: não há líderes nem organização; correriam rios de sangue em vão. Mais tarde... sim".[35]

6. "Não me darei por satisfeito enquanto eles não saírem em segurança da Rússia"

No começo de abril de 1917, quando o rei Jorge expressou sua grande preocupação em acolher os primos russos na Inglaterra, o máximo que se podia esperar era que a situação política se acalmasse; então, quando fosse "possível escolher um momento psicológico mais favorável", replanejariam a evacuação dos Románov. O governo britânico estava decidido a manter silêncio oficial sobre o assunto, embora o obstinado embaixador Sir George Buchanan continuasse a pressionar oficiosamente em favor da família, como uma questão de honra pessoal. Agora instaurava-se um clima de clandestinidade em toda a correspondência oficial sobre os Románov; eles haviam se transformado num problema que todos no gabinete ministerial britânico queriam que se dissipasse em silêncio, e circulavam instruções de "ficar atento a qualquer coisa nas minutas do Ministério da Guerra que possa ferir os sentimentos do rei".[1]

Enquanto os franceses tinham deixado claro a Lord Hardinge que o "ex-imperador e a família não [são] bem-vindos na França", o rei Afonso da Espanha continuou a pedir notícias, receoso de que a família imperial fosse assassinada.[2] O embaixador britânico em Madri, Sir Arthur Hardinge (que visivelmente não fora informado da mudança de rumos), havia recebido garantias de que os Románov iriam "encontrar refúgio na Inglaterra". Ao que parece, todos os diplomatas britânicos, exceto Buchanan, foram cuidadosamente excluídos do circuito sobre o que de fato se passava, enquanto Buchanan, cada vez mais frustrado, repetia insistentemente à esposa e à filha que "não me darei por satisfeito enquanto eles não saírem em segurança da Rússia".[3]

O Ministério da Guerra britânico de fato discutiu a hipótese da Espanha como possível destino, mas a ameaça dos militantes locais de esquerda despertava o receio de que "pudesse haver complôs constantes" contra a família imperial. Em todo caso, o país ainda poderia ser considerado uma opção melhor do que a Inglaterra, mas "apenas caso se unisse aos Aliados".[4] A Espanha podia ter se mantido neutra durante a guerra, mas Madri, nessa época, era um viveiro de espionagem internacional, e os alemães lá presentes monitoravam a situação de perto. O embaixador germânico, príncipe Maximiliano de Ratibor, comentara a intercessão de Afonso, informando a Berlim que a resposta do Governo Provisório fora que "são de esperar grandes dificuldades por parte dos comitês de soldados e camponeses". Ratibor também observou que a questão dos Románov "está sendo vista com considerável pessimismo na Grã-Bretanha".[5]

No final de abril, demandaria grande esforço descobrir qualquer coisa sobre o bem-estar físico, e que dirá mental, dos prisioneiros em Tsárskoie Seló. "O confinamento de nossos infelizes soberanos se tornou tão rigoroso", escreveu o tio de Nicolau — o grão-duque Pável Aleksándrovitch, que ainda residia em sua casa em Tsárskoie Seló, não distante do Palácio de Alexandre —, que mesmo ele teve de admitir que "não sabemos praticamente nada sobre o que estão pensando e fazendo."[6] Kerénski comentou que o povo comum na Rússia deixara de mostrar qualquer interesse pelos Románov. E nenhum jornalista estrangeiro na cidade conseguia qualquer notícia sobre o que estava acontecendo com o ex-monarca, como relembrou a americana Bessie Beatty: "Fiquei surpresa ao descobrir que raramente se mencionava o nome do tsar. Deixara de ter qualquer importância. Um mês após o primeiro ataque revolucionário, ele estava totalmente esquecido, como se nunca tivesse existido".[7] "Nenhuma notícia da Rússia sobre nossos entes queridos", escreveu desconsolado o príncipe Luís de Battenberg na Inglaterra, em maio. "É terrível, e na verdade tudo culpa de tia Alix."[8]

Com os Románov se conformando em aceitar as restrições impostas à vida de prisioneiros, as coisas na frente diplomática pareciam ter se acalmado bastante. Mas a questão sobre o que fazer com a família nunca saiu da pauta do Governo Provisório. Sem poderes para facilitar uma saída, o ministro da Justiça, Kerénski, ainda tentava minimizar seus riscos. Quando o tsar lhe perguntou mais uma vez quando poderiam ir para Livadia, a fim de tratar da saúde dos filhos, Kerénski respondeu que era "totalmente impossível no momento", mas, segundo Pierre Gilliard, pareceu concordar que agora a Crimeia era uma opção melhor. Mais uma vez, davam-se falsas esperanças à família.[9] Por ora, Kerénski parecia ter conquistado a confiança do tsar e até da tsarina, como notou o conde Benckendorff, sobretudo ao retirar a proibição de ficarem juntos, que fora obrigado a impor um mês antes.[10] Sem ter sido oficialmente informado sobre a mudança de posição da Inglaterra, o governo ainda aguardava pacientemente a notícia da chegada de um mítico destróier para levar a família imperial a um local seguro, e tinha a esperança de que logo se livraria do problema.

Então, no começo de maio, a questão ressurgiu quando o ministro das Relações Exteriores, Miliúkov, que tinha grande simpatia pelos Románov, foi obrigado a renunciar, por conta de suas conversas com os Aliados sobre as anexações territoriais russas que se fariam ao término da guerra (a reivindicação geral na Rússia pós-revolucionária era de uma "paz sem anexações"). Poucos dias antes, Miliúkov — cuja expectativa era que, terminada a guerra, se instaurasse uma monarquia constitucional com Aleksei como tsar e o grão-duque Mikhail como regente — mais uma vez perguntara a Buchanan: estava vindo um cruzador britânico para conduzir os Románov à segurança *pro tem*? Sir George respondeu "com certo constrangimento", como relembrou Miliúkov em suas memórias, "que seu governo 'não insiste mais' no convite".[11] Miliúkov foi muito claro a respeito: "Reproduzo deliberadamente a palavra 'insiste'. Ela não significa que a iniciativa nessa questão tenha vindo do governo inglês. A iniciativa foi nossa, do Governo Provisório. A palavra 'insiste' foi usada no sentido que lhe é dado na linguagem diplomática".[12]

A frase essencial "o governo de Sua Majestade não insiste" — ainda que em diversas variantes — tem sido amplamente citada como indicador da recusa britânica final de ceder asilo aos Románov. Muitas fontes repetem a afirmação de Kerénski de que ela veio numa "declaração semioficial do Ministério das Relações Exteriores" de 10 de abril, publicada nos jornais.[13] Mas, apesar de extensas pesquisas, não consegui localizar tal documento em lugar algum dos arquivos do gabinete ministerial e do Ministério das Relações Exteriores. E tampouco o encontrei, ao contrário do que afirma Kerénski, na imprensa britânica da época, seja nessa formulação ou mesmo numa variante. De fato, é altamente improvável que o governo britânico tivesse dado qualquer declaração pública tão definitiva em relação a um ponto tão politicamente sensível, e em relação ao qual, aliás, estava decididamente resolvido a manter a discrição. Com efeito, Sir George Buchanan recebera instruções específicas para "não dizer mais nada" sobre o assunto, o que reforça como é equivocada a ideia de que o governo britânico tenha feito tal pronunciamento público. Isso não aconteceu; mas o mito de que aconteceu vem se reproduzindo sem cessar, inconteste.[14]

Embora Sir George tivesse admitido em caráter privado a Miliúkov que seu governo não mais insistia em (e não *ativamente retirava*) seu oferecimento original, em meados de maio, Mikhail Terechtchenko, o sucessor de Miliúkov no Ministério das Relações Exteriores russo, "retomou negociações com o embaixador britânico Sir George Buchanan sobre a questão da transferência da família imperial para a Inglaterra". E assim a encenação prosseguiu, enquanto se discutiam as opções de uma saída via Murmansk ou, talvez, via Finlândia, Suécia e Noruega, e de lá até a Inglaterra pelo mar do Norte, embora Terechtchenko alertasse que seu governo não podia garantir que a família sairia "sã e salva".[15]

Os Románov, ignorando as controvérsias em andamento sobre seu futuro, aproveitavam ao máximo o clima primaveril, passando os dois períodos de recreação diária numa área cercada do parque onde cultivavam uma horta, sob as vistas de uma adoentada Alexandra, que passava a maior parte do tempo na cadeira de rodas, costurando ou fazendo tricô. Nicolau, sempre um grande entusiasta do exercício físico, sentindo falta da liberdade de fazer longas caminhadas, gastava sua energia acumulada removendo a neve com uma pá, quebrando o gelo nos canais e, chegada a primavera, cortando as árvores mortas e fazendo lenha com a ajuda dos filhos. As noites ganhavam animação quando ele lia em voz alta para a família romances de aventuras e histórias de detetives como *O cão dos Baskerville* e *O conde de Montecristo*. Nicolau anotou em seu diário que ficava "muito mais com minha querida família do que em anos normais", e, para ele, essa era a única coisa que importava.

Ele anotava minuciosamente todas essas miudezas do cotidiano, mostrando pouca ou nenhuma reação às humilhações constantes e mesquinhas a que os guardas brandindo baionetas fixas submetiam a família.[16] Tentava ao máximo ser polido e amigável com eles, mas o esforço geralmente era recebido com hostilidade. Segundo uma matéria de imprensa sobre a família, Nicolau "reconheceu a desesperança de sua situação e se submeteu a seu destino"; a única coisa que achava difícil era "não ter nenhuma notícia da querida mamãe", mas, "quanto ao resto, [era] indiferente".[17] "Ele ainda não entende que não será autorizado a ir para Livadia, como esperava, mas a perda do trono não parece tê-lo deprimido", informou Buchanan a Londres. Alexandra, porém, "sente profundamente a humilhação de sua situação atual",[18] e não tentou disfarçar a amargura com a perda do poder; incapaz de se reconciliar com a nova situação, ainda acreditava que a Rússia "não podia existir sem um tsar". Elizaveta Naríchkina observou em seu diário que a tsarina se agarrava firmemente à esperança de uma contrarrevolução.[19]

Os filhos, por fim recuperados do sarampo, haviam retomado suas aulas com os preceptores, os pais e os membros do entourage, que criaram um horário regular de estudos e dividiam as aulas. Para Nicolau e Alexandra, era importante devolver algum grau de normalidade à prisão dos filhos.[20] Em maio, quando os magníficos arbustos de lilases do parque começaram a florescer, todos aspiravam com prazer o maravilhoso perfume e se deleitavam com os primeiros frutos da horta. O calor do verão aliviava as preocupações por algum tempo, mas os comentários agressivos e não raro ofensivos dos guardas muitas vezes estragavam os dias dos Románov, assim como a consciência de que havia multidões de curiosos tentando vê-los pela cerca do palácio. Isso, porém, não era nada, em comparação com os apelos de elementos extremistas para que se aplicassem castigos mais draconianos a Nicolau e Alexandra, como o seguinte:

> Em vista da incongruência entre as condições em que estão vivendo o ex-tsar e as ex-tsarinas [isto é, Alexandra e Dagmar] e o peso de sua culpa perante o povo, e em vista do evidente perigo de que continuem por mais tempo nessas condições, que lhes dão oportunidade de manter contato com círculos simpatizantes, o Congresso dos Delegados da Frente resolveu [...] apresentar ao Comitê Executivo do Soviete de Deputados Operários e Soldados uma inequívoca reivindicação para transferir o ex-tsar e as duas ex-tsarinas para a Fortaleza de São Pedro e São Paulo.[21]

No final de maio, como confirmou o fotojornalista americano Donald Thompson, vinham aumentando as reivindicações de retaliação contra os Románov:

> O clamor para colocar o ex-tsar na Fortaleza de São Pedro e São Paulo aumenta diariamente. Enquanto antes eram apenas alguns soldados e anarquistas que o queriam, agora é o que se ouve por todo lado. Lênin exige que o ex-tsar seja transferido para Kronstadt ou enviado para as minas siberianas. Os marinheiros estacionados em Hensilgfors exigem que lhes entreguem Nicolau; dizem que o levarão a Petrogrado e ficarão com ele até ir a julgamento, e que, se sua reivindicação for negada, trarão navios de guerra e a imporão à força. Dizem que esta deve ser a última revolução da Rússia e que a única maneira de fazê-la é aprisionando o ex-tsar. Milhares de panfletos estão sendo distribuídos de automóvel em Petrogrado, dizendo "Julgamento imediato para Nicolau II".[22]

Já antes, em abril, corriam rumores a esse respeito entre os parentes reais dos Románov na Europa. O rei e a rainha da Suécia haviam recebido de seu enviado a Petrogrado, o general Edvard Brändström, a notícia de que "tsar e tsarina em pessoa haviam sido encerrados na Fortaleza de São Pedro e São Paulo". "Sua Majestade teme que o casal real seja assassinado ou executado", informou o embaixador germânico em Madri, Ratibor, a Berlim; "a situação, segundo outras fontes (britânicas), é assustadora, e diariamente se esperam as coisas mais terríveis". Ele observou também que as principais acusações de traição recaíam sobre a imperatriz, e ela enfrentava "todo o rigor da lei".[23]

O rei Jorge, sem dúvida, soubera de notícias da imprensa igualmente preocupantes, pois em 4 de junho registrou em seu diário: "Temo que, se for para a Fortaleza de São Pedro e São Paulo, o pobre Nicky não saia vivo".[24] O *Izvestia*, porta-voz do soviete de Petrogrado, publicara recentemente um artigo intitulado "Apelos à vingança", noticiando uma resolução aprovada pelo soviete para a transferência de Nicolau para o bastião radical em Kronstadt. "Gostaríamos de notar que todas essas resoluções estão permeadas pelo mesmo estado de espírito — a insatisfação com o tratamento extremamente brando que a revolução vitoriosa tem dado àquele que foi o cruel inimigo do povo."[25] O embaixador espanhol em Petrogrado enviou uma nervosa mensagem codificada a Madri, informando sobre o "programa político ultrarradical" da população de

Kronstadt, que se negava a reconhecer a autoridade do Governo Provisório, exigindo que o "imperador Nicolau II, sua esposa e filhos sejam entregues à cidade de Kronstadt, ameaçando, caso contrário, atacar Petrogrado".[26]

Esse aumento das reivindicações para que Nicolau e Alexandra fossem julgados e encarcerados derivava da preocupação crescente de que sua presença perto da cidade ameaçava a nova ordem revolucionária. Eram lembretes vivos do odiado passado e de um regime tsarista defunto, destruído pela revolução. O tratamento que lhes era dispensado poderia alterar o delicado equilíbrio de poder do Governo Provisório, que era precário. A manutenção dos Románov em Tsárskoie Seló poderia incentivar um ataque das multidões urbanas contra o palácio; mas, por outro lado, enviá-los para o exterior também poderia incitar os monarquistas, que continuavam a se reunir em Tsárskoie Seló e em outros lugares para apoiar a família imperial e tentar restaurar a monarquia. Em suma, a transferência dos Románov para algum país fora da Rússia poderia desestabilizar uma situação política delicadíssima — e o governo, cujo Ministério da Guerra fora ocupado por Kerénski em maio, precisava mais do que nunca de estabilidade, pois estava prestes a lançar uma grande investida militar na Frente Oriental.[27]

Em junho, os três meses de tergiversações britânicas chegaram a seu inevitável e ignominioso fim, quando Sir George Buchanan, profundamente abalado, "com lágrimas nos olhos", chegou ao Ministério das Relações Exteriores russo para ver o novo ministro da pasta, Mikhail Terechtchenko. Por fim Buchanan recebera uma recusa categórica de Londres. A lembrança de Terechtchenko condiz plenamente com a de Kerénski, que comentou sobre a angústia de Sir George ao receber "a recusa final do governo britânico em conceder refúgio ao ex-imperador da Rússia".[28] Mais tarde, Kerénski escreveu que nunca chegou a ver a carta com a notícia, mas soube do conteúdo. Apesar disso, poderia dizer "com toda a certeza" que "essa recusa se deu exclusivamente devido a considerações da política interna britânica".

Até agora, tínhamos apenas o comentário de Kerénski sobre a recusa britânica final de asilo para os Románov, sem nenhum registro do envio dessa diretriz a

Buchanan no Ministério das Relações Exteriores ou em qualquer outra fonte britânica. Mas ela não veio de Lloyd George nem do ministro das Relações Exteriores, Balfour: veio de ninguém menos que Lord Hardinge, vice-ministro permanente das Relações Exteriores, que teve um papel fundamental nas decisões sobre o assunto. Encontrei uma referência a esse documento fundamental nos papéis de Nicolas de Basily, ministro e alto diplomata russo, conservados na Hoover Institution, na Califórnia. Há entre esses papéis várias pastas com testemunhos oculares sobre os Románov e a questão do asilo, reunidos por De Basily, no exílio, entre os anos 1920 e 1930. Soterrada entre eles encontra-se uma declaração de quatro páginas, em francês, que Mikhail Terechtchenko fez a De Basily em abril de 1934, em Paris. A carta a Sir George Buchanan, na verdade, não era um despacho oficial datilografado e codificado, e sim uma carta manuscrita e pessoal de Hardinge, assinando "Charlie". O fato de ter sido enviada em caráter pessoal e não pelos canais oficiais (não existindo nenhuma cópia nos arquivos do Ministério das Relações Exteriores) sugere que "Charlie" achou que era hora de acabar pessoalmente com as ilusões de Sir George, de uma vez por todas, quanto a qualquer possibilidade de um resgate dos Románov.*

Quando Sir George mostrou a Terechtchenko o conteúdo da carta de Hardinge, ela lhe causou tal impressão que, embora não tenha conseguido decorar as palavras, Terechtchenko guardou uma lembrança muito precisa do tom de pesada ironia e a repetiu a De Basily em seu inglês um tanto deficiente da seguinte maneira:

> Como o "Governo Provisório" é capaz de imaginar que Sua Majestade possa colocar na frente o problema de dar asilo [exílio] a seu primo, quando a única maneira de explicar a atual política estranha do Governo Provisório é que ele procura causar na opinião pública mundial a impressão de que se empenha em restabelecer na Rússia uma política russa nacional, contra a tendência pró-germânica do ex-tsar.

* Após uma longa carreira diplomática, inclusive como secretário da embaixada russa em Paris em 1908-11, De Basily ingressou na Chancelaria Imperial e em 1916 foi nomeado seu diretor. Instalado com o tsar no quartel-general do Exército russo em Moguilev, foi ele quem redigiu o manifesto de abdicação de Nicolau.

Você não há de esperar que os membros do governo de Sua Majestade submetam a tal prova os sentimentos de afeto do rei pelo primo.[29]*

Em seu relato, Kerénski confirmou que o conteúdo da carta recebida por Buchanan pressupunha que o primeiro-ministro britânico dificilmente aconselharia o rei Jorge a "oferecer hospitalidade a pessoas cujas simpatias pró-germânicas eram muito conhecidas".[30] Terechtchenko concordava: a recusa britânica final indicava de maneira clara a persistente desconfiança britânica de que o tsar e a tsarina fossem simpatizantes germânicos. O governo não estava mais disposto, numa época de guerra contra a Alemanha, a correr o risco de recebê-los na Grã-Bretanha. Essa recusa final, ao que parece, foi enviada a Sir George sem qualquer outra consulta ao próprio rei. Em Londres, Lloyd George ficou pessoalmente aliviado. Como admitiu numa nota a Hardinge, estava contente que a "ideia de asilo tivesse sido abandonada, pois seria usada pelos alemães".[31] Na verdade, agora também ficava claro para Sir George que a intransigência oficial em relação ao assunto se aprofundara tanto que Londres se negaria a acolher *qualquer* integrante da família imperial russa enquanto a guerra prosseguisse. Depois de meses pressionando em favor do ex-tsar, Sir George Buchanan se viu finalmente forçado a capitular. A fugidia "miragem inglesa" (como depois os russos brancos no exílio vieram a se referir ao abortado oferecimento de asilo britânico) desapareceu no horizonte.[32]

E o que aconteceria agora aos Románov, ainda prisioneiros em Tsárskoie Seló e ainda na esperança de uma solução? Quando Kerénski chegou logo depois ao Palácio de Alexandre, para se desincumbir de sua "ingrata tarefa de informar ao ex-tsar esse novo desdobramento", Nicolau "recebeu a notícia com calma e manifestou seu desejo de ir então para a Crimeia".[33]

Um dos aspectos mais desanimadores da questão do asilo dos Románov em 1917 era a ausência completa de qualquer coordenação entre as várias partes

* O original provavelmente se perdeu quando, após escrever suas memórias, em 1921, Sir George destruiu todos os seus diários e papéis pessoais, talvez ciente de seu conteúdo potencialmente crítico quanto ao desonroso papel desempenhado pelos britânicos na questão do asilo aos Románov.

interessadas, que, caso tivessem agido em uníssono, poderiam ter conseguido proceder a uma evacuação segura da família. Embora os governos da Alemanha e da Grã-Bretanha fossem inimigos na guerra, é evidente que a família real dinamarquesa estava disposta a facilitar uma solução com a cooperação deles. Harald Scavenius, embaixador dinamarquês em Petrogrado, trabalhando em conjunto com seu primo Erik, ministro dinamarquês das Relações Exteriores, fora sem dúvida incumbido de contactar os alemães e obter deles a promessa de que seus submarinos não atacariam nenhum navio britânico sob bandeira branca transportando os Románov.[34] Mas, no pé em que estava a guerra entre a Entente e as Forças Aliadas, o máximo que a Alemanha poderia fazer seria se comprometer a não impedir qualquer evacuação. A subsequente solicitação secreta de Terechtchenko ao cáiser recebeu uma resposta muito empolada, porém oficial, enviada poucos dias depois por intermédio dos dinamarqueses:

> O governo imperial considera um dever garantir que nenhuma unidade naval da frota militar germânica se aventure a fazer um ataque contra qualquer espécie de embarcação que transporte em seu convés o imperador russo e sua família.[35]

Com esse compromisso, portanto, os alemães haviam efetivamente cumprido sua obrigação de auxiliar o monarca russo por razões humanitárias.[36] Infelizmente, o historiador se depara com outra porta fechada ao tentar encontrar documentos sobre as iniciativas dinamarquesas. Segundo informações que recebi da historiadora Bernadette Preben Hansen, que se dedicou a um estudo exaustivo de Harald Scavenius, os Arquivos Reais dinamarqueses referentes a esse período estão "hermeticamente fechados" à pesquisa histórica. Todavia, ela me disse que, nos arquivos do Ministério das Relações Exteriores da Dinamarca e nos registros da embaixada dinamarquesa em Petrogrado, encontram-se muitos indicadores da disposição de retirar os Románov da Rússia, não tendo havido ainda nenhum estudo acadêmico e sistemático de quaisquer dessas fontes. Quando Anthony Summers e Tom Mangold solicitaram acesso aos Arquivos Reais dinamarqueses durante suas pesquisas para a segunda edição de seu livro The File on the Tsar, *de 1987, a resposta da rainha foi rápida e taxativa: "É um assunto de família e não diz respeito a mais ninguém".[37] Outros estudiosos dos Románov me disseram ter passado por experiências semelhantes quando tentaram obter acesso a documentos sobre a realeza da Dinamarca na época. E, mesmo nas pastas do Ministério das Relações Exteriores britânico nos Arquivos Nacionais para esse período, surpreende a escassez, se não a ausência, de documentos explícitos sobre as relações da Grã-Bretanha com a Dinamarca e a Coroa dinamarquesa, e não há nada que se refira diretamente aos Románov.*

E quanto aos outros monarcas escandinavos?

Em 29 de maio, o enviado britânico ao rei da Suécia, Sir Esmé Howard, informou que o embaixador russo, Anatóli Nekliudov, lhe tinha dado a entender que, se a vida da família imperial corresse perigo, "seria possível removê-los num submarino britânico escoltado por destróieres suecos e trazê-los em segurança para a Suécia. Ele me disse ter certeza de que o rei Gustavo fará tudo que estiver a seu alcance para garantir a segurança da família imperial". Nekliudov, ao que parece, pedira ao general de divisão Hanbury-Williams para "submeter essa ideia ao rei, quando voltasse a Londres". Mas Hanbury-Williams e Howard estavam de acordo que o plano era "totalmente inviável", além de "extremamente impolítico e inoportuno de muitos pontos de vista". Tudo se reduzia ao mesmo problema de sempre:

> É quase certo que a família imperial russa, se viesse para a Suécia, se tornaria o centro de maquinações germânicas. A menos que a Rússia caia nas mãos do partido anarquista extremista [isto é, os bolcheviques], que de todo modo está disposto a tratar com a Alemanha, parece-me que tal arranjo não estaria mais aberto a qualquer objeção, e então provavelmente seria tarde demais para fazer qualquer coisa, isso se já não for tarde demais.[38]

Não sabemos ao certo se o rei sueco de fato pensou em algum momento em enviar um navio, embora Summers e Mangold tenham afirmado em 1987 que "documentos oficiais britânicos mostram que o rei Gustavo da Suécia [...] ofereceu um submarino sueco para uma operação naval proposta com o objetivo de conduzir os Románov para um local seguro".[39] Eles afirmaram também que, em reação a isso, Lord Hardinge, no Ministério das Relações Exteriores, anotou numa pasta que a iniciativa sueca era um exemplo típico de "Truste dos Reis" — ou, como dissera o rei Eduardo VII, "Sindicato de Reis" —, o mundo fechado da maçonaria real que operava com independência dos governos. Infelizmente, os Arquivos Reais suecos estão tão fechados a consultas quanto os dinamarqueses. Em 1917, o rei Gustavo enfrentava uma crise interna em seu próprio país — nesse ano, três governos caíram sucessivamente, devido ao racionamento e à fome decorrentes do bloqueio dos Aliados. Gustavo se viu diante de protestos contra a fome e inquietações da classe trabalhadora, incentivadas pela simpatia da esquerda em relação aos acontecimentos na Rússia, e, tal como os reis Jorge e Afonso, começara a temer pela segurança do próprio trono, a tal ponto que, dizia-se, estava de malas prontas caso estourasse a revolução e precisasse fugir.

Em meio a rumores constantes sobre tentativas de intervenção diplomática, o embaixador Nekliudov se viu mais uma vez perante a questão Románov quando, no final de junho de 1917, chegou a Madri para assumir um novo mandato na Espanha. Em 2 de julho, desfilou numa carruagem dourada, com postilhões de libré, até o Palácio Real, no Escorial, para uma luxuosa recepção em que apresentaria suas credenciais ao rei. Depois de se aproximar de Afonso, sentado resplandecente no trono ladeado por leões dourados em tamanho natural, Nekliudov descobriu que todos os dignitários da corte espanhola haviam comparecido para ver "um revolucionário moscovita" se apresentando ao rei, mas ficaram decepcionados ao ver o embaixador do Governo Provisório usando os tradicionais trajes imperiais profusamente bordados.[40] Ao final do discurso proferido por Nekliudov — que, entre outras coisas, louvava o trabalho humanitário do rei em relação aos prisioneiros de guerra russos —, Afonso se mostrou apreensivo para lhe dizer algo em reservado e o puxou de lado, de forma que os dignitários não o ouvissem:

> Monsieur, em seu discurso o senhor teve a gentileza de mencionar o auxílio que temos conseguido prestar a seus prisioneiros. Permita-me lhe dizer o profundo interesse que tenho pelo destino de outros "prisioneiros russos". Refiro-me a Sua Majestade, o ex-imperador Nicolau II, e sua família. Rogo-lhe, Monsieur, que transmita a seu governo minhas ardentes preces pela libertação deles.[41]

Afonso indagou quem era o chefe oficial do Governo Provisório. Queria que seu apelo chegasse ao cargo mais alto. Nekliudov respondeu que era o presidente do Conselho de Ministros, o príncipe Lvov, e assegurou ao rei que, apesar da derrubada do regime tsarista, Lvov conservava grandes sentimentos de lealdade e solidariedade para com o tsar. Nekliudov não hesitaria em "transmitir suas palavras a meu governo". "Sua Majestade pode ter certeza", prosseguiu, "de que enquanto o atual governo estiver no poder não se tocará num único fio de cabelo do tsar." Mas também alertou a Afonso que, embora desejasse "permitir que o imperador e sua família viajem para terras estrangeiras, [o Governo Provisório] não o faz por causa dos elementos extremistas".[42] Além disso, qualquer tentativa de intercessão de um governo estrangeiro ou qualquer apelo especial em favor dos Románov apenas inflamaria uma situação já difícil. Por isso Nekliudov não recomendava que o rei espanhol fizesse uma petição oficial ao governo; ele transmitiria suas palavras ao príncipe Lvov não em um telegrama oficial, mas numa carta particular.[43] Fiel à sua palavra, Nekliudov escreveu ao príncipe Lvov em 3 de julho, comunicando o sincero apelo pessoal do rei ao governo para que garantisse a segurança do "primeiro cidadão da Rússia, agora derrubado e encarcerado", e também de sua família.[44]

Uma vez mais, o rei Afonso foi o único soberano europeu a fazer qualquer tipo de apelo ardente e direto em prol dos Románov. Mas Nekliudov estava certo ao avisar da necessidade de cautela: pois, para falar a verdade, até mesmo o Governo Provisório agora estava mudando de posição, e, por razões de *realpolitik*, menos propenso a insistir na questão do asilo. No verão de 1917, o governo enfrentava não só o vulto da catástrofe se avizinhando na Frente Oriental, como também uma séria oposição dos bolcheviques, que vinham ganhando terreno desde o retorno do líder Lênin à Rússia, no começo de abril.

Em 16 de julho, em Petrogrado, irromperam distúrbios entre grupos de soldados e operários insatisfeitos, mais que dispostos a fomentar o descontentamento público na esteira da recente e malograda ofensiva russa na guerra. Saindo às ruas, eles passaram a incentivar outros a entrarem em greve e se somarem às manifestações, na esperança de desencadear uma segunda revolução e a tomada do governo pelo soviete de Petrogrado. Os protestos logo se radicalizaram e degeneraram em confrontos armados. Falava-se que um grupo de rebeldes estava a caminho de Tsárskoie Seló em veículos blindados "e arrancaria o imperador e toda a sua família do Governo Provisório".[45]

No entanto, os bolcheviques no soviete, agora em maioria, não estavam preparados para essa súbita guinada nos acontecimentos, e seus líderes não tinham certeza se aquele era o momento oportuno para tomar o poder. A ameaça de insurreição se esvaziou, e vários líderes bolcheviques, inclusive Trótski, foram cercados e presos, enquanto Lênin fugia para a segurança da Finlândia. Os bolcheviques ficaram ainda mais desacreditados quando o Governo Provisório apresentou provas de que Lênin e seus colegas estavam em conluio com os alemães e vinham recebendo auxílio financeiro deles.

Em 20 de julho, dia em que a violência em Petrogrado arrefeceu, o príncipe Lvov, exausto — e com divergências cada vez maiores com seu próprio governo e ainda mais com o soviete de Petrogrado —, renunciou ao cargo de primeiro-ministro. Sucedeu-o Kerénski, que assumiu o controle total do destino dos Románov. Com os bolcheviques por ora em recuo, o Governo Provisório estava em vantagem, inclusive tendo melhor controle das linhas ferroviárias. Por uma brevíssima janela, surgiu uma oportunidade de retirar os Románov, se não da Rússia, ao menos — nas palavras de Hanbury-Williams — para "o mais longe possível da sede de perpétuos problemas: Petrogrado".[46]

Com a permanência prolongada da família imperial, "Tsárskoie Seló estava se tornando o ponto frágil do corpo político", admitiu Kerénski, que teve de agir depressa. Em 24 de julho, um domingo, ele foi até o Palácio de Alexandre e informou a Nicolau que a família precisava ser transferida para o sul, para um local mais calmo e distante, "devido à proximidade de Tsárskoie Seló com a turbulenta capital".[47] Ele foi vago quanto à localidade exata para a qual pensava transferi-los, mas era evidente seu receio de que, mais cedo ou mais tarde, pudesse haver um ataque ao palácio e uma tentativa de levar Nicolau e Alexandra para o cárcere ou algo pior. Kerénski se decidiu pela evacuação não só por causa dos distúrbios recentes na capital, mas também por estar cada vez mais ciente das atividades de "conspiradores monarquistas amadores" que, conforme observou, estavam enviando "bilhetinhos misteriosos" à tsarina, sugerindo uma "pronta libertação". "A inexperiência e uma simplicidade pueril se entrelaçavam com o escárnio e a traição", relembrou Kerénski; a guarnição em Tsárskoie Seló tinha "ficado perturbada com boatos de conspirações, de tentativas de libertar o tsar". Também chegavam a seus ouvidos notícias sobre um crescente ressentimento direitista nas forças armadas contra o governo. Kerénski precisava agir.[48]

A Crimeia, livre dos problemas do gelo e dos submarinos alemães, era a saída mais fácil para o mar no sul, e agora podia parecer o ponto de parada mais lógico para uma evacuação. Além disso, claro, também era, desde a abdicação, o local onde Nicolau esperava ser autorizado a morar com a família, em vez de ir para a Inglaterra. Mas Kerénski jamais os enviaria para lá; os monarquistas possuíam uma base sólida na Crimeia e nas áreas adjacentes, com suas linhas próprias de comunicação por telefone e telégrafo, e faziam uma ativa propaganda pela restauração da monarquia.[49] A essa altura, haviam se estabelecido na Crimeia vários outros membros da "dinastia caída", inclusive Dagmar e duas irmãs de Nicolau, o que já vinha criando um problema de segurança para o governo, em vista da presença na península de marinheiros extremamente belicosos da frota do mar Negro, ali baseada.

Tendo rejeitado a ideia de enviar os Románov para a propriedade do grão-duque Mikhail em Brasovo, na província russa meridional de Orel, Kerénski optou por algo mais remoto. Ainda assim, não seria fácil levar os Románov a um local desses, se o trem que os transportasse tivesse de atravessar "províncias centrais densamente povoadas" ou cidades industriais — ou, ainda, regiões onde haviam ocorrido violentos distúrbios de camponeses contra o regime tsarista.[50] Portanto, escolheu-se Tobolsk, na Sibéria Ocidental; Kerénski ouvira falar do lugar e tinha uma ideia aproximada de sua localização. Era "um verdadeiro fim de mundo", ao qual, nessa época do ano, chegava-se não por estrada de ferro, mas por via fluvial, e "sem atravessar nenhum distrito densamente povoado"; no inverno, ficava completamente cercado de gelo por todos os lados. Dispunha de uma "guarnição minúscula, nenhum proletariado industrial, e uma população próspera e contente, para não dizer antiquada". E, além disso, contava com "uma Casa do Governador bastante passável [...] onde a família imperial poderia viver com certo conforto".[51] A escolha de um local na Sibéria também possuía um significado simbólico que não passaria despercebido ao público russo, como Kerénski bem sabia. O envio do ex-tsar para o local de degredo e exílio a que tantos dissidentes haviam sido condenados durante o velho regime não deixava de ser um gesto de justiça social poética que poderia "lhe render dividendos" mais tarde, quando precisasse.[52]

De maneira sigilosa, Kerénski enviou dois servidores de confiança para um reconhecimento de Tobolsk. Quando eles voltaram, em meados de julho, confirmando que o local era adequado, pôs-se em andamento o plano para a transferência da família, sem maiores discussões com o governo e sem qualquer anúncio público. Em caráter reservado, Kerénski manifestou ao conde Benckendorff sua expectativa de que, após as eleições da Assembleia Constituinte em novembro e a instauração de um governo estável, os Románov tivessem autorização de voltar a Tsárskoie Seló ou de sair da Rússia para um país de sua escolha, seguindo pela Ferrovia Transiberiana até Vladivostok e dali até o Japão.[53]

Em 25 de julho, Terechtchenko, o ministro das Relações Exteriores, se reuniu com Sir George Buchanan para informá-lo sobre a iminente transferência da família. "Manifestei esperança de que a liberdade do imperador, quando estivesse na Sibéria, não fosse tão restrita quanto era em Tsárskoie Seló, e que ele tivesse autorização para passear de carro", informou Buchanan a Londres. "Apesar dos vários erros que cometeu e de sua fraqueza de caráter, [o] imperador não é um criminoso e merece ser tratado com a maior consideração possível." Terechtchenko confirmou que assim seria, e que o tsar poderia escolher "seus acompanhantes, e teria uma casa muito confortável, com amplo jardim. Quanto a passear de carro, isso vai depender do estado de ânimo público em Tobolsk".[54]

Foi nessa conjuntura que outra pessoa se apresentou para pedir a soltura da família imperial. Até o presente momento, nunca se comentou sobre essa outra iniciativa, que veio de Piotr Bótkin, ex-embaixador da Rússia imperial em Portugal. Ele tinha uma excelente razão para se preocupar com o destino dos Románov, uma vez que era irmão do dr. Evguéni Bótkin, o devotado médico da família, que decidira ir com eles para Tobolsk. Cheio de boas intenções, Piotr Bótkin resolveu recorrer ao governo francês, sem saber que este já deixara muito claro aos britânicos que não tinha absolutamente qualquer interesse em ajudar os Románov.

Em 25 de julho, Bótkin escreveu em particular, sem consulta nem aprovação de seu governo, a um colega diplomata, o barão de Berckheim, *chargé d'affaires* da França na embaixada em Berlim, sobre a "questão que no momento preocupa muitos russos: o perigo que ameaça o imperador no cativeiro" — que se tornara ainda mais premente devido aos recentes distúrbios naquele mês. Bótkin podia ser servidor do Governo Provisório, mas foi franco em reconhecer que este, apesar de suas melhores intenções, simplesmente era incapaz de proteger a família imperial contra os perigos. Portanto, em vista dos "sentimentos de lealdade e solidariedade que o governo da República francesa sempre demonstrou para com Sua Majestade, o imperador Nicolau II, devotado aliado da França", não seria mais eficaz, perguntava ele, se se empreendesse "algum tipo de esforço coletivo das grandes potências, aliadas da Rússia", para ajudar o Governo Provisório a lidar com um problema que era "difícil de resolver por sua iniciativa própria"? O rei de um país neutro, como a Dinamarca, não poderia talvez ajudar a evacuá-los da Rússia? Enviar um cruzador dinamarquês até o golfo da Finlândia e remover a família em Peterhof? Bótkin se colocava à disposição do governo francês para o que fosse necessário para resgatar o imperador e "salvar da catástrofe a história de nossos tempos, cujas consequências seriam extremamente perigosas".[55]

Não houve resposta, nem mesmo a cortesia de uma acusação de recebimento. Sem se intimidar, Bótkin escreveu outra vez, em 5 de agosto, num tom de urgência ainda maior, dessa vez para Jules Cambon, diretor do Departamento Político do Ministério das Relações Exteriores da França. Com polida insistência, ele sugeriu que a França, como aliada de longa data da Rússia, devia "tomar a iniciativa para libertar o imperador da prisão". Num tom um tanto recriminatório, Bótkin também relembrou a Cambon que a França recentemente "se apressou em saudar a Revolução Russa, fechando os olhos ao passado, mas o passado não morreu e pode um dia ressurgir à sua frente como censura viva". Pouco tempo antes, os franceses tinham enviado uma delegação socialista a Petrogrado para cumprimentar o novo Estado revolucionário, mas o que eles haviam feito "para aliviar o destino do infeliz monarca a quem a França, de todo modo, é de certa forma devedora?".

Bótkin sabia que não havia tempo a perder, e ficou aguardando que os franceses respondessem e fizessem "um belo e generoso gesto que entraria para a história". Infelizmente, nesse momento, a França estava tão pouco disposta quanto a Grã-Bretanha a realizar "gestos generosos" em relação aos Románov. Bótkin não recebeu resposta.[56]

Em Tsárskoie Seló, o próprio tsar continuava às escuras sobre a localização exata do futuro lugar de exílio. Desde que soubera que iriam ser transferidos, passava o tempo calmamente colando fotos em seus álbuns, separando livros e, com Alexandra, juntando as coisas que queriam levar. Os filhos desfrutavam cada vez mais tempo ao ar livre, dedicando-se à horta e sentindo enorme prazer em comer pela primeiríssima vez os alimentos que eles próprios haviam plantado. Mas fazia um calor intenso e todos sentiam falta do frescor do Báltico, dos passeios em volta dos recifes finlandeses a bordo do iate *Shtandart* e de nadar no mar Negro, como faziam durante os verões que passavam no Palácio de Livadia na Crimeia.

Foi apenas em 10 de agosto que Nicolau anotou, em seu estilo inescrutável e muito pragmático, que naquela manhã, após o desjejum, soubera "pelo conde Benckendorff que não seremos enviados para a Crimeia, mas para uma cidadezinha distante, a três ou quatro dias de viagem para o leste. Mas onde, exatamente, eles não nos dizem, e nem mesmo o comandante sabe". E acrescentou, num suspiro: "E nós que ainda contávamos com uma longa permanência em Livadia!". A família sabia que o leste significava apenas uma coisa: a Sibéria. Assim, com sua característica atitude de aceitação passiva, os Románov se prepararam para percorrer as muitas centenas de quilômetros entre Tsárskoie Seló e o interior russo, sem dúvida intimamente receosos com o local desconhecido, o rigor do inverno lá e a distância dos amigos e parentes. Tinham no sangue o sol da Crimeia; as vastidões desertas e nevadas da Sibéria eram para eles completamente estranhas.

Quatro dias depois, em 14 de agosto, Sir George Buchanan confirmou ao rei Jorge que "o imperador e sua família, acompanhados por uma pequena comitiva, partiram hoje de manhã para Tobolsk", e que Terechtchenko lhe garantira que "haviam sido tomadas todas as providências para seu conforto e proteção durante a viagem", acrescentando que "o imperador estava muito animado". De fato, Nicolau se sentia grato: "Não tenho medo. Confiamos em você", dissera a Kerénski ao saber do local de destino. "Se você diz que precisamos nos mudar, assim será. [...] Confiamos em você."[57]

Para todos aqueles que sentiram alguma fugaz preocupação com a família imperial russa, mas não lhe estenderam a mão no momento de necessidade, o gesto de aceitação por parte de Nicolau foi reconfortante. Não havia motivo de alarme, disseram a si mesmos; os Románov estariam a salvo naquela terra de ninguém. Como observou o embaixador francês Paléologue, "a Grande Guerra que continuava a se desenrolar no Ocidente era mais do que o bastante para saciar a curiosidade de todos".[58] Os funcionários britânicos agora voltariam sua atenção para os apuros da imperatriz-mãe, em prisão domiciliar na Crimeia. Como é possível que o governo russo, perguntou Sir George a Terechtchenko, seja capaz de "agir com tanta dureza em relação a uma dama da idade dela, e amada por todos" (ao contrário, imagina-se, de Nicolau e Alexandra)? Um "tratamento desnecessariamente duro a uma parente próxima do rei causaria péssima impressão na Inglaterra".[59] A rainha-mãe estava preocupada que a irmã estivesse sendo "mantida em detenção como uma criminosa", e voltou a bombardear Buchanan com pedidos de notícias. Estava claro que, em se tratando da realeza russa, o grau de preocupação com Dagmar era um, e com Nicolau e Alexandra era outro — para não citar os filhos do casal.

Na noite de 14 de agosto de 1917, Gueórgui Lukomski, recém-nomeado pelo governo de Kerénski como encarregado da preservação dos palácios de Tsárskoie Seló, foi uma das pouquíssimas pessoas a assistir à partida da família do lugar em que havia vivido por 23 anos. Nos dias que a precederam, Lukomski fora várias vezes ao palácio, a fim de avaliar os objetos e decidir a melhor maneira de preservá-los como museu após a saída dos Románov.

Lukomski, junto com Kerénski e o barão Steinheil, o administrador político do Palácio de Alexandre, observou enquanto a família aguardava pacientemente. As malas, segundo as instruções, estavam prontas para a partida no dia 13 à meia-noite, mas, após muitas horas de espera, não apareceu nenhum comboio de carros para levá-los até a estação. Kerénski estava extremamente nervoso, relembrou Lukomski, andando de um lado para outro e dando constantes telefonemas para descobrir o que se passava. Na verdade, estava tão inquieto que parecia incapaz de controlar a impaciência. Enquanto isso, os Románov se mantinham calmos, as quatro irmãs tentando afastar o sono, o tsarévitche de uniforme cáqui brincando no assoalho. Os carros enfim chegaram às cinco da manhã, e Lukomski viu o tsar, com uma calma comovente, que mantivera durante todo o tempo, dar o braço à tsarina, envolta numa capa de seda negra, enquanto desciam a escada.[60] Nesse momento, os soldados do lado de fora se colocaram inesperadamente em posição, formando uma guarda de honra improvisada, e o saudaram com o tradicional "Bom dia, paizinho". Lukomski viu nascer a aurora no Parque Alexandre enquanto o comboio partia; mais tarde, escreveu que, ao assistir àquela cena, não pôde deixar de pensar na Revolução Francesa e naquela fatídica noite de junho de 1791, quando o rei Luís XVI e a família deixaram as Tulherias e foram a Varennes em busca de apoio para uma contrarrevolução.

Vagos os dezesseis aposentos ocupados pelos Románov, Lukomski entrou nos cômodos para fotografar seu interior. Ficou impressionado ao ver como pareciam encarnar o espírito da família, sobretudo do ex-monarca. Pois nesse palácio magnificente, projetado pelo grande arquiteto Giacomo Quarenghi para Catarina, a Grande, a família imperial tinha vivido num modesto estilo burguês, decididamente limitado em termos de gosto estético. "Todos os objetos pessoais do tsar estavam em perfeita ordem", disse Lukomski a um jornalista em 1928:

> Havia em seu gabinete 26 álbuns de fotos catalogando seu reinado, que ele classificara metodicamente e reunira com grande paciência — uma fonte inestimável para estudos futuros. Em cima da escrivaninha, num gesto simbólico, ele deixara uma coletânea recém-publicada de seus discursos e pronunciamentos; ao lado desse volume, encontrei um revólver ricamente incrustado com suas insígnias imperiais e um relógio numa corrente de ouro, que ele tirara logo antes de partir, declarando ao barão Steinhel: "Ele não é meu, pertence ao povo".

Num forte contraste, relembrou Lukomski, os aposentos da imperatriz estavam "entregues a uma incrível desordem de caixas de joias esvaziadas e atiradas numa pilha".[61] Depois de concluir sua inspeção, Lukomski lacrou todos os aposentos: a derradeira separação simbólica entre a velha ordem tsarista e a nova Rússia socialista. Entristecia-o que as coisas não pudessem ser de outra maneira: "Naquele momento", disse ele em 1928, "se alguns homens decididos tivessem aparecido de repente, nada impediria o seu caminho, e, creio eu, a família imperial teria sido salva, e o mundo talvez tivesse tomado outros rumos".[62]

7. "Sabor de um romance de Dumas"

Dois dias antes de deixarem seu lar no Palácio de Alexandre, os Románov foram avisados para levar roupas de frio. O cozinheiro que os acompanharia foi instruído a juntar provisões para cinco dias. Claro que a família não saiu de Tsárskoie Seló sozinha, mas acompanhada por um considerável entourage de 39 criados — camareiras, cozinheiros e lacaios —, seu médico particular, dr. Evguéni Bótkin, o preceptor das crianças, Pierre Gilliard (sendo que Sydney Gibbes, a baronesa Buxhoeveden e os filhos do dr. Bótkin seguiram depois, com outros criados), as damas de companhia da tsarina, Anastácia Hendrikova e Ekaterina Schneider, e dois dos camaristas de Nicolau, o conde Ilia Tatíchev e o príncipe Vassíli Dolgorúkov. Foram utilizados dois trens para transportá-los, bem como uma escolta com cerca de trezentos soldados das 1ª, 3ª e 4ª Brigadas de Carabineiros, armados com rifles e sob as ordens de Kobilínski, o comandante do palácio, agora encarregado de supervisionar a transferência da família em segurança para Tobolsk.

Mas dois dos cortesãos mais antigos e devotados, Elizaveta Naríchkina e o conde Pável Benckendorff, foram obrigados a ficar para trás, devido à idade e às condições de saúde. Foi uma grande tristeza, sobretudo para Benckendorff, mas, nos meses seguintes, ele seria um elo fundamental com a família. Graças a seu contato com Tobolsk, por meio das cartas do enteado, o príncipe Dolgorúkov, ele podia repassar notícias sobre o bem-estar da família. Benckendorff também foi uma importante fonte de notícias sobre os Románov para a imperatriz-mãe na Crimeia, a quem escreveu uma carta, entre 2 e 8 de agosto de 1917, contando-lhe sobre como as últimas horas em Tsárskoie Seló tinham sido "horrivelmente dolorosas". "O imperador está se conduzindo da melhor maneira possível nessas pavorosas circunstâncias", disse a Dagmar. "Apesar disso, mudou fisicamente e se tornou nervoso. Tenta se cansar o máximo possível fazendo trabalho físico, que alivia seu estado mental." A imperatriz, porém, estava "cheia de ilusões" sobre o que lhes reservava o futuro. Mas quem mais preocupava Benckendorff era Olga Nikoláevna, a impressionável filha mais velha, que, na opinião dele, estava "num preocupante estado de melancolia. Tem emagrecido e não consegue conter as lágrimas".[1] Dos cinco filhos de Nicolau e Alexandra, Olga fora a que mais sofrera emocionalmente desde a abdicação do pai, e parecia sentir grande dor e dificuldade em aceitar a dramática mudança das circunstâncias da família. Ficara especialmente mortificada com o ódio virulento de que os pais eram alvo, visto que, para ela, a única coisa que sempre haviam feito fora amar a Rússia e desejar o melhor para o país e para o povo.

Os três dias de viagem de trem até a Sibéria acabaram sendo de um surpreendente conforto para os Románov, que ocuparam um vagão de primeira classe da International Wagons-Lits Company, com café da manhã, almoço, chá da tarde e jantar servidos com toda a etiqueta, como se estivessem no Palácio de Alexandre. A cada dia, o trem fazia uma pausa durante uma hora para a família espairecer. O trecho final do percurso foi feito de vapor, saindo do terminal ferroviário em Tiumen e subindo o rio Tura. Os Románov chegaram a Tobolsk em 19 de agosto, às seis da tarde, sendo recebidos por uma multidão curiosa e respeitosa — pois a população local era em larga medida simpática a eles — que aguardava junto ao cais para vê-los e, mais tarde, enviou-lhes doces, ovos e outros alimentos então escassos.[2]

Em 1917, Tobolsk contava com 21 mil habitantes e era o centro comercial de uma enorme província que se estendia por 1,3 milhão de quilômetros quadrados — quase oito vezes maior que a Grã-Bretanha, e mesmo assim "um mero pontinho na Rússia asiática", como disse um visitante.[3] Havia uma vasta região pantanosa e pouco habitada; a própria cidade era "um quadro de desolação e estagnação, mesmo no verão", quando era tomada por enxames de mosquitos. Grande parte do comércio local vinha pelos rios Tobol e Irtich, mas este último só permanecia degelado cerca de duzentos dias por ano. A cidade em si se erguia à margem direita do rio, numa ribanceira que dava para a foz do rio Tobol, dominada por uma cidadela construída por prisioneiros de guerra suecos capturados na Batalha de Poltava, em 1709.

Enquanto os Románov permaneciam a bordo do vapor, os camaristas de Nicolau, Dolgorúkov e Tatíchev, formando um grupo avançado com Kobilínski e um representante do Governo Provisório, foram inspecionar as condições da casa, que ficava no centro da cidade, em sua via principal, chamada rua da Liberdade. Ficaram desalentados com o que viram: "Uma casa suja, malcheirosa, fechada com tábuas nas portas e janelas, com treze cômodos, alguns móveis, além de privadas e banheiros pavorosos", escreveu Dolgorúkov em sua primeira carta a Benckendorff, em 27 de agosto.[4] No sótão havia cinco cômodos para os criados, mas os demais integrantes do entourage — ele próprio, Tatíchev, Hendrikova, Bótkin, Schneider, outros criados, oficiais da guarda e o comandante Kobilínski — tiveram de se alojar numa casa alugada, no outro lado da rua. Era um imóvel bastante espaçoso, porém igualmente descuidado, sem nenhuma mobília, de modo que foi preciso que a adquirissem por conta própria na cidade. Mas os que se instalaram ali, ao contrário da família imperial, pelo menos tinham autorização para andar com bastante liberdade pela cidade, o que lhes permitia ter contato com os monarquistas locais e, por seu intermédio, enviar mensagens de apoio à família, assim como presentes em dinheiro e outros itens de necessidade.

Ao sair de Tsárskoie Seló, Kobilínski fora instruído por Kerénski: "Não esqueça que é o ex-imperador. Nem ele nem sua família devem passar por qualquer privação". E sem dúvida o comandante fez o máximo para garantir que os Románov tivessem um certo conforto e alguma liberdade de movimento dentro do amplo pátio cercado anexo à casa, e que de vez em quando pudessem ir à igreja.[5] Os guardas também eram muitíssimo mais amistosos e corteses do que os de Tsárskoie Seló, e a família, dos aposentos no térreo e da pequena sacada onde lhes era permitido ficar, podia ver as pessoas comuns de Tobolsk passando pela rua; muitas paravam, acenavam e até faziam o sinal da cruz.

Para os monarquistas leais reunidos na região de Tobolsk e vigiando a Casa do Governador, o período de agosto a novembro de 1917 foi, sem dúvida, o momento oportuno para tentar libertar os prisioneiros. A Sibéria, na época, ainda era relativamente "sossegada" em termos políticos, e o Cidadão Románov (como agora os jornais se referiam a ele), com sua família, havia recuado ainda mais na consciência pública. Kobilínski era simpático ao ex-tsar e não resistiria a um sequestro da família; a segurança era frouxa, e um grupo de monarquistas decididos não teria grande dificuldade para invadir o pátio de exercícios onde os Románov passavam grande parte do tempo. Com efeito, alguns dos próprios guardas da família, integrantes da antiga 4ª Brigada de Carabineiros Imperiais, chegaram a sugerir a Nicolau que o melhor momento para uma fuga seria durante o turno deles.[6]

Falando em termos lógicos, a melhor rota de saída para qualquer grupo que tentasse resgatar os Románov de Tobolsk seria a mesma que Kerénski esperava adotar mais tarde — retirá-los da Rússia saindo de Tiumen pela Transiberiana até Vladivostok, na costa oriental, e de lá embarcá-los para o Japão e, por fim, para os Estados Unidos. Mas esses planos estavam muito além do escopo dos monarquistas locais em Tobolsk, que parecem ter discutido como única opção viável esconder a família dentro da Rússia, na esperança, ao menos, de protegê-la enquanto a situação política não mudasse.

No outono de 1917, não faltavam oficiais idealistas do ex-Exército Imperial russo dispostos a desempenhar o papel de salvadores, a empreender um resgate e ser por isso condecorados. Infelizmente, grande parte do que se tem escrito sobre seus planos para salvar os Románov não passa de mitologia vazia, sem conteúdo, em larga medida especulativa, numa mistura de versões muitas vezes confusas e incoerentes narradas por seus pretensos participantes, não raro relembradas muitos anos depois, no exílio. Poucas coincidem, muitas contradizem umas às outras e a maioria — e isso é exasperante — se refere aos envolvidos apenas pelas iniciais, o que, de modo geral, serve apenas para confundir qualquer historiador que tente entendê-las. Lamentavelmente, porém, todos esses planos estavam fadados ao fracasso: o entusiasmo que unia os monarquistas era superado pelas rivalidades internas e pela incapacidade de guardarem segredo sobre seus planos. Como me disse Phil Tomaselli, especialista na Primeira Guerra Mundial, numa de nossas várias conversas: "Qualquer complô com um só russo envolvido vazará; com dois russos, logo vazará; com mais de dois russos, já vazou. Com setenta russos, já está comprometido desde o primeiro dia".

Por ora, voltemos ao Pequeno Márkov, que em agosto de 1917, em Petrogrado, por instruções de Márkov II, estava empenhado em estabelecer contato com células monarquistas. Ele calculava que, naquela altura, havia cerca de cinquenta, algumas escondidas no Astoria Hotel, onde tinham reuniões clandestinas com Lili Dehn, ex-integrante do entourage de Alexandra. Enquanto isso, Márkov II se reunia secretamente com outras, nos escritórios de uma empresa comercial na Nevski Prospekt. Elas eram todas "inspiradas pelos mesmos sentimentos", observou o Pequeno Márkov, mas se metiam em "confusões inacreditáveis" e pareciam incapazes de se juntar numa mesma direção organizada. O problema, segundo ele, era que todos nutriam profundas desconfianças mútuas e careciam de qualquer habilidade de organização. E tampouco, nessa fase, dispunham do mais essencial: dinheiro suficiente para financiar seus vários planos. "Os jovens oficiais ficavam entusiasmados com todo o mistério que se criava, com as senhas, os sinais e outras parafernálias conspiratórias", relembrou ele, "mas não faziam a menor ideia do lado técnico dessas atividades".[7] Enquanto isso, Lili Dehn percebeu que estava sob vigilância das autoridades e decidiu se mudar para a casa da mãe, no sul da Rússia, onde se manteria em posição mais discreta. O Pequeno Márkov foi com ela até Beletskovka, no sul da Ucrânia. Eles descobriram, durante a viagem, que "o sul inteiro estava repleto de grupos monarquistas",[8] que falavam muito em contrarrevolução, mas não tinham ninguém que os juntasse numa força coesa.

Um exemplo típico de "entusiástica demonstração de lealdade sem sentido", nas palavras de Aleksandr Kerénski, deu-se em agosto de 1917, quando uma das amigas mais próximas da família imperial, Rita Khitrovo, de 22 anos, decidiu ir até Tobolsk.[9] Agindo exclusivamente por conta própria, sem consultar nenhum outro apoiador dos Románov, ela chegou a Tobolsk com uma almofada recheada de presentes e um maço com cerca de quinze cartas para a família imperial.[10] Fora tão irrefletida e indiscreta sobre a viagem que a notícia logo chegou a Kerénski, que, na paranoia de que ela pudesse estar envolvida numa conspiração para libertar os Románov, ordenou que Kobilínski a detivesse e revistasse tão logo pusesse os pés em Tobolsk.

Khitrovo fora visitar a família imperial mais por tola devoção do que por qualquer motivo contrarrevolucionário, mas com isso as autoridades se puseram em guarda quanto a outros complôs. Ela foi imediatamente posta num trem de volta para Moscou, onde foi interrogada e por fim liberada. Todavia, pôde repassar detalhes valiosos sobre a vida apertada que os Románov levavam na Casa do Governador — o que levou a uma frenética arrecadação de fundos em Petrogrado e Moscou para a família. Mas, em Tobolsk, sua "visita irrefletida" em nada ajudou os Románov, tendo, pelo contrário, "o efeito de uma grande pedra caindo sobre a lisa superfície da vida dos prisioneiros".[11] Felizmente, as cartas que ela levava foram consideradas inofensivas por Kobilínski, e entregues à família. Mas um resultado direto desse episódio foi que um novo comissário socialista revolucionário, Vassíli Pankrátov, e seu assistente Aleksandr Nikólski, foram enviados de Moscou para Tobolsk, a fim de se encarregar dos cativos, enquanto Kobilínski foi transferido para o comando dos 337 soldados que faziam a guarda.

Ao contrário de Kobilínski, um pouco mais simpático ao ex-tsar, Pankrátov era um revolucionário de confiança e calejado, que passara catorze anos preso na notória Fortaleza de Chlisselburg, pelo assassinato de um policial, e mais 27 anos em exílio interno na Sibéria. Apesar da extrema relutância em assumir a missão, ao chegar a Tobolsk, em 14 de setembro, como devotado servidor da revolução, ele cumpriu fielmente suas instruções, com forte senso de integridade moral.[12] Embora o preceptor Pierre Gilliard o considerasse "um fanático imbuído de princípios humanitários", Pankrátov, enquanto revolucionário, era um homem justo e decente; não desejava mal à família imperial e era muito cioso de sua segurança. Era cortês, dava-se bem com o ex-tsar e seus filhos e granjeou o respeito deles.[13] Na verdade, era tão equânime que alguns dos guardas mais combativos no destacamento da Casa do Governador formaram seu próprio comitê e passaram a insistir que Pankrátov e Kobilínski adotassem uma linha mais dura em seus encargos.

No começo de novembro de 1917, quando os bolcheviques depuseram o Governo Provisório e tomaram o poder em Petrogrado, aumentaram as preocupações sobre os efeitos que o novo e draconiano regime socialista teria sobre os Románov em Tobolsk. Nicolau ficou inquieto com a notícia, que lhe chegou apenas quinze dias depois. Ele tinha abdicado em favor da Rússia, mas seu sacrifício não unificara o país, que, pelo contrário, agora estava dilacerado por discórdias e violências ainda maiores. Nesse meio-tempo, Alexandra ficara cada vez mais agitada e impaciente, enviando recados a Dehn e Vírubova, perguntando "o que Márkov II estava fazendo, e até que ponto o trabalho pela liberação de Suas Majestades realmente avançara".[14] A essa altura, o Pequeno Márkov e Dehn tinham voltado a Petrogrado, onde descobriram que o grupo ainda tentava arrecadar dinheiro para financiar o envio de oficiais a Tobolsk, a fim de organizar um resgate. Márkov II dizia ter recrutado 150 pessoas, todas cada vez mais preocupadas com o fato de que "a posição do imperador e da imperatriz parecia [...] perigosa, até crítica".[15]

Nesse ínterim, outra figura importante entrara em cena: o arcebispo Hermogen. Esse conhecido monarquista e líder espiritual, que desempenhara um importante papel na promoção de Raspútin a uma posição de influência sobre a família imperial, agora morava em Tobolsk. Embora acabasse por se voltar contra Raspútin, Hermogen continuara leal aos Románov, e trabalhava localmente para angariar apoio e fundos. Também estava em comunicação secreta com a imperatriz-mãe na Crimeia e com monarquistas de Petrogrado e outros lugares que se organizavam para lançar uma contrarrevolução. Mais importante, Hermogen controlava uma rede de mosteiros na Sibéria Ocidental, que poderiam ser esconderijos perfeitos para a família depois de resgatada.[16] Mas, servindo como meio para passar correspondência à família na Casa do Governador, Hermogen despertara muitas suspeitas entre os sovietes locais. Foi sob seus auspícios, e com a assistência do padre Aleksandr Vassíliev — que ele nomeara para a igreja na qual os Románov por vezes tinham permissão para assistir à missa —, que surgiu um dos conspiradores mais misteriosos dessa história.

O tenente Bóris Solovev, ex-integrante da brigada de artilharia montada, era um dos líderes do "círculo Raspútin" dos monarquistas de Petrogrado. Com 27 anos, era "alto e loiro, com bigode escovinha" e penetrantes olhos verdes-acinzentados.[17] Filho do tesoureiro do Santo Sínodo, estudara em Berlim e tivera em seguida um breve flerte com a teosofia, passando algum tempo na comunidade de Madame Blavatsky, na Índia. Em 1915, com seu interesse pelo ocultismo, sentiu-se atraído pelo círculo de admiradores de Raspútin, reunido em torno de Anna Vírubova, quando veio a conhecer Maria, filha de Raspútin, que promoveu deliberadamente uma aproximação entre os dois. Solovev pediu Maria em casamento várias vezes, até que ela finalmente capitulou, em setembro de 1917.[18] Os motivos de Solovev no tocante a esse assunto são questionáveis. Muitos diriam mais tarde que ele se casou com Maria com a cínica intenção de se promover junto à imperatriz e conquistar sua confiança, devido a seus vínculos com as duas pessoas mais próximas dela, tirando a família: Raspútin e Vírubova.[19] Nessa posição privilegiada, parecia-lhe possível convencer Alexandra de que estava ali, guiado pelo espírito onipotente de Raspútin, para garantir não só segurança e apoio financeiro à família imperial, mas também sua futura libertação.

Em outubro, Solovev soube que os Románov passavam por dificuldades no cativeiro e que seus recursos estavam no fim. Alexandra enviara mensagens a Anna Vírubova, pedindo auxílio monetário e produtos de primeira necessidade. Quando da partida da família para Tobolsk, o conde Benckendorff, como mestre de cerimônias da corte imperial, confiara a Kobilínski uma vultosa quantia para cobrir as despesas da família com a casa, a alimentação, os salários dos criados e os honorários dos médicos. Mas Kobilínski também precisara recorrer a esses fundos para pagar os homens que faziam a guarda da família; em novembro, o príncipe Dolgorúkov escreveu alarmado ao padrasto, avisando que o dinheiro acabara e que os Románov estavam acumulando dívidas sobre dívidas.[20] Tiveram de economizar, e dispensaram vários criados; muitos membros do entourage já tinham assumido suas despesas de subsistência pessoal, mas mesmo assim os Románov viviam com grande aperto. Benckendorff andara solicitando doações em várias partes — em Moscou e mesmo no exterior — em nome deles.[21] Os embaixadores da França e da Inglaterra, Noulens e Buchanan, haviam sido abordados por outro grupo pedindo auxílio financeiro, mas declinaram polidamente; na França, todavia, o marquês de La Guiche e outros monarquistas também estavam angariando fundos.[22] O mesmo fazia Bóris Solovev, que encontrara um grande doador na pessoa de Karol Jaroszyński, banqueiro e fabricante de açúcar residente em Kiev, de quem Solovev havia sido assistente. Jaroszyński possuía títulos e ações em vários bancos e empresas ferroviárias, além de investimentos agrícolas na Ucrânia, e era um grande conhecido da família Románov, tendo contribuído para os hospitais montados em Tsárskoie Seló sob o patrocínio de Anastácia e Maria, as filhas mais jovens de Nicolau e Alexandra. Os cálculos variam, mas diz-se que ele desembolsou cerca de 175 mil rublos de ouro (mais de 3 milhões de dólares em valores atuais), que Anna Vírubova repassou a Solovev, para que os entregasse à família em Tobolsk, como "representante plenamente reconhecido de várias organizações monarquistas, que confiavam nele devido à recomendação de Vírubova".[23]

Em Tobolsk, em novembro de 1917, Solovev entregou ao padre Vassíliev não só o dinheiro, como também cartas destinadas aos Románov. Algumas dessas doações entraram de maneira clandestina na Casa do Governador por meio de duas criadas, Anna Románova (nenhum parentesco) e Anna Utkina; outras se extraviaram. As duas tinham ido para Tobolsk separadamente, e não entre os acompanhantes da família imperial, e puderam agir porque levavam vidas independentes.[24] Alexandra manifestou gratidão pelo apoio financeiro de Jaroszyński numa carta codificada a Vírubova: "É mesmo emocionante que mesmo agora não tenhamos sido esquecidos. [...] Deus o abençoe".[25] A essa altura, ela também recebera a notícia de que havia cerca de "trezentos" salvadores monarquistas reunidos na área, supostamente sob os auspícios de Solovev, aos quais ele se referia como Irmandade de São João de Tobolsk. Como demonstração de lealdade à tsarina, eles haviam adotado como cartão de visita o símbolo budista da suástica virada para a esquerda, que fora por muito tempo o símbolo de boa sorte favorito de Alexandra.[26] Sempre atenta aos sinais enviados pelo céu, Alexandra depositou confiança em Solovev e em seus bravos cavaleiros: "Rezo incessantemente ao Senhor e ponho minhas esperanças apenas n'Ele", escreveu-lhe. "Você fala em milagre, mas não é um milagre que o Senhor o tenha enviado aqui junto a nós."[27]

Investindo todas as suas esperanças nesse prometido resgate, Alexandra também estava providenciando outra valiosa fonte de recursos financeiros: sua provisão secreta de joias, objetos de arte e outros itens preciosos da família — espadas ornamentais, ordens e medalhas de ouro incrustadas de pedras preciosas, e assim por diante —, que levara de Tsárskoie Seló. O problema era converter esses objetos em dinheiro vivo. As criadas Utkina e Románova levaram algumas das joias ao bispo Hermogen e ao padre Vassíliev; outras foram entregues a Solovev, para transformá-las em dinheiro, e nunca mais foram vistas. O valete do tsar, Tchemodúrov, levou uma grande coleção de joias de ouro e diamantes para a madre superiora do Convento Ivanovski, ali perto, onde ficaram escondidas por muitos anos.* Outras joias e objetos de

* Em 1933, essa coleção de joias escondidas dos Románov, pesando oito quilos, foi finalmente descoberta pelos sovietes. Constituía em 154 peças, avaliadas na época em 3 270 793 rublos — muitos milhões, em valores atuais. E esta era apenas uma parte das joias que Alexandra levara de Tsárskoie Seló.

valor se dispersaram, sendo entregues a membros do entourage a fim de que fossem guardados em segurança, como única apólice de seguro para o futuro dos Románov no exílio, caso fugissem da Rússia.

No começo de 1918, porém, a situação em Tobolsk começou a mudar drasticamente. O governo local resistira por algum tempo à lenta implantação do poder dos sovietes no distrito, mas, depois que a notícia da segunda revolução em novembro chegou aos guardas da Casa do Governador, alguns dos mais militantes passaram a ser cada vez mais hostis à família. Kobilínski tinha dificuldade em mantê-los sob controle: estavam se tornando cada vez mais rebeldes, reclamando que os Románov tinham refeições melhores e camas mais confortáveis do que as deles, e exigindo aumentos no soldo. Quando uma remessa de seis caixas com garrafas de vinho chegou de Tsárskoie Seló para a família imperial, eles, furiosos, exigiram que toda a bebida fosse despejada no rio Irtich. O Comitê de Soldados continuava a insistir num regime muito mais rigoroso na Casa do Governador. Com isso, usurpavam na prática o poder de Kobilínski, e mesmo do comandante mais autoritário, Pankrátov.

Pankrátov esperava que as eleições para uma nova Assembleia Constituinte, prometidas para dezembro, devolvessem ordem à situação política, mas suas esperanças foram em vão. Os trabalhos para a eleição da Assembleia mal haviam começado quando, não tendo os bolcheviques alcançado o número suficiente de assentos, Lênin os encerrou, em 19 de janeiro. Vendo-se em posição de desgaste, enfrentando atritos com o Comitê de Soldados, cada vez mais combativo, Pankrátov renunciou ao cargo de comandante no final de janeiro.[28] A partir daí, o regime imposto à família endureceu, enquanto os guardas mais politizados adotavam uma atitude sempre mais beligerante e intimidadora, exigindo, por exemplo, que todos os guardas e oficiais deixassem de usar dragonas, determinação que se estendia a Nicolau e Aleksei, que ainda se orgulhavam de usar a túnica militar e ficaram desconsolados por ter de acatar a ordem. Kobilínski observou, alarmado, que seus antigos subordinados, ao completar o prazo de serviço, eram substituídos por novos recrutas de Petrogrado, muito mais agressivos; esses guardas eram "um bando de rapazes com ar inescrupuloso", segundo Pierre Gilliard.[29]

Enquanto isso, em 20 de janeiro de 1918, Bóris Solovev seguia outra vez para a Sibéria com mais 10 mil rublos (173 mil dólares em valores atuais) de Jaroszyński, uma maleta repleta de chocolates, perfumes, roupas de baixo e roupas de frio, enviados pelos amigos da capital, e três maços de cartas repassadas por Vírubova. Em Tobolsk, foram novamente as criadas que contrabandearam os presentes para a Casa do Governador. Alexandra, acreditando que Solovev fora enviado pelo espírito de Raspútin, retribuiu enviando-lhe clandestinamente um ícone.[30] Logo a seguir, Solovev montou uma base para sua "conspiração" de resgate em Tiumen. Ali, desconfiado de grupos rivais vindos de Petrogrado e Moscou, que poderiam tentar se aproveitar dos fundos angariados para a família imperial, Solovev "criou uma espécie de pedágio para todos aqueles que pretendiam visitar Tobolsk com o objetivo de ver os Románov".[31] Ele insistia que "nosso pessoal" estava preparado e pronto para o resgate — com gente na agência telegráfica local, entre a polícia e a milícia de Tobolsk[32] —, e disse a seus apoiadores que oito ex-regimentos revolucionários haviam aderido à causa e "ocupado todas as vias de acesso a Tobolsk, de modo que a cidade estava totalmente cercada". Solovev afirmou que tinha inclusive "vários homens de confiança dentro da própria casa de detenção", e que "haviam sido instaladas minas sob todas as pontes no perímetro da cidade, de modo que ela poderia ser isolada num instante". Quando chegasse o momento de agir, essa corrente humana de seguidores leais passaria os Románov de um grupo a outro, com toda a segurança. Solovev anunciou que não era necessário enviarem mais seguidores de Moscou e Petrogrado, "porque qualquer novo rosto aumentava o risco de despertar suspeitas". "A única coisa que ele pedia era dinheiro", e, desnecessário dizer, "o dinheiro chegou".[33] Agora precisavam apenas das condições climáticas propícias e da oportunidade adequada para atacar a casa.

Como era de se prever, o prometido resgate de Solovev nunca se concretizou. Mais tarde, muitos da comunidade de russos brancos exilados, sobretudo os apoiadores do Pequeno Márkov, culparam-no pelo fracasso na missão de libertar os Románov. Mas houve em algum momento, de fato, alguma missão concreta? Toda a aventura de Solovev ainda é tida como uma espécie de "pseudoconspiração", e o próprio Solovev é muitas vezes condenado como um aventureiro oportunista empenhado em sugar dinheiro dos fundos destinados ao resgate. Boa parte das verbas reunidas em Petrogrado fora encaminhada a Tobolsk por meio de Dehn e Vírubova, ingênuas e confiantes, e uma parcela desse valor pode ter sido embolsada por Solovev. Outras quantias e bens que ele repassou ao padre Vassíliev também desapareceram, e chegou-se a conjecturar que os dois tenham brigado sobre a parte que caberia a cada um. Uma investigação posterior do assassinato dos Románov feita por Nikolai Sokolov indicou que, dos 175 mil rublos recebidos de Jaroszyński, Solovev repassara apenas 35 mil para os Románov.[34]

Há também quem considere que Solovev era um agente duplo e bolchevique disfarçado, que "deteve" emissários de Márkov e "até entregou pelo menos dois deles às autoridades bolcheviques".[35] Existem inclusive alegações infundadas de que ele era um espião alemão. Fossem quais fossem seus verdadeiros motivos, Solovev se mantém como um enigma nessa história. No entanto, há relatos de um complô mais plausível de monarquistas russos para o resgate da família imperial, mais ou menos na mesma época, sepultados na obscura literatura dos exilados produzida nos anos 1920, e que até hoje nunca haviam sido discutidos.

No final de 1917, outro grupo monarquista totalmente independente do "círculo Raspútin" de Solovev reunia-se em torno do príncipe Vladímir Trubetskoi, de seus primos, os príncipes Aleksandr e Serguei Trubetskoi, e de oficiais dos hussardos de Sumski, um regimento cossaco de elite de Sumy, no sul do país. Um dos mais antigos regimentos hussardos da Rússia Imperial, criado em 1661, seus oficiais provinham da nobreza e de famílias de grandes posses. Em dezembro, um deles, o capitão Viktor Sokolov, somou forças com dois colegas oficiais — os irmãos Raevski — que, ao serem enviados em missão de reconhecimento a Tobolsk, adotaram os pseudônimos absurdos e reveladores de Kirilov e Mefodiev.* Eles informaram que havia grandes simpatias monarquistas na área, inclusive entre alguns dos captores do tsar. Sugeriu-se que o melhor momento para um resgate seria num domingo, quando a família imperial tinha autorização para ir à igreja, com um destacamento de apenas vinte homens. O grupo planejou se esconder na igreja, atrás da iconóstase, e então, quando os Románov chegassem, atacar os guardas. A ideia, tal como o

* Não se deve confundir Viktor Sokolov com Nikolai Sokolov, o advogado nomeado em 1919 pelo comandante russo branco Aleksandr Kolchak para investigar o assassinato dos Románov. Os irmãos gregos Kirill e Methodius [Cirilo e Metódio] eram famosos teólogos e missionários russos, venerados na Igreja Ortodoxa como santos apóstolos.

complô do Pequeno Márkov para resgatar a família do Palácio de Alexandre, parecia absurdamente fantasiosa; tinha "o sabor de um romance de Dumas", como admitiu o próprio Sokolov, e não demorou muito para que ele e os irmãos Raevski fossem detidos pela milícia e interrogados pelo soviete local.[36]

Mesmo assim, como depois relatou Sokolov, vários oficiais do regimento de Sumy foram a Tobolsk a fim de verificar a vigilância na Casa do Governador e estabelecer contato com os monarquistas locais. Ficaram, porém, muito decepcionados ao descobrir que esses supostos "monarquistas" eram cerca de trinta "escoteiros" adolescentes e inexperientes, e que, apesar da ampla indiferença da população local, a guarnição que fazia a guarda dos Románov era enorme. Ainda assim, enviaram por meio do padre Vassíliev uma mensagem a Nicolau, que concordou com a fuga, mas apenas se a família pudesse levar também seus leais servidores — exigência que prontamente desfez qualquer esperança de um resgate efetivo.[37]

De qualquer forma, o plano todo fez água quando um diácono na Igreja da Ascensão, em 19 de dezembro, leu inadvertidamente as antigas preces pela família imperial e entoou a "Mnogoletie" [Muitos anos], tradicional saudação ao tsar.[38] Em represália a essa oração pelo prolongamento da vida do imperador, os soldados que guardavam a família fizeram uma reunião e decidiram pela imediata proibição do comparecimento da família à igreja.[39] A única opção restante, ao que relembrou Sokolov, era tentar retirar Nicolau da Casa do Governador durante a noite, quando metade da guarda estaria dormindo — coisa com a qual Nicolau, evidentemente, jamais concordaria.

Eles tiveram de reformular o plano: a nova versão foi elaborada por um monarquista chamado Polianski, um advogado sediado em Moscou que parecia contar com o apoio moral e material de diversos servidores públicos de alto escalão, bem como, dizia ele, do embaixador francês Noulens. Segundo seu plano, um destacamento de jovens oficiais de baixa patente (*gardemarini*) iria a Tobolsk apresentando papéis com a falsa ordem de assumir a guarda da família na Casa do Governador.[40] Se os guardas residentes objetassem, tomariam a casa à força. Alexandra e as meninas seriam enviadas de trem até a costa e atravessariam o Pacífico até o Japão. Nicolau, que certamente se recusaria a deixar a Rússia e se separar de Aleksei, seria levado com o filho para um esconderijo em algum lugar do país. Juntos, eles seguiriam incógnitos a cavalo até o mosteiro de Troitsk, na região de Orenburg, controlada por cossacos leais — o tsar de barba raspada se passaria pelo preceptor francês de Aleksei, o qual se passaria pelo filho de uma rica família.

A essa altura, qualquer historiador se sentiria impelido a fazer a pergunta óbvia: os integrantes do grupo haviam parado para pensar se Nicolau e Alexandra concordariam em ser separados dessa maneira tão dramática? Tinham chegado a sondá-los sobre esse plano avoado? Se assim tivessem, conseguiriam evitar um grande desperdício de esforços.

Apesar disso, dez conspiradores marcaram a data de partida para o dia 10 de janeiro de 1918, indo a Tobolsk em dois grupos separados, por rotas diferentes, usando disfarces e nomes falsos. Um grupo, liderado pelo príncipe Aleksandr Trubetskoi, seguiu por Viatka (atual Kirov), Ekaterinburg, Perm e Tcheliabinsk; o outro, comandado pelo capitão Mikhail Lopukhin, foi por Oreburg e Ufa.[41] Nos sete exaustivos dias de viagem no trem de Moscou a Tcheliabinsk, o primeiro grupo descobriu desalentado que as ferrovias se encontravam num estado de absoluto caos; as estações ao longo do trajeto estavam sob policiamento de Guardas Vermelhos, e eram frequentes os ataques a quaisquer trens seguindo para o leste. Quando chegaram a Tcheliabinsk, os conspiradores ficaram sabendo que o mosteiro em Troitsk, a 140 quilômetros de distância, ocupado pelo general branco Dutov, onde esperavam esconder Nicolau e Aleksei, fora tomado pelos bolcheviques em 25 de dezembro. Não lhes restou escolha senão enviar um telegrama codificado para Moscou: "Os preços mudaram; a transação não será possível".[42]

Sem se deixar intimidar, os conspiradores retomaram a ideia de desferir um súbito ataque à Casa do Governador, contanto que conseguissem desativar previamente os postos de correio e telégrafo. Primeiro procuraram uma rede de locais seguros — mosteiros dos Velhos Crentes enterrados nos fundões da Sibéria — onde pudessem esconder a família, caso surgisse ocasião de libertá-la. Dessa vez, pensaram em levar os Románov para Ialutorovsk (no distrito de Tiumen), de onde seguiriam a cavalo por 110 quilômetros a sudoeste, até a cidade de Kurgan, usando sendas próprias para viagens a cavalo no ramal sul da estrada siberiana. Levariam dois dias para cobrir a distância, viajando em segredo durante a noite, e precisariam de 23 trocas de montaria — isso sem contar a considerável organização logística necessária.[43] Essa missão tão difícil e complicada, além dos riscos adicionais trazidos pela presença de saqueadores bolcheviques na área, simplesmente ultrapassava as capacidades de qualquer um, ainda mais de um grupo monarquista mal organizado. No decurso dos acontecimentos, alguns dos oficiais envolvidos foram cercados e presos, deixando em sério perigo os que estavam escondidos em Tobolsk. Veio então uma mensagem de Moscou dizendo que a "tarefa de libertar a família imperial era inexequível e que se considerava a missão encerrada".[44] Muitos anos depois, no exílio, Trubetskoi ainda era da opinião de que, em circunstâncias mais favoráveis, o resgate teria sido plenamente factível:

> A parte mais difícil da missão não era libertá-los e retirá-los de Tobolsk. A principal dificuldade era como escondê-los e protegê-los após o resgate. Para isso, era preciso uma organização muito mais sólida, um maior trabalho de preparação, informações melhores e — o principal — dinheiro, dinheiro e mais dinheiro. Não faltava nada mais aos que estavam prontos para executar o plano.[45]

Mais um plano mal concebido para salvar os Románov terminara num rotundo fracasso; mesmo assim, o obstinado Pequeno Márkov continuava decidido a ajudar a "família abandonada do tsar", dessa vez por intermédio de um grupo a que Márkov II e o conde Benckendorff estavam filiados, conhecido como Pravi Tsentr (Centro de Direita), que conspirava pela restauração da monarquia.[46] Em setembro do ano anterior, um integrante do grupo, o capitão Nikolai Sedov, fora enviado sozinho a Tiumen para ficar de olho na situação. Não dispondo na época de fundos para enviar outra pessoa, o grupo acabou perdendo o contato com ele.[47] O Pequeno Márkov ficou assombrado com a ineficiência de Márkov II. Simplesmente não havia dinheiro suficiente para "tomar qualquer medida séria para a libertação da família imperial" e, no entanto, ali estava Márkov II com altos planos para uma grande insurreição e a derrubada dos bolcheviques, gabando-se de ter "mais de cem oficiais à sua disposição, todos portando os documentos necessários e prontos para agir a qualquer instante".[48]

Em 10 de março de 1918, o Pequeno Márkov chegou com cartas, livros e outros presentes para os Románov, sob as instruções de Márkov II, que se declarou convicto de que "conseguiremos nos instalar em Tobolsk".[49] "Não esqueça que você não ficará muito tempo sozinho", disse ele. "Outros oficiais o seguirão, um após o outro."[50] Ao entregar o pacote de presentes ao padre Vassíliev, o Pequeno Márkov foi informado de que a situação da família "piora a cada dia", pois os bolcheviques na área "dedicam atenção crescente" a eles, e de que chegara de Petrogrado um novo destacamento de soldados muito mais inflexíveis para guardá-los.[51] Em seus alojamentos, o Pequeno Márkov escreveu uma carta à tsarina garantindo-lhe que "Tia Ivette" (codinome de Márkov II) "estava trabalhando febrilmente, tudo caminhava como um relógio e logo chegaria o dia da libertação deles". No dia seguinte, ele recebeu um pequeno ícone para usar no pescoço e um livro de orações com uma dedicatória de Alexandra: "Ao pequeno M. com minha bênção". Ela assinou "Chefe", como comandante de seu regimento.[52] Mas, preocupada com a segurança do Pequeno Márkov, lhe pediu que fosse para Pokrovskoe e se reunisse a Solovev, que estava hospedado lá, na casa de Raspútin.[53]

Antes de partir, o Pequeno Márkov ficou feliz em ver a família imperial postada às janelas de seus aposentos no segundo andar da Casa do Governador. Audaz, parou e se demorou na rua até que tivessem tempo de reconhecê-lo e sorrir; Alexandra anotou no diário que o vira.[54] O Pequeno Márkov ficou transbordante de alegria: "Vi a família imperial mais uma vez e mantive meu juramento. Mas, ao mesmo tempo, estava desesperadamente aflito com a situação desesperançada de Suas Majestades". Ao amanhecer do dia seguinte, enquanto atravessava de trenó a floresta com destino a Pokrovskoe, ele se deparou com duas *troikas* lotadas de indivíduos morenos com roupas de couro, armados até os dentes com rifles e metralhadoras. Era um sinal de agouro: "Os bolcheviques estavam estendendo suas mãos sanguinárias a Tobolsk".[55] O Pequeno Márkov se apressou em avisar Vírubova, Dehn e outros apoiadores em Petrogrado de que "é preciso enviar auxílio a Suas Majestades com a máxima rapidez".[56]

Em qualquer estudo sobre os últimos dias da família imperial, é preciso um enorme esforço para extrair sentido dos relatos extremamente fragmentários, amiúde conflitantes, além de mal escritos, sobre as tentativas monarquistas de libertar os Románov, e esse foi um dos maiores pesadelos de minha pesquisa. Frustrada pela falta de informações concretas e confiáveis, em abril de 2017, quando estava em Nova York, fui visitar o Arquivo Bakhmeteff na esperança de que um obscuro documento datilografado que eu vira em seu catálogo on-line fosse de alguma utilidade. O esforço valeu a pena. O texto "Poezdka v Tobolsk" [Viagem a Tobolsk], de Aleksandr Ievreinov, até então negligenciado, trouxe à luz não só um valioso relato sobre a situação em Tobolsk na primavera de 1918, como também uma exposição bem mais coerente de alguns dos planos de resgate.

Na época em que estava na Sibéria em sua infrutífera busca, o Pequeno Márkov aparentemente não sabia que outro integrante do grupo de Márkov II em Petrogrado — o economista e ex-senador Mikhail Tugan-Baranovski — enviara seus próprios emissários a Tobolsk. Um deles, Aleksandr Ievreinov, era um coronel do regimento Jäger de Salva-Vidas, oriundo de uma família de Kursk com destacados serviços militares aos tsares. Disfarçados, com nomes e passaportes falsos, Ievreinov e seu colega oficial Tunochenski se puseram a caminho, passando-se por irmãos comerciantes a negócios, para tentar entrar em contato com o tsar e lhe repassar mensagens de apoio. O conde Benckendorff também estava a par do plano, mas tinha reservas à missão de Ievreinov, considerando que poderia ser facilmente descoberta e prejudicar os Románov em troca de pouca coisa.[57]

Chegando a Tobolsk em março de 1918, Ievreinov logo descobriu por intermédio do clero local que a melhor maneira de tentar um contato seria por intermédio de um dos dois médicos da família — o dr. Bótkin ou o dr. Derevenko, que moravam na Casa Kornílov, do outro lado da rua, em frente à Casa do Governador —, pois fora-lhes permitida uma maior liberdade de movimentos, a fim de que pudessem continuar exercendo a profissão e prestando atendimento aos doentes de Tobolsk. Um aspecto importante era que se tratava dos únicos membros do entourage que não passavam por revista ao entrar e sair da Casa do Governador.[58] Simulando uma grave faringite, Ievreinov foi ver Bótkin em seu consultório, mas não pôde conversar porque a sala estava cheia de gente. Inventou uma desculpa para voltar depois, em caráter privado, quando lhe revelou sua verdadeira identidade e o objetivo de sua missão. Tranquilizado, Bótkin o tomou em confiança. Ievreinov conseguiu manter tão bem o disfarce de sua falsa doença que Bótkin pôde visitá-lo várias vezes em seus aposentos, onde discutiram a difícil situação da família imperial.[59]

Durante as conversas, Bótkin expôs as condições em que vivia a família na Casa do Governador. Ciente das dificuldades financeiras, o tsar era extremamente econômico, a tal ponto que, se havia alguém fumando na sala, Nicolau, em vez de desperdiçar um fósforo, acendia seu cigarro diretamente no cigarro da outra pessoa, visto que agora os fósforos eram muito caros e difíceis de obter. Os moradores locais pediam constantemente a Bótkin que levasse tortas, geleias e açúcar à família imperial, e ele ocultava os itens debaixo do amplo sobretudo inglês, apesar do receio de que a geleia vazasse pelo bolso e o denunciasse. Bótkin também deixou claro em suas visitas a Ievreinov algo que mais tarde teria um papel significativo nessa história: embora concordassem com algum tipo de resgate interno, "Suas Majestades se recusavam categoricamente a serem objetos de qualquer ação política para ajudá-los — em especial, opunham-se a qualquer tratativa com os alemães em seu favor".[60]

"Infelizmente, pessoas como você são muito raras hoje em dia", disse Bótkin, desanimado, a Ievreinov. Era muito difícil poder confiar em alguém, e Nicolau e Alexandra ficariam contentes em receber notícias de seus amigos na capital por intermédio de Ievreinov, e saber que havia pessoas leais e experientes cuidando deles ali em Tobolsk.[61] O líder dos monarquistas — presumivelmente Márkov II — com quem haviam tido contato, disse-lhes Bótkin, parecia "não ter qualquer autoridade", a despeito de seu entusiasmo e devoção. Ievreinov também concluíra que os apoiadores dos Románov em Petrogrado eram irremediavelmente desorganizados e não dispunham de nenhum líder geral efetivo para unir seus esforços. Concentravam-se demais no lado político e negligenciavam o lado prático das coisas, como conquistar e cultivar o apoio fundamental de Kobilínski, que, como assegurou o dr. Bótkin, era "devotado de corpo e alma à família imperial, até a última gota de sangue". Ievreinov concluiu que, com a cooperação de Kobilínski, seria relativamente fácil retirar os Románov da Casa do Governador num dia em que os homens da guarnição estivessem de bom humor.[62]

Mas para onde poderiam levá-los? Ievreinov avaliou as opções durante vários dias. A estação ferroviária mais próxima ficava a 220 quilômetros de distância: longe demais, e exporia a família a demasiado perigo; eles teriam de ser levados para algum lugar no interior, como a região de Semipalatinsk — uma área nas remotas estepes na fronteira com o Cazaquistão —, ou talvez para o leste.* Qualquer viagem para oeste, na direção da Rússia europeia,

* Viktor Aleksandrov, historiador dos Románov, assinalou que "um comboio protegido por cem cavaleiros destemidos tinha uma chance razoável de chegar ao norte do Turquestão, uma região de tribos muçulmanas hostis à revolução".

estava fora de cogitação.[63] De uma maneira ou de outra, teriam de ir a cavalo: Ievreinov se viu exatamente perante os mesmos problemas logísticos que haviam derrotado o grupo Trubetskoi/ Sokolov. Uma viagem dessas teria de contar com o auxílio dos clãs quirguizes e demandaria muito tempo, muitos recursos, o conhecimento dos dialetos, das trilhas locais e de toda uma série de pontos de parada. Para dificultar ainda mais as coisas, não poderiam usar essa rota em março, pois era justamente quando começava a estação de chuvas torrenciais, que tornavam as estradas impraticáveis devido às grossas camadas de lama. Um resgate a cavalo só seria possível no outono.[64] Mas será que o tsarévitche enfermiço e sua mãe igualmente enferma resistiriam a uma viagem dessas? Ao que parece, ninguém se fez essa pergunta. Por qualquer ângulo que se olhasse, todos os fatores possíveis conspiravam para impedir esse plano de resgate mais recente.

Gleb, filho do dr. Bótkin que morava com o pai em Tobolsk, na Casa Kornílov, escreveu mais tarde que estava convicto de que Kobilínski começara a pensar em levar a família para um local seguro pouco depois de sua chegada a Tobolsk. Examinando as opções, parecera-lhe que a única rota de fuga viável seria na direção norte, tomando a estrada de Berezov (Berezovo) para Obdorsk (agora Salekhard), e seguindo então para o oceano Ártico "numa das escunas norueguesas que vão até Obdorsk". Ele tinha esperanças de fugir com a família antes que Pankrátov chegasse, levando um comboio de proteção com trinta homens leais da guarda. Quando os bolcheviques reagissem, o comboio já teria grande dianteira, e ninguém conseguiria alcançá-los; caso isso acontecesse, suas armas de fogo seriam praticamente inúteis no clima gelado. Vindo o degelo, as estradas de terra adiante de Berezov ficariam intransitáveis. Mas, como todos aqueles que cogitavam um resgate, Kobilínski precisava de fundos para colocar o plano em ação; e os monarquistas, que Bótkin considerava "incapazes de uma ação sensata", não se dispuseram a ajudá-lo, suspeitando de seus motivos. Eram, concluiu Bótkin, "umas matracas imprestáveis", e perderam a oportunidade de ouro que lhes foi oferecida por Kobilínski, o qual, a seu ver, era absolutamente leal aos Románov.[65]

Havia apenas uma opção de fato viável no que se referia a Aleksandr Ievreinov: sair de Tobolsk por via fluvial, tão logo os rios congelados voltassem a ser navegáveis. Num fundão sossegado do Irtich, não muito longe de Tobolsk, havia, inativa, uma escuna de hélice adequada — segundo os conhecedores

— para navegar no mar e mesmo no oceano.[66]* Essa escuna era muito mais veloz do que os tradicionais vapores a roda de pá que atravessavam o rio Irtich. Seria fácil se apossar dela; um dos membros da organização poderia pilotá-la — talvez um ex-marinheiro mercante familiarizado com as rotas fluviais do norte. Segundo o plano, as estações telegráficas ao longo do Ob e na costa, que poderiam transmitir alertas, seriam desabilitadas. Quando a água degelasse, seria possível levar os Románov por via aquática para o norte, até o oceano Ártico, e de lá para Arcangel. Mas a travessia da parte superior do Irtich e do Ob só seria possível no começo de junho, quando não houvesse gelo. Com essa ideia em mente, Ievreinov enviou seu colega oficial Tunochenski de volta a Petrogrado, com toda a urgência, para consultar seus líderes monarquistas.[67]

Enfim temos a primeira discussão séria em russo — feita por alguém envolvido diretamente na campanha monarquista para libertar os Románov — de uma proposta de resgate de Tobolsk por via fluvial. Aleksandr Ievreinov, com efeito, não foi o único a pensar nessa alternativa, pois ela circula faz tempo nas fontes sobre o destino dos Románov, daquela forma fragmentada usual e tão frustrante. Há dados sugerindo que, de fato, já em 1918, discutia-se um plano de resgate por via fluvial. Mas o plano não vinha dos monarquistas russos, e sim de um navegador norueguês chamado Jonas Lied — e com o envolvimento oficioso dos britânicos.

* Um artigo publicado num periódico soviético em 1956 também mencionava a escuna, dizendo que era de origem britânica e se chamava *Sviataia Maria*.

8. "Por favor, não cite meu nome!"

Durante o inverno de 1917-8, a segurança dos Románov se afigurava, para todos os fins, a cargo do Governo Provisório. O confinamento na Sibéria Ocidental, com a cidade cercada de neve e os rios de entrada e saída solidamente congelados, garantia o distanciamento da família. Parecia que estavam a salvo — pelo menos por ora. Em 5 de agosto de 1917, o rei Jorge emitiu uma última e breve faísca de interesse pelo bem-estar dos primos, quando pediu a Stamfordham que enviasse uma nota ao gabinete indagando se a "remoção do imperador e da imperatriz de Tsárskoie Seló [...] tal como decidida pelo Governo Provisório, fora providenciada". Sir George Buchanan não tinha certeza; "o assunto tem sido mantido num segredo tão profundo", disse, "que nem mesmo [o] ministro das Relações Exteriores, a quem perguntei sobre a questão uma semana atrás, soube me dar uma resposta positiva".[1] De fato, ele só recebeu uma confirmação oficial da partida dos Románov para Tobolsk no dia em que eles saíram, 14 de agosto.[2]

A partir daí, a pasta Rússia e Sibéria 800/205 do MRE, assim como os Arquivos Reais, silencia sobre a família imperial até maio do ano seguinte, quando se registra um breve redespertar de interesse. A Coroa e o governo britânicos parecem ter se afastado completamente do problema, transferindo sua eventual atenção para a situação de Dagmar na Crimeia (como fez também o rei Cristiano da Dinamarca), mas só porque a rainha-mãe não dava folga ao Ministério das Relações Exteriores, insistindo em ter notícias dela.

Se fosse pelo governo britânico, nessa conjuntura, todo o penoso drama dos Románov na Rússia ficaria em suspenso. Os arquivos silenciam. O que podemos inferir disso?

Summers e Mangold, em seu livro The File on the Tsar, *de 1976, afirmaram que essa "lacuna nos arquivos" no período "até julho de 1918" era "extraordinária e altamente improvável" — concluindo que os documentos oficiais relacionados com os Románov tinham sido removidos ou destruídos.*[3] *Ao contrário do que afirmaram, porém, houve de fato um ressurgimento do interesse britânico no começo de maio de 1918, como veremos; em todo caso, refleti longamente sobre tal suposição, enquanto examinava os dados. Jamais saberemos quais documentos (se é que houve algum) teriam passado pelos canais confidenciais do Serviço Secreto, mas talvez exista uma explicação lógica e evidente. Não teria sido um simples caso de complacência oficial, do tipo "o que os olhos não veem, o coração não sente"? A guerra prosseguia virulenta, e, agora que os bolcheviques haviam tomado o poder, os Aliados estavam muito mais empenhados em preservar a Frente Oriental e manter a Rússia na luta contra a Alemanha. Diante disso, as preocupações com a família imperial ocupavam um lugar bastante secundário. Por ora, pelo menos, os Románov pareciam estar longe de qualquer problema nos fundões relativamente sossegados da Sibéria Ocidental.*

A família imperial podia estar por ora afastada do viveiro de problemas em Petrogrado, mas nas lonjuras de Tobolsk os Románov ansiavam por alguma demonstração de que não tinham sido esquecidos. No final de 1917, estavam se sentindo visivelmente apartados de seus entes queridos. Como explicou Olga à amiga Zinaida Tolstaia: "Tobolsk é um canto perdido quando o rio congela, a única comunicação com o resto do mundo é a estrada para Tiumen: mais de duzentas verstas [215 quilômetros]. As notícias nos chegam com grande atraso".[4]

Ao longo dos meses, nas cartas e cartões-postais de tom geralmente inocente que a família enviava da Casa do Governador para amigos e parentes, formou-se uma trilha escrita de informações sobre a casa em que eram mantidos, o terreno, a localização dos aposentos e até mesmo a disposição dos guardas. As quatro irmãs Románov comentavam com que frequência ficavam ao ar livre no pátio, ou tomavam sol na sacada ou no telhado da estufa de plantas; que podiam ver as pessoas passando na rua e, portanto, que a família era de fato visível, se não acessível, em vista das restrições impostas.

Anastácia, em particular, fora muito explícita com a amiga Kátia Zboróvskaia, ao lhe remeter algumas fotos: "Aqui é o espaço por onde caminhamos. Costumamos nos sentar nessa sacada; é muito bonita. Uma das janelas que dá para esse lado é do gabinete de papai. Nossas janelas dão para o outro lado; há uma rua ali". E mais: "Estou lhe enviando a vista da Casa do Governador. Esta é a sacada em que costumamos nos sentar e passar longo tempo. Nossas janelas dão para a rua, que aparece no canto, atrás das árvores. As janelas da sacada que estão mais perto da rua são as da nossa grande sala de estar".[5] Trata-se de mensagens claramente veladas que Anastácia sabia que Kátia iria passar para o irmão Viktor, amigo íntimo da família imperial e oficial da antiga Escolta Cossaca que protegera lealmente os Románov em Tsárskoie Seló. Muitos membros da escolta, inclusive Viktor, agora haviam se passado para os brancos e mantinham relações com grupos monarquistas no sul.

Sem dúvida, foi movida por esses sentimentos que Alexandra escreveu uma carta a Margaret Jackson, sua governanta inglesa durante a infância em Hesse. Ela mantivera contato com "Madgie" — que agora, aposentada, morava num lar para governantas em Regent's Park, Londres —, mas fazia algum tempo que não tinha notícias dela. A carta, que Alexandra ditou a Sydney Gibbes — na esperança de que, vinda de um preceptor inócuo, não despertasse suspeitas —, trazia detalhes sobre a localização dos aposentos na casa e sobre a rotina diária da família. À primeira vista, podia parecer uma conversa fútil, mas que se destinava claramente a fornecer informações úteis para alguma possível tentativa de resgate:

> Nossa Casa, ou melhor, Casas, pois são duas, uma num lado da rua e a outra no outro, são as melhores da cidade; aquela em que a família propriamente dita mora é inteiramente isolada e possui um pequeno jardim, além de um trecho da rua que foi cercado com grades para criar uma área de recreação. A outra casa, que fica quase exatamente em frente, é ocupada por funcionários do governo e tem aposentos para o séquito.[6]

Ainda mais enfática era a pergunta que se seguia, em código quase indisfarçado que Madgie seguramente reconheceria na hora: "Fiquei sabendo que

David voltou da França; como vão os pais dele?".[7] Essa referência a David, príncipe de Gales (futuro Eduardo VIII), e a seus pais, o rei Jorge e a rainha Maria, indicava inequivocamente que o conteúdo da carta se destinava à família real. Era um pedido de socorro, débil, mas plangente.

Gibbes conservou um rascunho da carta, que foi enviada de Tobolsk para a embaixada britânica, em 15 de dezembro, e depois seguiu de Petrogrado pelo malote diplomático do Ministério das Relações Exteriores para a Inglaterra. Mas terá chegado? O recebimento não foi acusado e não chegou nenhuma resposta a Tobolsk; a carta original tampouco sobreviveu. Terá Madgie repassado a carta para a família real? Não existe nenhum registro dela nos Arquivos Reais. Mas isso parece altamente improvável, pois a srta. Margaret Hardcastle Jackson morreu em 28 de janeiro de 1918 e, mesmo que tivesse recebido a carta, estava idosa e fraca demais para fazer alguma coisa com ela; entre as causas de morte registradas em seu atestado de óbito estava a "senilidade".[8]

Ainda que, lamentavelmente, a carta à srta. Jackson nunca tenha servido ao fim que se pretendia, uma breve menção aos Románov de fato reaflorou num documento que encontrei durante as pesquisas para este livro. A menção em si contradiz a afirmativa de Summers e Mangold de que não havia nenhuma referência aos Románov nos registros oficiais da época. As circunstâncias em que foram mencionados são significativas, mas talvez não pelas razões corretas ou esperadas.

Em dezembro de 1917, a convite do Ministério das Relações Exteriores britânico, o experiente jornalista Robert Wilton, que desde 1903 trabalhava como correspondente russo do *Times* e retornara a Londres em setembro, submeteu uma reportagem confidencial à avaliação do governo. Intitulada "Rússia continua a ser o fator mais importante na guerra. Planos alemães: a necessidade de se tomarem medidas urgentes", grande parte da reportagem tratava de questões econômicas. Os britânicos agora estavam muito preocupados com a ameaçadora possibilidade de que os bolcheviques, com o alastramento da revolução para o norte do país, confiscassem os armazéns militares dos Aliados, mas também que os alemães, com seu avanço no sudoeste da Rússia, tomassem o controle das importantíssimas áreas de plantio de cereais e da rota para a

Crimeia, passando pelo Cáucaso, rico em petróleo, e chegando ao mar Negro. Wilton alertava que, se os alemães "tomassem o território à força", poderiam restaurar os Románov como monarquia fantoche — "possibilidade que não está excluída de forma alguma, mesmo sob os auspícios dos bolcheviques".[9]

Agora corriam amplamente os rumores de que os bolcheviques estavam tramando uma paz em separado com os alemães. Numa lista de recomendações com cinco itens, Wilton insistia que se preparasse uma força de intervenção Aliada para entrar na Rússia pelo Extremo Oriente, a fim de apoiar os grupos antibolchevistas de cossacos, siberianos e ucranianos, e também em Arcangel, no norte, para proteger os suprimentos militares britânicos que lá se encontravam. Mas o último item era, talvez, o mais importante no que se refere a essa história. Wilton frisou a importância desse aspecto sublinhando a passagem:

> <u>5. Devem ser tomadas medidas secretas e rápidas para impedir que os bolcheviques capturem o ex-tsar e sua família ou qualquer Románov.</u>[10]

"Será que os Aliados vão perceber a importância das questões em jogo e adotar sem perda de tempo as ações necessárias?", perguntou Wilton, ao concluir.[11] Mas a família imperial já não estava prisioneira? Sim, mas até o momento sob um Governo Provisório bastante benigno que, mesmo de maneira inepta, pretendia protegê-la. Com a recente usurpação do poder por Lênin e os revolucionários linha-dura, os britânicos vinham acompanhando suas negociações de paz com a Alemanha, interceptando telegramas dos conselheiros militares e navais russos nas negociações, que eram então enviados à Grã-Bretanha por seus adidos em Petrogrado. Agora surgira outro tipo de preocupação: a de que os bolcheviques, conquistando uma base de operações na Sibéria, tomassem para si o controle dos prisioneiros em Tobolsk, e os usassem como peões políticos num jogo de poder com os alemães, para um acordo de paz em separado.

Não existem documentos oficiais do Ministério das Relações Exteriores que esclareçam se e como a recomendação de Wilton para as "medidas secretas" foi efetivamente adotada em relação aos Románov. Mas há indicações de que, no inverno de 1917-8, esboçaram-se alguns planos de abrigar a família em Murmansk.[12] Com a proteção dos Aliados já estabelecidos na área, os Románov, depois de serem libertados de Tobolsk, aguardariam no porto até o momento oportuno de serem retirados por mar e levados para a Grã-Bretanha ou para a Escandinávia. Um telegrama do cônsul britânico em Arcangel para os escritórios da Hudson's Bay Company (HBC) em Bishopsgate, em 9 de outubro, confirma o plano de construir uma casa para acomodá-los. Ela seria montada primeiramente em Arcangel, como declara de maneira explícita o telegrama, em que o cônsul confirma ter dado "ordem para a construção imediata da casa, que pretendemos enviar a Murmansk pelo último vapor e erguer no terreno que nos foi designado pelo Governo". Mas o tempo corria contra eles, e o cônsul explicou que tinha de "agir de imediato, pois do contrário não há chances de ter casa pronta em tempo, e mesmo agora isso só seria possível sob grande pressão".[13] Seguiram-se telegramas de Londres confirmando que o Almirantado enviaria móveis e suprimentos para equipar a casa, mas não há qualquer menção aos Románov.[14] Nessa fase, devido à crônica escassez de alojamentos em Murmansk para os servidores britânicos, parece que a casa de oito cômodos seria temporariamente destinada ao uso dos funcionários da HBC e dos militares britânicos ali instalados. Mas, em 2 de novembro, chegou um telegrama de Arcangel dizendo que os móveis e provisões não seriam necessários: "É improvável que nas atuais circunstâncias *ergam a casa nesta estação* [itálico meu]". Um telegrama em resposta dizia que os suprimentos já tinham sido encomendados e insistia que "se deve fazer o máximo esforço para concluir casa antes do fim de novembro". Fora reservada uma quantia de 50 mil rublos para essa finalidade.[15]

Aqui os registros cessam. Mas há um dado remanescente de importância fundamental. Em 10 de agosto de 1918 — note-se a data —, um telegrama da Marinha Real, encontrado nos registros do Almirantado, confirmava, ainda que retrospectivamente, a finalidade original da casa. Dirigido ao comandante naval em Murmansk e remetido por Francis Cromie, adido naval britânico em Petrogrado, o telegrama diz:

> Recebi do sr. Browd, em nome da Scientific Industrial Company Murmansk, a proposta do edifício *a ser erguido* no terreno da Dived Company junto ao Consulado Britânico em Murmansk, *antes destinado ao finado tsar* [itálico meu], e agora oferecido para uso do general Poole ou do almirante Kemp. A construção do edifício completo, com aquecimento, luz, utensílios etc., está agora a cargo da Kambulin Engineer.[16]

Segundo um relato do empreiteiro russo P. S. Kuznetsov à HBC, em meados de novembro de 1917, pelo visto, realmente haviam se iniciado os trabalhos na casa de madeira, cortada e pré-fabricada na serraria de Solombala, nos arredores de Arcangel, e em seguida desmontada e embarcada em lotes pelo estuário do Dvina até a ilha de Khabarka, logo em frente, onde foram armazenados.[17] Esse trabalho foi executado sob a supervisão de Henry Armitstead,* o agente da Hudson's Bay Company em Arcangel, de onde os lotes seriam embarcados para Murmansk.[18]

O local escolhido para a casa era o melhor que Murmansk tinha a oferecer; o consulado britânico vizinho, embora de madeira e de um pavimento só, fora construído para ostentar o ar mais "imponente" que uma construção de tábuas poderia ter. A casa dos Románov ficaria "próxima das filiais de vários bancos de Petrogrado, e também de edifícios do governo e da catedral", segundo uma descrição da cidade na época, e seria de qualidade ainda melhor.[19] Mas jamais ficaria pronta a tempo de ser usada, caso os Románov tivessem de sair às pressas da Sibéria. O telegrama de 10 de agosto de 1918 mostra claramente que as partes da casa ainda precisavam ser enviadas e, depois disso, montadas.

Mas isso não altera o fato de que podia haver um plano britânico para tentar retirar os Románov de Tobolsk naquele inverno e levá-los para a segurança de Murmansk. E havia um homem em condições ideiais para ajudar a pô-lo em prática. Jonas Marius Lied, aventureiro e empresário norueguês, tinha um conhecimento ímpar do mar Branco e do mar de Kara, bem como dos sistemas fluviais siberianos, de importância fundamental para executar tal missão. Nascido em Solsnes em 1881, uma "figura alta, magra, temível, com testa alta, lábios e queixo firmes", Lied, segundo um amigo, era o tipo de homem "capaz de abrir caminho no gelo social como um verdadeiro quebra-gelo humano, mas também o negociante mais admirável que a Escandinávia produziu".[20] Quando jovem, Lied acumulara vasta experiência trabalhando para empresas de engenharia na Europa. Em 1910, voltou sua atenção para o potencial empresarial da Rússia, viajando pelo país nos dois anos seguintes

* Os Armitstead eram imigrantes ingleses estabelecidos na Letônia que tinham vindo de Yorkshire em 1812 e feito fortuna no país com o comércio de linho. Henry era parente pelo lado paterno de George Armitstead, prefeito de Riga entre 1901 e 1912, que fizera da cidade "a Paris do norte" e recebera Nicolau II durante sua visita de três dias em 1910.

e aprendendo a língua, vindo a fundar, em 1912, em Cristiânia, a Siberian Steamship, Manufacturing & Trading Company, com filiais em Krasnoiarsk, São Petersburgo e Arcangel.[21] Sua longa ligação com a Rússia se consolidou tanto que Lied era "mentalmente ainda mais devotado à Rússia do que à sua terra natal".[22]

Seu objetivo era aproveitar as seculares ambições dos navegadores de explorar o potencial comercial da passagem do mar de Kara e estabelecer uma rota comercial de madeira e minérios entre a Sibéria e a Europa Ocidental. Seu empreendimento utilizaria o Ienissei e o Ob, dois dos grandes rios que atravessam o território siberiano, correndo da fronteira russo-chinesa ao sul até o mar de Kara, e de lá desembocando no oceano Ártico. Naquela época, não existiam estradas nem ferrovias que cobrissem essas enormes distâncias, e as rotas fluviais só podiam ser utilizadas na curta estação de degelo entre julho e setembro.[23]

Para se familiarizar melhor com a geografia da Sibéria, em 1913, Lied explorou o Ienissei num vapor fretado, junto com o famoso explorador norueguês Fridtjof Nansen, sendo portanto um dos pioneiros na abertura de uma rota fluvial a partir do sul da Sibéria. Em 1914, Lied fora nomeado pelo rei Haakon cônsul norueguês em Krasnoiarsk, estabelecendo uma serraria com equipamentos modernos em Malaklovo, no Ienissei. Um dos grão-duques russos providenciou de bom grado a cidadania russa de que ele precisava para entrar no setor de navegação nacional e comprar ações nas frotas fluviais do Ob e do Ienissei. Em 1915, o tsar conferiu status honorário e hereditário à cidadania de Lied, "em reconhecimento de seu exitoso comando de um comboio de navios cargueiros e vapores fluviais desde Hamburgo até a Sibéria, através do mar do Norte, na eclosão da Primeira Guerra Mundial".[24] Em 1916, sua empresa siberiana detinha a maior parte das ações de todas as embarcações que operavam no Ienissei, e o controle de 49 barcos no Ob e de 140 barcaças.[25]

Lied estava em Petrogrado quando os bolcheviques tomaram o poder, em outubro de 1917. Encontrou-se com Lênin e Trótski na esperança de fechar negócio com o novo governo, e, tendo um apartamento em Petrogrado onde reunira uma considerável coleção de obras de arte, vivia em viagens frequentes na tentativa de manter sua empresa russa — ou, pelo menos, de vendê-la e remeter os lucros para o exterior.[26] Assim, em 26 de fevereiro de 1918, Lied ficou muito contente em receber um convite para ir a Londres, a fim de "discutir a possibilidade de comandar uma expedição ao mar de Kara no próximo verão". O convite veio logo após sua renúncia ao cargo de diretor administrativo da Siberian Trading Company, que logo seria vítima da nacionalização bolchevique das empresas estrangeiras na Rússia.

O convite fora feito por Henry Armitstead, o funcionário da Hudson's Bay envolvido na construção da pretendida Casa Murmansk, que conhecera Lied em 1916 em viagens de negócios ao norte da Rússia. Armitstead andara conversando com o contador da HBC sobre a viabilidade de manter o comércio com a Sibéria, e se havia demanda suficiente para o cânhamo, o linho e a linhaça da empresa. Ambos concordaram que seria importante ouvir a opinião de Lied sobre o assunto, e que "seria possível construir alguma coisa com base em sua experiência e em sua empresa".[27]

Em resposta, Lied não perdeu tempo, e tomou o rápido vapor britânico de Bergen a Aberdeen. Chegando a Londres em 4 de março, foi recebido pelo coronel Frederick Browning, que o instalou no conforto de uma suíte no elegante Savoy Hotel. Essa acolhida foi um tanto surpreendente, pois Browning não era um militar qualquer; na verdade, vinha logo abaixo de Mansfield Cumming, diretor do MI1(c), a divisão internacional do Serviço Secreto (agora MI6), que já andava interessada em Lied.[28]

Segundo o diário de Lied, conservado no Museu Marítimo norueguês em Oslo, ele teve vários encontros no Savoy Hotel com Armitstead e seu superior, Charles Sale, para conversar sobre a expedição do mar de Kara.[29] Nos dias seguintes, houve toda uma sucessão de novos encontros com membros do alto escalão do governo. Lied registrou os nomes em seu diário: William Mitchell-Thomson, diretor do Departamento de Restrição de Suprimentos Inimigos (cuja importância ficará evidente mais adiante), Arthur Balfour, ministro das Relações Exteriores, e Lord Robert Cecil, vice-ministro parlamentar das Relações Exteriores. Lied também foi convidado para jantar com Armitstead na casa de Sir Reginald Hall, diretor da inteligência naval britânica. Essa lista de destacados políticos e militares do governo sugere que se estava dando máxima importância a essas conversas privadas; todavia, até aquele momento, nenhum deles revelara claramente a Lied por que lhe estavam concedendo uma atenção tão solícita. "De que se trata?", indagou no diário em 8 de março.[30]

Até o momento, muitas especulações infundadas foram feitas quanto a esse cenário – primeiro por Summers e Mangold, e depois por Shay McNeal, em The Secret Plot to Save the Tsar. *Elas foram seguidas por todos aqueles que tomam essas duas fontes como uma bíblia sobre o tema, e repetem a história sem a questionar. A suposição sempre adotada é a de que Lied foi chamado a* Londres especificamente *para debater um plano de resgate dos Románov. Mas não foi esse o caso. Aqui temos o clássico problema do ovo e da galinha. Foram os interesses particulares da Grã-Bretanha em tempo de guerra que motivaram o convite. Durante esses encontros, recorreu-se à grande experiência de Lied com vistas, em primeiro lugar, a uma* missão econômica secreta *para proteger e promover os interesses comerciais britânicos na Sibéria.*[31]

No final de junho de 1918, essa expedição de fato partiu, com Henry Armitstead, o industrial britânico Leslie Urquhart e outros seguindo instruções do chefe do Serviço Secreto britânico, Mansfield Cumming.[32] Isso é confirmado por um documento na pasta Rússia Comercial FO 368/ 1970, nos Arquivos Nacionais, intitulado "Suprimentos da Sibéria Central: em referência à proposta da Siberian Trading Company para uma expedição ao mar de Kara", que cita a expedição "cobrindo a área entre Tobolsk e Krasnoiarsk [...] para nossas próprias necessidades". A pasta contém documentos de março a maio de 1918 que fazem menção à Hudson's Bay Company, a Armitstead e a Lied – porém não como potenciais salvadores dos Románov. A missão (sob a chancela do Departamento de Restrição de Suprimentos Inimigos) seria composta por vapores de 3 mil toneladas levando "sal, pregos, roupas, chapas de ferro e ferramentas de carpintaria" para serem "descarregados na foz dos rios Ienissei e Ob", onde seriam carregados para o retorno com linho, cânhamo, óleo de linhaça, manteiga e couro cru siberianos, trazidos em barcaças de Krasnoiarsk e Tobolsk. Essas mercadorias (entre as quais o cânhamo e o linho,* essenciais para as indústrias de guerra, andavam escassos) eram abundantes na Sibéria, mas só podiam sair de lá por via fluvial e marítima, visto que as ferrovias no

* Havia sérias razões econômicas, nesse aspecto, para a missão de compra de linho e cânhamo de que Lied fora encarregado. A Rússia do pré-guerra fornecera 80% dos suprimentos de linho da Grã-Bretanha, e os estoques estavam perigosamente baixos em 1918.

norte da Rússia encontravam-se "em total desordem".[33] Mas, para retirá-las da Sibéria, era preciso ter a concordância dos russos.

Aqui entra Jonas Lied. O Serviço Secreto britânico já estava a par de sua valiosa experiência russa; pelo que sabiam, ele estava "em bons termos com o regime bolchevique e, portanto, talvez tivesse uma boa chance de assegurar boas relações com os soviéticos" em favor da Inglaterra. Após longas consultas, Charles Sale, o diretor da Hudson's Bay Company, alertou que tal expedição "envolveria muitos riscos e altos custos", mas que "o sr. Lied, que agora está em Londres para uma brevíssima estada [isto é, sua visita de março de 1918] [...] manifestou sua disposição em realizar tais transações em cooperação com a Hudson's Bay Company".[34]

É somente aqui que a tão comentada conexão com os Románov, com tantas especulações subsequentes, começa a se esboçar.

Em suas memórias de 1943, *Return to Happiness*, Lied afirma que durante suas conversas com os funcionários britânicos foi "possuído por uma outra ideia", que talvez pudesse ser executada como parte dessa expedição: "Resgatar da Sibéria o tsar e sua família".[35] A missão do mar de Kara incluía o uso de barcos para ir e voltar de Tobolsk — por que não tentar ajudar a família imperial confinada enquanto estivessem lá?

Para um navegador experiente como Lied, a melhor maneira de retirar a família seria com seu vapor fluvial, ancorado em Nakhodka, na foz do Ob, que também atendia Tobolsk. Ele afirmou: "Não estaria fora do alcance dos simpatizantes tsaristas organizar a fuga do tsar e de sua família pelos rios até o Ártico e de lá para a Europa Ocidental". A eles caberia a primeira fase da operação, isto é, liberar a família da prisão de Tobolsk. Com efeito, no outono anterior, Aleksandr Ievreinov tinha aventado a ideia de um resgate fluvial; e mais tarde Márkov II também afirmou ter a postos um piloto pronto para subir o Ob com a escuna *Sviataia Maria*, ancorada em Tobolsk (embora não se saiba se seu plano tinha alguma ligação com o de Ievreinov). Mas, na verdade, seria necessário um navegador altamente experiente como Lied para supervisionar a saída da família pelo Irtich em Tobolsk, descendo até a foz do Ob na direção do mar de Kara.[36]

Quase duas semanas depois de chegar a Londres, tendo sido cuidadosamente avaliado por esses vários servidores de alto escalão e exposto a eles sua ideia de resgatar os Románov, Lied foi convidado para uma reunião. Em 20 de março, encontrou-se com Sir Francis Barker, diretor da Vickers, a famosa empresa de engenharia e armamentos, que havia "ganhado milhões na Rússia imperial" durante a guerra. Lied deu a entender que a Vickers poderia fornecer o elo final e essencial do plano — uma "lancha a motor veloz" para retirar os Románov do mar de Kara e, presumivelmente, levá-los até o abrigo seguro de Murmansk.[37]

Tal resgate, pelo norte e depois pelo Ártico, só poderia ser realizado após o degelo — na melhor das hipóteses, no final de junho de 1918, encaixando--se, evidentemente, com a missão do mar de Kara programada para julho. Sir Francis Barker, como declarou Lied mais tarde, considerou a ideia "exequível", embora "ousada e decerto muito romântica", mas vetou qualquer envolvimento oficial da Vickers. Havia também o problema, como sempre, de obter apoio financeiro para o projeto, embora Lied tivesse recebido a proposta de uma contribuição de quinhentas libras de um amigo norueguês chamado Hagen.* Barker lhe disse que a Vickers "não gostaria que seu nome tivesse qualquer associação com a aventura". Em vez disso, colocou-o em contato com o primo do tsar, o grão-duque Mikhail Mikháilovitch, que morava em Cambridge Gate, perto do Regent's Park, dizendo que ele era "o homem com quem você deve se encontrar".[38] O grão-duque, durante o encontro, embora lhe concedesse "cortês atenção" e lhe desejasse sucesso em seu plano, referiu-se a Nicolau de maneira um tanto depreciativa, chamando-o de "o homenzinho", e, tal como Barker na Vickers, foi categórico em relação a uma coisa: "O nome dele não deve jamais, em hipótese alguma, ser mencionado em ligação com a ação proposta". Lied considerou extremamente frustrante essa reticência britânica quase automática: "Ora, se o nome dele não pode ser mencionado, pode-se mencionar o nome de quem? Essa foi a reação característica de todos a meu plano: 'Por favor, não cite meu nome!'".[39]

> Como norueguês, a revolução não era a morte para mim. Mesmo meu plano para salvar o imperador não era político. Ele se inspirava em parte no apelo do mar

* Talvez o fabricante de esquis L. H. Hagen, que fornecera esquis para as expedições de Fridtjof Nansen, amigo de Lied.

de Kara, e em parte, devo admitir, num sentimento de gratidão para com a casa imperial, pela simpatia com que me ajudou a estabelecer meu empreendimento siberiano.[40]

Lied sentia uma certa lealdade em relação ao tsar, a quem considerara "extremamente cordial e amigável" durante o encontro entre os dois em Tsárskoie Seló, antes da revolução; e, afinal, os Románov eram parentes do rei norueguês, Haakon.[41]

Todos os papéis oficiais do Gabinete de Guerra, do Almirantado e do Ministério das Relações Exteriores da Grã-Bretanha mantêm, previsivelmente, absoluto silêncio sobre o plano de resgate dos Románov proposto por Lied. Não existe registro de uma só palavra, se é que algum dia houve algum, das conversas mantidas com ele em março de 1918 para retirar os Románov de Tobolsk. O fato de haver algumas discrepâncias entre o diário manuscrito de Lied e o relato muito posterior nas memórias que publicou em livro tampouco ajuda.[42] Summers e Mangold passaram muitos anos tentando chegar a um "dossiê da Inteligência Naval sobre uma missão para retirar a família" que respaldasse o plano de Lied. Eles tiveram a confirmação da existência desse dossiê em 1974, do então vice-ministro de Estado, Sir Anthony Royle, mas ele "não podia revelar seu conteúdo, porque estava sob a Lei dos Segredos Oficiais".[43] Será que essa pasta ainda se encontra em algum lugar nos Arquivos Nacionais?

Um exame atento de todas as fontes escandinavas e inglesas disponíveis mostra que toda a história do suposto resgate dos Románov a cargo de Lied tem sido objeto de reiterados equívocos de interpretação. Mas isso não significa que, por um curto tempo, os britânicos não tenham brincado com a ideia, antes de descartá-la como uma temeridade. O desejo de todos os envolvidos em ser "mantidos fora disso" indica que a iniciativa não partira deles, e sim de Lied. Diante da reação pouco entusiástica, ele deixou a ideia em suspenso ao sair de Londres, em 30 de março. Além disso, ao publicar uma versão muito anódina do caso em suas memórias, 25 anos depois, Lied parecia ainda se sentir obrigado a ocultar os detalhes. Essa impressão é reforçada pela descrição de um encontro entre Lied e Sir George Buchanan após a Revolução de Outubro, quando discutiram "o futuro de grandes empreendimentos britânicos" na Rússia, como a exploração de petróleo no norte do Cáucaso e a mineração no Ural, mas sem mencionar em momento algum o assunto que por tanto tempo fora tão caro a Sir George: o bem-estar da família Románov. Isso é de fato surpreendente.[44]

Segundo Summers e Mangold, Jonas Lied contou mais tarde a verdadeira história de seu plano de resgate a um amigo inglês, Ralph Hewins, que fora durante muitos anos correspondente da imprensa escandinava e é mais conhecido por sua biografia de Vidkun Quisling, o traidor norueguês. Numa conversa reservada, Lied teria dito a Hewins que

> a Metropolitan-Vickers lhe pedira [...] para atracar um barco britânico em seu depósito madeireiro [devia ser Maklakovo] na foz do Ienissei e transportar a família imperial rio abaixo a partir de Tobolsk numa de suas embarcações de carga. O plano era exequível. O torpedeiro [isto é, um navio da Marinha Real britânica ou um Vickers enviado expressamente para esse fim] seguiria para o extremo norte até o Ártico, passando por Nova Zembla, a fim de evitar as minas de guerra e uma possível perseguição bolchevique.[45]

Como Wilhelm Wilkens, sobrinho de Jonas Lied, me confirmou por e-mail: "Lembro que meu tio (ele morreu em 1969) me disse que nem o monarca nem o governo britânico estavam interessados em salvar a família do tsar. Penso que isso tinha a ver com razões políticas".[46] De fato, antes dos encontros em Londres, a Hudson's Bay Company já manifestara dúvidas sobre a capacidade de Lied para comandar a missão econômica, avaliando que ele "tendia a minimizar as dificuldades e exagerar as possibilidades", e concluindo que "será necessário ver o sr. Lied e sua organização mais como instrumentos do que como o elemento de controle".[47]

A rememoração falha, muitas vezes de segunda ou terceira mão, de eventos cruciais, muitos anos depois de sua ocorrência, é um problema constante que todos os historiadores enfrentam. Há muitos deles na história dos Románov, sobretudo diversas versões sobre um suposto plano de resgate, fosse do Serviço Secreto britânico ou de monarquistas russos, apoiado — ou mesmo incentivado — pelo próprio rei Jorge V. Discuti muitas vezes a possibilidade de uma missão como essa com Phil Tomaselli, meu consultor especialista em Primeira Guerra Mundial e nos serviços de inteligência. Havíamos recolhido, um tanto desalentados, todos os indícios da questão, por pequenos que fossem, e concordamos que o plano Lied/ Murmansk até era viável, mas que não havia nada ou quase nada nos registros oficiais que o sustentasse, muito menos que o vinculasse a uma clara iniciativa britânica.

Mas nesse momento surgiram algumas pistas novas, como muitas vezes acontece nas pesquisas históricas, num e-mail que um leitor me enviou por iniciativa própria.

> Na verdade, nem sei por onde começar. [...] Acabei de assistir aos magníficos documentários sobre os Románov* e fiquei pensando se você teria interesse em alguns documentos adicionais sobre os últimos dias deles e o planejamento de uma missão britânica de resgate, todos os quais posso autenticar. [...] Meu avô materno foi efetivamente responsável [...] por uma fuga britânica muito bem planejada. O nome completo dele era Stephen Berthold Gordon-Smith.

Meu informante prosseguia, descrevendo como o avô tinha vindo a se envolver numa operação

> com a necessária conivência de uma série de russos locais simples [...] subornando gente como [...] servidores domésticos para ajudar a preparar o necessário em termos de suprimentos, roupas, alimentos e peças de valor para transporte, organizando o transporte por terra em carruagens e trenós, arranjando condutores e pontos de descanso para as renas ou cavalos em todos os vários trechos da rota até Arcangel, além da coordenação dos arranjos para que um submarino britânico ficasse à espera, com tripulação completa e devidamente instruído, na data designada, em Arkhangelsk, o único porto não congelado.[48]

Falava-se também que o resgate contaria com "um hidroplano", mas todas essas informações um tanto confusas haviam sido transmitidas a meu informante após um intervalo de duas gerações, sem dúvida ganhando alguns

* Referência a *Russia's Lost Princesses*, documentário em duas partes da BBC baseado em meu livro *As irmãs Románov* e transmitido em 2015.

retoques nesse meio-tempo. Assim, a versão que ele me repassou era, para dizer o mínimo, confusa e cheia de lacunas.[49] Mas teria alguma ponta de verdade?

Poderia mesmo ter existido um plano britânico para levar os Románov de Tobolsk a Arcangel por via terrestre? Claro que não; os próprios monarquistas dentro da Rússia haviam deixado de lado essa hipótese, por sua impossibilidade logística. O plano fluvial de Lied era muito mais eficiente. O único material de apoio que meu informante pôde me fornecer foi um recorte de jornal dos anos 1980 e algumas notas datilografadas que a última mulher de seu avô, Patricia Eykyn, fizera para a família:

> Em 1917, Steven [sic] foi enviado à Rússia, para acompanhar a Missão Militar britânica; Victor Warrender (agora Lord Bruntisfield) e Bruce Lockhart* estavam no mesmo grupo, mas o verdadeiro objetivo da viagem era trazer a família imperial para a Inglaterra. Steven não só conhecia a família imperial, como também podia facilmente passar por russo. Havia um submarino britânico de prontidão em Arcangel. Mas então veio o recado de Londres: "Abandonar operação, voltar por Estocolmo" [...] e assim, como me contou muitas vezes, Steven fez algo que lamentaria até o dia da sua morte: obedeceu às ordens. Ninguém afora ele jamais saberá todos os detalhes e toda a verdade.[50]

O neto de Stephen confirmou que a mãe guardara os diários e cartas do pai referentes a essa missão, e que tanto sua irmã quanto Patricia, a segunda esposa de Stephen, os tinham visto. E sim, "os diários e cartas mostravam que havia indubitavelmente um plano de resgate em que Steven estava envolvido".[51]

"Mas onde estão agora esses diários e cartas?", perguntei, numa empolgação cada vez maior.

A resposta, quando chegou, foi aquela que todos os historiadores morrem de medo de ouvir: "Joy queimou tudo". Ao voltar a se casar, "por discrição para com o

* Lockhart, que até o outono de 1917 tinha sido cônsul-geral em Moscou, voltou para a Rússia num barco do Almirantado em 12 de janeiro de 1918, via Estocolmo e Tornio. Se Warrender e Gordon-Smith de fato viajaram juntos, é curioso que não haja qualquer registro de emissão de passaporte para a viagem à Rússia, embora o de Lockhart possa ser encontrado.

novo marido", Patricia Eykyn entregou todas as cartas e diários do finado Stephen para a filha deles, Joy. E esta, infelizmente, destruiu todos os papéis, inclusive essas provas preciosas.[52]

A pesquisa histórica está repleta de amargas decepções como essa.

O artigo de jornal apresentado para sustentar a história de Gordon-Smith aparece no *Mail on Sunday* de 20 de novembro de 1988, e é intitulado "O rei poderia ter salvado o tsar". Ali, Patricia Eykyn confirma que, "embora nunca tenha me contado muitos detalhes", a "verdadeira razão" por trás do envio do marido à Rússia "era *trazer* [itálico meu] o tsar e sua família para a Inglaterra" — talvez para escoltá-los. Mas há aí um probleminha: quando o *Mail* lhe perguntou sobre seu papel nessa dita missão, Lord Bruntisfield negou qualquer conhecimento a respeito, mas acrescentou que, "se pessoas importantes na Grã-Bretanha tivessem feito tentativas sérias de remover o tsar, tenho bastante certeza de que teriam conseguido".[53]

Analisando esses dois frágeis relatos da dita missão de Gordon-Smith e deixando de lado as visíveis discrepâncias, ele parecia, no mínimo, ter todas as devidas credenciais. Naquela época, a missão do Serviço Secreto britânico na Rússia contava apenas com cerca de dez equipes, consistindo basicamente em agentes de segurança e oficiais de gabinete que autenticavam documentos de viagem e vigiavam a passagem nas fronteiras; portanto, é lógico que chamariam como apoio militares de grande experiência como Gordon-Smith, que se encontrava no norte da Rússia.[54]

Stephen Berthold Smith (sem o Gordon, que foi acrescentado durante a Primeira Guerra Mundial para evitar confusões com inúmeros mortos de guerra com o sobrenome Smith) nasceu na Rússia em 1890, filho de um abastado inglês exportador de cereais que se casara com uma russa e se estabelecera em Taganrog. A família mantinha excelentes relações, e Stephen conheceu durante a infância vários membros da família imperial. Era bilíngue e fluente em francês e alemão. Depois de estudar em Cambridge, alistou-se no 8º Regimento de South Staffordshire quando estourou a Primeira Guerra Mundial, mas foi dispensado em 1915 devido a uma infecção nos pés, o chamado pé de trincheira. "Não posso marchar, mas posso voar", disse ele, decidido, e entrou no Corpo Aéreo Real. Em pouco tempo tirou o brevê, e por volta de novembro de 1916 foi designado para a Força Aérea russa, sem dúvida, em parte, por conta de suas qualificações linguísticas.[55] Gordon-Smith foi enviado com um grupo de aviadores para montar e testar aeronaves britânicas transportadas para os russos por via marítima, através de Arcangel, de onde seguiam por trem até Moscou. Lotada na escola de aviação da Sociedade Aeronáutica Imperial em Moscou, a equipe do Corpo Aéreo Real treinava pilotos e mecânicos russos, e em março de 1917 Gordon-Smith foi condecorado com a Ordem de Santo Estanislau, terceiro grau, por suas "realizações na preparação de aeronaves e equipamentos aeronáuticos provenientes da Grã-Bretanha".[56] Em junho de 1917, a equipe britânica foi enviada para a frente sudoeste na Galícia, e alocada com o XI Exército durante a ofensiva de verão de Kerénski. No outono, porém, a quebra da disciplina no exército russo, na esteira da revolução bolchevique, levou à decisão de retirada e retorno dos pilotos britânicos à Inglaterra. Gordon-Smith voltou no começo de 1918, mas logo a seguir foi realocado na Missão Britânica de Suprimentos para a Rússia (conhecida como Rusplycom), com base em Arcangel.

Deixando de lado a impossibilidade de qualquer tentativa de resgate aéreo dos Románov em Tsárskoie Seló em 1917, quando Gordon-Smith estava com o Corpo Aéreo Real no sul da Rússia (embora persista o mito de que o corpo aéreo britânico tivesse algum envolvimento em tal plano), sua missão de resgate só faz sentido se for vista não no contexto de 1917, mas no da primavera de 1918, quando ele foi enviado de volta para a Rússia. Isso condiz com o fato de que Robert Bruce Lockhart, com quem fora para lá, permaneceu na Inglaterra até janeiro de 1918, quando voltou à Rússia como chefe de uma missão britânica oficiosa ao novo governo bolchevique em Moscou. Terá sido coincidência que Victor Warrender, que viajara com eles, também estivesse de volta à Rússia para integrar a equipe da Missão Britânica de Suprimentos? E como explicar a condecoração de Warrender com a Cruz Militar, publicada na imprensa oficial em 3 de junho de 1918, tendo ele apenas dezoito anos de idade? Ela lhe foi concedida pessoalmente pelo rei Jorge V, numa cerimônia solene em Windsor, "pela distinção de serviços prestados em associação com operações militares na Rússia" — mas sua ficha de condecoração nos Arquivos Nacionais não traz qualquer menção a seu serviço na Rússia.[57*]

* É uma grande pena que tenha sido impossível descobrir qualquer vestígio documental sobre o papel de Warrender (Lord Bruntisfield) nessa história, apesar da convicção de Patricia Eykyn quanto ao seu envolvimento.

De sua base em Arcangel, Gordon-Smith poderia ter sido chamado para atravessar o golfo de Ob e participar de uma missão de resgate baseada no plano de Lied. Mas a distância era considerável: cerca de 2250 quilômetros. De trenó, levaria semanas, e nenhuma aeronave britânica – se houvesse alguma em Arcangel naquela época – conseguiria cobrir essa distância sem fazer diversas paradas. Seja como for, no golfo de Ob, os Románov embarcariam presumivelmente num torpedeiro britânico (talvez um dos que estavam operando nas Flotilhas de Patrulhamento do Mar do Norte na área do mar de Kara) enviado para esse fim. A menos, claro, que a Vickers tivesse finalmente concordado em oferecer um de seus próprios barcos. Esses barcos operavam numa velocidade máxima de 26 nós, e, em termos de velocidade, só ficavam atrás dos destróieres maiores, mas eram muito mais manobráveis, de forma que seriam ideais para um resgate rápido. Outra hipótese é que Gordon-Smith tivesse sido designado para comandar um grupo que receberia e cuidaria dos Románov, depois de instalados no abrigo de Murmansk. Nesse contexto, faria sentido a menção de seu neto aos suprimentos e vias de transporte, bem como aos subornos dos empregados da casa.

Resta o fato de que a Rusplycom, à qual Gordon-Smith foi integrado em 1918 e que era supervisionada em Londres por Mitchell-Thomson (com quem Lied se encontrara em março), estava agora cada vez mais envolvida em atividades secretas – entre elas, impedir que os suprimentos militares, industriais e alimentícios britânicos já estocados nos portos russos setentrionais de Arcangel e Murmansk caíssem nas mãos dos alemães que avançavam no território (ou nas dos bolcheviques, que em fevereiro começavam a ganhar uma base de apoio na área). A essa altura, a Rusplycom contava provavelmente com o grupo mais numeroso de funcionários britânicos alocados na Rússia ou perto dela, se não considerarmos a flotilha de submarinos da Marinha Real e sua Divisão de Blindados. Como as relações britânicas com os esquivos e imprevisíveis bolcheviques vinham ficando tensas, o trabalho do pessoal da Rusplycom na Rússia foi se tornando cada vez mais clandestino (alguns deles acabaram entrando no Serviço Secreto).[58]

Na primavera de 1918, no entanto, por mais que preferíssemos pensar o contrário, o governo britânico não estava preocupado em resgatar os Románov, mas em promover seus objetivos comerciais, financeiros e industriais no contexto de abertura dos mercados russos após a tomada do poder pelos bolcheviques. E esse empenho se intensificou a partir de 3 de março de 1918 – o mesmo dia em que Jonas Lied chegou a Londres para suas várias reuniões –, quando, depois de três meses e meio de disputas diplomáticas em Brest-Litovsk, Trótski assinou um tratado de paz com a Alemanha. Com isso, ele tirou a Rússia da guerra e cedeu aos alemães grandes extensões de territórios russos no Báltico, na Ucrânia e no Cáucaso. A concretíssima perspectiva de um domínio germânico sobre uma Rússia ainda fraturada, ainda mais enfraquecida com o alastramento da guerra civil, dava à situação novas feições, bastante sérias. Se as tropas russas fossem retiradas da Frente Oriental, os alemães poderiam redirecionar seus exércitos para a guerra na Frente Ocidental.

Em 10 de março, o governo bolchevique transferiu a capital de volta para Moscou. Inúmeros diplomatas estrangeiros escaparam logo a seguir para a segurança de Vologda, deixando a embaixada britânica em Petrogrado com um número ínfimo de funcionários. Tendo Sir George Buchanan, enfermo, retornado para a Inglaterra no começo de janeiro (sem ser substituído como embaixador), quem restava na Rússia que falasse em favor dos Románov pelos canais britânicos oficiais? O alerta de Robert Wilton em dezembro do ano anterior se tornava ainda mais significativo: "É evidente, pelas propostas que fizeram em favor [da ex-família imperial] em Brest-Litovsk, que os alemães pretendem utilizá-la". Muitos monarquistas russos eram pró-germânicos e ferozmente antibolcheviques, e apoiariam uma intervenção alemã na Rússia e a restauração de uma monarquia fantoche.[59] Mas quais eram, exatamente, os motivos por trás dessas "propostas" alemãs, agora feitas em favor dos Románov?

9. "Prefiro morrer na Rússia a ser salva pelos alemães!"

Nos anos 1930, ao escrever sobre o tempo que passou na Rússia, Maurice Paléologue, ex-embaixador francês em Petrogrado agora aposentado, em momento algum teve qualquer dúvida sobre a pessoa que teria melhores condições para proceder à evacuação dos Románov no começo de 1918. Em seu estudo dos dois imperadores depostos, *Guillaume II et Nicolas II*, publicado em Paris em 1935, ele asseverou:

> Uma única pessoa era capaz de salvar o tsar, a tsarina e seus filhos: Guilherme. Ele tinha os meios e, mais do que qualquer outro soberano, o dever, pois nenhum outro tinha ligação tão próxima com a Casa Románov, com laços tão íntimos e diretos. Não era ele o padrinho de Aleksei, o tsarévitche?[1]

Em defesa de seu argumento, Paléologue citou uma carta aberta, por muito tempo negligenciada, escrita ao cáiser pelo general Maksim Leontiev, comandante do regimento de Viborg – que tinha Guilherme como seu comandante-chefe honorário –, e publicada em Paris em 1918. Leontiev estivera presente durante o encontro do cáiser com os Románov a bordo do iate *Shtandart* no porto estoniano de Paldiski, em 1912, quando Guilherme desempenhara o papel de tio bonzinho, distribuindo uma fartura de presentes entre os filhos Románov. Leontiev, em sua carta, relembrava a Guilherme a afeição que demonstrara a seu afilhado Aleksei naquele momento:

O senhor se lembra de como naquele primeiro dia de sua chegada, quando estava sentado à mesa no iate *Shtandart* ao lado da imperatriz, um garotinho alegre e vivaz entrou correndo na sala de jantar e, ao ver um grupo tão grande de desconhecidos, agarrou-se tímido à mãe? O senhor o chamou para junto de si, sentou-o no colo, brincou com ele e lhe fez um carinho na cabeça.[2]

E como as quatro jovens filhas do tsar tinham sido solícitas com Guilherme; e como os cinco filhos acompanharam atentamente cada palavra sua. "Não tinham razão", indagava Leontiev, "em ver em si não só um convidado e um amigo da Rússia, como então o senhor procurou se apresentar, mas também um verdadeiro amigo de sua família?" Leontiev prosseguiu censurando Guilherme por suas várias falhas como amigo professo da Rússia, mas o que o preocupava acima de tudo era a pergunta: "O que o senhor fez para proteger essa família? [...] Por que não veio em auxílio dela? Uma só palavra de seu embaixador, Mirbach, pressionando o governo bolchevique, teria sido suficiente. O senhor poderia tê-los salvado e não salvou!".[3]

Comenta-se há tempos que o Tratado de Brest-Litovsk continha uma cláusula especial secreta, segundo a qual os bolcheviques libertariam os Románov e lhes permitiriam deixar a Rússia. Mas, até hoje, não apareceu nada que corroborasse essa afirmação, nem a declaração de Robert Wilton quanto a alguma "proposta" dos alemães em favor da família durante as negociações de Brest-Litovsk. O historiador alemão Kurt Jagow rejeitou categoricamente a declaração de Paléologue, segundo a qual a Alemanha poderia ter incluído tal cláusula. Seria muito implausível que os alemães se arriscassem a intervir em favor do soberano de um Estado inimigo que acabava de ser deposto, argumentou ele, "enquanto ao mesmo tempo negociavam uma paz com aqueles que o haviam deposto". "A questão monarquista seria uma provocação para os bolcheviques"; por que a Alemanha se arriscaria a um movimento como esse quando os próprios aliados de Nicolau não tinham conseguido ajudá-lo?[4] Certamente, depois que os britânicos falharam em agir na primavera de 1917, surgiram esperanças de que a paz da Rússia com a Alemanha assegurasse a transferência dos Románov para um local seguro. Na primavera de 1918, sem dúvida os monarquistas russos já haviam concluído que a única esperança de salvar a família consistia em apelar ao cáiser. De fato, muitos deles tinham sido e continuavam a ser pró-germânicos, antes e durante a guerra.

Foi com relutância que Lênin, por fim, tomou a decisão de capitular ao cáiser, e o fez por razões pragmáticas: os russos tinham sido vencidos na Frente Oriental, e os alemães avançavam sobre a Rússia com uma facilidade assustadora. Se não houvesse um acordo de paz, seria o fim de seu governo.[5] Guilherme foi igualmente pragmático: não tinha qualquer afeição pelos bolcheviques, que desprezava como "chefes de bandoleiros", considerando extremamente desagradável negociar com eles. A seus olhos, eram todos "porcos" e "moleques judeus", e não fazia o menor esforço para disfarçar seu profundo e furioso desdém.[6] Mas precisava operar junto com eles para obter a pretendida dominação germânica da Rússia e realizar seu sonho de dividir o antigo império em "quatro 'tsarias': a Ucrânia, o Cáucaso oriental, a Sibéria e a Rússia", todas elas a serviço dos interesses industriais e econômicos alemães.[7] Dar apoio aos bolcheviques e, com isso, difundir a influência germânica ao sul, passando pelo Cáucaso rico em petróleo e pelos vastos campos de cereais, era infinitamente melhor do que ajudar os brancos a restaurar a monarquia.[8] Mas as coisas poderiam ter sido muito diferentes se, na primavera de 1918, os alemães tivessem adotado o plano do comandante supremo, o general Ludendorff, de partir com tudo para cima dos bolcheviques, angariando o apoio dos cossacos e de outros grupos russos brancos e monarquistas para implantar, como escreveu Robert Wilton, uma "forma mais agradável de governo".[9] Em vez disso, o governo soviético de Lênin ganhou um espaço para respirar que lhe permitiu consolidar seu controle, fato que veio por fim a selar o destino dos Románov.

Nicolau e Alexandra, se soubessem dessas nascentes esperanças na Rússia de que os alemães os salvassem, ficariam horrorizados. Para eles, o Tratado de Brest-Litovsk era uma cruel traição do país bem-amado, que o reduziria a um Estado-satélite do Império germânico. "E pensar que *eles* chamavam Sua Majestade de traidora!", exclamou Nicolau. "Quem é o verdadeiro traidor?"[10] E o tsar podia mesmo lamentar, pois o tratado deu início a um desmembramento brutal da Rússia, que fora governada pela dinastia Románov durante trezentos anos. Em muitos aspectos, o país ficara "quase reduzido às antigas fronteiras da Moscóvia sob Ivan III".[11] Para um soldado honrado como ele, essa vitória do militarismo prussiano era um vergonhoso abandono de seus aliados de guerra, uma "desgraça para a Rússia", equivalente a um suicídio, "e não salvaria os bolcheviques da ruína", como o preceptor Gilliard ouviu de Nicolau.[12]

Alexandra sentia exatamente o mesmo. No cativeiro, nunca deixou de criticar causticamente o primo Guilherme e sua "natureza mesquinha".[13] "Nunca pensei que ele desceria tão baixo a ponto de se entender com os bolcheviques", exclamou ela. "Que desgraça!"[14] Horrorizava-a a ideia de que os alemães lhe oferecessem proteção. Quando o príncipe Dolgorúkov leu em voz alta um artigo de jornal dizendo que o tratado continha uma cláusula secreta para garantir a segurança da família, Alexandra disse em francês, para que os captores não entendessem: "Prefiro morrer na Rússia a ser salva pelos alemães!".[15]

Pierre Gilliard rememorou muitos anos depois: "O Tratado de Brest-Litovsk foi um golpe do qual o imperador jamais se recuperou". Para Nicolau, a Rússia representava "acima de tudo o mujique e o soldado. [...] Antes e depois da abdicação, ele sempre teve uma única preocupação: o futuro de seu país; uma única esperança: a vitória dos exércitos da Rússia". Pela primeira vez, Gilliard ouviu Nicolau manifestar remorsos por se ter deixado persuadir a abdicar:

> Ele ficou tão profundamente afetado e abatido com Brest-Litovsk que sua saúde se viu muito prejudicada. Depois disso, envelheceu muito. Todos nós percebemos isso em Tobolsk: ficou pálido, com grandes bolsas sob os olhos, e a barba encaneceu muito.[16]

Mesmo nos dias mais sombrios do cativeiro, Nicolau continuara a ter esperanças na Rússia. Mas agora parecia tudo perdido. Brest-Litovsk marcou o momento em que ele caiu numa depressão profunda e numa fatalista aceitação do que a vida lhe trouxesse dali por diante. Junto com isso, veio uma maior resistência — se não pavor —, tanto dele quanto de Alexandra, à ideia de deixar a Rússia: "O que mais temiam era serem enviados para algum lugar no exterior" (isto é, a Alemanha), relembrou Klaudia Bitner, a preceptora das meninas em Tobolsk.[17] Antes, naquele mesmo ano, em conversa com o comandante Pankrátov, uma das irmãs Románov comentara que os jornais andavam divulgando que a nova Assembleia Constituinte, quando se instalasse, iria "enviar todos nós para o exterior". Tal sugestão a deixara muito perturbada: "Seria melhor se nos enviassem para algum outro lugar na Sibéria, mas não para o exterior", disse ela. Pankrátov ficou surpreso: "Não quer deixar a Rússia?". "É melhor ficarmos na Rússia", respondeu Tatiana. "Eles que nos mandem para um local mais remoto na Sibéria."[18]

Depois de Brest-Litovsk, houve uma mudança significativa nas tentativas diplomáticas para proteger ou retirar os Románov da Rússia, bem como na política interna sobre o futuro deles. As divergências entre o governo em Moscou e alguns sovietes regionais militantes se aprofundaram quando estes começaram a querer determinar o tratamento a ser dado aos Románov. Em 4 de março, "em resposta à preocupação de que Nicolau se tornasse fantoche dos alemães", o comitê regional do soviete do distrito de Kolomna, da região de Moscou, foi o primeiro entre os vários grupos linha-dura a reivindicar que fossem adotadas medidas oficiais de retaliação contra a família imperial. O comitê, no telegrama enviado, exigia "unanimemente" a "imediata aniquilação de toda a família e parentes do ex-tsar", a fim de prevenir qualquer tentativa da "burguesia alemã e russa" de restabelecer um regime tsarista.[19]

Nessa atmosfera tensa, mais uma vez ressurgiu a preocupação no exterior com a família. Em 12 de março, o rei Cristiano da Dinamarca recebeu relatórios tão alarmantes de Harald Scavenius, seu embaixador em Petrogrado, que se sentiu na obrigação de renovar seus apelos a Guilherme para "interceder no destino do monarca deposto e de sua família". A segurança deles estava seriamente ameaçada, disse Cristiano no telegrama, assim como a da mãe dinamarquesa de Nicolau, a de suas filhas Olga e Xenia e a do genro Sandro na Crimeia, que agora passavam por grandes "necessidades e dificuldades", além de estarem "totalmente à mercê dos caprichos dos incontáveis bandos de marinheiros".[20] A Alemanha era a única potência capaz de exercer alguma influência sobre os sovietes, e Cristiano insistiu com o cáiser para que fizesse alguma coisa.

Não temos acesso aos relatórios privados de Scavenius ao rei Cristiano, visto que os Arquivos Reais dinamarqueses estão fora de alcance, mas temos, numa carta que Esther Aksel-Hansen, sua secretária, escreveu à família, a confirmação de que chegara a ele em Petrogrado a informação sobre os apuros dos Románov em Tobolsk e na Crimeia:

> A família imperial está sofrendo muito. Parece que estão quase passando fome, e estão sendo molestados de todas as maneiras, sem qualquer espécie de proteção. Seria surpreendente se saíssem vivos de toda essa situação.[21]

Havia boas razões para esse grande alarme: Mikhail, irmão de Nicolau, que andara planejando sua saída da Rússia pela Finlândia, pouco tempo antes fora preso em Gatchina e enviado para Perm, 850 quilômetros a oeste de Tobolsk. Na Casa do Governador em Tobolsk, os guardas estavam "com ânimo muito indócil". Ninguém poderia "prever o destino que pode recair sobre o tsar e a tsarina, e também sobre seus filhos". "Recorro a você", disse Cristiano a Guilherme, "caso lhe seja possível fazer algo para a melhoria e a segurança do possível destino de pessoas que me são tão próximas".[22]

Respondendo ao telegrama de Cristiano em 15 de março, Guilherme assegurou a ele que a mensagem lhe causara "profunda impressão":

> Entendo plenamente que o futuro destino da família imperial que lhe é tão próxima cause-lhe a máxima ansiedade. Apesar de todas as afrontas e grandes danos que minha pátria e eu sofremos desse quadrante outrora amistoso, não consigo evitar uma preocupação exclusivamente humanitária pela família imperial, e, se estivesse em meu poder, de bom grado cumpriria minha parte para garantir que ela recebesse um destino seguro e digno.[23]

Mas, tal como o primo Jorge, o rei britânico, Guilherme não pôde ser instigado a agir apenas por sentimento de família. Ele disse que um "auxílio imediato" era "impossível nas atuais circunstâncias". Por quê? Exatamente pelas mesmas razões que haviam influído na mudança da posição britânica: seria uma interferência política não democrática no governo de outro país. Qualquer intervenção direta de Guilherme seria "mal interpretada pelo governo russo" e "poderia ser entendida como sinal de que nossa intenção era levar à recondução do tsar ao trono". Guilherme lamentava, mas, "por essa razão, infelizmente não vejo nenhuma possibilidade de oferecer auxílio". A melhor opção, concluía ele, seria "os reinos nórdicos abordarem coletivamente o governo russo. Como potências neutras, seria muito mais provável que se acreditasse que agiam exclusivamente por motivos humanitários, e não por qualquer interesse político".[24]

O enviado germânico a Copenhague, o conde Ulrich von Brockdorff-Rantzau, transmitiu a resposta telegráfica do cáiser ao rei dois dias depois. A atitude de aceitação de Cristiano foi surpreendente: ele agradeceu a Guilherme a "compreensão humana" que mostrara pelo "destino de meus infelizes parentes [...] do fundo do coração". "Tenho certeza de que, em relação a esse assunto", disse ao cáiser, "você jamais se negaria a fazer *todo o possível*, mas também entendo as importantes razões que o impedem no momento de fazer qualquer coisa a respeito." Enquanto isso, o rei dinamarquês se empenharia ao máximo em seguir a sugestão de Guilherme.[25]

Cabe ressaltar que a preocupação básica de Cristiano continuava a ser a tia, na Crimeia; ele podia ter suspendido as iniciativas em favor da família imperial em Tobolsk após a tranquilizadora resposta de Guilherme, mas prosseguiu com elas no tocante a Dagmar. Em abril, Cristiano e o príncipe Valdemar enviaram um telegrama sigiloso a Scavenius em Petrogrado, pedindo que organizasse a evacuação urgente de Dagmar e seus outros parentes Románov, presos numa mansão em Djulber, do outro lado do mar Negro, para Constança, na Romênia, tendo sido reservados 60 mil rublos para esse fim.[26] Nos bastidores, Harald Scavenius não esmorecera no empenho em favor dos vários membros da família Románov. Em Petrogrado, tomara providências imediatas, após a prisão do grão-duque Mikhail, para proceder à evacuação secreta de seu filho Gueórgui, de sete anos de idade. Scavenius estava intimamente envolvido em trabalhos humanitários com prisioneiros de guerra, e conseguiu embarcar clandestinamente o menino e sua pajem inglesa, a srta. Neame, num trem que estava repatriando prisioneiros de guerra alemães, agora que haviam cessado as hostilidades. Com passaportes falsos, passando-se por mãe e filho, os dois, acompanhados por um oficial dinamarquês, deixaram Petrogrado de trem em 25 de abril e chegaram à segurança da embaixada dinamarquesa em Berlim. O cáiser tinha pleno conhecimento desse resgate e fechou os olhos à nacionalidade da srta. Neame, uma estrangeira inimiga, permitindo que ela e Gueórgui fossem levados para Copenhague. Em 1919, depois de passar algum tempo no Palácio de Sorgenfri, da família real dinamarquesa, Gueórgui se instalou na Inglaterra.[27]

Desde o final de 1917, os bolcheviques estavam a par dos boatos — provavelmente difundidos por Bóris Solovev e pelo padre Vassíliev — sobre os míticos "trezentos oficiais" em Tobolsk que conspiravam para libertar a família imperial russa. Foi o que certamente levou à prisão de Mikhail e a uma vigilância mais cerrada dos Románov detidos na Crimeia e em Tobolsk. Circulavam rumores desbragados em Petrogrado de que Nicolau — e até alguns da família — fugira da Casa do Governador. Em reação a isso, o Conselho dos Comissários do Povo, já em 29 de janeiro de 1918, tinha incluído na pauta, como item de discussão urgente, o retorno de Nicolau a Petrogrado, e seu imediato julgamento.[28]

O comissário do Povo para a Justiça, Isaac Steinberg, relembrou que o tema foi novamente levantado três semanas depois, quando os alemães haviam retomado o avanço na Rússia, após a interrupção temporária das tratativas de Brest-Litovsk. Em 20 de fevereiro, ele escreveu: "Representantes do Congresso Camponês compareceram a uma sessão dos comissários e apresentaram uma petição para que a família tsarista fosse trazida de Tobolsk [...] para julgamento público", sustentando que tal medida levantaria o moral naquele momento em que se renovavam as ameaças germânicas.[29] Caberia a Steinberg "planejar e encenar esse grandioso espetáculo de justiça e reparação", mas ele se manifestou energicamente contra a ideia:

> A monarquia não era mais uma questão candente para o povo, e [...] um julgamento do ex-tsar — por solene e teatral que fosse — não traria alegria nem coragem. [...] Alertei que o longo transporte do tsar desde a Sibéria poderia ser uma tentação para o linchamento justiceiro de fanáticos ou de autoproclamados revolucionários.[30]

Na sala, todos os olhos se voltaram para Lênin, que, para a surpresa de Steinberg, concordou, dizendo que "duvidava da conveniência de tal julgamento, que as massas estavam preocupadas demais com outras questões e que seria bom adiar o assunto". Apesar disso, Steinberg recebeu instruções de preparar os "documentos pertinentes para uso futuro". Naquela noite, porém, "a questão foi deixada de lado", e chegou a ordem: "Por ora, não designe nenhum local para o julgamento de Nicolau Románov". Dias depois, Steinberg, como membro do Partido Socialista Revolucionário contrário ao Tratado de Brest-Litovsk, renunciou em protesto à capitulação do governo à Alemanha.[31]

Em Tobolsk, os rumores sobre conspirações monarquistas continuavam a incomodar o soviete local, levando a uma enxurrada de telegramas de preocupação para o Conselho dos Comissários do Povo. Como reação ao maior perigo de uma tentativa de fuga, e enxergando complôs monarquistas por toda parte, vários bolcheviques linha-dura estavam se reunindo na cidade na expectativa de tomar as rédeas da questão.[32] Seus receios de uma fuga chegavam a tal ponto que havia grupos militantes de operários locais monitorando todas as rotas terrestres e fluviais que saíam de Tobolsk — ao norte, rio abaixo até Obdorsk, e a sudeste por Ichim e pela província de Tiumen. Outros operários tinham vindo de Ekaterinburg para fechar as estradas de Tobolsk a Tiumen. Na aldeia de Goloputovskoe, os oficiais de uma célula que conspirava para ajudar os Románov foram descobertos e sumariamente executados. Por toda a região de Tobolsk, bandos rivais de legalistas bolcheviques se mantinham de tocaia para descobrir potenciais libertadores monarquistas.[33] No soviete de Tobolsk, chegou-se inclusive a falar em transferir os Románov e seus acompanhantes "ao alto da 'montanha' até a prisão" — o notório castelo-prisão no topo da montanha que sobranceava a cidade, usado como cárcere de prisioneiros políticos sob o tsarismo —, e foram feitos preparativos para levá-los até lá.[34] Com os recentes lapsos na vigilância dos guardas na Casa do Governador, não admira que as coisas chegassem a um ponto crítico. O soviete da Sibéria Ocidental enviou um telegrama a Lênin em Moscou, comentando as falhas de segurança no local e insistindo que a guarda havia se tornado hostil, indisciplinada e desleal, e precisava ser substituída por guardas do Exército Vermelho, que seu próprio soviete traria de Omsk. Os extremistas do soviete regional do Ural estavam igualmente ansiosos em tomar o controle da família imperial e transferi-la para seu bastião em Ekaterinburg — naquela época "talvez o local mais ardorosamente bolchevique na Rússia".[35]

Em 23 de março, os prisioneiros da Casa do Governador, na rua da Liberdade, foram saudados por aquilo que mais temiam: "Um destacamento com mais de cem Guardas Vermelhos chegou de Omsk", anotou Pierre Gilliard em seu diário. "São os primeiros soldados maximalistas [bolcheviques] a tomarem posto em Tobolsk." Foi um momento desalentador para todos: "Acabamos de perder nossa última chance de escapar".[36] O comissário que acompanhava o novo contingente insistiu em inspecionar o lugar e, no dia 30, ordenou que todos os membros (exceto os dois médicos, Derevenko e Bótkin) do entourage que moravam na Casa Kornílov, do outro lado da rua, se mudassem para a Casa do Governador, junto com a família, para que pudessem vigiar melhor todos eles. Mais alarmante, porém, foi o anúncio, por ordens de Moscou, de que quatro acompanhantes — Tatíchev, Dolgorúkov e as duas damas de companhia, Anastácia Hendrikova e Ekaterina Schneider — agora estavam presos com a família, sem dúvida por suspeita de servirem como mensageiros e conspirarem com os monarquistas.[37] Implantaram-se na casa várias outras restrições mesquinhas: os períodos de recreação da família no pátio, ao ar livre, foram reduzidos, e os criados deixaram de ter autorização para circular livremente pela cidade. E pior: após a saída do último contingente de guardas de Kobilínski, mais solidários – alguns dos quais entraram secretamente nos aposentos dos Románov para se despedir –, os prisioneiros se viram cada vez mais privados de qualquer ínfimo apoio moral que pudessem ter da parte dos captores.

Logo chegou à cidade um grupo de quatrocentos Guardas Vermelhos vindos de Ekaterinburg, dispostos a prevalecer sobre o contingente de Omsk e tomar o controle da Casa do Governador. Eles passaram a aterrorizar os locais e a intimidar os guardas na casa.[38] Em 10 de abril, Nicolau anotou em seu diário: "Ao anoitecer, o número dos guardas havia dobrado, as patrulhas foram reforçadas, e foram postas sentinelas na rua. Comentaram que corríamos um perigo passageiro na casa e que era necessário nos mudarmos para a casa do arcebispo, na colina".[39] A tensão aumentava em toda a cidade, sobretudo agora que o soviete local fora tomado pelos bolcheviques, após as eleições em abril. Em meados do mês, a situação estava tão explosiva que havia o risco de eclodirem conflitos armados entre esses grupos rivais. Temendo que os monarquistas tentassem libertar a família imperial, eles exigiam reiteradamente que a custódia dos Románov lhes fosse entregue.[40]

Enquanto isso, em 1º de abril, decidiu-se em Moscou que, para lidar com a rivalidade entre os Guardas Vermelhos de Omsk e de Ekaterinburg, seria enviado para Tobolsk um destacamento suplementar de duzentos homens, especialmente escolhidos pelo Comitê Executivo Central "para aumentar a vigilância sobre os prisioneiros, [...] reforçar a guarda e, surgindo a possibilidade, transportar todos os presos para Moscou".[41] A decisão foi assinada por Iákov Sverdlov, que, como braço direito de Lênin, assumia agora o controle executivo dos Románov. Sverdlov, que trabalhara como agitador político no Ural durante a Revolução de 1905, entrou em contato com os bolcheviques de Ekaterinburg e Omsk para informá-los sobre o "destacamento especial" que Moscou enviaria a fim de garantir a "transferência de todos os presos". Cinco dias depois, no entanto, o Comitê Executivo Central mudou de ideia quanto à transferência para Moscou, e Sverdlov mandou dizer que, por ora, a família devia ser enviada "para o Ural". É bem possível que essa ordem tenha sido dada em resposta à pressão dos militantes de Ekaterinburg e Omsk, que, desconfiando que uma transferência para Moscou pudesse resultar na permissão para o exílio dos Románov, insistiam que eles ficassem no Ural, onde poderiam vigiá-los.[42]

Mas Sverdlov foi inflexível: ele é que escolheria o comandante desse destacamento especial que Moscou estava prestes a enviar. Seu nome no partido era Vassíli Iákovlev, mas seu nome real era Konstantin Miáchin, e ele fora criado em Ufa, na Sibéria Ocidental. Sverdlov e Lênin o conheciam bem desde 1905, e não tinham qualquer dúvida sobre sua impiedade e lealdade: "Desde meu primeiro discurso, as balas e a corda da forca estavam em meu encalço", escreveu Iákovlev em suas notas biográficas posteriores.[43] Com o constante perigo de ser preso por suas atividades sediciosas, que incluíam expropriações, atos terroristas, sabotagens e assassinatos, ele fugiu da Rússia em 1909 e morou em Bruxelas antes de se mudar para o Canadá. Voltou à Rússia após a Revolução de Fevereiro e retomou seu trabalho partidário no Ural. Estabeleceu-se em sua cidade natal, e veio a conhecer bem Tobolsk e Ekaterinburg. Voltando a Moscou no começo de 1918, tornou-se o comissário bolchevique responsável pelas estações telegráficas e telefônicas, e foi um dos membros fundadores da Tcheka, a polícia secreta.[44] Na primavera de 1918, agora promovido ao Comitê Executivo Central, Iákovlev foi inesperadamente chamado para ver Sverdlov. Confiando em Iákovlev como fiel membro do partido, Sverdlov o informou de que ele teria total liberdade para agir da maneira que julgasse mais adequada, contanto que entregasse os Románov, vivos, em seu local de destino, qualquer que fosse o local que viessem finalmente a escolher.[45]

Um memorando do Comitê Executivo Central de 6 de abril confirmou a decisão de transferir "todos os detentos" para o Ural, e Sverdlov, numa diretriz manuscrita adicional para Aleksandr Beloborodov, chefe do soviete regional do Ural, em 9 de abril, confirmou que cabia a Iákovlev "estabelecer [Nicolau] em Ekaterinburg".[46] Era um arranjo provisório, até uma eventual transferência do tsar para Moscou, onde haveria um julgamento público, mas Sverdlov não deixou isso explícito naquele momento. Por ora, a tarefa de Iákovlev era entregar pessoalmente Nicolau e família a Beloborodov, ou a Filipp Golochtchekin, o comissário militar regional do Ural (grande amigo e camarada bolchevique de Sverdlov, com quem estivera no exílio na Sibéria). Essa medida provisória destinava-se a afastar os Románov do alcance dos monarquistas, colocando-os num local ferrenhamente bolchevique, que ofereceria condições de prisão muito mais seguras.[47] Sverdlov deu instruções para que os bolcheviques de Ekaterinburg, em colaboração com a Tcheka, cooperassem integralmente com Iákovlev. "Decidam vocês mesmos se vão colocá-lo [Nicolau] na cadeia ou providenciar uma mansão", escreveu. "Não o levem a nenhum local fora de Ekaterinburg a menos que recebam ordens diretas."[48] Mas Sverdlov havia claramente subestimado a longa e firme resolução dos elementos renegados rivais de Ekaterinburg e Omsk de serem os árbitros do destino do tsar, e os problemas que isso criaria para Iákovlev.

Uma nuvem de tristeza baixou sobre a Casa do Governador quando, em 22 de abril, chegou a agourenta notícia de que "um comissário com poderes extraordinários" acabara de chegar à cidade com seu destacamento especial de soldados, para se encarregar dos prisioneiros. Sua chegada, escreveu Gilliard, foi "sentida como um mau presságio, vago, mas real".[49] Aleksandr Ievreinov, que ainda morava em Tobolsk sob outra identidade, soube por um informante que Iákovlev recebera ordens de cumprir sua missão no prazo de três semanas. Também corriam muitos rumores de que o tsar seria levado por ordens dos alemães e que a monarquia seria restaurada.[50]

Iákovlev, que fez sua primeira visita à Casa do Governador em 25 de abril, chegou "usando uniforme da Marinha e armado até os dentes". Era um homem de traços delicados e presença marcante, de 32 anos, com cabelo preto e um elegante bigode fino. Kobilínski lembrou-se dele mais tarde como um sujeito "de altura acima da média, esguio, mas forte e musculoso". "Dava a impressão de ser dotado de grande energia." Também parecia ser bem-educado — até culto, segundo o dr. Bótkin —, e falava francês.[51] Menos afável era Aleksandr Avdeev, seu subordinado, um comissário de Ekaterinburg com ar embrutecido que antes trabalhara como serralheiro. Kobilínski o descreveu como "sujo e grosseiro", e a família viria a detestá-lo por conta de sua rudeza.[52]

Em todos os seus contatos com Nicolau, o novo comissário agia com extrema polidez, chegando a se mostrar respeitoso; "falava com o imperador mantendo-se sempre em posição de sentido, e, na verdade, dirigiu-se várias vezes a ele por 'Sua Majestade'", comentou o dr. Bótkin.[53] Iákovlev mostrou a Kobilínski "todos os seus papéis, ordens e instruções secretas", assinados por Lênin e Sverdlov, e anunciou que levaria Nicolau às quatro da manhã do dia 27 de abril, mas, apesar dos vários pedidos de maiores esclarecimentos, insistiu que ainda não sabia qual era o destino final; iriam informá-lo quando estivesse a caminho.[54]

As ordens originais de Iákovlev determinavam que ele retirasse toda a família de Tobolsk, mas em 11 de abril, antes de sua chegada à cidade, Aleksei sofrera muitas dores e um grave sangramento — resultado de uma distensão na virilha —, e ficara acamado dias a fio. Foi uma grande decepção, depois do longo período em que estivera bem: aquele era o pior ataque que sofria desde o que havia tido em Spala, na Polônia, em 1912, e que se revelara quase fatal.[55] Tão logo viu o grave estado do menino, Iákovlev percebeu que seria impossível transferi-lo antes da primavera, quando seria possível fazer a viagem por via fluvial, em vez de enfrentar a árdua jornada por terra, em estradas quase intransitáveis, e informou Moscou de suas preocupações. Em 24 de abril, Sverdlov enviou a resposta por telégrafo: Iákovlev devia remover o tsar imediatamente. Ele sabia que precisava agir rápido, sem inflamar ainda mais as pretensões rivais dos contingentes de Omsk e Ekaterinburg para assumir o controle. E a questão se tornou ainda mais urgente com o início do degelo de primavera, que dificultava o deslocamento pela estrada de Tobolsk até a ferrovia em Tiumen.[56]

Nicolau, quando soube que apenas ele seria transferido, reagiu com horror; seu primeiro pensamento foi que seria levado a Moscou e, lá, obrigado pelo governo bolchevique — por ordem da Alemanha — a assinar o Tratado de Brest-Litovsk. "Prefiro ter a mão cortada [...] a fazer isso", exclamou.[57] "Talvez o estejam tirando do país!", exclamou Alexandra, alarmada, ao que Nicolau respondeu em desespero: "Ah, que Deus não permita! Tudo, menos ser enviado para o estrangeiro!".[58] Ele e Alexandra continuaram convencidos de que o destino era Moscou, uma convicção que foi encorajada por Kobilínski.

"Fique calmo", interveio Iákovlev, "respondo com minha vida por sua segurança. Se não quiser ir sozinho, pode levar quem quer que deseje."[59] Kobilínski precisou usar todos os seus talentos de persuasão para convencer a família a não opor resistência às demandas de Iákovlev. Passaram muitas horas debatendo quem iria e quem ficaria com o enfermo, Aleksei. Alexandra ficou transtornada diante da sugestão de se separar de Nicolau; seus instintos maternos sempre a haviam levado a ficar com o filho doente, mas dessa vez o receio pelo marido era muito maior. Preocupada que conseguissem intimidar

Nicolau em sua ausência, ela decidiu, depois de muitas angustiosas reflexões, que iria com o marido. As quatro irmãs, sempre tão protetoras da mãe, insistiram que uma delas devia acompanhá-la. Combinaram que seria Maria, enquanto a eficiente Tatiana ficaria para cuidar das coisas na Casa do Governador. Olga, infelizmente, não estava com boa saúde, e a mais nova, Anastácia, precisava ficar para elevar o moral. A esperança era que, dali a três semanas, saíssem de Tobolsk com Aleksei, quando ele estivesse melhor.[60]

Aqueles dias finais de abril de 1918 tinham sido os piores enfrentados pelos Románov e seu entourage ao longo dos catorze meses de cativeiro. "Estamos todos num estado de angústia mental", escreveu Pierre Gilliard em 24 de abril:

> Sentimo-nos esquecidos por todos, abandonados à nossa própria sorte e à mercê desse homem [Iákovlev]. Será possível que ninguém levante um dedo para salvar a família imperial? Onde estão aqueles que se mantêm leais ao tsar? Por que demoram tanto?[61]

Enquanto Nicolau, Alexandra e a filha Maria se preparavam para partir, a impressão era que tinham sido abandonados por seus salvadores monarquistas. E o que aconteceria agora, quando se preparavam para ficar encarcerados num ambiente novo, desconhecido e muito mais proibitivo?

Desde o começo de 1918, na verdade, os monarquistas russos tinham renovado seu empenho em acorrer em auxílio dos Románov, notadamente o Pravi Tsentr, grupo de funcionários, industriais e políticos tsaristas liderado por Aleksandr Krivochein, ex-ministro da Agricultura, e por Aleksandr Trepov, ex-primeiro-ministro, e de qual Márkov II fazia parte. Muitos integrantes do grupo, que vinha monitorando de perto a situação em Tobolsk, haviam pretendido instaurar uma monarquia constitucional após a Revolução de Fevereiro de 1917, e, depois de Brest-Litovsk, ainda esperavam angariar o apoio da Alemanha para uma restauração. Em janeiro, após um encontro com Dmítri Neidgart, outro integrante do Pravi Tsentr, o conde Benckendorff mencionara sua preocupação com a falta de notícias de Tobolsk.

No começo daquele ano, Vladímir Tchtein, que também integrava o grupo, fora escolhido para ir a Tobolsk a fim de se informar sobre "o estado de espírito e as necessidades materiais" dos Románov naquelas circunstâncias.[62] Ele conseguiu entrar em contato com Tatíchev e Dolgorúkov, e voltou com notícias desalentadoras de que a família estava sofrendo intimidações dos guardas e passando por grave escassez de comida e dinheiro.[63] Em Moscou, ao saber das notícias, o grupo se reuniu e logo enviou Tchtein de volta a Tobolsk com 250 mil rublos, que ele conseguiu entregar a Tatíchev e Dolgorúkov. Em retribuição, os Románov enviaram seus agradecimentos e, como presentes, pequenos amuletos costurados à mão por Alexandra e pelas meninas.[64] Como a situação da família estava ficando cada vez mais perigosa, o grupo resolveu enviar em caráter permanente seus próprios integrantes, a fim de acompanhar de perto os acontecimentos. Mas, tão logo dois oficiais chegaram lá, Tchtein, que ainda estava na cidade, enviou o recado de que o tsar e a família estavam para ser transferidos. O recado seguiu num telegrama enigmático, aparentemente comentando a doença de Aleksei:

> Os médicos exigiram uma viagem urgente para uma estância de repouso no sul. Estamos muito perturbados com essa exigência. Consideramos a viagem indesejável. Por favor, enviem conselhos. A situação é extremamente difícil.[65]

Ainda sem saber da chegada de Iákovlev e sua missão secreta, o Pravi Tsentr em Moscou ficou alarmado e perplexo com a mensagem, pois não entendia a razão dessa súbita necessidade de que os Románov deixassem Tobolsk. Em resposta, o grupo aconselhou:

> Infelizmente, não temos informações sobre os motivos de tal exigência. Sem conhecer a situação e as condições do paciente, é muito difícil dar uma opinião precisa, mas aconselhamos que a viagem seja adiada, se possível, e que você só se submeta em último caso, por insistência categórica dos médicos.[66]

Muito alarmados com essa notícia indesejada, os monarquistas não tiveram outro recurso senão apelar mais uma vez ao "único poder capaz de amenizar a situação em que a família se encontrava e alertar sobre o perigo que a ameaçava: a embaixada alemã".[67] Um pouco antes do envio desse segundo telegrama, Rússia e Alemanha haviam retomado integralmente suas relações diplomáticas, e em 23 de abril o conde Wilhelm von Mirbach, que já passara algum tempo na Rússia, assumiu o cargo como novo embaixador alemão junto ao governo soviético, em Moscou. Seu correlato, Adolf Joffe, chegara ao mesmo tempo como embaixador soviético em Berlim.

Foi apenas então que a posição alemã diante dos Románov enfim ficou clara.[68]

Tão logo assumiu o cargo, Mirbach recebeu um pedido dos integrantes do Pravi Tsentr para uma reunião. Mirbach, austero e formal, um diplomata da velha escola proveniente de uma família de fiéis servidores dos cáiseres Hohenzollern, mostrou-se muito reservado. De início, rejeitou qualquer relação com o Pravi Tsentr, negando-se a ter contato com o que julgava ser a clandestinidade contrarrevolucionária, mas por fim concordou em receber Dmítri Neidgart. O encontro foi rápido, frio e inconclusivo. "Acalme-se", insistia Mirbach. "Temos a situação sob controle, e a família imperial sob nossa proteção. Sabemos o que estamos fazendo. Quando chegar o momento, o governo imperial alemão tomará as medidas necessárias."[69] Mirbach prometeu que pressionaria os bolcheviques; não só iria pedir, mas "exigir" que melhorassem as condições em que eram mantidos os Románov.[70]

Nesse momento, o Pravi Tsentr ainda não sabia que Nicolau e Alexandra já haviam deixado Tobolsk. Logo a seguir, chegou outro telegrama dos monarquistas: "Tivemos de nos submeter aos médicos".[71] Neidgart retornou imediatamente a Mirbach, o qual, como relembrou mais tarde, voltara a acalmá-lo, garantindo que não só "exigira" que os bolcheviques assegurassem o bem-estar dos prisioneiros como fizera "acompanhar tal exigência de um aviso". A essa altura, Neidgart considerou que não tinha nada a perder se levasse a questão a um nível mais pessoal. "Como [Mirbach] queria ser visto em Moscou?", perguntou a si mesmo. "Como ditador, embaixador ou refém dos bolcheviques?"[72]

Tendo discutido a situação com Aleksandr Trepov, Neidgart decidiu então recorrer à ajuda do conde Benckendorff para escrever uma carta mais pessoal a Mirbach, apelando ao auxílio germânico para a proteção da família imperial.[73] Havia um bom motivo para tal escolha: Benckendorff era de origem alemã, conhecia Mirbach desde antes da guerra e sua irmã era grande amiga da irmã de Mirbach. Neidgart e Trepov foram a Petrogrado para ver Benckendorff, que agora morava na rua Millionnaia, e definiram juntos o teor da carta. Ao descrevê-la mais tarde para o investigador Sokolov, Trepov ressaltou que tinham evitado cuidadosamente qualquer tom de súplica e qualquer ressonância política, preferindo enfatizar o impulso exclusivamente humanitário da solicitação e a devoção de ambos à família imperial.

Na carta, Benckendorff lembrou a Mirbach que, "nas atuais circunstâncias na Rússia, somente os alemães eram capazes de tomar medidas efetivas para alcançar a conclusão desejada. Por essa razão, se eram capazes de salvar a vida do soberano e de sua família, deveriam fazê-lo por um senso de honra". Benckendorff também pediu que a carta fosse "levada à atenção pessoal de Guilherme II, para que a responsabilidade recaísse inteiramente sobre ele caso a família imperial russa perecesse, porque nesse caso os alemães — os únicos que poderiam salvá-la — teriam deixado de tomar medidas drásticas e imediatas".[74] Voltando a Moscou, Neidgart entregou a carta na embaixada alemã. A partir daí, as relações entre os monarquistas do Pravi Tsentr e os alemães se tornaram mais fáceis; o conde Benckendorff confiava que os termos da carta seriam atendidos e assegurou ao grupo que poderia ficar "totalmente tranquilo".[75]

Além de apelar diretamente a Mirbach, Benckendorff agora também recorria aos suecos. Foi conversar com o enviado sueco a Moscou, o general Edvard Brändström, que por sua vez descreveu a situação da família imperial ao rei Gustavo, em 27 de abril, como "desesperada". Gustavo convocou prontamente Albert von Kienlin, o secretário da legação germânica em Estocolmo, para expor sua preocupação. "Os membros da realeza estão sendo tratados de forma aviltante pelos Guardas Vermelhos e sofrendo toda espécie de privações", disse-lhe, e, "por conta dos repetidos acessos de enfermidade do herdeiro real, tudo tem sido ainda mais difícil."[76]

Kienlin mencionou o apelo de Brändström ao rei sueco num telegrama a Berlim em 7 de maio, acrescentando que Mirbach se negara a atender à sua solicitação de intervir em Moscou, dizendo se tratar de uma questão sensível demais do ponto de vista diplomático. Isso sugere que as garantias de Mirbach aos monarquistas do Pravi Tsentr tinham sido vazias e pretendiam apenas levá-los a cessar seus reiterados pedidos de providências. O rei Gustavo, portanto, instruiu Kienlin a pedir ao cáiser que, "*por intermédio de Joffe* [o novo embaixador soviético em Berlim], ajudasse a melhorar a situação do tsar e de sua família, ressaltando que o rei da Inglaterra dera outrora um passo semelhante junto ao governo de Kerénski". Kienlin terminava o telegrama observando que o rei Gustavo "pretendia, por meio de Brändström, abordar ideias similares com o representante russo Vorovski" em Estocolmo.[77]

Quando esse despacho chegou a Berlim, Guilherme, que tinha um prazer desenfreado em anotar interjeições indignadas em todos os documentos do Ministério das Relações Exteriores da Alemanha submetidos a seu exame, inseriu à margem seus comentários desabridos e depreciativos. Quanto ao embaixador judeu-soviético Adolf Joffe, ele anotou: "Jamais me passaria pela cabeça ter algo a ver com o porco"; quanto ao comentário sobre os apelos do rei Gustavo a Vatslav Vorovski, comentou que "não adiantará absolutamente nada". Também anotou que qualquer solicitação direta aos soviéticos para melhorar a situação do tsar seria *malograda*; estava sem dúvida convencido de que tais tentativas seriam inúteis.[78]

Todavia, o cáiser tinha uma preocupação pessoal com um parente em particular na Rússia, preocupação que já fora transmitida a Mirbach. Aleksandr Krivochein soube que Mirbach, durante um encontro reservado com o conde Dmítri Obolénski, outro monarquista que recorrera a ele, havia-lhe confidenciado: "Em essência, o destino do tsar russo depende inteiramente do povo russo. Nossa única preocupação agora é a segurança das princesas alemãs na Rússia".[79]

Mirbach, com "princesas alemãs", referia-se não só à tsarina Alexandra e sua irmã Ella (a grã-duquesa Elisabeth), ambas princesas de Hesse, mas também à grã-duquesa Vladímir, uma princesa de Mecklenburg, e à grã-duquesa Konstantin, uma princesa de Altenburg. As filhas do tsar também eram consideradas princesas alemãs pelo lado materno. Numa reunião com os comissários Liev Karakhan e Karl Radek em 10 de maio, marcando a primeira intervenção germânica oficial sobre o assunto junto aos soviéticos, Mirbach recebeu a garantia de que "as princesas alemãs serão tratadas com toda a consideração" e "não serão submetidas a incômodos desnecessários nem a ameaças à própria vida".[80] Mas os comissários deixaram muito claro que o destino do tsar (e provavelmente, por extensão, de seu herdeiro masculino, Aleksei) era uma questão política em que os alemães não deviam interferir.[81]

Ao expor essa preocupação pelas princesas nascidas na Alemanha que ainda estavam na Rússia, Mirbach finalmente dava voz oficial às tentativas de bastidores do cáiser, pouco depois da revolução no ano anterior, de garantir a segurança de Ella, o amor que perdera fazia tanto tempo. Em abril de 1917, ele lhe enviara uma mensagem por intermédio do diplomata sueco Brändström, rogando que deixasse imediatamente a Rússia e lhe oferecendo passagem segura até a Alemanha. Por desejo expresso do cáiser, Brändström fora visitar Ella em seu convento em Moscou, para alertá-la sobre os perigos da prevista tomada do poder pelos bolcheviques. Como relembrou a condessa Olsufieva, amiga íntima e ex-camareira-mor de Ella:

> O ministro sueco, representando uma potência neutra, foi recebido por ela, e instou-a a seguir o conselho do imperador. Ela ouviu atentamente e respondeu que também acreditava que vinham pela frente tempos terríveis, mas que partilharia o destino de seu país de adoção e não deixaria sua família espiritual, as irmãs da comunidade. Então se levantou e deu a audiência por encerrada.[82]

Inevitavelmente, a notícia da pressão dos monarquistas sobre os alemães em Moscou ao longo dos meses de abril e maio chegou a Londres por meio dos reis dos países neutros, Gustavo e Cristiano. Mas, desde a volta de Sir George Buchanan à Inglaterra, não fora enviado nenhum novo embaixador britânico a Petrogrado. Foi o cônsul britânico Arthur Woodhouse, ainda no cargo depois que a maioria do corpo diplomático deixara a cidade, quem recebeu a notícia de que os Románov estavam agora em séria dificuldade, se não em franco perigo.

Em 26 de abril de 1918, o livro de registro "Telegramas recebidos da Rússia", do Ministério das Relações Exteriores britânico, trazia um breve resumo de uma mensagem do cônsul Woodhouse. Intitulado "Ex-família imperial", o resumo dizia:

> O conde Benckendorff recebeu um lamentável relato da condição [da família]; pede que o sr. Lockhart seja instruído a sugerir uma mudança de tratamento.[83]

Robert Bruce Lockhart, que retornara pouco tempo antes a Moscou e agora era o mais alto diplomata britânico na Rússia, iria investigar a situação. Isso por acaso sugere que o governo britânico estava prestes a se mexer e finalmente fazer alguma coisa para ajudar os Románov, depois de ter passado tantos meses indiferente a eles? Ao procurar o texto completo original do "Telegrama de

Woodhouse", como Phil Tomaselli e eu viemos a chamá-lo, percebemos que ele estava ausente do arquivo TNA do FO 371/ 3329, onde deveria se encontrar, na subseção 78031. Não querendo concluir apressadamente que o documento fora editado ou destruído, demos início a uma busca obstinada.

Enquanto isso, na Sibéria, em abril de 1918, Nicolau, Alexandra e Maria tinham partido numa viagem muito incerta e assustadora para Ekaterinburg, a cargo de um enigmático comissário bolchevique, ao qual passaremos agora.

10. "A bagagem estará sempre em imenso perigo"

Em toda a história dos Románov, não há figura mais esquiva e enigmática do que Vassíli Iákovlev. Nunca cessou o debate sobre seus motivos, e continua-se a discutir se ele tentou ou não subverter sua missão e salvar os Románov. De que lado estava realmente? Era um verdadeiro e devotado revolucionário, um bolchevique leal que seguiu ao pé da letra as ordens recebidas de Sverdlov? Ou era um monarquista secreto, que tomou o assunto nas próprias mãos, tentando levar os Románov para a segurança? Sempre houve uma terceira hipótese, sugerida, entre outros, por Viktor Aleksandrov e Summers e Mangold: a de que ele era um agente britânico enviado numa perigosa missão de resgate.[1]

Hoje, à luz da maior disponibilidade de fontes documentais russas, essa última sugestão parece absurda. Mas ainda há quem afirme que Iákovlev era um agente duplo trabalhando para o alto-comando germânico, que conseguiu levar os Románov para uma área russa ocupada pelos alemães e, de lá, os transferiu para um local seguro. Afirma-se também que tudo isso se deu por insistência do conde Mirbach, o embaixador alemão em Moscou. O argumento tem sido bastante acolhido na Rússia desde a publicação, em 1925, da investigação de Sokolov sobre o assassinato dos Románov, e foi perpetuado nos relatos de Buligin, Kerénski, Melgunov e outros. Mas, segundo o historiador e arquivista alemão Kurt Jagow, que fez um detalhado estudo dos documentos oficiais alemães relacionados com a questão Románov, a história não passa de uma "fantasia", "baseada exclusivamente em provas circunstanciais, que não resistem a um exame mais atento".[2] O fato é que não existe nenhum vestígio documental de qualquer tentativa alemã séria de resgatar os Románov em 1918, muito menos envolvendo um comissário bolchevique de alto escalão sob ordens de Mirbach.

Ao longo dos anos, a quantidade de especulações e mistificações sobre o papel de Iákovlev — em grande parte baseadas em poucas ou nulas provas — tem servido apenas para complicar desnecessariamente a história do que aconteceu depois que Nicolau, Alexandra e Maria deixaram a Casa do Governador em 26 de abril de 1918, de manhã cedo. Nessa altura, o governo bolchevique ainda não decidira definitivamente o que faria com eles. Mas uma coisa já tinha ficado clara: a tarefa de Iákovlev era garantir que não caíssem nas mãos de algum grupo dos renegados linha-dura do Ural, dispostos a se apoderar da família imperial e ministrar sua justiça brutal e sumária.

Tem havido um debate considerável sobre se Lênin pretendia usar os Románov como reféns para negociar um resgate com britânicos e alemães — fala-se muito numa soma de 500 mil libras —, com a intermediação da figura sombria do espião britânico Sidney Reilly. Reilly, arquétipo do agente secreto intrépido e destemido, pipoca com uma regularidade alarmante em vários complôs clandestinos envolvendo a Rússia na Primeira Guerra Mundial, mas Andrew Cook, em sua biografia de Reilly, *Ace of Spies*, de 2004, demoliu convincentemente qualquer alegação de que ele tivesse algum papel numa missão dessas.[3] Como provam os elementos aqui mostrados, nem alemães nem britânicos estavam interessados em sujar as mãos com tal negócio. Ambos tinham interesses militares, econômicos e políticos muito mais prementes a atender naquele momento, que não seriam deixados em segundo plano por causa da questão emotiva em torno dos Románov. Além disso, nenhum dos lados iria financiar ou conceber um resgate que geraria acusações de interferência na política interna russa.

A posição mais simples e mais lógica — na verdade, a única que podemos considerar, a menos que surjam novos indícios — é tomar literalmente a missão de Iákovlev e despi-la de toda a mitologia conflitante e confusa que a envolve desde 1918. Aproximando-se o centenário da morte dos Románov em 2018, o Arquivo de Estado da Federação Russa (GARF) pela primeira vez disponibilizou on-line um amplo leque de documentos originais ligados à história da família. Quando se examinam essas fontes primárias (algumas das quais já foram traduzidas e publicadas), o que aflora na troca de mensagens entre Iákovlev na Sibéria e Sverdlov em Moscou não é, na verdade, nenhum subterfúgio misterioso, e sim o grau de afinco de Iákovlev, que efetivamente se empenhou ao máximo para cumprir as instruções. Sua tarefa era manter a "bagagem" em segurança e entregá-la às pessoas que Sverdlov escolhera — o soviete regional do Ural (SRU).[4]

Às quatro horas da manhã do dia 26 de abril, um comboio de dezenove coches puxados a cavalo, sem molas e de aparência miserável, e várias carroças com bagagens partiram numa jornada de 250 quilômetros a sudoeste, até Tiumen. Foi uma viagem árdua, feita em meio a vento, lama e chuva, por estradas extremamente irregulares. Incluiu trocas frequentes dos cavalos, atrasos para consertar rodas quebradas e a travessia perigosa dos rios Irtich e Tobol, caudalosos devido ao degelo e às chuvas de primavera.

Afora Iákovlev, ninguém no comboio sabia ao certo para onde iriam depois que chegassem à estação ferroviária em Tiumen. Mas é claro que Iákovlev agia contando com a possibilidade de alteração na rota e no destino — Ekaterinburg —, devido à rapidez com que as circunstâncias mudavam na região.[5] Iákovlev estava determinado a cumprir ao pé da letra as diretrizes de Sverdlov, mas tinha dúvidas se iria conseguir. Já havia destacamentos de Guardas Vermelhos de Ekaterinburg a segui-lo, decididos a atacar o comboio antes mesmo que chegasse à estação de trem em Tiumen.[6]

Para Iákovlev, todos esses grupos de renegados eram "bandoleiros". Na manhã seguinte, ele telegrafou a Filipp Golochtchekin, comissário militar do soviete regional do Ural, que em teoria deveria ter comando sobre eles, alertando que não passavam de bandidos armados com o "único desejo de destruir a bagagem que fui buscar", antes que conseguisse entregá-la a Beloborodov e ao SRU.[7] Apreensivo, ele checou com Sverdlov se devia mesmo prosseguir na "velha rota" para Ekaterinburg, como previamente combinado, já considerando que era perigoso demais se ater ao plano de levar os Románov para lá.[8] Tinha razão para estar preocupado; os bolcheviques de Ekaterinburg estavam tão decididos a passar por cima de qualquer ordem do SRU e a matar Nicolau no caminho que chegaram até a recomendar veladamente a Iákovlev, antes de sair de Tobolsk, que não ficasse sentado ao lado do tsar no coche, em caso de ataque. Mas Iákovlev ignorara o alerta, "prosseguindo em meu objetivo de entregar tudo intacto", como informou a Sverdlov.[9]

Por fim chegou uma resposta de Sverdlov, concordando que seria perigoso seguir diretamente para Ekaterinburg naquele momento; quando estivesse no trem, Iákovlev deveria desviar para o sudeste, até Omsk, e aguardar instruções adicionais quando chegasse lá. O comboio, com "uma esquadra a cavalo forma[ndo] uma corrente" ao seu redor, chegou são e salvo a Tiumen às 21h15 do dia 27. Exaustos com a viagem, Nicolau, Alexandra e Maria sentiram enorme alívio ao embarcar no compartimento-leito sujo e encardido do trem que os aguardava, e despencaram na cama.[10]

Antes de deixarem Tiumen na manhã seguinte, mais uma vez Iákovlev avisou Sverdlov de que as pessoas em Ekaterinburg, à exceção do comissário militar Golochtchekin, tinham um único desejo: "Acabar com a bagagem a qualquer custo"; mais cedo ou mais tarde, o trem sofreria uma emboscada. Tendo conseguido que Sverdlov concordasse com o desvio para Omsk, Iákovlev agora propunha outra alternativa: levar os Románov pelo ramal ferroviário sul que saía de Omsk, voltando a oeste até Simski Gorni, um distrito mineiro junto ao rio Sim, na província de Tcheliabinsk, área que Iákovlev conhecia bem dos anos de adolescência em Ufa.[11] "Há bons locais nas montanhas", explicou em telegrama a Sverdlov, "expressa e precisamente adequados a isso"; um comentário que fez a seu subordinado Avdeev sugeria que estava pensando em se entocar por algum tempo com sua "bagagem" em algum lugar da enorme fábrica de trilhos de Ust-Katav, no sopé dos montes Urais.[12] A fim de ressaltar que essa proposta não ocultava nenhum subterfúgio — embora, desde então, muitos a tenham entendido assim —, Iákovlev reiterou que sua sugestão pretendia não apenas impedir que os Románov fossem resgatados no caminho por monarquistas da direita, mas protegê-los dos sanguinários habitantes de Ekaterinburg. "Ofereço meus serviços como comissário permanente para proteger a bagagem até o fim", insistiu ele.[13]

Não demorou muito para que aqueles que perseguiam o comboio de Iákovlev e monitoravam de perto seus avanços percebessem o desvio do trem a leste para Omsk, em vez de seguir pela rota predeterminada a oeste para Ekaterinburg. Qualquer trem a caminho de Omsk poderia pegar a junção com a Transiberiana e rumar para leste, até Vladivostok. Ou voltar para oeste no ramal sul da Transiberiana, evitando Ekaterinburg e seguindo até Moscou.[14]

Ao serem informados do desvio, os líderes do soviete regional do Ural farejaram um complô que lhes negaria a prometida custódia dos Románov. Mas, se havia de fato um complô para escapar a eles, não era entre Iákovlev e outros míticos salvadores dos Románov, e sim nas instruções secretas de Sverdlov. Em 28 de abril, em resposta às acusações paranoicas do SRU, que lhe telegrafara denunciando subterfúgios, Sverdlov enviou instruções ao soviete de Omsk, insistindo: "Sigam apenas nossas ordens [e] de mais ninguém. Coloco em vocês toda a responsabilidade; a conspiração é necessária".[15]

Ao seguir com sua bagagem para Omsk, com uma escolta de cem homens, Iákovlev reiterou a Avdeev que levar os Románov para lá era a única maneira de garantir a execução completa das ordens de Sverdlov. Os próprios Románov ficaram extremamente inquietos ao notar a mudança de rota: "Para onde nos levarão depois de Omsk: Moscou ou Vladivostok?", anotou Nicolau em seu diário.[16] Alexandra entreouviu os guardas dizendo que o soviete local em Omsk agora estava em pânico, achando que o trem ia levá-los até a costa, de onde tomariam um barco para o Japão.[17]

Não conseguindo interceptar o comboio no trajeto para Tiumen, os perseguidores de Iákovlev haviam agora requisitado seu próprio trem e estavam em acelerada perseguição. Chegaram a Iákovlev rumores sobre complôs para explodir seu trem perto de uma ponte ferroviária em Poklevskaia (atual Talitsa). Aparentemente, os sovietes locais ao longo da rota tinham recebido ordem para empregar medidas extremas a fim de deter o trem e ignorar qualquer documento oficial que Iákovlev levasse.[18] Conforme a viagem de Iákovlev com os Románov se tornava cada vez mais imprevisível, o presidente do SRU passou a denunciá-lo a Sverdlov em Moscou: o comportamento de Iákovlev, disse Aleksandr Beloborodov, fora condenado pelo SRU como "traição explícita da revolução". O soviete acreditava que ele estava tentando "transportar o tsar [além das] fronteiras do Ural revolucionário por razões desconhecidas". Era dever de todas as "organizações revolucionárias" da área "deter o trem do ex-tsar", prender Iákovlev e seu destacamento e entregar "Nicolau Románov" ao soviete regional em Ekaterinburg.[19]

Depois de dois dias no trem e ainda sem destino seguro à vista, Nicolau, Alexandra e Maria agora corriam grande perigo. Sverdlov precisava agir rápido para refrear o SRU, ou os prisioneiros de Iákovlev morreriam nas mãos daquela turba de renegados. Em 29 de abril, ele telegrafou ao SRU, reiterando em termos inequívocos: "Tudo o que foi feito por Iákovlev [...] é a execução direta de uma ordem que dei. [...] Não faça absolutamente nada sem nosso assentimento. Iákovlev é de plena confiança. Mais uma vez, nada de interferências".[20]

Agora Sverdlov estava alarmado com a escalada da situação. Assim, com grande relutância, e temendo que a missão pudesse terminar num banho de sangue e na morte da valiosa bagagem, mandou Iákovlev dar meia-volta e retornar para Tiumen. De lá ele prosseguiria a viagem para oeste, seguindo o plano original, até Ekaterinburg. Sverdlov lhe assegurou que havia "chegado a um entendimento [com os] uralianos", que "garantiram que serão pessoalmente responsáveis pelas ações dos homens da região" e estavam agora garantindo a segurança de Nicolau. "Submeto-me sem questionamentos a todas as ordens vindas do centro", respondeu o leal bolchevique no dia 29. "Entregarei a bagagem onde você indicar."[21] Mas ressaltou que o perigo era "bem fundamentado". Iákovlev ainda recomendou levar sua bagagem para Simski Gorni, de onde poderiam seguir para Moscou, em vez de para o clima tenso de Ekaterinburg. Advertiu que "a bagagem estará sempre em imenso perigo" se fosse para lá, e acrescentou que, depois de entregue, "duvido que você consiga tirá-la de lá". Registrava esse alerta pela última vez, disse, para eximir a si mesmo, e a seu subordinado Avdeev, "de qualquer responsabilidade moral pelas consequências futuras".[22] E, com isso, Iákovlev tomou de volta o rumo norte para Tiumen, e de lá seguiu a oeste para Ekaterinburg.

Às oito horas da manhã do dia 30 de abril de 1918, Nicolau, Alexandra e Maria, com o pequeno entourage que os acompanhava, desembarcaram na estação ferroviária de Ekaterinburg, recebidos por uma multidão hostil que fora avisada de sua iminente chegada, e gritava por Nicolau. "Queremos ver esse sanguessuga", bradava a multidão. Iákovlev respondeu que iria "lhes mostrar as metralhadoras" se não se dispersassem. Foi obrigado a levar o trem para o terminal de mercadorias, na periferia da cidade, a fim de descarregar os prisioneiros, que então foram entregues a Aleksandr Beloborodov e aos membros de seu soviete regional do Ural.[23] Por fim, às três da tarde, os três prisioneiros foram conduzidos num automóvel aberto até o novo local de encarceramento — a Casa Ipátiev, na Voznesenski Prospekt. Iákovlev comentou mais tarde que a construção era extremamente modesta em comparação com a Casa do Governador em Tobolsk, "que podia ter sido uma mansão rural, pelo tamanho dos aposentos e do salão". A nova casa era muito menor, cercada por uma alta paliçada de madeira que bloqueava sua visão, e tinha um corpo maciço de guardas para a vigilância. Tobolsk podia ter sido um local de tolerável prisão domiciliar, mas Ekaterinburg ia ser claramente uma prisão. Ao entrarem pelos portões do pátio, o ex-tsar, a ex-tsarina e a filha Maria viram pela última vez o mundo exterior, e o mundo exterior os viu também pela última vez.

É uma grande ironia que não tenham sido os britânicos, nem o Governo Provisório, nem mesmo os monarquistas russos, mas um homem que demonstrava ser um meticuloso comissário bolchevique, quem salvou a pele dos três Románov, impedindo que fossem assassinados em abril. Vassíli Iákovlev, sem dúvida, agiu de maneira decisiva para mantê-los em segurança. Arriscou a própria vida, evidentemente não por qualquer amor pelo ex-tsar nem por qualquer sentimento pró-monarquista, mas por senso de dever e honra política. Embora jamais tenha tido qualquer intenção de permitir que escapassem, é preciso reconhecer que ele se comportou de modo impecável e cumpriu suas ordens para manter os Románov vivos a qualquer custo.[24*]

Não é de grande consolo, claro, que Iákovlev tenha adiado o inevitável. Ele ofereceu a Nicolau, Alexandra e Maria mais algumas semanas de vida. Nesse espaço de tempo, até a jubilosa reunificação da família, apenas algumas preciosas cartas de Maria e de Alexandra chegaram a Tobolsk. Tatiana, Olga e Anastácia ficaram imensamente aliviadas quando, enfim, receberam notícias dos pais e da irmã. A angústia da separação se evidencia com grande pungência: "Sentimos falta de nossa vida calma e pacata em Tobolsk", comentou Maria com as irmãs num melancólico bilhete de 10 de maio. Todos tinham ficado contentes com a vida que levavam lá, e aproveitaram ao máximo. Mas tudo na nova casa em Ekaterinburg parecia incerto e sinistro; os guardas eram mais opressores do

* A conduta posterior de Iákovlev, porém, sugere uma crescente ambivalência em suas lealdades e um gradual desencantamento com os bolcheviques. Depois de servir como comandante na frente de batalha do Ural-Orenburg, durante a guerra civil russa, Iákovlev desertou e passou para as forças antibolcheviques no outono de 1918. Declarou mais tarde que fez isso porque, como populista, estava nauseado com a selvageria da opressão bolchevique sobre os camponeses, a devastação de suas terras e a fome que se seguiu. No começo de 1919, ele fugiu para a Manchúria, onde retomou suas atividades revolucionárias. Arrependendo-se de seus pecados políticos em 1928 e negando que fosse contrarrevolucionário, cometeu o grave erro de voltar de Harbin para a Rússia stalinista; depois de passar cinco anos no gulag, acabou sendo preso outra vez e foi fuzilado em 1938.

que nunca e tinham revistado todos os seus pertences, confiscando o pouco dinheiro de que dispunham. "É difícil escrever algo agradável, pois há pouco disso por aqui", informou Maria cinco dias depois. Mas sempre havia algum consolo, acrescentou, tentando ser otimista: "Por outro lado, Deus não nos abandona, o sol brilha e os pássaros cantam. Hoje de manhã ouvimos o coro do alvorecer. Foi o único fato agradável e prazeroso do dia". E de Tobolsk, por fim, chegaram mensagens de amor e apoio: "Que Nosso Senhor a proteja, minha querida mamãe, e a todos vocês", escreveu Olga. "Muitos e muitos beijos ao papai, a você e a Maria. Dou-lhe um abraço apertado, com meu amor."[25]

Os Románov tinham sido convenientemente esquecidos por quase nove meses quando, no exato momento em que estavam sendo levados para Ekaterinburg, por fim houve em Londres, a quase 5 mil quilômetros de distância, uma súbita e breve onda de atividades em favor deles. Ela foi desencadeada pela chegada daquele importante telegrama do cônsul britânico Arthur Woodhouse — enviado de Petrogrado em 26 de abril, mas recebido apenas em 1º de maio.

Desde o momento em que meu colega Phil Tomaselli encontrou o breve resumo da mensagem enviada pelo cônsul no livro de registro "Telegramas recebidos da Rússia" e passou a procurar o "Telegrama de Woodhouse", que parecia ter sumido do arquivo correspondente, ficamos perplexos com a ausência de qualquer menção a ele em todos os outros livros sobre os Románov. Phil tem muitos anos de experiência trabalhando nos registros da Primeira Guerra Mundial nos Arquivos Nacionais, e atribuiu a ausência do telegrama a falhas no sistema de arquivamento e indexação. Nada de conspiratório nisso, apenas ineficiência burocrática. Ele finalmente encontrou o texto completo daquela esquiva mensagem num de seus "periódicos arrastões pelas montanhas de papéis", como disse, não em FO 371/ 3329/ 78031, onde deveria estar, mas em FO 371/ 3938/ 22804.

> Conde Benckendorff recente grão-marechal da corte telefonou ontem à tarde quinta-feira implorando-me para telegrafar seguinte: recebeu informação privada sobre atual condição da ex-família imperial em Tobolsk extremamente deplorável. São perseguidos de todas as maneiras. Solicita sua intercessão em favor deles e confia que instruirá sr. Lockhart a sugerir mudança no tratamento dos exilados sobretudo quanto à liberdade dentro dos limites. O jovem príncipe está novamente com problemas de saúde.[26]

O telegrama, evidentemente, foi encaminhado ao rei. Em 3 de maio, uma breve mensagem privada em papel timbrado foi entregue ao Ministério das Relações Exteriores:

> Lord Cromer* telefonou para dizer que o rei está muito aflito com a notícia contida no telegrama n. 142 do sr. Woodhouse, e espera que o Ministério das Relações Exteriores telegrafe sem demora ao sr. Lockhart instruindo-o a abordar o assunto com o sr. Trótski e insistir num melhor tratamento.[27]

O que aconteceu a seguir? O chefe da missão britânica em Moscou, Robert Bruce Lockhart,** terá feito algum protesto a Trótski sobre os Románov? Se fez, o que informou de volta a Londres? Como era de se prever, os registros silenciam. Não há nada nas memórias e nos diários de Lockhart, nem qualquer menção nos de Trótski, nem nos registros oficiais do Ministério das Relações Exteriores. Mas é possível inferir muitas coisas a partir das anotações oficiais apensas na capa da pasta FO 371/ 3329/ 78031, acrescentadas conforme cada membro do ministério que lera a mensagem passava-a para o seguinte.

Numa caligrafia miúda e quase ilegível, uma nota na parte da frente da pasta diz:

> Receio que a intercessão em favor da ex-família imperial não nos fará muito bem junto aos bolcheviques, e é muito improvável que faça algum bem a ela. [...] Caso se considere necessário fazer algo, é melhor que fique ao critério do sr. Lockhart decidir a forma de proceder a tais representações.[28]***

* Roland Thomas Baring, segundo Lord Cromer, foi o secretário-assistente particular de Jorge V, subordinado a Stamfordham, de 1916 a 1920.

** A posição de Lockhart, depois de voltar à Rússia em janeiro de 1918, era oficiosa, como primeiro diplomata britânico junto aos bolcheviques. O cargo de embaixador se manteve vago até 1924; de 1917 até essa data, a Grã-Bretanha não teve embaixador no país.

*** O comentário traz as iniciais "EHC", feito com quase toda a certeza por Edward Hallett Carr, que então era um funcionário do ministério de escalão bastante baixo, tendo ingressado no serviço público em 1916, vindo diretamente de Cambridge. Mais tarde, tornou-se insigne historiador e especialista sobre a Rússia, escrevendo os três volumes de *The Bolshevik Revolution*.

Assim, o ministro das Relações Exteriores britânico Arthur Balfour enviou um telegrama cifrado urgente a Lockhart em Moscou, às 22h30 daquele mesmo dia, reiterando a preocupação do rei com a notícia, mas acrescentando uma atenuante:

> Receio seriamente que qualquer representação que você faça acabe por gerar mais mal do que bem a essas pobres vítimas. Mas para nós, aqui, é impossível formar qualquer opinião válida sobre esse ponto: devo deixar a seu tato e discernimento fazer o que estiver em seu alcance para diminuir as privações do confinamento da família.

No final da mensagem, Balfour expressou pela primeira vez uma verdadeira preocupação com os Románov:

> Se houvesse aqui o entendimento amplo de que eles foram vítimas de desnecessária crueldade, a impressão produzida seria extremamente dolorosa.[29]

Depois de enviado o telegrama a Lockhart, somou-se mais uma observação bem na parte de baixo da capa da pasta:

> *Em vista dos desejos do rei* [itálico meu] penso que devemos instruir o sr. Lockhart a levar o assunto ao sr. Trótski. Devemos ser cuidadosos para não entregar a fonte de nossa informação.[30]

Como, pelo visto, não houve seguimento oficial a essa sugestão, é de se supor que o governo britânico, ao fim e ao cabo, tenha resolvido não mexer no vespeiro. Em Petrogrado, nesse ínterim, o embaixador dinamarquês Scavenius adotara uma linha muito mais firme em resposta à notícia sobre o tratamento dado aos Románov. As garantias que o embaixador soviético Joffe dera a Berlim, dizendo que "nenhum inconveniente recairia sobre a família imperial", não tinham qualquer valor. Na verdade, suas declarações em resposta a perguntas sobre a família imperial — em Tobolsk e na Crimeia — tinham sido "repletas de um excepcional cinismo", na opinião de Scavenius. Na Crimeia, a rainha-mãe e sua família estavam praticamente passando fome, à mercê dos marinheiros da guarda, os quais, até então, pelo menos "não tinham pensado em matá-la", escreveu num despacho para Copenhague. "O sr. Joffe sabe tão bem quanto eu", declarou Scavenius, "que, se tal ideia tivesse se apoderado dos guardas, não haveria uma única alma capaz de impedir que isso acontecesse".[31]

Scavenius passou então a descrever a situação enfrentada pela família imperial em Ekaterinburg, em um espaço muito mais apertado, numa residência "cercada por altas paliçadas que bloqueiam totalmente a casa e as janelas até o primeiro andar, acima do térreo":

> As janelas que não são bloqueadas pelas paliçadas foram cobertas com jornal. Suas Majestades vivem assim na semiescuridão e sem qualquer ventilação, pois não têm permissão para abrir as janelas.

O acesso da família ao ar livre e aos exercícios foi severamente restringido; a comida — basicamente papa de trigo-sarraceno e sopa de repolho — era quase intragável, servida em pratos sujos de latão, e muitas vezes eles eram obrigados a comer com os guardas. "É evidente que o objetivo é alquebrar Suas Majestades em termos físicos e mentais, e isso terá um efeito calamitoso."[32]

É isso, concluiu Scavenius — e é audível o tom de indignação em suas palavras —, "que o sr. Joffe chama de tratamento bom e correto". Era evidente que o governo alemão não estava a par das condições em que os Románov estavam vivendo. Scavenius insistiu então que o ministro das Relações Exteriores dinamarquês pedisse ao rei Cristiano que abordasse diretamente o cáiser:

> Se há o desejo de salvar Suas Majestades, é absolutamente necessário tomar providências para que isso se faça com rapidez. Senti-me compelido a escrever este relatório porque não posso assumir a responsabilidade de não informar as pessoas que talvez sejam capazes de fazer algo a respeito da verdade pura e simples da situação.[33]

Os dinamarqueses podiam agora estar levantando sérias preocupações quanto à difícil situação dos Románov, mas e o rei Jorge? Ele já manifestara pessoalmente sua inquietação com os parentes russos, embora de maneira breve — após a abdicação em março de 1917. Mas, agora, até que ponto ia sua "aflição", e o que ele estava disposto a fazer sobre o assunto?

Ao examinarem a possibilidade de que o rei tivesse iniciado algum tipo de plano desesperado de resgate na primavera de 1918, Summers e Mangold toparam com um obstáculo que continua a ser uma sólida barreira para os historiadores. Fica claro pelos comentários na capa de TNA 371/ 3329/ 78031 que o governo britânico não queria ser arrastado a nenhuma intervenção explícita em favor da família, e que relutou até mesmo em pedir a Lockhart que fizesse uma representação ao governo soviético.

Ao longo de 1917, até a tomada do poder pelos bolcheviques em outubro, parecia não haver nenhuma ameaça direta à família imperial. Foi somente em 20 de maio de 1918 que o governo britânico recebeu a confirmação do cônsul Woodhouse em Petrogrado — repassando um telegrama do dia 10 enviado por Thomas Preston, cônsul britânico em Ekaterinburg — de que o tsar fora trazido para a cidade. "Ele está morando numa casa particular a poucas portas do consulado", confirmou Preston:

> Correm muitos boatos sobre a razão de sua vinda para cá. Segundo um deles, de ampla circulação, ele está detido pelos bolcheviques locais para que possam obter um resgate dos Comissários do Povo, ou para permitir que os primeiros exerçam pressão sobre os últimos. [...]
>
> A versão a que se pode dar mais crédito é a de que o ex-imperador foi trazido para cá porque o distrito de Ural, em especial Ekaterinburg, é no momento o bastião mais sólido do bolchevismo na Rússia.[34]

Esse relato em primeira mão certamente deve ter acionado os alarmes na Grã-Bretanha sobre a intensificação dos riscos à segurança da família imperial. Mas, perante a intransigência do governo, qualquer eventual conversa sobre uma operação de resgate só poderia ocorrer em caráter reservado entre o rei e os agentes do Serviço Secreto, presumivelmente sem o conhecimento sequer do primeiro-ministro. Como Summers e Mangold declararam em 1971 — em resposta a um teledocumentário original que fizeram sobre o assunto —, qualquer registro a esse respeito "dificilmente seria encontrado nos tipos de arquivos que foram abertos ao público".[35] Parece altamente improvável que, depois de sua recusa oficial em salvar os Románov, em junho de 1917, o governo britânico tenha montado, um ano mais tarde, um conluio secreto, numa tentativa clandestina de "recuperar a perda".[36]

O problema de procurar provas de tal iniciativa é que os poucos elementos disponíveis estão ligados a falsas alegações sobre a milagrosa sobrevivência de um ou de todos os membros da família Románov. Para defender seus argumentos, os negacionistas e teóricos da conspiração aparecem com uma variedade de cenários, envolvendo um resgate de última hora na Casa Ipátiev e misteriosos trens de cortinas fechadas seguindo para Perm a noroeste, mas sem qualquer dado sólido que lhes dê base. De qualquer forma, será que o rei Jorge teria ficado com tanto peso na consciência a ponto de agir de modo independente e solicitar em privado que se fizesse algo? Ele sabia muito bem que não podia interferir nos assuntos de outro governo, mas, como chefe supremo das forças armadas, mantinha contato regular com o Ministério da Guerra e com integrantes do Serviço Secreto, e é muito plausível que, em algum momento, tenha lhes pedido conselho.

Com efeito, um encontro desse tipo é mencionado nos diários de um fantasista agora totalmente desacreditado, um coronel do exército chamado Richard Meinertzhagen. Numa anotação de agosto de 1918, ele registrou uma suposta conversa que teria tido naquele verão com o rei e Lord Trenchard, comandante da aeronáutica, no Palácio de Buckingham.[37] Meinertzhagen afirmou que, na ocasião, o rei Jorge lhe disse que "era devotado ao tsar e lhe perguntou se seria possível fazer alguma coisa para resgatá-los por via aérea, pois temia que a família inteira fosse assassinada".[38] Com seu restrito conhecimento técnico, não é improvável que o rei tenha perguntado a Trenchard sobre a possibilidade de um resgate aéreo; mas a lógica de uma missão para resgatar, um por um, todos os sete membros da família Románov é absurda. A melhor aeronave de que o Corpo Aéreo Real dispunha na época (um avião de reconhecimento ou de combate de dois lugares, como o Sopwith 1½ Strutter) tinha autonomia de voo de cerca de quinhentos quilômetros, tendo então de aterrissar para reabastecer.[39] Murmansk ficava a 3 mil quilômetros de Ekaterinburg, e Arcangel a uma distância consideravelmente menor, de 1900 quilômetros. Para cobrir essa extensão, qualquer avião das Forças Aliadas precisaria de um vasto sistema coordenado de locais de reabastecimento em pontos estratégicos ao longo da rota. A única alternativa viável teria sido um voo mais curto até as linhas bielorrussas a leste, mas isso também exigiria uma rede de agentes brancos e equipes para facilitar a operação.

Num programa do *Mystery Files* para a National Geographic em 2010, o príncipe Michael de Kent afirmou que o brigadeiro Peregrine Fellowes (nomeado ajudante de campo do rei Jorge em 1926), quando era piloto no Serviço

Aeronaval Real, estivera envolvido numa tentativa de resgatar os Románov "por avião". Fellowes, segundo ele, "recebeu a oportunidade de planejar uma fuga, teria entrado [em Ekaterinburg] por via aérea, aterrissado ali perto e removido" a família. Peregrine Forbes Morant Fellowes foi, de fato, um piloto pioneiro de grande ousadia e coragem durante a Primeira Guerra Mundial. Qualificou-se como piloto no Serviço Aeronaval Real em agosto de 1915, e em abril de 1917 foi nomeado comandante da 2ª Esquadra em Saint-Pol-sur-Mer, Dunquerque, onde ficou baseado até novembro. Mas não existe nenhuma indicação de que tenha estado na Rússia, ou sequer perto da Rússia, em qualquer momento. Não há nada em sua ficha de serviços que sugira que tenha pilotado qualquer outra aeronave que não fosse um monomotor — e, certamente, nada que se parecesse com um biplano Handley Page Type O/ 400, usado pelo Serviço Aeronaval Real e capaz de transportar um passageiro.

O mito sobre o papel desempenhado por Peregrine Fellowes remonta, infelizmente, ao inconfiável Meinertzhagen. Segundo o autor Julian Fellowes, seu pai ouviu de Summers e Mangold, ao ser entrevistado por eles nos anos 1970, que Meinertzhagen afirmara que "o piloto da aeronave nesse esquema era meu tio-avô".[40] O curioso é que Summers e Mangold só vieram a apresentar a alegação de Meinertzhagen na terceira edição de *The File on the Tsar*, em 2002, quando ninguém mais levava Meinertzhagen a sério; eles tampouco haviam mencionado o suposto envolvimento de Fellowes. Mas a história foi talhada para se encaixar com a narrativa de Michael Occleshaw em *The Romanov Conspiracies*, de 1993, quando ele consultou os diários originais de Meinertzhagen na Rhodes House Library, em Oxford, para alegar que a grã-duquesa Tatiana escapara à chacina na Casa Ipátiev, retirada por um avião que, de maneira inteiramente absurda, pousara ali perto. No fim das contas, o plano de resgate de Meinertzhagen, na medida em que tenha algum remoto vínculo com o tenente-coronel Fellowes em 1918 — época em que ocupava um nível de escalão suficiente para se incumbir de algum tipo de "unidade de remoção aérea" secreta —, possui uma enorme falha. Em maio de 1918 (quando supostamente se estava discutindo essa missão desesperada), ele era prisioneiro de guerra, tendo sido alvejado pelos alemães em Zeebrugge.

Há outras razões para duvidar da fidedignidade dos testemunhos de Richard Meinertzhagen. Longe de estar envolvido, como dizia, no desenvolvimento do Serviço Secreto britânico na Rússia durante a Primeira Guerra Mundial, na verdade, antes de 1918, ele estivera estacionado na África Oriental, e depois na Palestina.* Meinertzhagen não tinha nenhum conhecimento local comprovado da Rússia e parece ser um candidato muito improvável para tal missão, sobretudo porque, em 1918, ainda não havia criado retrospectivamente sua suposta carreira de ousado e intrépido agente do Serviço Secreto.[41] Sua inequívoca fraude ao redigir em data posterior os diários que supostamente seriam da época foi demonstrada de maneira conclusiva por Brian Garfield em *The Meinertzhagen Mystery: The Life and Legend of a Colossal Fraud*, de 2007. Garfield apresenta no livro provas inegáveis de que muitas vezes Meinertzhagen não estava no local onde dizia estar, e de que tinha o costume de tomar para si as proezas de terceiros. Teria feito o mesmo aqui também, no tocante aos Románov?

Jamais aflorou nos Arquivos Reais qualquer fiapo de prova fidedigna referente a este ou a qualquer outro encontro entre o rei e o Serviço Secreto acerca de um plano de resgate. No caso dos Arquivos Nacionais, isso não significa que não existisse algum documento ou que ele não esteja lá, esquecido ou mal catalogado. As pesquisas feitas para este livro localizaram, por exemplo, o "Telegrama de Woodhouse", jamais citado ou arrolado, esquecido numa pasta à espera de ser descoberto, das constantes garantias dos Arquivos Nacionais de que "nada fora retido".[42]

Quando eliminamos todas as pistas falsas e as improbabilidades, resta-nos apenas um roteiro muito frágil referente ao período de Ekaterinburg. Ele gira em torno de uma missão britânica secreta planejada pelo major Stephen Alley, de 42 anos, do MI1(c) — sem dúvida, um dos melhores agentes do Serviço Secreto operando na Rússia naquela época. A operação, ao que parece, envolveu pelo menos uma missão inicial de reconhecimento da Casa Ipátiev, de sua localização e de seu corpo de guardas, a fim de avaliar as possibilidades de um resgate.

* Meinertzhagen pode muito bem ter conhecido Fellowes no Oriente Médio, quando este assumiu o comando do Corpo Aéreo Real na região, em 1920. E pode muito bem ter criado toda uma história com base em informações sobre o Corpo Aéreo colhidas de Fellowes retrospectivamente.

O elegante Stephen Alley, com seu fino bigode, nasceu em Moscou em 1876, filho de um engenheiro britânico que trabalhava nas ferrovias russas, e falava o russo fluentemente. Depois de cursar a faculdade de engenharia, ele trabalhou na empresa da família em Londres, voltando à Rússia em 1910. Em 1914, foi recrutado por Mansfield Cumming, do Serviço Secreto, como adido militar assistente na embaixada de Petrogrado, como parte da missão de inteligência posteriormente dirigida pelo tenente-coronel Samuel Hoare. Em 1916, foi promovido a oficial de Controle Militar britânico em Petrogrado, trabalhando na contrainteligência. Alley e um colega agente da estação de Petrogrado, Oswald Rayner, desde então foram implicados no assassinato de Raspútin no Palácio de Iussúpov, em dezembro daquele ano. Quer tenham ou não participado, Alley certamente estava a par do complô do assassinato, e era bem entrosado com membros do antigo regime tsarista (com efeito, nascera numa casa de propriedade dos Iussúpov em Moscou, e trabalhara com o serviço secreto do Governo Provisório). Em vista disso, foi cuidadosamente removido de Petrogrado após a tomada do poder pelos bolcheviques em outubro de 1917.[43] Mas seu conhecimento direto da Rússia era valioso demais para não ser explorado, e em março de 1918 ele foi enviado a Murmansk como oficial da Inteligência Naval, lá permanecendo até agosto do mesmo ano, aproximadamente.[44]

Na Rússia, Alley dirigia uma ampla rede de espionagem, e é possível que também mantivesse ligações com uma operação do Departamento Nacional de Inteligência dos Estados Unidos, infiltrando agentes russos na Sibéria. Uma pasta nos Arquivos Nacionais indica que os britânicos estavam interceptando telegramas entre os sovietes locais, inclusive os de Ekaterinburg e Moscou, e Alley estaria em posição de receber informações cifradas sobre a família Románov na cidade.[45] Em 2006, um teledocumentário do Channel 4, *Three Kings at War*, mostrou pela primeira vez o caderno pessoal de Alley e um mapa desenhado com as ruas em volta da Casa Ipátiev, aos quais o historiador Andrew Cook teve acesso autorizado pela família de Alley. Sempre se supôs que o próprio Alley fizera pessoalmente a viagem até lá, mas, em vista de seu papel essencial em Murmansk, controlando uma série de agentes na Rússia, é muito mais provável que essas observações lhe tenham sido passadas por outro agente que ele enviara à frente.[46] Na verdade, Alley poderia muito facilmente ter feito o mapa examinando uma boa carta da cidade dos anos 1900. Não precisaria ir até lá para desenhá-lo.

O mais provável é que a pessoa que enviou as informações a Alley, quem quer que fosse (e se é que algum agente britânico foi de fato enviado especificamente a Ekaterinburg), estivesse abrigada no consulado britânico, não distante da Casa Ipátiev, ou mesmo na casa do próprio Thomas Preston, a fim de espionar as movimentações na residência. A Casa Ipátiev ficava no número 49 da Voznesenski Prospekt; o consulado britânico ficava mais adiante, no número 27; a residência de Preston ficava bem mais perto, "umas quatro casas adiante", no número 46 ou 44.[47] Ou será que o próprio Preston forneceu as informações por mensagem cifrada interna a Murmansk? Afinal, ele morava em Ekaterinburg desde 1913 e conhecia a cidade como ninguém.

Onde quer que Alley — ou seu agente — estivesse abrigado, os dados em seu caderno de notas são escassos, sugerindo que o local de observação não era muito propício. Seria extremamente difícil encontrar um lugar de altura suficiente que permitisse ver a casa e o jardim por onde a família passeava, por cima e além das duas paliçadas altas em torno dela. Havia postos de metralhadoras por toda parte e cerca de cinquenta guardas fortemente armados trabalhando em turnos — posicionados fora dos portões, entre as duas paliçadas e também dentro da casa. Era uma posição inexpugnável, que só poderia ser conquistada perante um ataque militar altamente organizado; e, de todo modo, a família era mantida nos aposentos do último andar, a que se tinha acesso por uma única escada. Em caso de ataque, os guardas poderiam matar toda a família antes que seus salvadores chegassem.

No entanto, em 24 de maio, antes dessa missão de reconhecimento, Alley escrevera à central do MI1(c) para discutir a possibilidade de resgatar e entregar os sete "bens" em Murmansk (o que era uma promoção para os Románov, em comparação com a "bagagem" de Iákovlev). Disse que precisaria de mil libras por mês para pagar a vigilância de quatro oficiais, e nomeou os agentes que desejava recrutar para a missão: o segundo-tenente G. Hill (provavelmente George Edward Hill), o tenente John Hitching, o tenente Ernest Michelson e o primeiro-tenente Malcolm MacLaren, o qual já estava em sua equipe em Murmansk. "Esses oficiais teriam de entender claramente [a] natureza do serviço", acrescentou ele, "que pode exigir que passem por civis."[48] A escolha fora cuidadosa: os quatro eram fluentes em russo e conheciam o país como se fossem nativos. Hitching, tal como Alley, passara grande parte da infância e juventude na Rússia; a família de Hill mantinha negócios com os russos desde o século XVIII; Michelson morava no país desde os anos 1890 e trabalhara como agente secreto em ações de espionagem e sabotagem na Finlândia; MacLaren nascera numa reserva petrolífera perto do mar Cáspio, era casado com uma russa e podia passar por um.[49]

A essa altura, cabe a pergunta: será que o plano original de resgate de Jonas Lied, pelo Ártico, fora reconsiderado, mesmo que a casa em Murmansk ainda não tivesse sido erguida para receber a família? Pois mais uma vez Henry Armitstead ressurgia no quadro como o importante elemento de ligação em Arcangel, já tendo sido instruído para a missão econômica britânica na Sibéria discutida com Lied. Como observou Alley:

> Deixei claro a Armitstead, em termos inequívocos, que seu papel é estritamente de ligação, e que todos os preparativos para a viagem a Murmansk devem ser deixados por nossa conta. Somos responsáveis por assegurar e entregar os bens, e ele é responsável por retirá-los em segurança da Rússia.[50]

As anotações no caderno de Alley sugerem que seu plano era levar os Románov *de trem* até Murmansk e de lá embarcá-los num navio britânico para a Inglaterra. Mas, considerando as apavorantes situações que ainda recentemente Iákovlev enfrentara durante um percurso de trem muito mais curto, o plano de Alley iria expô-los a perigos constantes e à certeza de um ataque. Ele conhecia bem o sistema ferroviário russo, e isso pode ter influído na escolha, mas, devido ao problema adicional de retirar os Románov não de Tobolsk, e sim de Ekaterinburg, seguindo para o norte, o plano fluvial original de Lied talvez fosse uma aposta muito melhor. Arcangel como destino final — seguindo, mais uma vez, o plano original de Lied — ficava muito mais perto, e, portanto, era mais rápido chegar até lá, embora, em junho de 1918, britânicos e americanos já tivessem desembarcado uma força de intervenção em Murmansk, tomando controle do porto. Em teoria, era possível que um cruzador da Marinha Real estivesse lá à espera dos Románov em junho/ julho de 1918.

Entre os oficiais britânicos disfarçados que podem ser seguramente localizados em Ekaterinburg, o único de identificação possível não está na lista de Alley: o capitão Kenelm Digby-Jones. Tem-se confirmação de sua presença em Ekaterinburg em "missão especial" no livro de memórias do cônsul britânico Thomas Preston, *Before the Curtain*; sua ficha de serviços ainda existe e comprova solidamente que ele esteve em Ekaterinburg numa missão em julho de 1918, em nome do general de divisão Poole, comandante das Forças Aliadas no norte da Rússia.[51] Por acaso, a pasta de Digby-Jones no Ministério da Guerra traz um registro cronológico detalhado de seus movimentos. Ele saiu de Murmansk por volta do dia 3 de junho, indo a Arcangel via Vologda. Em 10 de julho, desceu de Arcangel para Ekaterinburg, ao sul, via Viatka e Perm – uma rota sinuosa por território controlado pelos bolcheviques, parte dela feita a cavalo em estradas e ferrovias, para evitar que o detivessem. Mas Digby-Jones só chegou a Ekaterinburg em 16 de julho.[52]

Essa cronologia não se encaixa com o roteiro de Alley, mas mostra que só a viagem a Arcangel, feita por terra, levava cerca de cinco dias, o que indica a enorme dificuldade em conduzir uma única pessoa – que dirá sete Románovs – para a segurança. É quase certo que isso impediria que Alley dedicasse todo esse tempo para ir pessoalmente a Ekaterinburg, ainda mais se levarmos em conta que, em 29 de maio, ele afirmou estar sofrendo "com falta de pessoal". Um telegrama cifrado do Ministério das Relações Exteriores confirma que a missão de Digby-Jones consistia basicamente em fazer contato com as legiões tchecas, que vinham avançando do leste ao longo da Ferrovia Transiberiana, e lhes passar despachos secretos para entregar a seus comandantes, instruindo-os a "ocupar Perm e Viatka e se unir às Forças Aliadas em Vologda".[53] Mas, em setembro de 1918, Digby-Jones morreu em Tcheliabinsk de complicações decorrentes da gripe espanhola, e mais uma vez uma barreira fecha nosso caminho: não temos mais nada que nos permita prosseguir.[54]

Se examinarmos de modo mais racional a possível presença de agentes britânicos em Ekaterinburg no verão de 1918, é provável que constatemos, tal como no caso da missão Lied, alguns erros de interpretação. Havia uma excelente razão para a presença de espiões aliados em Ekaterinburg – com efeito, a cidade fervilhava de espiões, sobretudo americanos e franceses – nas vésperas de sua tomada pelos russos brancos e tchecos no final de julho.[55] Em meados de maio de 1918, uma "missão da Cruz Vermelha" alemã chegara a Ekaterinburg a pretexto de dar assistência humanitária aos prisioneiros de guerra. Robert Wilton, correspondente do *Times*, confirmou que havia agentes secretos em suas fileiras, enviados para apurar detalhes sobre as condições de vida e o tratamento que os Románov estavam recebendo na Casa Ipátiev. Mas os objetivos da maioria dos agentes que observavam a cidade eram outros: a região do Ural era rica em minérios, e a Casa da Moeda russa ficava em Ekaterinburg. Lá se implantara em 1914 uma grande refinaria de platina, numa época em que a Rússia fornecia 90% da platina do mundo.[56]

Os bolcheviques, que haviam estatizado todas as minas em 1917, sabiam que era provável que a cidade caísse nas mãos dos contrarrevolucionários, e passaram semanas em intensa atividade, transferindo por trem os estoques de minérios e pedras preciosas para Perm e, de lá, para Moscou.[57]* Thomas Preston, que na juventude garimpara ouro na Sibéria, fora especificamente renomeado cônsul britânico na cidade em 1913, a fim de poder monitorar o setor de mineração no Ural para o Ministério da Guerra, em especial a produção de platina. Em 1918, estava enviando relatórios periódicos sobre o setor e tentando obter platina para o Ministério de Munições britânico.[58] Assim, havia inúmeras outras razões — militares e econômicas — para a presença de agentes britânicos em missões clandestinas em Ekaterinburg nos meses de junho e julho de 1918, às quais um possível resgate dos Románov se somaria apenas como acessório (tal como na missão de Jonas Lied).

Seja como for, Stephen Alley logo teria chegado à conclusão de que qualquer tentativa de tomar a Casa Ipátiev seria uma loucura — uma missão suicida. Mas não há nenhum registro que confirme essa hipótese nos arquivos oficiais, se é que ele realmente registrou algo por escrito. Alley foi chamado de volta a Londres logo depois, manteve seus vínculos com o Serviço Secreto e trabalhou no MI5 de 1939 até sua aposentadoria em 1957. Sob a Lei dos Segredos Oficiais, Alley jamais falou de sua missão em Ekaterinburg, e nunca disse nada à esposa Beatrice sobre suas atividades secretas na Rússia; era "um verdadeiro túmulo", disse ela.[59] Muitos anos depois, Beatrice contou a Anthony Summers que, "quando perguntava ao marido o que ele fazia, Alley respondia: 'Às vezes vou sair por uma noite, às vezes por um ano, e não vou poder lhe dizer onde estou, mas estou trabalhando para o rei'. Ela pensava que ele ia ficar com a amante".[60]

A personalidade esquiva de Alley é apenas um dos muitos obstáculos nessa história. Aquele plano de resgate de última hora terá sido concebido por

* Francis Lindley, ex-conselheiro na embaixada de Petrogrado, agora lotado no consulado de Arcangel, informou que, no começo de agosto, os bolcheviques já tinham retirado cerca de 16 mil quilos de ouro e 3200 quilos de platina. Durante o seu período, foram retirados, ao todo, 4 bilhões de rublos em platina, ouro, riquezas e dinheiro.

solicitação expressa do rei Jorge, sem o conhecimento do governo? Ou seria uma ramificação de outro objetivo secreto do governo? Não há nenhum indício de que a ideia tenha ido além das anotações esquemáticas de Alley, mas, se uma missão tão temerária tivesse se iniciado — e então malogrado —, precisaria ser obrigatoriamente abafada, a fim de poupar qualquer embaraço ao rei e ao governo. Michael Occleshaw, autor de obras sobre os Románov, afirma que, nesse caso, os Arquivos Reais teriam de ser "expurgados de qualquer prova incriminadora", para evitar que o rei fosse acusado de "jogar deliberadamente com a vida de seus parentes". Um membro dos Alley, entrevistado em 2006, declarou que o que se dizia na família era que a missão "foi efetivamente abortada, pois era inexequível". Mas em que momento isso se deu, nunca saberemos.[61] A posição de Thomas Preston era que "tentar qualquer coisa no sentido de uma fuga seria loucura, com grande perigo para a própria família real". Havia "10 mil soldados do Exército Vermelho na cidade e espiões bolcheviques em cada casa e em cada esquina".[62]

No verão de 1918, as dificuldades em obter notícias dos Románov, agravadas pelo fato de eles não terem mais permissão de enviar e receber cartas, haviam aumentado intensamente não só a sensação de terem sido abandonados, mas também a angústia de seus parentes, desesperados por notícias deles. Um membro da família estendida do rei Jorge na Inglaterra, no entanto, estava agora tão preocupado com o destino da família imperial russa — em especial com os filhos Románov —, que resolveu agir de forma independente para socorrê-los.

Nikolai Márkov, associado à direita e ex-membro da Duma, também conhecido como "Márkov II", esteve intimamente envolvido em conspirações para libertar os Románov do cativeiro.

Porta-estandarte Serguei Márkov, do regimento de cavalaria da Crimeia da tsarina, conhecido como "Pequeno Márkov". Devotado à família imperial, ele colaborou com Márkov II e outros monarquistas para tentar resgatar os Románov, mas seus planos não deram em nada.

O preceptor inglês Sydney Gibbes tirou essa foto, antes desconhecida, do pátio interno da Casa do Governador em Tobolsk. Os Románov foram mantidos aqui de agosto de 1917 até o final de abril de 1918.

O pátio da Casa do Governador, onde os Románov e seu entourage tinham permissão para a prática de exercícios físicos, e de onde pelo menos podiam ver o mundo exterior.

Em Tobolsk, as quatro irmãs dividiam de bom grado o mesmo aposento, dormindo em modestos leitos de campanha. Elas encheram o quarto com seus ícones, fotos e bibelôs favoritos, mas, apesar do grande fogão de azulejos brancos, o local era extremamente frio durante o inverno siberiano.

A sala de estar de Alexandra na Casa do Governador, em Tobolsk. Para além das cortinas semiabertas, pode-se ver o salão de baile, que a família converteu numa capela, instalando ali um santuário transportável que haviam trazido de Tsárskoie Seló.

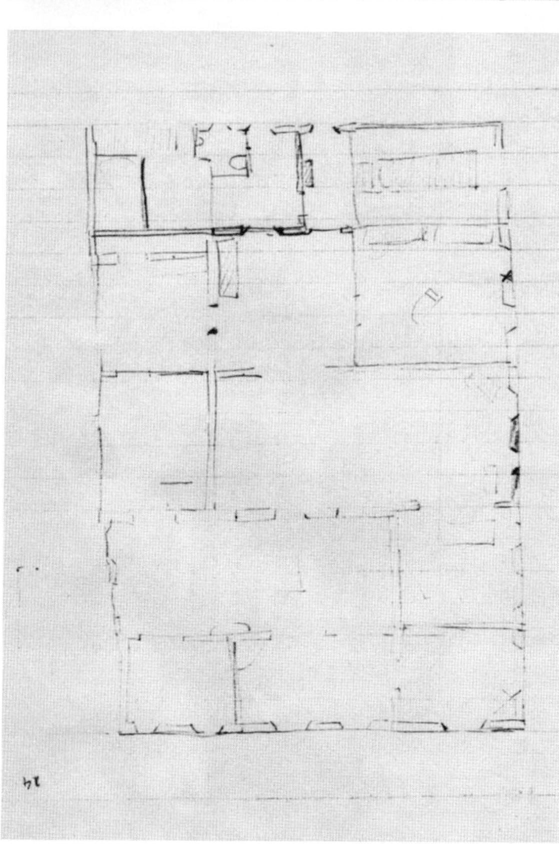

Em dezembro de 1917, Sydney Gibbes, a ditado de Alexandra, escreveu uma carta para a antiga governanta da tsarina na Inglaterra, a srta. Jackson, descrevendo o cotidiano da família em Tobolsk e anexando uma planta dos aposentos — um desesperado pedido de ajuda apenas levemente velado.

Os três preceptores favoritos da prole dos Románov, primavera de 1917. Da esquerda para a direita: o suíço Pierre Gilliard ensinava francês; Piotr Petrov, língua e literatura russa; e Sydney Gibbes, inglês. Gibbes e Gilliard estiveram com a família em Tobolsk, mas não foram autorizados a acompanhá-la a Ekaterinburg.

O príncipe Vassíli Dolgorúkov estivera com Nicolau no Quartel-General do Exército russo e se juntou a ele em Tobolsk. Transmitia informações valiosas sobre o bem-estar da família, mas foi preso e depois fuzilado.

Uma imagem mais familiar do cativeiro em Tobolsk, sobre o teto da estufa, rara por mostrar toda a família, exceto Alexandra, que quase nunca saía ao ar livre.

O conde Benckendorff, grão-marechal e mestre de cerimônias da corte russa, serviu de importante ligação com os monarquistas em Petrogrado, transmitindo notícias de seu enteado, Dolgorúkov, sobre as condições enfrentadas pelos Románov em Tobolsk.

O cáiser Guilherme II tinha uma relação difícil com Nicolau e Alexandra. Apesar disso, em 1917, concordou em permitir que uma embarcação britânica, navegando sob bandeira branca, evacuasse os Románov. Na primavera de 1918, ele se tornara a última esperança para os que procuravam uma maneira de resgatar a família.

O armador e navegador norueguês Jonas Lied, que tinha extensas ligações comerciais na Sibéria, era a pessoa em melhor posição para retirar os Románov de Tobolsk. Mas seu plano de 1918 para um resgate descendo o rio até o mar de Kara foi recebido com indiferença pelos britânicos.

O misterioso Vassíli Iákovlev, vulgo Konstantin Miáchin, foi um resoluto comissário bolchevique encarregado de escoltar Nicolau, Alexandra e Maria em segurança até Ekaterinburg, à frente dos demais membros da família, no final de abril de 1918.

Major Stephen Alley, do Serviço Secreto britânico, que comandava os agentes a partir de sua base em Murmansk. Em maio de 1918, ele sugeriu um possível resgate dos Románov de Ekaterinburg.

Rei Afonso XIII da Espanha. Provavelmente o parente real mais distante de Nicolau e Alexandra, e ainda assim o que empreendeu maiores esforços para obter sua libertação.

Uma foto secreta tirada por Sydney Gibbes da carruagem que aguardava diante da Casa do Governador para levar Nicolau, Alexandra, Maria e bagagens para um novo local na Sibéria. O restante da família se reuniria a eles em Ekaterinburg posteriormente.

Um cartão-postal contemporâneo de Ekaterinburg mostrando a Casa Ipátiev (embaixo, à esquerda), situada na Voznesenski Prospekt, tendo ao fundo o rio Iset.

A família Románov ficou detida na Casa Ipátiev de 30 de abril até a noite de 16/ 17 de julho de 1918, quando foi assassinada.

A última fotografia de Aleksei e Olga. Tirada por Sydney Gibbes no vapor *Rus*, que saíra de Tobolsk rumo a Ekaterinburg, onde os jovens se reuniriam aos pais e à irmã Maria, maio de 1918.

Esta fotografia arrepiante, tirada dentro da Casa Ipátiev, mostra os 23 degraus que os Románov tiveram de descer antes de serem conduzidos pelo pátio até o porão onde foram mortos.

FRANCO-AMERICAN BLOW IN VERDUN SECTOR

The Daily Mirror

CERTIFIED CIRCULATION LARGER THAN THAT OF ANY OTHER DAILY PICTURE PAPER

FRIDAY, SEPTEMBER 13, 1918 One Penny.

RED RUIN IN RUSSIA: A REIGN OF BLOOD AND TERROR

Após meses fora dos noticiários e quase esquecidos pelo mundo exterior, os Románov ocuparam as principais manchetes dos jornais quando o assassinato da família foi finalmente noticiado. Vemos aqui a capa da edição do *Daily Mirror* de 13 de setembro de 1918.

11. "Aguardem o assobio por volta da meia-noite"

Em 23 de maio de 1918 – no mesmo dia em que Olga, Tatiana, Anastácia e Aleksei finalmente foram transferidos de Tobolsk para se juntar aos pais e à irmã na Casa Ipátiev –, Vitória, a tia deles, escreveu uma carta fervorosa a Arthur Balfour, ministro das Relações Exteriores britânico. Irmã de Alexandra e Ella, e íntima conhecedora da família Románov, Vitória de Battenberg fez a sugestão talvez mais lógica de todas. Escrevendo de sua residência em East Cowes, na ilha de Wight, ela deu prioridade, como faria qualquer mãe, ao bem-estar dos filhos inocentes do casal Románov. O interessante, porém, é a forma como iniciou a carta: "Peço desculpas por incomodá-lo com minhas preocupações e desejos pessoais num momento em que o senhor se encontra tão sobrecarregado de trabalho", escreveu, em sua letra graúda e enfática, "mas não sei de mais ninguém a quem recorrer".[1]

"Mais ninguém a quem recorrer"? E quanto a seu primo, o rei Jorge? Será que esse angustiado comentário constitui um anúncio da absoluta impotência – prática e política – do rei no sentido de oferecer qualquer tipo de assistência a seus parentes imperiais sitiados naquele momento de desespero?

Vitória passou a expor sua preocupação com a falta de notícias sobre as irmãs e os demais parentes na Rússia. O pouco que sabia era o que lia nos jornais, e "me deixava extremamente apreensiva". A essa altura, a única coisa de que ela tinha certeza era que Nicolau, Alexandra e Maria haviam sido levados para Ekaterinburg, e que os outros filhos aparentemente haviam sido abandonados em Tobolsk. "Enquanto toda a família estava junta, vivendo o mesmo destino, senti que era o que desejariam", continuou ela, com uma perspicácia que poucos outros da família revelaram. Mas agora sentia "pavor em pensar no sofrimento que a separação deve ter causado a todos eles", em especial a Alexandra. Ao que parecia, agora os filhos da irmã tinham sido "deixados sem um único parente a cuidar deles".[2] Estava claro que Vitória pensara em todas as ramificações decorrentes do apelo que fazia; "o menino", admitia ela, "é um trunfo político que nenhum partido da Rússia permitirá que lhe seja tirado ou que saia do país".

> Mas as meninas (exceto, talvez, a mais velha)* não são de qualquer valor e importância como reféns para um governo russo, e tampouco representam um problema para qualquer outro governo em cujo país possam residir. Desejo muito, se for possível, que essas meninas, as mais novas com apenas 19 e 17 anos, sejam postas sob meu encargo.[3]

Que mal poderia haver, indagava Vitória, em conceder às outras três irmãs um refúgio nessa "pequena e distante ilha de Wight", onde poderiam levar "uma vida privada simples comigo, que sou totalmente insignificante em termos políticos"? Ela e o marido se incumbiriam de mantê-las "em tranquila obscuridade, sem qualquer contato com os russos". Não seria possível alguma providência para trazer as meninas da Rússia? Essa era "a única coisa a meu alcance que poderia trazer um pequeno consolo à pobre mãe delas, minha irmã, nas atuais circunstâncias".[4] Vitória então sugeriu que sua proposta fosse intermediada pela Alemanha; tinha certeza de que sua irmã Irene [princesa Henrique da Prússia] estava igualmente preocupada com "o destino dessas jovens". Não poderia o governo britânico fazer uma abordagem imediata, "sem perda de tempo"?[5]

Balfour tomou a sério a solicitação de Vitória de Battenberg, a ponto de registrar em 25 de maio que "gostaria de ter a questão avaliada oficialmente".[6] Não há registros da discussão do gabinete, mas cinco dias depois ele redigiu sua resposta:

* Em 1901, quando ficou gravemente doente com febre tifoide, Nicolau instruíra os ministros a ver se seria possível que Olga, sua primogênita, integrasse o Conselho de Regência de Aleksei, caso ele, Nicolau, morresse e Aleksei subisse ao trono. O implícito aqui é que Vitória percebia que Olga tinha mais importância política do que as irmãs e, assim, não seria liberada pelo governo russo.

> Lamento que, por todas as indagações que fiz reservadamente entre os mais familiarizados com as atuais condições na Rússia, as dificuldades que se interpõem a essa proposta sejam, neste momento, quase intransponíveis.[7]

Mais uma vez, as notas manuscritas acrescentadas na capa da pasta contendo essa correspondência ressaltam a estrita aderência do funcionalismo britânico a uma linha política adotada mais de um ano antes. A decisão, que consta ter sido redigida em 28 de maio, não levava em conta a mudança recente para Ekaterinburg:

> Receio que, mesmo que não houvesse objeções em termos gerais, não conseguiríamos retirar as jovens. Talvez fosse possível convencer Trótski a dar seu consentimento secreto, mas, mesmo assim, esta seria apenas a primeira dificuldade a vencer. Não seria seguro confiá-las a uma escolta bolchevique, e, assim, teríamos de enviar oficiais britânicos para pegá-las em Tobolsk e levá-las para Vladivostok. A missão se tornaria imediatamente conhecida, e seríamos suspeitos de alguma conspiração tsarista — momento em que o antagonismo local provavelmente colocaria em perigo a vida de todos os envolvidos.[8]

Se era esta, de fato, a posição do governo britânico, seu tom torna ainda mais provável que o plano de resgate de Stephen Alley fosse totalmente oficioso, sem qualquer registro. A ideia de uma "conspiração tsarista" parecia uma obsessão britânica, mas agora, nas semanas finais, a única coisa que realmente restava para os Románov era algum tipo de improvável, mas valoroso e desesperado resgate monarquista.

Às vezes aparecem materiais nos locais mais inesperados. Uma das descobertas que fiz durante as pesquisas para este livro foi uma memória datilografada do cônsul britânico Thomas Preston, chamada "A vigília", não catalogada e até agora desconhecida. Encontrei o documento no arquivo do jornalista americano Isaac Don Levine, conservado na Universidade Emory, em Atlanta. Não faço ideia de como Levine adquiriu essa cópia, que não se encontra entre os papéis de Preston na Universidade de Leeds, mas em algum momento ele deve ter-se encontrado com Preston, provavelmente durante sua visita à Rússia em 1919, e ambos devem ter conversado sobre os Románov, assunto de comum interesse. "A vigília" é um precioso e vigoroso relato de como foram aqueles terríveis meses de junho e julho de 1918 para os moradores de Ekaterinburg.

No verão de 1918, com o alastramento da guerra civil até a Sibéria e o aumento da atividade contrarrevolucionária na região, Ekaterinburg enfrentava um reinado de terror bolchevique, com o brutal assassinato de milhares de pessoas. Nesse "turbilhão de ilegalidade", Preston registrou os frequentes assassinatos a sangue-frio, executados por vingança por bandos de vermelhos fanáticos. Havia cerca de 10 mil soldados vagueando pela cidade e tentando criar tumulto, aos quais se tinham somado, pouco tempo antes, quinhentos cruéis marinheiros de Kronstadt, que prontamente passaram a aterrorizar a população.[9] Preston relembrou mais tarde o medo em que todos viviam:

> Caminhões com policiais terroristas e esquadrões armados faziam visitas noturnas de casa em casa, tirando as vítimas da cama. Então levavam-nas para os arrabaldes da cidade e, depois de obrigá-las a cavar o próprio túmulo, matavam-nas com metralhadoras ou baionetas, segundo os caprichos do esquadrão bêbado encarregado de dar um fim a elas. O único crime das vítimas era o de serem, enquanto "burguesia", "inimigos do povo".[10]

Preston relembrou que, naquele verão de 1918, de vez em quando conseguia enviar relatórios cifrados sobre a família imperial russa através de mensageiros disfarçados da força expedicionária anglo-americana baseada em Arcangel. Ele usou um dicionário de inglês-russo para criar seu código bastante tosco, mas que felizmente nunca foi decifrado pelos bolcheviques que interceptavam suas mensagens — "Talvez não aprovassem dicionários burgueses".[11]

Os próprios Románov só podiam tentar imaginar o que se passava na cidade, mas conseguiam ouvir lá fora, na Voznesenski Prospekt — a avenida principal até a estação ferroviária —, os tiros, os gritos, as trepidações da artilharia, dos caminhões e das tropas passando constantemente, e deviam ter uma profunda sensação do perigo que se avolumava. Claro que não sabiam que Ella, irmã de Alexandra, que ficara detida por um breve período em Ekaterinburg, separada da família, fora enviada em 20 de maio para Alapaevsk, a 150 quilômetros de distância, onde ficou encarcerada com o grão-duque Serguei Mikháilovitch, os três irmãos (príncipes Ioann, Konstantin e Igor Konstantínovitch) e o príncipe Vladímir Pávlovitch Paley. Decerto o soviete regional do Ural (SRU) chegara à conclusão de que manter tantos Románov convenientemente juntos numa cidade só, Ekaterinburg, constituía um risco demasiado grande, um verdadeiro convite para se tramarem complôs de resgate e conspirações contrarrevolucionárias. Duas semanas depois, o irmão de Nicolau, o grão-duque Mikhail, e seu secretário particular Brian Johnson, que eram mantidos em Perm desde março, foram tirados do hotel onde estavam e desapareceram. Em 13 de junho, foram levados até uma floresta nos arredores e assassinados em segredo pela Tcheka local.

No verão de 1918, a situação era de tal perigo para todos os civis em Ekaterinburg que até mesmo os cônsules Aliados não estavam imunes à ameaça de execução sumária. Os bolcheviques de Ekaterinburg os consideravam inimigos, e, para Thomas Preston, era cada vez mais perigoso prosseguir com suas decididas representações quase diárias junto ao SRU sobre o bem-estar dos Románov. Como chefe do Corpo Consular da cidade, ele fora muito enérgico em seus apelos, assim como o cônsul francês, o comandante Giné.* No começo de junho, chegou ao conhecimento de Preston que se aproximavam de Ekaterinburg grandes contingentes de tchecos e cossacos, que "estavam marchando para nos libertar de nossos perseguidores"; uma mensagem recebida dos tchecos dizia aos moradores estrangeiros "para mantermos nossas bandeiras nacionais hasteadas em nossas casas, para que evitassem nos atingir com fogo de artilharia".[12]

Aproximava-se a ajuda para a cidade sitiada — mas chegaria a tempo de salvar os Románov? Parecia, mais uma vez, que qualquer esperança que ainda houvesse consistiria em algum resgate audacioso organizado por monarquistas russos. Notou-se que

> desde os primeiros dias da transferência dos Románov para Ekaterinburg, começara a afluir para lá um grande número de monarquistas, começando por damas, condessas e baronesas meio malucas de todos os naipes e terminando com freiras, clérigos e representantes de potências estrangeiras.[13]

* Infelizmente, não veio à luz nenhum fiapo de informação sobre Giné ou sobre qualquer tentativa que possa ter feito em favor dos Románov.

Um morador comentou mais tarde que as pessoas iam todos os dias à Casa Ipátiev, apesar das severas advertências em contrário. "Reuniam-se em grupinhos, sussurrando, olhando ansiosamente para a cerca alta e suspirando até serem dispersadas aos tiros por um robusto Guarda Vermelho de rifle nas mãos." O comandante da Casa Ipátiev, Avdeev, observou que algumas até levavam máquinas fotográficas e tentavam tirar retratos.[14]

Thomas Preston considerava alguns desses humanitaristas verdadeiros incômodos: eram uma "panelinha reduzida", mas viviam a infernizá-lo com pedidos de notícias. De alguma maneira, pareciam decididos a criar complôs sem sentido para libertar a família, aparecendo na Casa Ipátiev para entregar mensagens e cartas à família ou para tentar contato direto com ela.[15] Parece provável que o médico pessoal de Aleksei, o dr. Vladímir Derevenko — que estava morando na cidade e de vez em quando era autorizado, como especial concessão, a entrar na casa para atender o menino doente —, tenha tentado repassar furtivamente cartas à família, mas suas visitas eram monitoradas com grande atenção, o que dificultava ao extremo a entrega das mensagens; "o comissário nunca sai do meu lado", disse ele.[16] Mesmo assim, consta que Derevenko teria estabelecido ligação com um indivíduo chamado Ivan Sidorov (que fora ajudante de campo de Nicolau), que, em maio, foi enviado por um amigo dos Románov a Ekaterinburg, para lhes levar alimentos de presente.[17] Segundo um relato da época, eles passavam à família bilhetes de apoio "dentro de pães, em pacotes e papel de embrulho". Um oficial monarquista declarou mais tarde ao investigador Sokolov que Derevenko lhe dera um desenho com a planta dos aposentos da família. Em última instância, o médico, conseguisse ou não entregar correspondência, teria sido a única pessoa capaz de fornecer dados atualizados constantes sobre as condições de vida e a disposição de espírito dos Románov.[18]

Entre a realeza, quem fez uma visita solitária a Ekaterinburg nessa época tão perigosa foi a princesa Helena da Sérvia, que passou por lá quando voltava para Petrogrado, tendo sido obrigada a deixar Alapaevsk, onde o príncipe Ioann Konstantínovitch, seu marido, estava preso com Ella e os outros príncipes. Helena foi diretamente ao SRU, solicitando autorização para ver seu parente Nicolau. Também recorreu a Thomas Preston, mas este já havia concluído, muito tempo antes, que os apelos diretos ao SRU apenas geravam hostilidade e podiam piorar muito as coisas.[19] Apesar disso, Helena foi até a Casa Ipátiev no começo de julho, deparando-se com "metralhadoras, caminhões e homens armados, todos eles Guardas Vermelhos" postados no lado de fora. "Meu coração se apertou", relembrou ela, mas, mesmo assim, teve coragem de pedir para falar com o comandante e solicitar permissão para visitar a família. "Moscou não permite que recebam visitas", disse-lhe Avdeev. Mas prometeu que transmitiria seu recado. Naquela noite, um comissário foi ao hotel onde Helena estava hospedada e lhe informou: "O ex-imperador e a ex-imperatriz lhe agradecem a visita e o interesse. Não estão precisando de nada".[20] Na manhã do dia seguinte, 9 de julho, Helena foi presa, e, cerca de quinze dias depois, levada de trem até a prisão de Perm.*

Os bolcheviques que faziam a guarda dos Románov agora desconfiavam de qualquer um que mostrasse interesse pelos detentos, na paranoia de que a cidade fervilhava de conspirações para libertá-los. No começo de maio, ao chegar de trem com Nicolau, Alexandra e Maria, o príncipe Dolgorúkov foi sumariamente detido e revistado; encontraram com ele armas e mapas da Sibéria, indicando a rota de uma fuga pelo rio — talvez o mesmo plano, descrito por Ievreinov, que os monarquistas de Tobolsk tinham tentado elaborar.[21] Mais ou menos na mesma época, o comandante Avdeev também confiscou um diagrama grosseiro dos aposentos no andar de cima, que Nicolau tentara enviar sub-repticiamente. Escondera-o dentro do forro do envelope de uma carta que Maria fora autorizada a enviar às irmãs, que ainda estavam em Tobolsk.[22]

Durante a revista, também encontraram com Dolgorúkov, que havia sido responsável por administrar a casa em Tobolsk, um valor expressivo em dinheiro — 80 mil rublos —, que, evidentemente, foi confiscado.[23] Eram, sem dúvida, fundos que os monarquistas em contato com Benckendorff, seu padrasto, haviam-lhe entregado em Petrogrado.[24] Já com a saúde debilitada, Dolgorúkov foi arrastado para a cadeia de Ekaterinburg, e de lá enviou uma carta, lamentando-se a Benckendorff:

> Fico aqui sem saber por que fui preso. Escrevi um apelo ao soviete regional, rogando que me soltem e me deixem ir para casa em Petrogrado, para ficar com

* Helena definhou na cadeia em Perm durante cinco meses, até que os diplomatas noruegueses a localizaram e conseguiram sua transferência para o Kremlin, em Moscou. Por fim, ela recebeu autorização para sair da Rússia e ir para a Suécia, reunindo-se à mãe e aos filhos, que moravam lá.

> minha mãe enferma. Espero de todo o coração revê-lo e lhe dar um abraço em breve. Não assuste a pobre mamãe com minha prisão, está muito idosa e você precisa cuidar dela. Diga-lhe apenas que, se Deus quiser, irei revê-la em breve.[25]

Não muito tempo depois, foi-se juntar a Dolgorúkov na prisão o conde Ilia Tatíchev, ajudante de campo de Nicolau, que, chegando a Ekaterinburg no final de maio com os outros filhos Románov, não teve permissão de entrar na Casa Ipátiev, talvez por suspeitarem que tentaria contactar os monarquistas. Dolgorúkov conseguiu enviar da prisão "vários bilhetes a lápis" para Thomas Preston, "implorando que intervenha em favor da família real", aos quais Preston não respondeu, receando comprometer ainda mais Dolgorúkov.[26] Nunca mais se ouviu falar de Dolgorúkov e Tatíchev; somente nos anos 1990 confirmou-se que foram fuzilados pela Tcheka em 10 de julho.[27]

Mal sabiam eles que se vinham intensificando em Ekaterinburg os sentimentos revolucionários contra a família imperial. Os jornais locais estavam repletos de cartas estridentes exigindo a execução de Nicolau. O tema era comentado com frequência nos comícios operários; outros grupos, como os Socialistas Revolucionários, acusavam o SRU de incoerência por "preservar" os Románov "a serviço do imperialismo".[28] Os anarquistas iam mais longe e, segundo Avdeev, tentaram aprovar uma resolução para que o "ex-tsar seja imediatamente executado e, dentro de 24 horas, todos os demais detidos sejam liquidados".[29] Corriam comentários de que os anarquistas iriam atacar a Casa Ipátiev, e Avdeev avisou os Románov de que em breve talvez fossem transferidos – provavelmente para Moscou.[30] Em 12 de junho, quando os jornais moscovitas publicaram uma notícia dando conta que Nicolau "fora morto numa parada de trem nos arredores de Ekaterinburg", Reingold Berzin, comandante da Frente Ural-Siberiana Norte, foi enviado para verificar o esquema de segurança na Casa Ipátiev.

Em 25 e 28 de junho, o *Izvestia* publicou os desmentidos oficiais dos vários boatos de assassinato, na mesma altura em que Nicolau e Alexandra recebiam uma série de mensagens secretas de pretensos salvadores monarquistas escondidos na cidade.[31]

Ou pelo menos pareciam ser...

Em dezembro de 1919, o jornalista americano Isaac Don Levine deu um furo sensacional no Chicago Daily News *quando, ao voltar de uma visita à Rússia soviética, publicou quatro cartas, escritas em francês, que supostamente teriam sido entregues em segredo à família imperial na Casa Ipátiev em junho-julho de 1918, esboçando os planos dos monarquistas escondidos na cidade para resgatar os Románov.* Publicadas sob a manchete "Últimos esforços para salvar o tsar e sua família", as cartas (publicadas inicialmente no jornal* Vechernie izvestia, *em Moscou, no mês de abril), às quais Levine tivera acesso exclusivo nos Arquivos Soviéticos, causou considerável comoção internacional. Mas, nesses cem anos desde a publicação, sua autenticidade tem sido muito questionada. Será que constituíam prova fidedigna de uma desesperada tentativa de última hora de salvar os Románov, ou, como agora têm concluído diversos historiadores, não passaram de uma pérfida fraude? As "cartas do oficial", como vieram a ser chamadas, teriam sido, na verdade, uma invenção cínica, criada para alimentar as esperanças da família e ganhar sua confiança, podendo ser usadas depois para provar a necessidade de matar os Románov a fim de impedir sua fuga?*

A primeira carta, escrita em francês e sem data, provavelmente foi introduzida em segredo na Casa Ipátiev por volta de 19 ou 20 de junho, dentro da rolha de cortiça de um frasco de creme de leite de boca larga destinado à família. Entregas de leite, natas, ovos e outros alimentos, feitas pelas freiras do convento Novo-Tikhvinski, ali perto, eram uma nova e muito bem-vinda concessão, à qual Avdeev dera sua concordância em 18 de junho.**

Sempre que levavam doações à Casa Ipátiev, as freiras eram obrigadas a entregá-las numa cesta que deixavam junto à porta; nunca tiveram autorização para entregá-las pessoalmente, quando então poderiam impedir a interceptação das mensagens clandestinas. Muitas vezes Avdeev e seus guardas se

* Na verdade, este não foi o único furo de Levine sobre os Románov. Um ano depois, os soviéticos voltaram a lhe dar acesso exclusivo a seus arquivos para publicar *Letters from the Kaiser to the Czar*, em mais um esforço de relações públicas para desacreditar os dois ex-monarcas.

** É importante frisar que os Románov, apesar do racionamento, tinham uma alimentação muito melhor do que a imensa maioria da população de Ekaterinburg. Não há nenhum elemento que embase as afirmações contidas nas memórias de alguns emigrados, segundo as quais eram maltratados e passavam fome na Casa Ipátiev, sendo vítimas da deliberada crueldade de Avdeev.

serviam desregradamente dos alimentos quando chegavam, e ele inspecionava o conteúdo da cesta antes de passá-la adiante. Embora fosse um tanto rústico, era atento a subterfúgios, e, ao encontrar a mensagem escondida na rolha, "entregou-a ao camarada Golochtchekin".[32]

Não há dúvida de que as freiras do convento e os oficiais da academia eram vigiados de perto pela Tcheka, com o envio de relatórios a Sverdlov em Moscou. Com efeito, no final de maio, Sverdlov mandou instruções específicas para Golochtchekin: "Aumente a vigilância em Ekaterinburg. [...] Dê especial atenção à academia".[33] Com essas instruções em mente, Golochtchekin pode muito bem ter decidido jogar a "carta do oficial", ao ser interceptada, em favor do governo. Eles decidiram que fariam uma cópia, e que ela seria repassada aos Románov. Forjaram também outras notas, em francês e na mesma letra, a fim de arrancar da família uma reação à proposta de resgate.[34] Essas cartas foram compostas por Piotr Voikov (um comissário do Ural que estudara na Universidade de Genebra e falava francês), com a colaboração de Golochtchekin e Beloborodov. Mas a letra de Voikov era horrível, e era Isai Rodzinski, um dos guardas mais letrados, que copiava o texto em tinta vermelha.[35]

A primeira carta imediatamente levantou o ânimo da família, pois começava anunciando que "os amigos não estão mais dormindo e creem que chegou a hora tão longamente esperada". Os brancos e as legiões tchecas estavam a cerca de oitenta quilômetros dali; Ekaterinburg logo cairia, e os Románov foram instruídos a "ficar atentos a qualquer movimento do lado de fora; aguardem e tenham esperança".[36] Pediram-lhes que desenhassem a localização de seus dormitórios e da mobília. A carta perguntava a que horas se recolhiam. "Um de vocês precisa ficar acordado entre as duas e as três da madrugada em todas as próximas noites." Vinha assinada por "Alguém disposto a morrer por vocês. Um oficial do exército russo".[37]

Em algum momento, dois ou três dias depois, foi escrita uma resposta em francês na parte de baixo da carta amarrotada. A letra parece ser de Olga Nikoláevna, provavelmente escrevendo o que Nicolau ditava, e trazia o horário em que se recolhiam, 23h30, anotado à margem da pergunta. Ela avisava que todas as janelas que davam para a rua eram "lacradas com cola e pintadas de branco"; o pior era que Aleksei ainda estava "doente e de cama e não consegue andar"; "sente dor a qualquer movimento". Esse obstáculo imediato a qualquer plano de resgate vinha ainda reforçado por um acréscimo de Olga, no final da carta: "Não se deve correr nenhum risco sem ter absoluta certeza do resultado. Estamos quase sempre sob observação cerrada".[38]

Embora a transferência dos Románov de Tobolsk para Ekaterinburg tivesse sido um grande golpe para os monarquistas russos, na época em que chegou essa primeira carta, havia uma concentração significativa de ex-oficiais tsaristas na cidade. Alguns tinham seguido a família desde Tobolsk e estavam escondidos; outros estavam instalados na Academia Militar Nikolaevski, do estado-maior, que fora evacuada de Petrogrado para Ekaterinburg em março de 1918. Com mais de trezentos estudantes e 36 docentes, a academia era um evidente viveiro de conspirações pró-tsaristas e já havia despertado muitas suspeitas no SRU. Em decorrência disso, Beloborodov telegrafou a Trótski, comentando seu incômodo, e Trótski ordenou em julho que a academia fosse transferida para Kazan.[39]

Nas fontes russas brancas publicadas desde 1918, encontram-se menções a várias cabalas secretas de oficiais leais na academia militar que, de uma forma ou de outra, tramavam algum tipo de resgate dos Románov. Entre essas figuras obscuras está o capitão Dmítri Malinovski, que um grupo clandestino de nome não citado enviou de Petrogrado para a academia. Ali Malinovski recrutou um grupo de doze colegas oficiais para "coletar informações e fazer preparativos para a 'remoção' da família".[40] Ao que parece, ele fez contato com o dr. Derevenko e também com as freiras — cujo convento, Novo-Tikhvinski, ficava relativamente perto da academia. Pode ser que aquela primeira carta, genuína — embora interceptada e reescrita —, tenha vindo do grupo de Malinovski, ainda que não exista absolutamente qualquer elemento que o comprove. Seja como for, Malinovski* parece ter abandonado a missão passado pouco tempo, dizendo depois a Sokolov que seu grupo nunca recebeu nenhuma ajuda ou auxílio financeiro: "O que se poderia fazer sem dinheiro?", perguntou ele. Era a velha reclamação de sempre. A única ajuda que podiam oferecer à família imperial era "enviar um pouco de *kulich* [pão doce de Páscoa] e açúcar; nada mais era possível".[41]

Embora os Románov já tivessem manifestado certa relutância em concordar com planos de resgate imprudentes, levando em conta a frágil condição de

* Malinovski e outros oficiais da academia iniciaram as primeiras investigações sobre o assassinato dos Románov em agosto de 1918.

saúde de Aleksei, as "cartas do oficial", ao que parece, conseguiram atraí-los para a armadilha que se estava montando. Talvez não tenha sido por acaso que, em 22 de junho, após a resposta da família à primeira carta, as janelas do quarto de Nicolau e Alexandra tenham sido inspecionadas e, no dia seguinte, uma das janelas duplas tenha sido removida, abrindo-se uma pequena janela de ventilação, talvez para facilitar esse jogo de gato e rato.

Cerca de dois dias depois, em 25 de junho, chegou uma segunda carta em francês, assegurando aos Románov que "esperamos conseguir [organizar o resgate] sem correr qualquer risco", e que eles deviam tentar descolar uma das janelas, como preparação para a fuga audaciosa. "O fato de que o pequeno tsarévitche não consegue andar complica as coisas, mas estamos levando isso em conta", dizia a mensagem. A família devia garantir que ele adormecesse uma ou duas horas antes da fuga e, se necessário, devia lhe dar algum sedativo. Era uma carta vaga, sem qualquer detalhe sobre a logística do resgate, terminando apenas com a garantia de que "não se fará nenhuma tentativa sem que se tenha certeza absoluta do resultado. Perante Deus, perante a história e perante nossa consciência, fazemos-lhes essa promessa solene".[42] Essa exortação final parece ter convencido os Románov, o suficiente para que respondessem naquele mesmo dia, numa mensagem escrita por Olga em tinta azul na metade em branco da página, descrevendo as janelas e a localização dos guardas — que se movimentavam com toda a liberdade, entrando, saindo e percorrendo todos os aposentos o tempo todo — e das metralhadoras dentro da casa. A resposta também avisava que havia outros cinquenta guardas aquartelados numa casa no outro lado da rua.

A família, porém, tinha outras preocupações prementes: "Não esqueça que temos conosco o médico, uma criada, dois homens e um menino pequeno que é cozinheiro. Seria ignóbil de nossa parte [...] deixá-los sozinhos depois de terem nos acompanhado voluntariamente no exílio". Eles também demonstraram preocupação com dois baús guardados num galpão externo, contendo todos os diários e cartas de Nicolau (que, se a família deixasse para trás ao fugir, poderiam ser altamente comprometedores em termos políticos, caso caíssem nas mãos erradas). Mas, no final da carta, consentiram:

> O dr. Bótkin lhe pede que não pense nele nem nos outros homens [Trupp, o valete, e Kharitonov, o cozinheiro], para não dificultar ainda mais sua tarefa. Conte com

> os sete de nós e a mulher [a criada Anna Demidova]. Deus o ajude; pode contar com nosso sangue-frio.[43]

Apesar disso, os Románov continuaram extremamente preocupados com o que aconteceria às pessoas que ficariam para trás. O que se destaca como aspecto mais evidente, entre todos os detalhes fornecidos nessa carta, é a vigilância cerrada sob a qual se encontravam, dia após dia, bem como a forte guarda da casa. Todavia, a resposta frouxa do dia seguinte apenas desconsiderava as várias dificuldades e se mostrava mais uma vez extremamente vaga sobre a execução do plano.

"Não se preocupem com os cinquenta homens que estão numa casinha do outro lado da rua", começava em tom displicente, referindo-se à casa onde moravam os guardas, "não oferecerão perigo quando chegar a hora de agir."[44] Quando os salvadores dessem o sinal, a família devia "fechar a porta e fazer uma barricada com os móveis", separando a entrada dos quartos e os guardas, e sair pela janela numa corda que eles mesmos deviam improvisar. Essa terceira carta, assinada "Um oficial", vista objetivamente, não transmite qualquer convicção. Talvez os Románov já estivessem suspeitando de alguma coisa, pois Nicolau e Alexandra agora ficaram muito alarmados. Haviam seguido as instruções da carta anterior: na noite de 26 para 27 de junho, tinham trazido Aleksei para o quarto deles e "ficamos de vigília, vestidos", como anotou Nicolau no diário. "Mas não veio nenhum sinal."[45] A "espera e incerteza" foram "um grande martírio" para todos, que ficaram completamente esgotados. Ainda no dia 27, mais tarde, responderam com grande veemência:

> Não queremos nem podemos escapar. Podemos apenas ser conduzidos à força, tal como a força que foi usada para nos conduzir de Tobolsk. Assim, não conte com nenhuma ajuda ativa de nossa parte.[46]

Os guardas eram bondosos com eles, dizia a mensagem, e "não queremos que sofram por nossa causa, nem vocês por nós; em nome de Deus, evitem acima de tudo o derramamento de sangue". Além disso, seria impossível escapar pela única janela deslacrada no quarto de Nicolau e Alexandra. Eles tinham ouvido a recomendação feita às sentinelas sob a janela do quarto, para ficarem ainda mais vigilantes caso algum deles tentasse fazer algum sinal, e havia uma metralhadora no pátio logo abaixo. Na verdade, só havia uma solução: "Se vocês nos vigiarem, podem sempre acorrer e nos salvar no caso de perigo real e iminente".[47]

Após a extrema relutância dessa resposta dos Románov, houve uma interrupção na correspondência. Por fim, em algum momento depois de 4 de julho, chegou uma quarta carta por vias clandestinas, seguindo-se à vinda de um novo comandante, Iákov Iurovski, e à troca do corpo de guardas. Com a chegada deles, iniciou-se um regime muito mais duro na casa, incluindo a proibição da entrega de garrafas de leite e creme para a família.[48] A formulação canhestra da quarta carta (na verdade, a flagrante ausência de qualquer forma de tratamento respeitoso em todas elas, a qual seria de esperar da parte de um monarquista leal), além de alguns erros de ortografia, marca essa última e débil tentativa de atrair os Románov e levá-los a uma reação positiva. Mas a nova carta era tão vaga e evasiva nos detalhes quanto a última: "Somos um grupo de oficiais do exército russo que não perderam a consciência de seu dever perante o tsar e o país". Mas não estavam preparados para dar "detalhes sobre nós, por razões que vocês podem entender". A carta assegurava, porém, que os dois leais amigos da família, "D e T" — certamente referindo-se a Dolgorúkov e a Tatíchev —, "que já estão a salvo, nos conhecem". É esse detalhe que denuncia a mentira. Os dois tinham sido encarcerados, como sabiam muito bem os bolcheviques. O absurdo dessa carta de provocação também fica evidente quando assegura toscamente no final:

> Chegou a hora. Devemos agir. Fiquem tranquilos que a metralhadora embaixo não oferecerá perigo. Quanto ao comandante, saberemos como afastá-lo. Aguardem o assobio por volta da meia-noite. Será este o sinal.[49]

Até 2006, quando a historiadora russa Lídia Likova publicou seu artigo sobre o tema em *Otechestvennie arkhivi*, pensava-se que a correspondência se encerrava aqui. Mas, na verdade, houve uma última resposta, curta e angustiada, que os Románov acrescentaram no canto inferior do pequeno envelope da quarta carta, que passou décadas despercebida. Quase imperceptível, escrita de leve com um lápis fraco, dizia apenas: "A vigilância sobre nós aumenta sem cessar, principalmente por causa da janela".[50] Esse fato por si só desmente as alegações de que os Románov usavam algum tipo de sinalização secreta para enviar mensagens a seus simpatizantes no lado de fora ou que atiravam bilhetes pela janela para a rua. Certa vez, quando Anastácia tentou espreitar lá fora, um guarda disparou imediatamente a arma e por pouco não a atingiu. E tampouco um observador escondido nas proximidades conseguiria ver por cima das duas paliçadas, enxergar o jardim e fazer sinais a Nicolau quando o visse ali.[51]

Quando os Románov, no começo de julho, não querendo que se derramasse sangue por causa deles, renderam-se à impossibilidade de sair daquela situação, parece que muitos dos conspiradores monarquistas que estavam na academia já se haviam dispersado. Alguns estavam se juntando à contrarrevolução, na esperança de que a iminente tomada da cidade pelos tchecos e pelos russos brancos resultasse na libertação rápida e mais eficiente dos Románov. Outros, que estavam em Moscou e Petrogrado ou haviam ficado em Tobolsk, puseram-se em viagem para Ekaterinburg, mas não conseguiram chegar, tendo sido cercados e presos ainda a caminho. Um deles foi o capitão Paul Buligin, que, após o anúncio da execução de Nicolau no começo de junho, fora enviado a Ekaterinburg por um grupo conhecido como Centro Nacional para verificar se tal fato era verdade. Ao descobrir que a notícia era falsa, Buligin logo se envolveu num plano para resgatar a família quando ela fosse transferida (segundo uma informação errada) de Ekaterinburg para Kotelnich, perto de Viatka.[52] Como se revelou mais tarde, o rumor era um boato bolchevique deliberado para enganar os conspiradores, e Buligin foi preso em Ekaterinburg no começo de julho. Márkov II, ao que parece, também tinha seus próprios planos, com um pequeno grupo que incluía Sedov, o qual fora enviado anteriormente a Tobolsk; em junho, porém, como todos os outros, tivera de admitir que não dispunha de nenhum meio efetivo para organizar qualquer tipo de resgate.[53] Reinava entre a velha guarda um sentimento de frustração e resignação, e mesmo o leal porta-estandarte da tsarina, o Pequeno Márkov, passou a admitir a derrota. "Todos os nossos homens de confiança que haviam estado em Ekaterinburg concordavam que uma retirada à força do tsar e de sua família estava fora de questão." Afora os riscos para todos os envolvidos, "não havia dinheiro para trazer um número suficiente de homens de confiança para Ekaterinburg".[54]

As tentativas dos historiadores russos de desvendar os elementos de veracidade dos planos monarquistas para salvar os Románov têm sido vítimas, até agora, de tantas confusões, informações equivocadas, boatos e contradições que a reconstituição do verdadeiro cenário se torna uma tarefa impossível.

Mikhail Diterikhs, o general bielorrusso que supervisionou a investigação de Sokolov em 1919, veio a adotar uma posição muito cética perante as múltiplas declarações que ouviu acerca dos complôs monarquistas. "É possível, na verdade, que nenhum deles fizesse parte de qualquer grupo organizado, e que tais grupos nunca tivessem existido de fato, mas apenas no boca a boca", concluiu ele em 1922. "Esses oficiais se distinguiam pela fanfarronice e arrogância; alardeavam suas atividades onde podiam; exibiam-se em qualquer canto, abriam-se ao primeiro que encontravam pela frente, ignorando o fato de que podiam ser entreouvidos por agentes soviéticos e países estrangeiros."[55]

O professor Ivan Plotnikov, ilustre historiador do Ural, depois de muitos anos de pesquisas nos arquivos, não descobriu nenhum plano viável em Ekaterinburg. Mas havia, de fato, uma história circulando nos livros escritos por emigrados, envolvendo "37 oficiais" na academia militar "dispostos a tudo" para "salvar a dinastia". Era um plano que, de alguma maneira, pode estar ligado a outro mais detalhado, que finalmente aflorou em 1923.[56]

Ele veio não de fontes russas, e sim do jornalista americano Isaac Don Levine. Numa visita que fez a Moscou naquele ano, Levine estava hospedado no Hotel Savoy e foi apresentado a um estudante do instituto tecnológico chamado Gorchkov, de 25 anos, que vinha a ser cunhado de um ex-oficial imperial, o coronel Rustam-Bek (vulgo Bóris Tageev), o qual Levine já conhecera nos Estados Unidos. Levine e Gorchkov travaram amizade; certo dia, Gorchkov telefonou e perguntou se poderiam se encontrar, pois tinha uma "história confidencial" que queria lhe contar.[57] No encontro, Gorchkov lhe entregou "um esmerado manuscrito com cerca de oito folhas de papel-ofício" e um mapa meticulosamente desenhado da Voznesenski Prospekt e da quadra em frente à Casa Ipátiev, descrevendo um plano traçado por oficiais da academia militar para resgatar os Románov. Com o auxílio do jornalista britânico Arthur Ransome, que estava no mesmo trem saindo da Rússia, Levine conseguiu esconder o manuscrito durante a vistoria das bagagens feita pelos guardas soviéticos na fronteira. Na segurança de Berlim, ele traduziu o documento e enviou para Nova York, onde foi publicado em agosto daquele ano.[58]

Eis a história que o documento contava.

No verão de 1918, Gorchkov, que nascera em Ekaterinburg, filho de um geólogo e agente de prospecção no Ural, era cadete na academia militar. Em 24 de junho, ingressou numa conspiração para resgatar os Románov, liderada pelo general de divisão Vladímir Golítsin, na época baseado com forças antibolchevistas no Ural, e pelo príncipe Riza Kuli Mirza, um muçulmano caucasiano ex-integrante da Escolta Cossaca que havia acompanhado secretamente a família imperial a Ekaterinburg.

Circulavam boatos de que, em vista da ameaça dos tchecos, os bolcheviques iam tentar retirar os Románov da cidade; o complô a que se unira Gorchkov pretendia resgatá-los e escondê-los em algum lugar no Ural até a chegada dos tchecos. O grupo era composto por alguns dos oficiais monarquistas que tinham vindo de Tobolsk: coronel Berens, major Gorev e um "tenente X", além de quatro oficiais da academia militar: os capitães Sumarokov, Dobrovolski e Burov e um tenente M.[59] Kuli Mirza, ao que parece, planejou detalhadamente a missão. Ele, Golítsin, Gorchkov e esses sete oficiais iriam recrutar, cada um deles, dez homens de confiança. Enquanto o tenente X elaborava o plano preliminar do resgate, a tarefa de Gorchkov era encontrar um refúgio adequado para a família. Ele apareceu com um esconderijo — uma dacha no lago de Isetsk de Cima, nos arredores de Ekaterinburg. A dacha era do pai de um dos homens de seu grupo, chamado Agafurov, de uma importante família mercantil de Ekaterinburg.[60] O lago tinha "cerca de vinte quilômetros de extensão e uns dois ou três quilômetros de largura". Situadas a cinco ou seis quilômetros da casa de campo, havia "duas ilhas desertas no lago, cobertas de florestas densas". Gorchkov sugeriu montarem um acampamento no local, para onde poderiam levar a família imperial num barco a motor após o resgate, e lá "poderiam viver totalmente fora de perigo, protegidos por oito ou dez de nossos homens". A sugestão de Gorchkov foi aprovada e Agafurov começou a fazer os preparativos na casa de campo.[61]

Enquanto isso, Kuli Mirza havia entrado em contato com o dr. Derevenko, que conhecia desde a época em que os dois estavam a serviço da família imperial em Tsárskoie Seló. Segundo Gorchkov, o médico conseguiu entregar um bilhete de Mirza a Tatiana em 2 de julho, quando foi chamado à Casa Ipátiev para atender Aleksei, numa visita confirmada no diário de Alexandra. Se assim foi, essa carta referente ao segundo complô — mais ou menos na mesma época em que estavam chegando as falsas "cartas do oficial" — deve ter gerado considerável perplexidade e ansiedade na família.[62]

No dia seguinte, o grupo tinha reunido setenta homens confiáveis e mandou uma mensagem aos tchecos em Tcheliabinsk, sobre o plano de resgate;

veio a resposta de que os tchecos estavam se preparando para avançar sobre Ekaterinburg em 20 de julho (na verdade, chegaram no dia 25). Entre os dias 2 e 20 de julho, o grupo iria providenciar o estoque de armas necessárias para a operação.

O plano incluía três pontos estratégicos de reunião: os Jardins Kharitonov anexos à grande mansão Rastorguev-Kharitonov, em frente à Casa Ipátiev na Voznesenski Prospekt, a estação telegráfica descendo a alameda nos fundos da casa e as vielas de passagem mais além. Os jardins (que existem ainda hoje) ficavam desertos à noite e seriam o ponto de encontro ideal para quinze homens do grupo, que ficariam ocultos sob a escuridão. Uma carroça com rifles, metralhadoras e munições se encontraria com eles ali perto, os homens pegariam as armas e se esconderiam nos arbustos.[63]

O grupo sabia que era essencial desativar a agência telegráfica, operada por dois marinheiros, e Gorchkov ficou incumbido de pegar dois oficiais e tomar a estação às dez da noite. Uma hora depois, vinte homens do grupo se reuniriam no jardinzinho nos fundos da agência, enquanto um terceiro grupo de trinta homens, liderados por Kuli Mirza, se reuniria nas vielas escuras perto da casa, preparando-se com as armas que seriam levadas para lá à meia-noite. Tudo devia ser "sincronizado com precisão", disse Gorchkov a Levine, e o ataque à Casa Ipátiev se iniciaria "à 1h20 em ponto", quando o general de divisão Golítsin desse o sinal de assobio. Depois do ataque, com 35 homens e granadas para matar os guardas, e outros quinze homens no lado de fora, montando guarda na rua, a família seria retirada em três veículos que estariam à espera e levada para a casa de campo de Agafurov.

O plano era esse; a questão agora era definir a data.[64]

No começo de julho, bem nos dias em que se montava o plano de Gorchkov, o Pequeno Márkov, sem se incomodar com a alta probabilidade de insucesso, arriscou-se a pegar um trem em Tiumen para Ekaterinburg na tentativa de se informar sobre o "bem-estar de meus amados soberanos".[65] A estação ferroviária estava um caos, lotada de vagões, locomotivas e "trens blindados improvisados, montados às pressas com vagões-plataforma de carvão de ferro", e "multidões de soldados maltrapilhos vagueavam pelas plataformas e por cima dos trilhos". Vinham em resposta aos cartazes colados por toda parte, exortando os leais bolcheviques a irem para a frente de batalha contra os tchecos e os russos brancos, na "defesa do Ural Vermelho".[66] A contrarrevolução estava agora às portas de Ekaterinburg.

Márkov seguiu diretamente para a Casa Ipátiev. "Senti um aperto no coração quando vi o edifício", relembrou ele; "era vedado por uma cerca alta de madeira que ocultava as janelas; havia sentinelas duplas postadas em todos os lados". Ele ficou por ali até o anoitecer, contornando a casa três vezes. Era a confirmação definitiva, se ainda fosse necessária, de que ele e seus colegas monarquistas haviam sonhado com o impossível, contra todas as esperanças. Teve de "encarar o fato de que não se conseguiria realizar nada à força. [...] A casa era uma armadilha sem qualquer via de fuga".[67] Seus colegas monarquistas ainda podiam estar conspirando, mas, para o Pequeno Márkov, a única esperança restante para os Románov estava em outro lugar, por meio de uma intervenção diplomática: "Uma grande potência estrangeira, que inspirasse nos bolcheviques medo e respeito, precisaria intervir, e essa grande potência só podia ser a Alemanha".

No começo de julho de 1918, a dura realidade para a última família imperial da Rússia era a seguinte: "Se os alemães não conseguissem salvar o tsar e sua família, eles estavam de fato condenados".[68]

12. "É cruel e horrível demais"

Naquela primavera de 1918, estando a tsarina Alexandra e sua irmã, a grã-duquesa Ella, presas na Sibéria Ocidental, uma sensação de urgência ressurgiu entre seus parentes germânicos. Por algum tempo, por solicitação do cáiser, seu irmão, o príncipe Henrique da Prússia, que também era cunhado das duas mulheres, vinha monitorando os informes vindos da Rússia sobre a difícil situação das duas primas, mas a dificuldade em obter notícias fidedignas sobre elas era frustrante. Assim, o embaixador germânico em Moscou, conde Mirbach, agiu prontamente quando Richard von Kühlmann, ministro das Relações Exteriores da Alemanha em Berlim, transmitiu a notícia recebida em 22 de junho: "Recentes desdobramentos no Ural infelizmente justificam os piores receios quanto ao destino da família imperial".[1]

Ao saber disso, Mirbach fez enérgicas representações junto aos soviéticos. "Eu disse claramente a Tchitcherin que tinha certeza de que ocorrera algum dano à família imperial em Ekaterinburg." Se se apurasse que essa notícia, que despertara indignação "nos mais amplos círculos", era incorreta, disse a Gueórgui Tchitcherin, então ele "não entendia por que vocês, bolcheviques, não respondem com uma negativa direta". O ministro soviético das Relações Exteriores não foi capaz de lhe dar uma resposta clara; "apenas protestou debilmente que havia tantos informes falsos que não fazia muito sentido negar cada um deles".[2] Mesmo Joffe, o embaixador soviético em Berlim, ficou confuso com os rumores sobre o assassinato do tsar. Em 21 de junho, ele escreveu a Lênin, queixando-se:

"Não posso cumprir minhas tarefas se não sei o que se passa na Rússia. Não sei nada sobre o que está acontecendo com o ex-tsar. Ontem, quando Kühlmann me perguntou, falei que não tinha recebido nenhuma notícia".[3] Joffe considerava muito possível que a história do assassinato do tsar fosse verdadeira; a germanofobia grassava no Ural, e o povo de lá acreditava piamente, embora de maneira irracional, que Nicolau era um simpatizante alemão.

Houve quem sugerisse que esses falsos rumores eram, na verdade, obra dos próprios bolcheviques, que Moscou colocara deliberadamente em circulação para testar a reação russa e europeia à notícia de um eventual assassinato da família imperial. E alegou-se também que o sumiço do grão-duque Mikhail em junho fora, da mesma forma, usado para sondar a reação do público à execução de membros da família Románov.[4] Os soviéticos sem dúvida estavam ficando preocupados com a ameaça crescente das forças tchecas e russas brancas que se aproximavam de Ekaterinburg. Em 22 de junho, Joffe informou Kühlmann sobre a dificuldade de obter notícias confiáveis, porque "a linha telegráfica entre Ekaterinburg e Moscou fora cortada pelas tropas tchecoslovacas". Os tchecos, ao que parece, tinham declarado explicitamente que estavam "combatendo pelo tsar e em nome do tsar", o que servia apenas para aumentar a hostilidade da população local contra os Románov. Joffe previa que, "se os tchecos vencessem, seria uma catástrofe para a família". Mesmo assim, reiterou a Kühlmann que telegrafara ao governo de Lênin em Moscou alertando sobre a importância de "garantir a segurança da família imperial", e lhe disse que pretendiam levá-la para Moscou tão logo "a interrupção da linha ferroviária pelos tchecoslovacos seja sanada".[5] Estando as comunicações com o Ural extremamente debilitadas, os alemães não tinham como apurar a verdadeira situação.

Enquanto isso, os persistentes boatos de que os Románov tinham sido executados não ajudava a causa germânica entre aqueles russos que pensavam que os alemães "se livrariam dos bolcheviques" e fariam todo o possível para "salvar nossa família imperial de suas mãos imundas" e, talvez, restaurá-los no trono. Uma aristocrata russa, a baronesa Hartong, ao escrever a Mirbach em 21 de junho, expressou os sentimentos de muitos integrantes da elite ao descrever a decepção que sentiam:

> As pessoas pensam que são vocês que estão apoiando os bolcheviques, em vez de se livrarem deles por nós. Estão começando a pensar que vocês vieram aqui

para perpetuar a desordem do país e para destruir tudo ainda mais, de todas as maneiras. Quanto ao medonho rumor que circula, sobre o assassinato do imperador e de sua família, as pessoas estão convencidas de que se trata de uma ação dos bolcheviques executada por ordens germânicas.[6]

A baronesa concluía a carta com uma advertência: "O povo russo [...] agora não espera nada dos alemães e crê que serão os Aliados que virão salvá-los".[7] Quando a carta a Mirbach foi repassada ao cáiser, ele anotou à margem, em tom triunfante:

> Corresponde exatamente às minhas advertências! [...] Nossa adesão frenética aos bolcheviques *tinha* inevitavelmente de nos tornar — e nos *tornou* — suspeitos junto ao povo russo, que acredita que continuamos a apoiar a revolução, em vez de libertá-lo dela e impor a ordem, que é o que esperava de nós.

Agora eram os Aliados que eram vistos como potenciais libertadores da Rússia — e do tsar. Para Guilherme, Mirbach havia superestimado sistematicamente os bolcheviques e não tivera firmeza suficiente com eles. Pelo contrário, dera-lhes suporte e apoio em sua frágil posição no poder, enquanto o que a Alemanha deveria estar fazendo era buscar mais energicamente uma aliança com os monarquistas pró-germânicos que garantiriam a segurança dos Románov e, mais importante, assegurariam que a ameaça Vermelha não se alastrasse da Rússia para a Alemanha. Guilherme ficou furioso: seu embaixador cometera um "erro de avaliação da situação política interna da Rússia" que se revelara "catastrófico". De fato, pensara por algum tempo em substituí-lo pelo almirante Von Hintze, "a *única pessoa inteligente* em nosso setor de relações exteriores".[8]

Os alemães continuavam igualmente preocupados com o bem-estar dos demais membros da família imperial presos na Crimeia, a tal ponto que um adido militar alemão foi enviado para lá no começo de junho, a fim de verificar sua situação. O adido transmitiu a Dagmar a proposta do cáiser de acolhê-la na Alemanha, mas ela recusou; declarou, intransigente, que, fosse qual fosse a maneira como iria sair da Rússia, não seria com auxílio alemão.[9] Em maio, com os soldados alemães ocupando a Ucrânia e tomando a Crimeia — fato que, em si mesmo, diminuíra em muito a ameaça a Dagmar e à sua família —, alguns monarquistas já haviam estabelecido contato.

Em Kiev, Aleksandr Mossólov, ex-chefe da Chancelaria da Corte, encontrou-se com outros dois membros do círculo imperial — o príncipe Kochubei e o duque Gueórgui de Leuchtenberg — para tentar obter o auxílio alemão para os Románov. Leuchtenberg tinha parentesco distante com Nicolau e também era primo do herdeiro do Reino da Bavária. Usando suas ligações, conseguiu uma audiência com o general Eichhorn, comandante-chefe do exército de ocupação na Ucrânia, e seu chefe do estado-maior. Ambos prometeram dar respaldo material para uma missão de resgate dos Románov que se daria pelos rios Volga e Kama até Ekaterinburg. Sabendo que Nicolau — tal como Dagmar — jamais aceitaria ser resgatado pelos alemães, Mossólov fez chegar uma carta ao cáiser por meio do barão Alvensleben, ajudante de campo alemão do *Hetman** da Ucrânia, pedindo-lhe para garantir que os Románov, depois de libertados, pudessem viver na Crimeia e não fossem obrigados a ir para a Alemanha. Mas suas esperanças foram frustradas. Após longa espera, chegou uma resposta informando apenas que Guilherme não podia agir sem a concordância de seu governo. Seria talvez uma admissão velada de que o cáiser não podia se arriscar a despertar uma reação dos espartaquistas — os socialistas radicais alemães que já conspiravam uma sublevação contra o trono? Mossólov então apelou ao conde Von Mumm, o embaixador alemão junto ao *Hetman*, e mais uma vez a resposta foi negativa. Mumm se declarou surpreso com a sugestão e negou auxílio. O resgate do tsar não era uma prioridade alemã, disse.[10]

Por essa troca de mensagens e pelas reuniões do ministro das Relações Exteriores com o embaixador soviético Joffe em Berlim, seria de crer que a posição germânica oficial diante dos Románov no verão de 1918 se restringia a apelos diplomáticos para que fossem bem tratados e instalados num local seguro e adequado. Mas então os fatos tomaram todos de surpresa: o embaixador alemão, conde Mirbach, foi assassinado. Em 6 de julho, os socialistas revolucionários, pretendendo renovar o conflito entre a Rússia e a Alemanha, fuzilaram-no na embaixada em Moscou. Mirbach foi substituído por Karl Helfferich, e o dr. Kurt Riezler, diplomata que trabalhara com Mirbach na questão Románov, ficou responsável pelas negociações.

O assassinato de Mirbach desencadeou uma grande crise para o governo soviético, que, já seriamente afetado, agora enfrentava a ameaça de golpe dos

* Título dado ao mais alto comandante militar, abaixo apenas do monarca. (N. T.)

socialistas revolucionários e de outros elementos antibolchevistas.[11] Em retaliação ao assassinato, os alemães exigiram autorização para levar um batalhão de soldados a Moscou, a fim de proteger a embaixada. Embora Lênin tenha negado a permissão, os alemães não puderam reagir, uma vez que estavam concentrando seus soldados na Frente Ocidental. Com efeito, o Exército Imperial da Alemanha havia transferido, pouco tempo antes, mais de cinquenta divisões da Frente Oriental, preparando-se para uma grande retomada da ofensiva no Marne. Por ora, os alemães teriam de se manter com os bolcheviques, por mais que os desprezassem, e continuar negociando seus interesses com eles e os monarquistas antibolchevistas. Assim, conseguiam manter a Rússia dividida e tirar proveito de sua atual "paralisia militar".[12]

No final de junho, os britânicos também tinham começado a cortejar os antibolchevistas. Robert Bruce Lockhart iniciou contatos sigilosos com o Centro Nacional, uma organização secreta comandada pelo professor Peter Struve e outros cadetes e políticos do Pravi Tsentr favoráveis à instauração de uma ditadura militar e da restauração posterior da monarquia. Os agentes de inteligência britânicos, trabalhando sob o comando de Stephen Alley em Murmansk, também estavam negociando com monarquistas e outros partidos de oposição, como os social-revolucionários de direita, para que apoiassem as forças de intervenção Aliadas que agora chegavam ao norte da Rússia. Mas o cônsul britânico em Petrogrado, Arthur Woodhouse, alertou que, se os Aliados não agissem depressa, os alemães chegariam antes para "restaurar a ordem e proclamar [uma] monarquia".[13] A última coisa que os britânicos desejavam era a hegemonia alemã na Rússia, com um tsar fantoche. Agora, a maneira mais eficaz de coordenar as forças antibolchevistas e antigermânicas — numa tentativa de derrubar os sovietes — seria, talvez, libertar os Románov e usá-los como ponto de convergência. No entanto, se houve de fato essa percepção, ela chegou tarde demais. Eram os alemães que estavam agora com o único trunfo restante; em Moscou, todos previam uma invasão alemã em grande escala.

É surpreendente que, afora os documentos oficiais do Ministério das Relações Exteriores da Alemanha e alguns comentários avulsos do cáiser, restem tão poucos elementos sobre o envolvimento germânico na questão Románov em 1917-8, mesmo nesse estágio avançado. Numa reunião com membros do Conselho de

Estado ucraniano em Kiev, em 5 de julho, o barão Alvensleben declarou que "o cáiser Guilherme desejava resgatar a qualquer custo o soberano, o tsar Nicolau II". Segundo a princesa herdeira Cecile, nora de Guilherme, ele passou muitas noites insone, preocupado com o destino dos Románov. Mas as memórias de Guilherme não trazem nada sobre o assunto, e os papéis de Alvensleben, que poderiam lançar alguma luz nesses dramáticos dias finais, não sobreviveram.[14] *As memórias de Ernie, irmão de Alexandra, o qual sabidamente fizera várias diligências pela segurança de Alexandra e Ella, tampouco nos revelam coisa alguma. Quanto aos diários e papéis pessoais de Riezler, assistente de Mirbach, e aos documentos do próprio Mirbach, não trazem qualquer menção às diligências dos diplomatas alemães em 1918 em favor dos Románov. Em junho de 1921, porém, Riezler de fato entregou à investigação de Sokolov a crucial correspondência diplomática aqui discutida.*

Se houvesse mais elementos disponíveis, talvez eles servissem como valiosa contraposição à ideia amplamente difundida de que os alemães não fizeram nada para tentar ajudar a família imperial nessa época. A única coisa que restou foi um comentário enigmático de Freiherr von Bothmer, secretário de Mirbach, em seu diário pessoal, em 22 de julho de 1918, afirmando que "o lado alemão tentara 'certas' coisas para ajudar a família diplomaticamente".[15]

Quanto a uma eventual tentativa alemã de última hora, encontramos um elemento circunstancial numa carta nos arquivos do Ministério das Relações Exteriores britânico. Ela provém da seção suíça da Liga para a Restauração do Império Russo e sugere que "Berlim estava pensando em raptar o tsar e a família e levá-los para a Alemanha". Mas de quem viera tal plano, e onde está a prova de que não seria mera especulação? A Liga suíça dizia ter sido solicitada a sondar as posições dos governos Aliados a esse respeito, e já enviara cartas a Georges Clemenceau e Vittorio Orlando, primeiros-ministros da França e da Itália.[16] Até o momento, essas cartas não vieram à tona. Monarquistas russos exilados também tinham visitado o cônsul britânico em Genebra a respeito desse plano, segundo Summers e Mangold, que então concluíram que, de fato, ele fora posto em andamento. Mas tal resgate, como todos os demais, parece uma iniciativa fútil, pouco digna de crédito — e, seja como for, teria se deparado com a máxima resistência dos Románov, que, como sabemos, já haviam deixado claro, alto e bom som, que preferiam morrer na Rússia a aceitar auxílio alemão. Como se constatou, o despacho da Liga suíça, solicitando aprovação do Ministério das Relações Exteriores, foi enviado em 17 de julho e só chegou no dia 21, "no final do dia", como anotou um funcionário.[17]

Quaisquer que fossem as reais intenções do cáiser Guilherme, certamente houve outro surto de atividades diplomáticas no começo de julho, ainda que não de alemães, mas de um russo isolado. No dia 2, Piotr Bótkin, ex-embaixador russo em Portugal que era irmão do dr. Bótkin e estava cada vez mais preocupado com ele, enviou aos franceses mais um angustiado grito de socorro. Dirigindo o apelo a Stephen Pichon, ministro das Relações Exteriores em Paris, Bótkin expôs o estado de extrema ansiedade em que agora se encontravam todos os russos devotados aos Románov. Rogou a Pichon, em nome da antiga e íntima aliança que a França tivera com a Rússia até a revolução, que tomasse medidas para ajudar a proteger o ex-imperador e família. Era a última esperança de Bótkin — todas as suas tentativas anteriores de angariar o auxílio francês haviam sido inócuas: "Todos os passos que dei foram infrutíferos, e, como resposta a minhas cartas, tenho apenas os recibos dos correios confirmando que chegaram a seu destino".[18] Bótkin ficou profundamente desalentado com esse silêncio oficial da França, sobretudo em vista dos laços de amizade franco-russa. Até mesmo a imprensa francesa, sob pesada censura, fizera pouco tempo antes uma alusão à "responsabilidade dos Aliados" no caso de um eventual assassinato do imperador. Bótkin deparou-se mais uma vez com a indiferença; os franceses não responderam. No entanto, eles acompanhavam a situação por meio de seus agentes em campo no Ural. Em 6 de julho, um agente francês, o comandante Charles Boyard, foi de Perm até Ekaterinburg para verificar os rumores sobre a segurança da família, hospedando-se com o cônsul Thomas Preston no consulado britânico, mais adiante na avenida onde ficava a Casa Ipátiev.[19]

Os conspiradores do grupo de Gorchkov, da academia militar, também vigiavam a casa, enquanto prosseguiam nos preparativos para o resgate. Em 12 de julho, tinham feito uma última reunião, quando decidiram "agir depois de amanhã, dia 14". Mas então "surgiu um obstáculo inesperado". O grupo foi avisado de que dois esquadrões de Guardas Vermelhos haviam acabado de chegar à cidade, a caminho de Tcheliabinsk. Eram combatentes cruéis e empedernidos, e os conspiradores precisariam esperar até que fossem embora, o que, segundo lhes disseram, ocorreria na noite de 18 para 19 de julho.

E assim Gorchkov e seus amigos marcaram o ataque à Casa Ipátiev para a noite seguinte, de 19 para 20 de julho.[20]

Para a família Románov, o dia 16 de julho, uma terça-feira, era como qualquer outro dia, pontuado pelas mesmas refeições frugais, por breves períodos de recreação no jardim, leituras e jogos de cartas. Nos últimos três meses, a vida da família se tornara muito embotada, com as extremas restrições que lhe haviam sido impostas e a absoluta falta de contato com o mundo exterior. A única coisa que lhes dava algum alento era o fato de ainda estarem juntos e na Rússia — além de sua profunda religiosidade e absoluta confiança em Deus.

Desde que haviam chegado a Ekaterinburg, os Románov passaram a valorizar os mais simples e menores prazeres: o sol brilhava; Aleksei estava se recuperando do último acesso e as freiras tinham recebido permissão para lhes trazer ovos; fora-lhes concedido o luxo de um esporádico banho. Fugazes e triviais, são esses os poucos detalhes do diário da tsarina que chegaram até nós, nos últimos dias e horas da vida da família. Embora breves, eles nos oferecem uma imagem clara e inabalável da serenidade — quase uma devota aceitação — dos Románov nesse período.

Claro que não temos como saber o que realmente se passava no íntimo de cada um, mas, por tudo o que os guardas disseram mais tarde, de fato sabemos que Alexandra, em especial, agora se entregara decididamente a Deus. Sofria dores quase constantes — peito, costas, pernas, tudo doía —, e a fé era seu único refúgio. Parecia contente em se recolher a uma meditação religiosa, e passava a maior parte do tempo ouvindo a leitura de suas obras espirituais favoritas, geralmente na voz de Tatiana. Uma das filhas sempre ficava a seu lado, renunciando aos preciosos momentos de recreação, enquanto os demais tinham permissão de ir para o jardim. Mas, como sempre, nenhuma das irmãs jamais se queixava. Aceitavam a situação com incrível paciência. Nicolau também se esforçava ao máximo para manter o ânimo, buscando apoio na religião e nas amorosas filhas, embora Olga — talvez a única na família a se sentir consumida por um desespero interior — tivesse emagrecido muito, tornando-se melancólica e mais retraída do que nunca. Todos os cinco filhos, porém, ansiavam por qualquer coisa que aliviasse o tédio mortal. À falta de contato com o mundo exterior, suas únicas diversões eram rápidas conversas com os guardas mais simpáticos, mas mesmo elas tinham sido severamente restringidas pelo novo comandante, Iákov Iurovski, no começo de julho.

Para a noite de 16 de julho, não dispomos sequer dos poucos comentários cotidianos de Nicolau, pois no domingo, dia 13, ele desistira de manter um diário. Sua última frase, vinda ao final de uma vida toda de reserva e discrição, é um autêntico e extraordinário grito de desespero:

> Não temos absolutamente qualquer notícia do mundo exterior.[21]

Notícia da Rússia que amavam? Dos parentes e amigos que haviam ficado para trás? Ou de um resgate a ser feito por seus "leais oficiais"? Se àquela altura o último tsar da Rússia se sentia abandonado e esquecido, a família também devia estar sentindo o mesmo, comungando seu desespero. Mas não demonstravam. E assim continuamos a nos perguntar: será que naqueles momentos finais, quando os guardas entraram, despertaram-nos às 2h15 do dia 17 e então os levaram pelas escadas lúgubres até o pátio e, de lá, até o porão, eles pressentiram que era realmente o fim?[22]

Em Moscou, na verdade, desde o começo de abril, o governo de Lênin vinha debatendo o que fazer com Nicolau — e, a bem dizer, com toda a família. Ficava cada vez mais evidente que a guerra civil, que agora se espalhava até a Sibéria, tornaria impossível trazer o ex-tsar de volta a Moscou para o julgamento longamente discutido, pois Lênin havia procrastinado qualquer decisão até o momento em que as forças contrarrevolucionárias estavam prestes a tomar Ekaterinburg. No começo de julho, sabendo que a cidade, que era um ponto estratégico importante na Ferrovia Transiberiana, cairia mais cedo ou mais tarde nas mãos dos russos brancos e dos tchecos que se aproximavam pelo leste, decidiu-se que, chegada a hora, o soviete regional do Ural deveria "liquidar" a família imperial, em vez de deixá-la cair nas mãos dos monarquistas.[23] E todos deveriam morrer, a fim de garantir, insistiu Lênin, que nenhuma "bandeira viva" (isto é, os filhos) sobrevivesse como possível núcleo aglutinador para os defensores da monarquia. Mas o assassinato dos filhos, que os bolcheviques sabiam que causaria indignação internacional, deveria ser mantido em sigilo pelo máximo de tempo possível.[24]

Em 14 de julho, a família inesperadamente recebeu o especial privilégio de um ofício religioso, celebrado na Casa Ipátiev por um sacerdote local, o padre Ivan Storojev. Ele ficou profundamente comovido com a devoção dos Románov e com o enorme e evidente conforto que sentiram por poder rezar juntos; mas também ficou muito impressionado com a vaga sensação de destino fatídico que prevalecera durante toda a liturgia. Era quase como se toda a família estivesse conscientemente recebendo sua extrema-unção.[25]

Iurovski, nesse meio-tempo, vinha planejando a execução da família com surpreendente ineficiência, para um bolchevique tão dedicado e implacável. Escolheu a área na floresta em torno de Ekaterinburg onde se desfariam dos corpos, mas não verificou se era realmente um lugar adequado para ocultá-los. Escolheu a equipe de matadores entre os guardas da casa, mas sem se certificar se sabiam ou não lidar com uma arma. Investigou o melhor método para destruir onze corpos usando ácido sulfúrico ou talvez a incineração, aqui também sem qualquer consideração de ordem logística.

Decidiu-se que a família seria morta dentro de casa, no porão, para abafar o som dos disparos. No começo da noite de 16 de julho, Iurovski distribuiu as armas a serem usadas. Era uma arma por guarda; um assassino por vítima; os onze visados eram os Románov com seus quatro fiéis servidores, o médico Evguéni Bótkin, a camareira Anna Demidova, o valete Aleksei Trupp e o cozinheiro Ivan Kharitonov. Mas então, de repente, vários guardas se recusaram a matar as jovens. Haviam conversado muitas vezes, tinham passado a gostar delas; que mal haviam feito a quem quer que fosse? Assim, o esquadrão da morte ficou reduzido a oito ou nove homens que, ao receberem a ordem de Iurovski de abrir fogo, entregaram-se a um tiroteio frenético e impreciso, vários deles desobedecendo às instruções e atirando primeiro em Nicolau. As demais vítimas, aterrorizadas, entraram em pânico, e seguiram-se golpes selvagens de baioneta nos sobreviventes da chacina inicial. Uma coisa é clara: a família Románov e seus servidores encontraram a morte da maneira mais brutal, sangrenta e impiedosa.

Os cadáveres foram então jogados sem qualquer cerimônia num caminhão Fiat e levados para a floresta de Koptiaki. Mas o poço de mina que Iurovski escolhera para descartar os corpos era raso demais; os camponeses locais iriam facilmente encontrá-los, e procurariam conservá-los como relíquias sagradas. Assim, algumas horas depois, os cadáveres mutilados da família Románov, despidos das roupas e joias da tsarina, que tinham sido escondidas dentro delas, foram desenterrados às pressas. Iurovski e seus homens fizeram então uma tentativa grosseira de incinerar os corpos de Maria e Aleksei. A cinquenta metros de distância, os demais Románov foram reenterrados às pressas numa sepultura rasa, junto com seus servidores.

Ainda hoje, referindo-se ao que aconteceu com a família Románov, há quem insista que foi uma "execução". Não, não foi. Tampouco foi homicídio, pois mesmo essa palavra sugere algum planejamento e habilidade. Não houve julgamento de nenhum membro da família, não houve nenhum devido procedimento jurídico, nenhuma possibilidade de defesa ou recurso. O que aconteceu no porão da Casa de Finalidades Especiais na Voznesenski Prospekt, em Ekaterinburg, nas primeiras horas de 17 de julho de 1918, foi nada menos que um assassinato horrendo, ensandecido e atabalhoado.*

Apesar da grotesca ineficiência com que Iurovski e seus homens realizaram a matança e a inépcia ainda maior com que tentaram se livrar dos corpos, transcorreriam sessenta anos antes que dois russos locais descobrissem, em segredo, aquelas valas perdidas. Mas foi apenas em 2007 que finalmente foram encontrados os restos mortais de Maria e Aleksei.

Voltemos, porém, a 17 de julho de 1918...

É surpreendente que, naquele dia de julho, não tivesse chegado ao cônsul britânico Thomas Preston quase nenhuma indicação de que seus piores medos quanto ao destino dos Románov estavam para se concretizar, a não ser o sinistro posicionamento de metralhadoras na praça Voznesenski. Era possível ouvir à distância os estrondos da artilharia tcheca que se aproximava, mas da Casa Ipátiev, naquela noite, vieram apenas alguns disparos audíveis. Desde que a família fora trazida para Ekaterinburg, Preston fizera vários apelos ao soviete regional do Ural em referência ao bem-estar dos Románov, sendo apenas mal recebido e ameaçado de morte por esse interesse. Depois do assassinato da família, avisaram-no de que os bolcheviques agora viriam atrás dele; sua casa foi cercada por uma multidão aos gritos. "Foi ele quem tentou salvar o imperador carrasco."[26] O que salvou Preston e a família foi a chegada dos tchecos, que em 25 de julho tomaram a cidade.

* Para detalhes legistas completos do assassinato e enterro dos Románov na floresta de Koptiaki, ver meu livro *Os últimos dias dos Románov*.

Cinquenta e quatro anos depois, Thomas Preston escreveu num artigo para a *Spectator* sobre seu angustioso e contínuo arrependimento pessoal: "Desde então sou perseguido pela ideia de que, se tivesse insistido por mais tempo com o soviete do Ural, poderia ter salvado a família real russa".[27]

Em Alapaevsk, na noite seguinte à morte brutal infligida aos Románov em Ekaterinburg, oficiais da Tcheka local enfiaram num caminhão a grã-duquesa Ella, sua acompanhante, a irmã Bárbara, e seus companheiros de prisão, o grão-duque Serguei, os irmãos Ioann, Konstantin e Igor Konstantínovitch, além do príncipe Paley, e os levaram para um lugar chamado Verkhniaia Siniachikha, a trinta e poucos quilômetros de distância. Lá, atiraram-nos vivos dentro de um poço de mina desativado, lançaram granadas em seu interior e os abandonaram para morrer dos ferimentos, de sede e de fome. Ao contrário dos parentes em Ekaterinburg, Ella e seus companheiros não receberam sequer tiros de misericórdia.

Ao meio-dia de 17 de julho, o detalhado livro de registros da vida oficial de Lênin marcou o recebimento de um telegrama de Ekaterinburg, com sua anotação no envelope: "Recebido, Lênin". O conteúdo confirmava que os bolcheviques de Ekaterinburg haviam procedido à liquidação, obedecendo à decisão previamente ordenada por Lênin e o Comitê Executivo Central.[28] Mas a mensagem sobre a família era ambígua. Moscou pediu esclarecimentos. Duas horas depois, outro telegrama do soviete regional do Ural para Lênin e Sverdlov confirmava que "Nicolau Románov foi fuzilado na noite de 16 de julho por decreto do Presidium do soviete regional [do Ural]". O SRU informou que estava preparando um anúncio ao qual se acrescentaria, de maneira deliberadamente enganosa, que "a família Románov [...] foi evacuada da cidade de Ekaterinburg no interesse da manutenção da segurança pública".[29]

Naquela noite, Beloborodov — presidente do SRU — enviou um pós-escrito codificado à mensagem: "Informar a Sverdlov que toda a família sofreu o mesmo destino do chefe. Oficialmente, a família morrerá durante a evacuação".[30] A intenção evidente era a de criar confusão entre o público sobre o paradeiro de Alexandra e dos filhos após a morte de Nicolau. O SRU iria admitir somente mais tarde que eles haviam perecido durante uma suposta evacuação para um local seguro. Em Moscou, Sverdlov ficou encarregado de fazer o anúncio oficial, o que ele fez em 18 de julho perante o Presidium do Comitê Executivo Central. No mesmo dia, o governo declarou que Nicolau Románov, "o imperador carrasco", fora fuzilado, mas que a esposa e o filho estavam "num local seguro"; as quatro filhas não mereceram menção. Quando os bolcheviques de Ekaterinburg redigiram um anúncio a ser publicado em 20 de julho declarando que toda a família fora fuzilada, o rascunho foi devolvido com a anotação "Proibido publicar". A ordem era seguir a linha oficial da declaração de Sverdlov à imprensa.[31]

Assim, não surpreende que tenha reinado uma grande confusão nos dias subsequentes ao assassinato dos Románov, não só na Rússia, mas também entre seus parentes na realeza europeia.[32] Com tão poucas informações concretas e fidedignas, de início parecia que o único fato certo era que Nicolau estava morto. Até que recebesse confirmação em contrário, era imperioso que a realeza europeia fizesse agora tudo a seu alcance para salvar a tsarina e seus filhos. Enquanto isso, os bolcheviques já se empenhavam em lançar uma cortina de fumaça de desinformação. Trótski, ao ser questionado por um membro do corpo diplomático alemão em Moscou sobre a veracidade dos rumores sobre o tsar, respondera: "Não sei nada sobre isso, e não estou nem um pouco interessado. Não tenho nenhum interesse na vida particular de um burguês russo".[33]

E assim começou um jogo de enganações prolongado, cruel e horrendo; uma bizarra negociação diplomática sobre "corpos ressuscitados" — nas palavras de Kerénski — em que os soviéticos permitiram que os parentes dos Románov e seus respectivos governos acreditassem que Alexandra e os filhos ainda estavam vivos.[34] Foi um ardil cínico para que os bolcheviques pudessem adiar a inevitável condenação internacional, e manter à distância qualquer contrarrevolução monarquista.

Muitos dos rumores sobre os Románov que corriam no Ocidente desde junho tinham se originado em Estocolmo e na comunidade diplomática internacional em Vologda.[35] Em 16 de julho — véspera dos assassinatos —, em Copenhague, um jornal dinamarquês, o *Nationaltidende*, antecipara os eventos daquela noite e informara que Nicolau fora morto. O editor do jornal enviou um telegrama diretamente a Lênin, pedindo confirmação. Às quatro da tarde, recebeu uma resposta de Moscou: "Rumor inverdadeiro, ex-tsar a salvo. Todos os rumores apenas mentiras da imprensa capitalista". Dois dias depois, em 18 de julho, o Comitê Executivo Central anunciou que Nicolau fora executado, "em vista da ameaça do avanço tcheco", mas nada mais.[36]

Em Petrogrado, o Pequeno Márkov ouviu a notícia pela primeira vez em 20 de julho, ao ver uma multidão se aglomerando e jornaleiros "correndo em todas as direções", gritando: "Edição especial! Ex-tsar fuzilado em Ekaterinburg. Morte de Nicolau Románov".[37] No dia seguinte, o *New York Times* publicou a notícia em primeira página, e a seguir, em 22 de julho, o *Times* de Londres publicou a declaração oficial de Sverdlov. As duas matérias repetiam a declaração soviética de que "a esposa e o filho de Románov foram enviados para um local de segurança" e nada diziam sobre as jovens. Na Rússia, os soviéticos mantinham silêncio absoluto sobre qualquer outro detalhe.[38] Será que os bolcheviques de Ekaterinburg tinham ouvido alguma coisa sobre o complô da academia militar nos dias que precederam os assassinatos? Foi o que alegou um jornal local, o *Uraliski Rabochi*, numa matéria publicada em 23 de julho com o título "Guardas brancos tentam sequestrar ex-tsar e família. Complô descoberto". A matéria dizia que a "execução" do tsar se dera a fim de impedir o sequestro.[39]

Era quase impossível obter notícias fidedignas de Ekaterinburg naquela situação desesperada, e com as comunicações telegráficas tão pouco confiáveis. Às 19h15 do dia 23 de julho, o ministro britânico das Relações Exteriores, Arthur Balfour, que estava no escuro como todos os outros e sem conseguir contato com Preston, enviou um telegrama breve e direto ao embaixador britânico em Estocolmo, que também foi copiado para Copenhague:

> URGENTE. PESSOAL.
>
> Você tem alguma informação precisa quanto à morte do imperador Nicolau? Por favor telegrafe prontamente qualquer notícia confiável que lhe chegue.[40]

No dia seguinte, Sir Ralph Paget, em Copenhague, respondeu: "A família real aqui, após todas as indagações possíveis, é da opinião de que não há mais qualquer dúvida sobre morte do tsar". Sir Esmé Howard, em Estocolmo, respondeu logo a seguir, lamentando que "Não tenho nenhuma informação".[41]

O governo britânico ainda não emitira nenhum pronunciamento oficial, mas o rei e a rainha haviam sido informados em caráter privado, embora sem maiores detalhes. No dia 24, a rainha Maria anotou em seu diário: "Tivemos confirmação da notícia de que o pobre Nicky foi fuzilado por aqueles brutos bolcheviques na semana passada, em 16 de julho", acrescentando que era "horrível e cruel demais". Talvez ela e o rei tivessem previsto um fim violento para o ex-tsar, mas a angústia de não saber o que acontecera com a família era muito pior. Definhando em prisão domiciliar na Crimeia, isolada de qualquer fonte confiável e transtornada, Dagmar, mãe de Nicolau, negava-se de maneira obstinada a acreditar na notícia que chegara até ela. "Estão se espalhando os mais pavorosos rumores sobre meu querido Nicky", anotou em seu diário. "Não quero e não posso acreditar neles, mas essa tensão é insuportável. [...] Oh, Senhor, ouve minha prece."[42]

Enquanto o Ministério das Relações Exteriores continuava a fazer de tudo para confirmar a morte de Nicolau, o governo britânico, por necessidade, tivera de entrar em ação para ver como se reconheceria oficialmente o óbito. Assim, travou-se um debate desapaixonado no Palácio Real sobre o protocolo correto que o rei deveria observar em luto pelo primo. Num memorando interno de 23 de julho, Lord Stamfordham mencionou os precedentes que deviam ser levados em consideração:

> A. Sobre a morte do ex-imperador Napoleão III em 1873, a rainha Vitória foi representada no ofício fúnebre, nenhum membro da família real compareceu, embora o príncipe de Gales tenha comparecido ao velório em Chiselhurst. Houve dez dias de luto da corte.
>
> B. Por ocasião do assassinato do rei Carlos de Portugal, o rei Eduardo compareceu a um réquiem celebrado em Londres, e houve quatro semanas de luto da corte.
>
> Em A não havia parentesco entre o soberano e o falecido, e em B havia um parentesco distante.
>
> No caso presente, o rei é primo em primeiro grau.[43]

Nicolau podia ter sido primo em primeiro grau, mas, apesar disso — sem falar nas circunstâncias violentas de seu assassinato —, o governo britânico estava muito mais preocupado com a reação pública. "Qualquer notícia da parte do rei sobre a morte do imperador poderia provocar críticas de uma pequena minoria de que Sua Majestade era simpática ao tsarismo e a favor do governo reacionário", argumentou Stamfordham. Por outro lado, Nicolau fora "um fiel Aliado e amigo deste país", e "qualquer falta de respeito à sua memória despertaria indignação". Naquele mesmo dia, Stamfordham havia se sentado ao lado de Lord Burnham num almoço com o Lord Prefeito:

> Ele foi muito franco em desaprovar a falta de solidariedade mostrada pela imprensa e pela opinião pública nessa tragédia, e afirmou com toda a clareza que, em sua opinião, seria um grande erro se o rei *não* guardasse a morte do imperador da maneira usual.[44]

Sem dúvida seria indispensável um ofício fúnebre, que Konstantin Nabokov, o ex-embaixador tsarista em Londres, estava agora organizando com a grã-duquesa Gueórgui* para dali a uma semana. Stamfordham supunha que Jorge V não compareceria, mas "estaria representado". Na verdade, perguntou ele, "não seria melhor adiar a cerimônia até o momento em que o governo possa afirmar *oficialmente* que o ex-imperador morreu?". Ele achava que o rei deveria sugerir um adiamento, "para que Sua Majestade possa continuar a agir como se não acreditasse na notícia".[45] Mais tarde, ainda no mesmo dia, Arthur Balfour contribuiu com seus palpites numa carta privada a Stamfordham. Disse que o primeiro-ministro David Lloyd George estava

> plenamente ciente de que poderiam surgir alguns comentários e críticas ao rei caso ele fosse representado no ofício fúnebre e, depois, ordenasse o luto da corte pelo finado tsar.
>
> Mas ele disse claramente que, levando em conta a relação de proximidade entre os dois soberanos, e o fato de que o imperador sempre foi leal à Entente e muito amistoso com o rei, nenhuma crítica precisa desviar Sua Majestade do curso natural de tratar a memória do imperador com o mesmo respeito que se estenderia a outros soberanos amistosos.
>
> As circunstâncias trágicas de sua morte parecem tornar esse curso mais consoante com a natural boa índole do que seria de outra maneira.[46]

* A grã-duquesa Gueórgui era a filha do rei Jorge I da Grécia (morto em 1913), sobrinha da rainha-mãe e prima em primeiro grau de Nicolau. Estivera em Harrogate durante a Primeira Guerra Mundial, dirigindo hospitais para os feridos. Seu marido, Gueórgui Mikháilovitch, junto com os grão-duques Nikolai Mikháilovitch, Dmítri Konstantínovitch e Pável Aleksándrovitch, foi fuzilado pelos bolcheviques na Fortaleza de São Pedro e São Paulo em Petrogrado em 30 de janeiro de 1919, apesar dos heroicos esforços de Harald Scavenius para ajudá-los.

Em 25 de julho, após mais um dia de hesitação, a fim de se ter certeza pelo menos quanto à morte do tsar, um anúncio da corte foi publicado no *Times*:

> O rei determina que, a partir de 24 de julho, a corte guarde o luto por quatro semanas, por sua finada Majestade Imperial Nicolau II, primo em primeiro grau de Sua Majestade. A corte mudará para o meio-luto na quarta-feira, 14 de agosto, e deixará o luto na quarta-feira, 21 de agosto.[47]

No dia 26, o rei Cristiano, no Palácio de Marselisborg — residência de verão da família real dinamarquesa —, emitiu ordens semelhantes; no dia seguinte, o rei espanhol fez o mesmo.

Qualquer que fosse a opinião do governo sobre o assunto, o rei Jorge e a rainha Maria estavam muito ansiosos para comparecer ao serviço memorial para o tsar, que foi realizado no dia seguinte a uma cerimônia semelhante celebrada na Igreja Russa na Rue Daru, em Paris. (Seguiram-se outros ofícios em Roma, Estocolmo, Oslo e Haia — embora a este último tenham comparecido representantes da rainha dos Países Baixos e da rainha-mãe.) A *panikhida* na capela da embaixada russa em Welbeck Street, Marylebone — então a única igreja ortodoxa russa em Londres —, teve a presença do rei Jorge, da rainha Maria e da rainha-mãe, além de muitos integrantes da comunidade londrina de russos emigrados. Não havia nenhum representante do gabinete ministerial britânico. "Por que não?", perguntou Stamfordham. "Certamente não por medo de ofender os bolcheviques!" Viu-se que foi "por consideração pela eleição geral, cujo anúncio coincidiu com o do ofício fúnebre".[48]

Trajando o mais pesado luto, a congregação na capela russa ouviu o padre e o coro entoarem as poderosas orações pelos mortos. "Suas maravilhosas vozes em tom profundo romperam o silêncio", relembrou a baronesa De Stoeckl, dama de companhia da grã-duquesa Gueórgui; as respostas do coro *a cappella* comoviam intensamente:

> A beleza da liturgia foi excessiva para os russos leais que tinham vindo render a última homenagem a seu amado imperador e tudo o que ele representava. Prorromperam em soluços. Tentamos conter nossa emoção, mas acabamos igualmente por ceder.[49]

Meriel Buchanan estava lá com o pai, Sir George, e relembrou "a mesma nuvem azul de incenso, a mesma luz dourada e bruxuleante das velas" que vira nos ofícios fúnebres na Rússia. A desatada reação emocional que os Buchannan e a baronesa De Stoeckl viram naquele dia não era um simples adeus a Nicolau; refletia um profundo sentimento de perda, a sensação de que era "o fim de tudo". A velha Rússia, que tantos ali presentes conheciam, amavam e tinham sido obrigados a abandonar, chegara ao fim. "Com o imperador, foram-se muitas coisas que nos eram caras na vida", relembrou De Stoeckl, ecoando um sentimento que também se transmitiu ao rei Jorge e à rainha Maria. "Quando o coro entoou uma prece à Virgem em despedida à alma que partira, correram lágrimas pelo rosto da rainha."[50]

Jorge, que nunca teve o hábito de registrar seus sentimentos íntimos, nem mesmo em seu diário pessoal — característica que tinha em comum com o primo Nicolau —, lutou para encontrar palavras naquela noite. "Foi um assassinato sórdido. Eu tinha devoção por Nicky, o mais bondoso dos homens e um perfeito cavalheiro", escreveu. A despeito de suas falhas, ele "amava seu país e seu povo".[51]

O que mais poderia dizer? Jorge sabia que havia sido omisso com Nicolau. Mas as consequências dessa omissão, bem como as decorrentes do ato final no grotesco jogo de gato e rato que os bolcheviques estavam impondo ao destino de Alexandra e filhos, apenas começavam a se desenrolar.

13. "Aquelas pobres e inocentes crianças"

O serviço memorial para Nicolau II, ex-imperador da Rússia, teve pouca cobertura na imprensa britânica em agosto de 1918. "Tantas pessoas usam preto nesses dias", comentou a *Tatler*, uma revista da alta sociedade, "que o luto da corte pelo tsar realmente não fez grande diferença na aparência das coisas, nem mesmo na ópera".[1] "A maioria dos jornais nos países da Entente publicou apenas um brevíssimo obituário e deu a impressão de que os articulistas se abstiveram, por razões de tato, de expressar seus verdadeiros pensamentos", relembrou o ex-embaixador russo na França, Aleksandr Isvolski. "Era impossível não sentir que essa reserva velava uma forte condenação do caráter e das ações do finado soberano." A única "flagrante exceção a essa 'conspiração do silêncio'", comentou ele, foi a reação do *Daily Telegraph*, que publicou uma série de artigos escritos pelo dr. Emile Dillon, repletos de "acusações violentas contra Nicolau II", que pareceram a Isvolski "extremas, enganadoras e inverídicas".[2]

Os Aliados agora estavam no quarto ano de uma guerra implacável, com risco de serem derrotados; na Rússia, uma ausência geral de interesse diplomático pelo destino do tsar se amplificava devido às péssimas vias de comunicação, impedindo que os países estrangeiros obtivessem notícias fidedignas e transmitissem sua indignação aos soviéticos. Os diplomatas que ainda moravam no país se viram numa situação cada vez mais ameaçadora, e muitos funcionários Aliados temiam pela vida. Agora se multiplicavam as violentas represálias políticas, enquanto o Terror Vermelho dos bolcheviques grassava pelo país: o que era uma morte a mais, de um ex-monarca agora sem qualquer importância, em meio à cultura de violência que crescia e tomava conta da Rússia? A reação dos russos comuns ao assassinato de Nicolau foi ainda mais apagada, se não indiferente, embora se tenham realizado algumas missas nas igrejas de Moscou que ainda continuavam ativas. De modo geral, observou o embaixador americano David R. Francis, "o assassinato do imperador, que outrora o povo russo admirava com afeto e reverência, chamando-o de paizinho, não despertou qualquer ressentimento. Na verdade, em pouco tempo foi esquecido".[3]

Foi um artigo no *German Wireless* o primeiro a apontar um dedo acusador contra a Grã-Bretanha pela omissão:

> Se a Inglaterra agora cumpre o dever familiar da corte trajando luto [...] devia ter cumprido seu dever de conceder pelo menos proteção pessoal ao tsar caído, que foi fraco demais para manter sua posição e fraco demais para retomar o destino da Rússia. [...] Mesmo nas últimas semanas, ela poderia ter protegido o tsar, se assim quisesse. O tsar foi sacrificado à política britânica, como qualquer outra coisa que lhe aparece no caminho. [...] Agora que Nicolau não pode causar mal algum, adota-se o luto. A corte inglesa usa sua morte, que lhe foi bem-vinda e pela qual a própria Inglaterra é parcialmente responsável, a fim de transformá-la num espetáculo melodramático perante o mundo.[4]

Na Grã-Bretanha, o grau de hipocrisia oficial alcançou níveis inéditos numa carta que Lord Stamfordham escreveu a Lord Esher em 25 de julho, deplorando a discreta reação britânica à morte do tsar. "Existiu alguma vez um assassinato mais cruel, e este país alguma vez demonstrou uma indiferença tão empedernida a uma tragédia dessa magnitude?", indagou. "Onde foram parar nossa solidariedade nacional, nossa gratidão, nossa simples decência?"[5]

Indiferença empedernida? Stamfordham parecia não recordar o papel que havia desempenhado, ao instigar vivamente a relutância do rei em oferecer asilo a Nicolau ou ao questionar se ele devia sequer comparecer ao funeral do próprio primo. "Quantos sofrimentos não viveu o pobre e infeliz imperador ao longo do último ano", prosseguiu, agora devolvendo claramente a bola para o lado dos alemães: "Por que o cáiser não condicionou a Paz de Brest-Litovsk à liberação do tsar e de sua família?".[6] Lord Esher, em sua resposta, concordou que a culpa era toda de Guilherme, por não ter agido dessa maneira. Tudo se resumia a uma questão de "covardia moral. Medo de insinuações, de críticas, de ofensas".[7]

A covardia moral foi, de fato, uma característica de todas as partes envolvidas em todas as fracassadas negociações em favor dos Románov, exceto, talvez, o rei Afonso. Todavia, mesmo enquanto os diversos membros da realeza e seus governos começavam a apontar o dedo uns para os outros, permanecia uma grande incerteza sobre o destino de Alexandra e seus filhos. Essa incerteza aumentou quando começaram a circular boatos de que eles tinham sido vistos sendo transferidos de trem de Ekaterinburg para Perm.[8]

Foi esse infundado avistamento, contado e recontado de mil maneiras diferentes pelos teóricos da conspiração, que deu origem aos mitos de uma fuga milagrosa que proliferaram nos cem anos seguintes. De Perm, alegou-se mais tarde, as mulheres haviam sido separadas e enviadas a diferentes locais na Europa, com novas identidades. As histórias logo ganharam vida própria, alimentando-se dos rumores iniciados em 1920, quando apareceu em Berlim uma falsa Anastácia — Anna Anderson, isto é, Fransciszka Szankowska —, para não mencionar uma legião de outras fraudes.

Já a morte de Nicolau foi ampla e imediatamente aceita, embora sua mãe Dagmar se negasse até o final da vida a crer que seu amado Nicky havia morrido. Nas semanas que se seguiram ao assassinato, a questão para o resto da família era outra. Sem provas concretas, sem um túmulo ou uma imagem dos corpos de Alexandra e dos filhos, muitos parentes da realeza europeia se agarraram à esperança de que eles ainda estivessem vivos. E o pior era que ainda nem sabiam que Ella e seus companheiros de cativeiro em Alapaevski também tinham sido assassinados. Com efeito, por algum tempo, os alemães pareciam crer que Ella ainda estava em Moscou.[9] Mesmo ao fazer apelos enérgicos em favor das "princesas alemãs", o cônsul alemão interino em Moscou, Herbert Hauschild, tinha a impressão de que os soviéticos estavam mentindo.

O episódio mais vergonhoso nessa trágica história foi, sem dúvida, o engodo que o governo de Lênin impingiu ao rei Afonso da Espanha. No começo de agosto, vieram a público suas derradeiras e desesperadas tentativas de ajudar a família, quando os jornais espanhóis começaram a noticiar que o Ministério das Relações Exteriores do país iniciara tratativas para "trazer a viúva e as filhas do ex-tsar para a Espanha".[10]

Durante todo esse período de dor e incerteza, o rei Afonso, que vinha monitorando de perto a situação dos Románov desde a abdicação, em março do ano anterior, estava em contato próximo com Vitória de Battenberg. A tsarina era prima em primeiro grau de sua esposa Ena e de Vitória, e todos estavam muito preocupados com a situação de Alexandra e dos filhos Románov. Revelou-se que o Ministério das Relações Exteriores espanhol, em 31 de julho, enviara instruções a Fernando Gómez Contreras – o adido comercial em Petrogrado e único representante diplomático que permanecia na Rússia – para que, na primeira oportunidade, anunciasse aos soviéticos que o rei Afonso, por profundas considerações de ordem humanitária, desejava oferecer refúgio à "imperatriz viúva e seu filho", mas sem qualquer intenção de interferir nos assuntos internos da Rússia.[11] Outro telegrama esclareceu que o oferecimento se estendia à imperatriz-mãe e a *todos* os filhos. Em 3 de agosto, o *Times* publicou os boatos espanhóis sobre a proposta de "remoção para a Espanha da viúva e das filhas do ex-tsar", graças à "solicitude" do rei Afonso. Três dias depois, o jornal noticiava um boato nos "círculos políticos de Moscou" de que a "ex-tsarina está a salvo", mas o governo pretendia "trazê-la perante um tribunal revolucionário devido a suas relações com Raspútin".[12]

Em 3 de agosto, Afonso telegrafou a Vitória de Battenberg, confirmando que iniciara negociações

> para salvar a imperatriz e as jovens, pois parece que o tsarévitche está morto. A proposta é transferi-las para um país neutro ou mantê-las aqui sob minha palavra de honra até o final da guerra. Espero que os demais soberanos me ajudem. Mantê-la-ei informada de todas as notícias que receber. Afetuosamente, Afonso.[13]

Ele também escreveu à grã-duquesa Gueórgui em Londres, que recentemente lhe pedira para agir em favor do marido. O grão-duque Gueórgui, agora preso pelos soviéticos na Casa de Detenção Preliminar em Petrogrado, estava sendo mal alimentado, adoecera e precisava de atendimento médico.[14] Afonso lhe disse que estava fazendo representações em favor de todos os Románov, mas que "seria da máxima importância que o rei da Inglaterra me telegrafasse a esse respeito a fim de reforçar minha petição, que não é nada fácil".[15] Como era imperioso que tivesse o apoio do rei britânico, Afonso enviou um recado simultâneo a Jorge, perguntando: "Posso contar com sua aprovação?".[16] A rainha Maria — que também telegrafara ao rei Afonso sobre a difícil situação do grão-duque Gueórgui — não queria incomodar o marido enquanto estava fora, visitando o exército britânico na França, mas, como Afonso relutava visivelmente em agir por iniciativa própria, discutiu o assunto com integrantes do Ministério das Relações Exteriores.[17] Muito cautelosa quanto aos protocolos corretos, Maria queria agir com "extremo cuidado para não comprometer a si mesma nem a nosso rei". Discutiu-se com Balfour um rascunho de resposta, ao final rejeitado em favor de uma declaração insípida: "Jorge ausente". A rainha acrescentou que o breve telegrama a Afonso era enviado "com o conhecimento do Ministério das Relações Exteriores".[18]

Levando em conta o extremo grau de obsessão monárquica com os procedimentos corretos, demonstrado nessa modestíssima troca de mensagens, qual seria a probabilidade de que a monarquia britânica viesse a transgredir em algum momento os paralisantes vetos burocráticos em toda essa história, assumisse o comando da situação e resgatasse os primos Románov?

Vitória de Battenberg andava tão transtornada que chegou a pensar em recorrer, de mulher para mulher, a Nadejda Krupskaia, esposa de Lênin.[19] Em 10 de agosto, ela escreveu ao rei Jorge sobre a necessidade de Afonso em contar com o respaldo coletivo da família. Tinha certeza de que ele estava "disposto e pronto" a ajudar; mas, quanto à "pobre Alix e suas meninas, [...] qualquer medida para retirá-las do país deve ser tomada rapidamente", do contrário os "fanáticos revolucionários" da guarda poderiam "fazer o que quiserem com as prisioneiras". Já quanto a Ella, Vitória não tinha dúvidas de que não aceitaria abandonar suas atividades religiosas na Rússia, às quais dedicara a vida.[20]

Ela tinha razão nos dois aspectos, mas, infelizmente, claro, era tarde demais.

Ainda ignorando a verdade, agora Afonso voltara a atenção para o cáiser Guilherme, pedindo-lhe que se somasse aos esforços para salvar a "infeliz família" de Nicolau e assegurar uma evacuação segura para um país neutro até o final da guerra.[21] Os alemães, a essa altura, pareciam crer plenamente, tal como os espanhóis, que Alexandra e as filhas continuavam vivas, e o governo de Lênin não fez nada para desenganá-los; na verdade, continuaram deliberadamente a jogar com eles e com todos os demais governos ocidentais. Mas havia nos círculos aristocráticos alemães uma grande preocupação de que a Alemanha fosse obrigada a conduzir negociações pseudoamistosas com o governo de Lênin. A princesa Lowenstein ficou horrorizada que a imprensa conservadora alemã minimizasse o assassinato do tsar, considerando que "nossos novos amigos íntimos, os bolcheviques, os mataram. Como me parece repulsiva a amizade com esses porcos! Um dia virá a vingança".[22]

Por ora, a realeza e os governos da Europa pareciam mais do que contentes em deixar a iniciativa a Afonso, enquanto recebiam seus telegramas que iam de Madri a Berlim, Viena, Oslo, Paris, Roma, Haia, Londres e Copenhague. Com o apoio deles, sua "mão teria mais força", disse-lhes Afonso, "num gesto que não pode ter nenhum significado político, mas apenas humanitário". Chegaram-lhe palavras de incentivo da rainha Guilhermina (que instruiu seu embaixador em Petrogrado a auxiliar qualquer negociação espanhola com os soviéticos), do rei Haakon e do cáiser.[23] Com o rei ainda fora do país, Londres telegrafou que "o governo de Sua Majestade britânica aprecia profundamente os sentimentos de Sua Majestade, o rei da Espanha, e espera sinceramente que alcance o objetivo pretendido".[24] A essa altura, até mesmo o príncipe Jaime de Bourbon — pretendente carlista ao trono espanhol — se pôs a seu lado e telegrafou: "Esperando rápido resultado salvação infeliz família imperial russa".[25] Mas, em caráter reservado, os espanhóis não tinham muita esperança de conseguir apoio dos britânicos quanto a um refúgio para a ex-tsarina. O embaixador espanhol em Londres, Afonso Merry Del Val, julgava que a corte britânica, na verdade, estava interessada apenas no bem-estar da imperatriz-mãe, e que qualquer tentativa de assegurar a libertação de Alexandra seria vista com olhos mais favoráveis se também incluísse Dagmar, a irmã da rainha-mãe, nas negociações. Ainda havia na Inglaterra um grau considerável de hostilidade em relação a Alexandra, observou ele numa carta ao presidente espanhol:

> Ela é considerada uma agente — consciente ou inconsciente — da Alemanha, e a principal causa da revolução, ainda que de modo involuntário. [...] Devo acrescentar que o ressentimento — justificado ou não, mas, de todo modo, muito forte — contra a imperatriz Alix é tão extremo que, ao fim e ao cabo, impedirá qualquer possibilidade de que venha a morar no Reino Unido.[26]

Mesmo na morte, Alexandra ainda era a *bête noire* em toda essa triste história.

Foi apenas em meados de agosto que o rei britânico reingressou em cena. Voltando da visita à frente de batalha no dia 14, Jorge V enviou uma resposta atrasada, mas positiva a Afonso por intermédio do Sir Arthur Hardinge, embaixador britânico na Espanha:

> Agradeceria muito que você exercesse toda a sua influência da maneira mais eficaz, a fim de libertar a família imperial russa da situação deplorável em que vive neste momento.[27]

A inteligência militar britânica também recorreu ao general de divisão Poole, chefe das forças britânicas em Arcangel: "Se tiver ocasião de ajudá-las e salvá-las, o sr. Balfour deseja que assim o faça".[28]

O ministro britânico das Relações Exteriores, Arthur Balfour, finalmente mudara o tom, como muitos outros que haviam mantido uma deliberada distância até aquele momento. Mas foi necessário que tivessem a confirmação do assassinato de Nicolau para que se lançassem a essa ação desesperada.

Até o Vaticano se uniu a essa frenética campanha conjunta para trazer a família imperial russa para a segurança. Em 11 de agosto, o *Osservatore Romano*, o jornal do Vaticano, informou que o papa Bento XV (que, como Afonso, envolvera-se em atividades humanitárias durante a guerra) "ofereceu cobrir todos os custos decorrentes da mudança da família de Nicolau II da Rússia para a Espanha, tendo pedido aos gabinetes envolvidos para agirem o mais rápido possível por razões de compaixão".[29] Ele também ofereceu refúgio à imperatriz-mãe e "uma pensão anual que lhe permita viver de acordo com a dignidade de sua posição".[30]

A notícia no jornal era um resumo misericordiosamente curto de um telegrama de penoso servilismo ao chanceler alemão, enviado pelo núncio papal Eugenio Pacelli, informando-o sobre o desejo de Sua Santidade de "ajudar esses personagens infelizes e [...] fazer todo o possível para que [...] a dor dessas pobres figuras dirigentes, que foram removidas da glória do trono para a mais profunda desgraça, possa ter algum alívio".[31] A petição pessoal do papa chegou aos soviéticos em 19 de agosto e recebeu resposta positiva do Conselho dos Comissários do Povo. Era, evidentemente, puro engodo. Enquanto isso, o Vaticano assegurara ao governo alemão que a tsarina e as filhas, bem como a imperatriz-mãe, receberiam "acomodações decentes" e seriam mantidas no "estilo apropriado".[32] Os alemães, porém, não se deixaram impressionar por essa tardia iniciativa papal, que não ajudou em nada. Agora eles estavam preocupados também com o destino dos quatro grão-duques presos — Gueórgui, Dmítri, Nikolai e Pável —, pressionando para que fossem libertados e enviados ao encontro de seus parentes na Crimeia. O embaixador dinamarquês Scavenius estava inclusive tentando "comprar" a libertação e a segurança deles, em troca de 500 mil rublos de propina para os soviéticos.[33]

Agora fazia mais de um mês que a família imperial fora assassinada, mas o rei espanhol continuava inconscientemente preso na torpe encenação montada pelos soviéticos. Em 22 de agosto, Fernando Gómez Contreras recebeu ordens de Madri para aumentar a pressão nas negociações pela transferência da família para a Espanha. No começo de setembro, ele foi a Moscou com o embaixador holandês, Willem Oudendijk, para ver Tchitcherin no Ministério das Relações Exteriores, que ficava no Hotel Metropole. O ministro estava visivelmente aborrecido, mas se portou como se os objetos da conversa ainda estivessem vivos, dizendo aos dois diplomatas que "não conseguia entender como representantes de países ainda governados por monarcas podiam interceder pela família imperial, responsável pelas desgraças que o povo russo tivera de sofrer durante séculos".[34] Apesar disso, ele manteve a encenação com o ministro espanhol, afirmando que a transferência da família para a Espanha apresentava um grave risco para os soviéticos, pois poderia incentivar o crescimento de um movimento contrarrevolucionário contra a Rússia naquele país. Contreras retrucou, afirmando que eram poucos os lugares onde a família ficaria de fato *mais afastada* da ação política do que a Espanha rural. Durante a conversa, ficou claro para Contreras que Tchitcherin estava sugerindo que, se a Espanha neutra enfim reconhecesse oficialmente o governo soviético, poderiam chegar a uma troca vantajosa, e liberar os Románov. Mesmo na morte, a família imperial era útil nas barganhas; Afonso já previra essa exigência "como o preço da concordância soviética" a sua proposta.[35]

Contreras se sentiu muito desconfortável durante todo o encontro com Tchitcherin, embora tenha saído com a promessa de que seu apelo seria encaminhado ao Comitê Executivo Central. Ele informou Madri sobre suas reservas, fazendo ao final um comentário muito expressivo: "Saí dessa reunião plenamente convencido da perversidade e má-fé dessa gente, que ultrapassa tudo o que se possa imaginar".[36] Contreras não via nenhuma solução fácil pela frente, e era da opinião de que cabia aos alemães uma parcela de responsabilidade para tentar salvar a esposa e as filhas do tsar. Mais tarde, num relatório oficial, observou que, a despeito das várias solicitações ao cáiser para "se manifestar em favor dos prisioneiros reais", Guilherme respondera que lamentava muito a "triste situação da família deposta", mas que sua vontade de ajudar "ia de encontro à absoluta e implacável impossibilidade de conseguir fazer qualquer coisa que alivie o destino deles".[37]

Contreras estava longe de acreditar nisso. Entre todas as potências estrangeiras, a Alemanha era a que tinha as melhores condições para exercer influência sobre os bolcheviques. No entanto, mesmo em 29 de agosto, os alemães ainda pareciam enredados naquelas negociações dissimuladas que os soviéticos iam arrastando. Por ordem de Karl Radek, fazendo a ligação em nome do Ministério das Relações Exteriores soviético, agora se apresentava ao cônsul alemão, Hauschild, a sugestão de trocar Alexandra e filhas por Leo Jogiches, um social-democrata polonês e líder espartaquista (os comunistas alemães que agora incitavam a revolução na Alemanha) preso em Berlim. Pouco tempo depois, Adolf Joffe fez a exorbitante proposta de uma troca ainda maior — por Karl Liebknecht, fundador do Partido Comunista alemão, que estava detido por alta traição.[38]

No final de agosto, no momento em que Hauschild informava a Berlim que Tchitcherin e Radek procuravam algum tipo de "indenização" política pela libertação de Alexandra e das filhas, finalmente começou a circular na Grã-Bretanha a notícia de que toda a família havia morrido.[39] No dia 28, um memorando do Ministério das Relações Exteriores confirmou a notícia vinda de Arcangel, tão longamente esperada. Lord Stamfordham foi um dos primeiros a recebê-la, por intermédio de Lord Milner, no Ministério da Guerra, no dia 31:

> Acabamos de receber um telegrama muito doloroso do oficial da inteligência que serve sob o general Poole em Murmansk informando que, com toda a probabilidade, a imperatriz da Rússia, suas quatro filhas e o tsarévitche foram assassinados junto com o finado tsar. A informação chegou ao oficial da inteligência por uma fonte da qual ele não tem nenhum motivo para duvidar. Assim, tenho grande receio de que a notícia muito provavelmente se demonstre verdadeira.[40]

Naquela noite, o rei confiou ao diário uma breve e triste nota: "Isso é horrendo demais, e só mostra os demônios que esses bolcheviques são. Para a pobre Alicky, talvez tenha sido melhor assim. Mas aquelas pobres e inocentes crianças!".[41] Naquele mesmo dia, ele deu a notícia pessoalmente à sua tia viúva, a princesa Helena, que morava no Palácio de Cumberland Lodge, próximo ao castelo de Windsor. Era domingo, e a princesa e sua filha Maria Luísa iriam almoçar com o rei e a rainha no castelo, como faziam com frequência. Mas, dessa vez, ficaram esperando no corredor. Jorge e Maria enfim apareceram meia hora depois, com ar "grave e profundamente transtornado". O rei, de fato, parecia tão angustiado que Helena pensou que devia ter ocorrido uma grande derrota militar na Frente Ocidental. Por fim, em profundo estado de choque, Jorge lhe contou que acabara de receber a confirmação daquilo que todos temiam: "Nicky, Alix e os cinco filhos foram assassinados pelos bolcheviques em Ekaterinburg".[42]

Em 2 de setembro, Maria Luísa levou pessoalmente a terrível notícia a Vitória de Battenberg na ilha de Wight. Por acaso já tinha uma visita marcada e se ofereceu para levar uma carta do rei. Vitória ficou profundamente chocada; "não falamos muito sobre isso, não havia quase o que dizer", relembrou Maria Luísa. "O horror daquela tragédia medonha era grande demais para ser expresso em palavras, e as habituais manifestações de pêsames pareciam totalmente deslocadas."[43]

Vitória mantivera esperanças até o fim em relação às quatro filhas, como escreveu ao rei Jorge no dia seguinte: "Aquelas queridas mocinhas ainda eram jovens o suficiente para se recuperar dos horrores que viveram, e poderiam ter dias mais felizes pela frente, mas também havia a possibilidade, que me assombrava, de que lhes causassem grande mal".[44] Atormentava-a o fato de não saber se Alexandra e as filhas tinham morrido com Nicolau e Aleksei ou se haviam sido assassinadas separadamente. Vitória, mais tarde, escreveu a uma amiga sobre a irmã Alexandra: "Embora sua perda me cause dor e sofrimento, ainda assim fico grata ao pensar que ela agora está em paz. Ela, seu querido marido e filhos, afastados para sempre de mais sofrimentos".[45] Foi apenas em 9 de novembro que Vitória soube que sua outra irmã, Ella, também fora assassinada — seu cadáver e os de seus companheiros foram retirados do poço da mina em 29 de setembro, quando os brancos tomaram Alapaevsk.*

Lord Stamfordham reagiu à confirmação do assassinato de toda a família numa carta a um colega em 1º de setembro: "Naturalmente, o rei sente profunda dor com o pavoroso destino que recaiu sobre seus parentes", escreveu ele, acrescentando que "é quase inacreditável que os filhos inocentes não tenham

* Os restos mortais de Ella e seus companheiros foram levados para Irkutsk por razões de segurança, mas, quando ficou evidente que os brancos iriam perder o controle da área, enviados para Pequim, a fim de impedir que fossem profanados. Em janeiro de 1921, os corpos de Ella e da irmã Bárbara foram remetidos para Jerusalém e, em respeito aos desejos de Ella, enterrados no convento ortodoxo russo de Santa Maria Madalena, no monte das Oliveiras.

sido poupados".[46] A reação de David, príncipe de Gales, filho e herdeiro de Jorge, foi bem menos caridosa: "Que trágico terem fuzilado o pobre tsar. Que brutos são os bolcheviques, [...] ele era um homem encantador, embora, claro, irremediavelmente fraco" – isso dito por um homem que, dezoito anos depois, exporia sua fatídica fraqueza como rei.[47]

Em 12 de setembro, o *Daily Express* noticiou que a "ex-tsarina e suas quatro filhas" tinham sido assassinadas pelos bolcheviques, já tendo pressuposto que Aleksei fora morto junto com o pai. O Ministério das Relações Exteriores britânico não se dispôs a confirmar a notícia, que o *Express* dizia provir de "uma fonte acima de dúvidas". Foi "o mais sórdido dos crimes", comentou o *Aberdeen Evening Express* na chamada da matéria, que iria "despertar um sentimento de horror em todo o mundo civilizado".[48]

Embora os membros da realeza britânica e espanhola agora se vissem relutantemente forçados a aceitar que a família inteira morrera, os alemães ainda eram engabelados por Tchitcherin e Radek, que em 13 e 14 de setembro mudaram o roteiro para ganhar mais tempo. Agora, eles diziam ter recebido um relatório da frente de batalha informando que o paradeiro de Alexandra e das filhas, assim como o dos Guardas Vermelhos de sua escolta, era desconhecido, por conta da evacuação caótica de Ekaterinburg quando da tomada da cidade pelos tchecos. Mas garantiram-lhes que "logo receberiam notícias do local onde estavam".[49]

A essa altura, os alemães estavam fartos das tergiversações russas. Nas últimas negociações, os soviéticos "rejeitaram nosso contato como interferência nos assuntos russos", observou um integrante do Ministério das Relações Exteriores alemão, "a menos que permitíssemos igualmente a intercessão russa em favor de certas personalidades turbulentas na Alemanha [isto é, Jogiches e Liebknecht]".[50] Os alemães repudiaram taxativamente essa troca política, e assim decidiram ceder ao rei Afonso, propondo sugestões ainda mais radicais: que tal enviar a família para um dos países da Entente? Ou para a Crimeia? Joffe abraçou as sugestões, concordando com todas elas, e, por fim, admitiu que, até onde sabia, toda a família ainda se encontrava em algum lugar na Sibéria.[51] A deliberada distorção soviética das informações se infiltrara a tal ponto nos serviços de inteligência estrangeira que apenas em 5 de outubro a notícia foi finalmente confirmada por Sir Charles Elliott, cônsul-geral na Sibéria, num relatório de quinze páginas para o Ministério das Relações Exteriores. Elliot fora até Ekaterinburg a fim de investigar as informações em primeira mão, mas saiu com pouquíssimos elementos; concluiu equivocadamente, baseando-se apenas em frágeis rumores, que "os membros sobreviventes da família real" haviam partido de Ekaterinburg por trem para o norte ou para o oeste.[52]

E assim a incerteza prosseguiu. Na verdade, ela nunca se dissipou por completo. Em suas memórias, publicadas em Londres em 1927, o conde Benckendorff comentou sobre a ampla e ininterrupta circulação de boatos de sobrevivência: "Apesar do absurdo da ideia de que Suas Majestades, filhos, séquito e servidores pudessem ter sido enviados para o exterior e lá se escondessem, sem que nenhum jornal mencionasse o fato, tais rumores recebiam crédito em toda a Rússia, entre todas as classes".[53]

Apenas em 5 de dezembro de 1918 o *Times* confirmou formalmente o "destino da família do tsar". Os funcionários germânicos em Kiev enviaram a Berlim a notícia de que haviam sido "fuzilados juntos num porão". A essa altura, fora publicado em inglês o primeiro relato sensacionalista e melodramático — escrito por um notório plagiador cujos livros pouca semelhança guardavam com a verdade. *The Secret Life of the Ex-Tsaritza*, de William Le Queux, lançado no começo de novembro de 1918, prometia aos leitores um relato cheio de emoções em que os "capítulos mais escabrosos dessa espantosa tragédia são reconstituídos com base nas revelações surpreendentes [...] do coronel Vassíli Grigoriev, que acompanhou o tsar no exílio".[54] O coronel Grigoriev era inventado; o livro de Le Queux marcou o início de uma longa e falsa sequência de alegações sensacionalistas sobre o assassinato dos Románov, que ganharam exposição com uma matéria no *Times*, publicada em 5 de dezembro e baseada nas declarações de uma "testemunha"* sem qualquer credibilidade, sobre os últimos dias do encarceramento da família imperial na Casa Ipátiev. Os leitores ficaram chocados. Segundo a história do *Times*, os Románov passavam o dia "trancados num quarto com uma só uma cama", sendo obrigados a dormir no chão. Eram despertados e interrogados a qualquer

* Histórias sensacionalistas baseadas no relato inventado dessa testemunha, chamada "Parfen Domnin", foram distribuídas nos Estados Unidos por meio de uma agência de notícias. Na verdade, ela seria o ex-valete do tsar, Terénti Tchemodúrov, que acompanhou a família a Ekaterinburg e, em maio, ao adoecer, foi transferido da Casa Ipátiev para o hospital local. Com a mente confusa e provavelmente senil, ele foi libertado da cadeia de Ekaterinburg pelos brancos e falou com alguns repórteres ocidentais sobre suas experiências de vida.

hora do dia e da noite, e, pior, havia ainda a insinuação de que as quatro filhas tinham sofrido abusos sexuais.[55]

Oito anos se passariam até que os soviéticos enfim admitissem em letra impressa as mortes de toda a família; foram obrigados a isso pelo extenso trabalho de investigação de Nikolai Sokolov, que, em 1924, em Paris, publicou seus achados em francês sob o título *Enquête Judiciaire sur l'assassinat de la famille impériale*. Em 1926, um integrante do soviete de Ekaterinburg, Pável Bikov, lançou a versão soviética oficial, de caráter autojustificativo. Intitulado *Poslednie dni Romanovikh* [Os últimos dias dos Románov], o livro foi lançado, de maneira bastante apropriada, em Sverdlovsk — o novo nome de Ekaterinburg, em homenagem a Iákov Sverdlov, o principal responsável por arquitetar as mortes. Foi traduzido para diversas línguas.

Muito antes disso, no outono de 1918, iniciara-se uma longa saga de acusações e culpabilizações em cartas pessoais trocadas entre os membros da realeza europeia. Em 1º de setembro, Jorge V enviou uma carta de pêsames à prima Vitória de Battenberg que terminava da seguinte maneira: "O mais terrível é que todos poderiam ter sido salvos se Guilherme tivesse ao menos erguido um dedo em seu favor".[56] Não se sabe qual foi a reação de Vitória a isso, mas ela deixou seus sentimentos muito claros numa carta de agradecimento que enviou ao rei Afonso três semanas depois. Na missiva, ela admitia com pesar que não havia "motivos de esperança" e que a morte libertara sua irmã Alexandra e os filhos "de mais sofrimentos". Agora "eles passaram das mãos cruéis do homem para as de um Deus justo e misericordioso", e ela queria agradecer ao rei espanhol por tudo o que "tentou fazer para salvá-los de seus inimigos". Para ela, assim como para o rei Jorge, era evidente de quem era a culpa pelo fracasso em salvar a família daquele fim medonho:

> O soberano que tinha a influência mais direta sobre o governo revolucionário na Rússia, que conhecia minha irmã desde criança, em cujas veias corria o mesmo sangue, aquele que estava sempre dizendo que eram ambos da mesma nacionalidade, abandonou-a.*

* Por muitos anos, esses comentários foram interpretados como uma alusão ao rei Jorge, o que não pode ser o caso, dado o contexto em que foram escritos. Os comentários de Jorge em sua própria carta a Vitória, além da menção específica às raízes germânicas de ambos, indicam claramente que ela estava pensando no cáiser Guilherme.

Guilherme: o conterrâneo alemão, primo e companheiro de folguedos (nas felizes visitas familiares a Hesse) de Vitória, Alexandra, Ella e Irene, traíra a tsarina nascida na Alemanha. Para Vitória, ele não aproveitara sua posição de vantagem diante do governo bolchevique nas tratativas de Brest-Litovsk, quando poderia insistir que, em troca da paz, autorizassem a saída dos Románov da Rússia para um local seguro. Já o rei Afonso, para quem Alexandra e filhos "eram praticamente desconhecidos", dera o máximo de si para ajudá-los. "Nunca esquecerei a gratidão que lhe devo por isso", escreveu-lhe ela.[57]

Diz-se que, desde então, o rei Afonso sempre lamentou profundamente a "falta de solidariedade" dos colegas monarcas para com seu empenho em resgatar os Románov. Nunca se recuperou da dor e do desespero por ter falhado. Mas pelo menos uma coisa lhe seria de grande consolo, pois de fato Nicolau soubera das diligências que ele vinha fazendo em seu favor. Com o auxílio da baronesa Buxhoeveden, uma mensagem do rei espanhol a esse respeito fora repassada a ele na Casa do Governador, em Tobolsk. O tsar ficou extremamente comovido: "Este é de fato um amigo leal", ouviram-no dizer a Alexandra. O que sem dúvida era verdade, pois Afonso e Nicolau nunca se encontraram pessoalmente.[58]

Quando as consequências políticas e morais dos assassinatos começaram a se desenrolar nos anos seguintes, chegamos à parte mais ignominiosa dessa história complexa — o expurgo e a alteração dos registros oficiais. Havia reputações a proteger, e a máquina do governo passou a operar para garantir que isso acontecesse.

14. "Sua Majestade preferiria que não se publicasse nada"

O assassinato dos Románov foi uma entre inúmeras tragédias durante uma guerra mundial que testemunhou a morte, a mutilação, o desalojamento e a expropriação de milhões de pessoas. Apesar disso, para os que tinham ligação mais próxima com a família imperial, seu fim brutal foi uma ferida que nunca cicatrizou. Por muitas décadas, múltiplas histórias contraditórias quanto à sobrevivência de alguns ou todos os membros da família continuaram a chegar aos ouvidos de seus parentes na Europa Ocidental. Volta e meia, as discussões que se reacendiam sobre a morte dos Románov vinham acompanhadas por ondas de remorso e recriminações contra os supostos culpados por não salvá-los.

O rei Jorge continuou a sentir profunda dor, mas sempre no plano íntimo e privado. "Ele nunca fez qualquer referência pública a ela", relembrou seu amigo, o Aga Khan, "mas, mais de uma vez em nossas conversas pessoais, não hesitou em me abrir o coração e falar de sua dor".[1] Quando o coronel Pável Rodziánko, que entrara em Ekaterinburg com a Força Expedicionária britânica logo após os assassinatos, retornou à Inglaterra em 1920, Jorge o convidou para almoçar, ansioso em "ouvir meu relato sobre a Expedição siberiana e o assassinato de seus primos". Rodziánko relutou em entrar em detalhes — "o episódio foi muito íntimo" — e comentou apenas que foi "uma conversa um tanto dolorosa".[2] Quatro anos depois, o efêmero governo trabalhista de Ramsay MacDonald procurou restabelecer as relações com a Rússia, que passara a se chamar União Soviética. Claro que o rei não poderia vetar a iniciativa, mas recusou-se a receber qualquer representante soviético e insistiu que não o obrigassem a "apertar a mão dos assassinos de seus parentes".[3]

Todas essas dolorosas discussões tinham ressurgido com a chegada de Dagmar e sua filha Xenia à Inglaterra, em 9 de maio de 1919. A imperatriz--mãe sentia-se desolada por ter de deixar a Rússia, e agarrava-se à crença de que Nicolau e a família, por algum milagre, haviam sobrevivido; quanto a seu outro filho, Mikhail, continuava sem notícias sobre o seu destino. Mas, quando a guerra civil russa começou a se alastrar para a Crimeia, a rainha-mãe, irmã de Dagmar, rogou-lhe que saísse enquanto ainda era possível. Em abril de 1919, Jorge V enviou o navio de combate HMS *Marlborough* para evacuar de Ialta a imperatriz-mãe, Xenia e outros membros da família Románov, com seus servidores, o que provavelmente os salvou do assassinato pelos bolcheviques. Mas Dagmar, sociável e gregária, não se entregou aos melancólicos tête-à-tête com a irmã viúva na Casa Marlborough e em Sandringham. Logo debandou para a Dinamarca, onde vivia às custas do sobrinho, o rei Cristiano, acumulando sem pestanejar montanhas de contas. Mesmo quando todo o mundo passara a considerar seu filho e família como "irrefutavelmente mortos", Dagmar não abandonou as esperanças. Conservava junto à sua janela em Copenhague uma pequena lâmpada sempre a queimar, para que "Nicky saiba que ainda aguardo seu retorno". A lâmpada da própria Dagmar se apagou em 1928.[4] Em 2006, seu corpo foi repatriado para São Petersburgo e sepultado com o do marido na Catedral de São Pedro e São Paulo.

A evacuação da imperatriz-mãe e seus parentes fora um nítido — e sem dúvida necessário — gesto de catarse por parte de Jorge, para se redimir e compensar seu fracasso em salvar os Románov.[5*] Mas os dolorosos lembretes continuavam a assombrá-lo, mesmo quando Dagmar chegou à Grã-Bretanha. Em 11 de abril de 1919, ele recebeu um despacho do coronel D. S. Robertson, alto comissário britânico interino na Sibéria, estacionado em Vladivostok, contendo um relatório preliminar sobre os assassinatos. Lord Stamfordham escreveu ao Ministério das Relações Exteriores dizendo que o rei o lera "com

* Em 1922, depois de uma insurreição contra o trono grego, o governo britânico enviou um navio de guerra para resgatar o príncipe Andrew, pai do duque de Edimburgo e primo do rei Jorge, que fora detido. Um navio britânico também evacuou em segurança o imperador deposto Carlos I da Áustria-Hungria, atravessando o mar Negro em novembro de 1921.

horror"; afirmou categoricamente que "Sua Majestade preferiria que não se publicasse nada desse relato".[6] Stamfordham reiterou a instrução na capa frontal da respectiva pasta do Ministério das Relações Exteriores – chamada "Assassinato do ex-tsar" – que chegou a ele. "S. M. prefere que não se publique nada."[7] E, de fato, nada *veio* a público, embora, mais tarde, a pasta tenha sido aberta para consulta dos pesquisadores.

Por outro lado, o ex-primeiro-ministro russo Aleksandr Kerénski não se pejou em publicar uma série de relatos autojustificativos nos anos posteriores à guerra. O texto de mais ampla circulação foi sua apologia "Por que o tsar nunca chegou à Inglaterra", publicada no *Evening Standard* em julho de 1932, mas já em 1921 Kerénski procurara explicar na imprensa dos emigrados russos o que estava por trás das tentativas, dele próprio e de Miliúkov, para retirar os Románov da Rússia. Seu artigo enfureceu o *Daily Telegraph*, porta-voz do governo britânico. Culpando Kerénski por suas "fúteis tentativas de diplomacia", que cederam o poder aos bolcheviques, o jornal o acusou em 1921 de insinuar que cabia ao governo britânico "toda a culpa" pelo fim trágico da família imperial. O jornal assinalava com razão:

> Não existe absolutamente qualquer prova de que Kerénski, no caso de uma resposta favorável, conseguiria que seus prisioneiros atravessassem a fronteira sem colocar suas vidas em perigo. [...] Em 1917, os submarinos alemães tinham se tornado letais e haviam afundado diversos navios em torno de Murmansk. Isso, por si só, bastaria para despertar a vontade de adiar a travessia dos cativos imperiais.

A "verdadeira causa dos assassinatos em Ekaterinburg" foi a "pusilanimidade de Kerénski e seus colegas em tratar com os bolcheviques".[8] Kerénski retaliou, acusando os governos Aliados de fazerem "jogo duplo" contra seu governo; o *Telegraph* tentara "atenuar a natureza categórica da recusa" da Grã-Bretanha em facilitar e prover um asilo seguro, uma vez que o governo britânico, em junho de 1917, recuara totalmente em seu oferecimento original.[9] No fim das contas, porém, como o próprio Kerénski admitiu, "mesmo que o Governo Provisório desejasse remover o ex-tsar para o exterior, isso não seria possível, porque o conselho [do soviete de Petrogrado] não permitiria". Durante a calmaria de julho, porém, quando os bolcheviques estavam desacreditados e em retirada, "tornou-se plenamente possível remover Nicolau II de Tsárskoie

Seló", e assim ele fizera. Tecnicamente, segundo o que agora afirmava Kerénski, a evacuação do tsar para o norte até a fronteira finlandesa e de lá num navio britânico "não teria sido mais difícil do que sua viagem para Tobolsk".[10] Nisso contou com o respaldo de Miliúkov, e continuou a repetir suas alegações em diversos artigos na imprensa dos emigrados pelos quinze anos seguintes, ou mais, sempre negando qualquer responsabilidade pelo fracasso na iniciativa de conseguir o asilo.[11] A publicação de suas memórias – *The Catastrophe: Kerensky's Own Story of the Russian Revolution* – em Londres e Nova York, em 1927, gerou uma nova torrente de indignação e protestos, dessa vez por parte do Ministério das Relações Exteriores.[12]

Nos anos 1920 e 1930, seguiu-se inevitavelmente uma rápida sucessão de memórias políticas e pessoais dos últimos dias da Rússia imperial. Em 1921, depois de servir como embaixador em Roma nos dois últimos anos de sua carreira, Sir George Buchanan se aposentou e começou a escrever sobre seus sete anos de serviço na Rússia. Contou nessa tarefa com a assistência do escritor e editor literário Edmund Gosse, e, concluída a obra, destruiu todos os seus documentos; *My Mission to Russia*, em dois volumes, foi publicado em Londres em 1923.

Ao longo da compilação dessas memórias, Buchanan esteve sob considerável pressão do Ministério das Relações Exteriores, para não revelar nada que pudesse expor o órgão, o rei ou o governo a críticas indevidas. Na verdade, o artigo 20 do Regulamento do Serviço Diplomático ressaltava que o ministro das Relações Exteriores teria de conceder permissão quanto ao uso em memórias posteriores de qualquer informação confidencial que tivesse sido obtida por um diplomata no desempenho do cargo. Assim, as possibilidades de Buchanan de falar com liberdade sobre o que se passara nos bastidores quanto ao asilo dos Románov estavam seriamente tolhidas.[13] Sua filha Meriel, no livro que escreveu em 1932, *The Dissolution of an Empire*, revelou as pressões impostas ao pai para encobrir os detalhes sobre a mudança de posição do rei e para fazer "uma exposição dos fatos bastante ambígua e enganosa".[14] Segundo Meriel, Sir George foi "avisado no Ministério das Relações Exteriores, aonde fora examinar alguns documentos", que, caso publicasse a verdade,

> não só seria acusado de infração da Lei dos Segredos Oficiais, mas teria sua aposentadoria retirada. [...] A versão que ele dá sobre a promessa do governo britânico

de receber o imperador na Inglaterra [...] é, portanto, uma tentativa deliberada de suprimir os verdadeiros fatos.[15]

Para piorar as coisas, em 1923, logo antes de publicar suas memórias, Sir George foi obrigado a responder a acusações maliciosas lançadas contra ele na serialização de *Souvenirs de Russie*, da princesa Paley, publicada na *Revue de Paris*.[16] Paley, a segunda esposa morganática do grão-duque Pável Aleksándrovitch, era uma das críticas mais estridentes de Sir George. Nutria uma arraigada antipatia pelo embaixador britânico, por ter de alguma maneira contribuído para fomentar a Revolução de Fevereiro e, com ela, a queda do tsar. Suas cáusticas acusações de que ele traíra pessoalmente os Románov se aproximavam a um grau perigoso da difamação. Mas a "culpa por omissão" de Sir George, como alegava Paley, era infelizmente uma posição partilhada por Pierre Gilliard e alguns outros integrantes da aristocracia russa.[17] Ele era também acusado de não ter assegurado a evacuação do grão-duque Cirilo e da esposa Vitória Melita — neta da rainha Vitória —, com os quais ele e a mulher mantinham amizade.[18] Na verdade, Sir George se encontrava numa situação muito difícil na época, forçado a levar em conta a segurança da própria família na Petrogrado revolucionária, e também preocupado com a ameaça à sua embaixada se não cortasse os laços de amizade com o casal.

Em resposta às alegações da princesa Paley, Sir George publicou na mesma *Revue* um extenso trecho das memórias ainda não lançadas, sob o título "Nicolas II et la Révolution Bolcheviste", acrescentando uma ressalva, visivelmente feita sob pressão, exonerando o governo de Miliúkov e o governo britânico:

> Não questionei a boa-fé do Governo Provisório, [...] foram eles que tomaram a iniciativa no assunto, pedindo-nos que oferecêssemos ao imperador e sua família asilo na Inglaterra. Nosso oferecimento continuou aberto e nunca foi retirado. Se não foi aproveitado, foi porque o Governo Provisório não conseguiu vencer a oposição do soviete. Não eram, como afirmei e agora repito, senhores de sua própria casa.[19]

Quando o excerto de Buchanan foi publicado, Miliúkov protestou contra a afirmação final. A controvérsia não se extinguiu: Paley reiterou suas insinuações sobre as "nefastas" negociações de Sir George sobre os Románov, numa resposta publicada mais uma vez na *Revue de Paris*, em 15 de abril de 1923.[20]

Infelizmente, dessa vez ela exagerou, alegando que Sir George retivera, de maneira deliberada, o telegrama de apoio que Jorge V enviara a Nicolau II, logo após sua abdicação. O rei, insistia ela, telegrafara pessoalmente a Nicolau, "insistindo para vir o mais breve possível para a Inglaterra, onde ele e a família encontrariam um refúgio seguro e pacífico".[21]

É interessante notar a persistência desse equívoco em especial, o de que o rei Jorge oferecera livre e abertamente asilo aos Románov. A acusação contra Sir George, como escreveu Meriel Buchanan, fazia parte daquele "velho, mas persistente boato de que meu pai nunca tentou salvar a família imperial" e, ademais, de que se absteve "de maneira "deliberada, de propósito". Em *The Dissolution of an Empire*, ela manifestou a esperança de que um dia "alguém publicará a verdadeira história daqueles procedimentos, com respaldo em provas documentais nos arquivos oficiais".[22]

Mas, voltando a 1922-3, o ataque despropositado de Paley e a autodefesa digna mas gravemente tolhida de Buchanan cobraram seu preço sobre a saúde já precária do embaixador. Ele morreu um ano depois de publicar as memórias, com o nome e a reputação manchados. A filha assumiu a enérgica defesa do pai pelos trinta anos seguintes, em suas memórias e em diversos artigos publicados em revistas. O editor de Sir George, Edmund Gosse, parabenizou Meriel por ter adotado essa atitude em seu livro *Diplomacy and Foreign Courts*, publicado em 1928, relembrando que, "quando trabalhamos juntos em suas memórias, [Sir George] conversou muito e inúmeras vezes sobre aqueles terríveis meses finais na Rússia".[23] Mesmo muito tempo depois da morte do pai, Meriel continuava a ser questionada se ele não poderia ter "feito alguma coisa para retirar da Rússia o imperador e a família".[24] Por fim, em sua autobiografia de 1958, *Ambassador's Daughter*, Meriel pôde ao menos publicar a íntegra do telegrama que Sir George enviara ao Ministério das Relações Exteriores em 22 de março de 1917, relatando que Miliúkov lhe dissera estar muito ansioso para "tirar o imperador da Rússia o mais breve possível", insistindo com o ministério que "*o imperador deve sair antes que a agitação aumente*" e pedindo que o governo fosse autorizado "*sem demora a oferecer à Sua Majestade asilo na Inglaterra*" [itálicos meus].[25] O que mais Buchanan, como embaixador, poderia fazer?

Apesar de todo o empenho, Meriel Buchanan teve de admitir que seu trabalho em defesa da reputação paterna foi constantemente prejudicado pela falta de acesso aos registros oficiais. Assim, escreveu "a partir de minhas lembranças pessoais e das impressões que as palavras e ações concretas de meu pai gravaram em mim".[26] Outro elemento complicador referente aos registros oficiais, disse ela, era que, em 1917-8, Lloyd George

> tinha o hábito de *telegrafar diretamente* [itálico meu] às várias embaixadas, sem passar pelo canal usual do Ministério das Relações Exteriores, de modo que os arquivos oficiais não contêm nada que mostre seu papel direto em impedir que o imperador recebesse refúgio na Inglaterra.[27]

Este é um ponto importante, que poderia explicar em parte a presumida "ausência de provas" que talvez tenha levado os comentadores a seguir pistas falsas nessa história.

De todo modo, a publicação de *The Dissolution of an Empire*, no verão de 1932, despertou considerável interesse na imprensa, e David Lloyd George teve de responder a algumas perguntas inevitáveis. Quais eram suas lembranças do caso sobre o asilo dos Románov? Ele deu uma resposta vaga e evasiva; seu secretário lançou uma declaração dizendo que o ex-primeiro-ministro (que caíra em outubro de 1922) não tinha

> nenhuma lembrança clara do que aconteceu na época, mas que, "se a questão de permitir que o tsar viesse para cá de fato surgiu, ele provavelmente deu parecer contrário, porque naquela época estávamos tentando persuadir Kerénski a continuar lutando junto com os Aliados, e permitir que o tsar viesse para cá teria prejudicado as petições que estávamos fazendo junto a ele".[28]

Assim, este é um reconhecimento retroativo de que Lloyd George, nos bastidores, fora tão refratário quanto o rei à vinda dos Románov para a Inglaterra. A reputação do monarca era ciosamente protegida, sendo inatacável, e assim o dedo acusador seria inevitavelmente apontado para Lloyd George. Os membros do governo sabiam, mas silenciaram: "Sei que o sr. Lloyd George não foi responsável pela decisão", observou um alto integrante do Ministério das Relações Exteriores, "mas não é conveniente dizer quem foi".[29]

Dois anos depois, ao escrever sobre o período de 1917-8 em suas *War Memoirs*, em seis volumes, foi a vez de Lloyd George sentir na própria pele a que ponto iam as operações de abafamento no governo.

* * *

Até aqui, as discussões sobre as memórias de Lloyd George referentes ao asilo dos Románov têm pouco a dizer, trazendo apenas uma simples declaração do fato de que ele foi levado a retirar um capítulo inteiro sobre o assunto, a fim de proteger a reputação do rei. Ao que parece, sempre se supôs que o texto datilografado desse capítulo tivesse sido destruído. Não foi; encontra-se nos Arquivos Parlamentares em Westminster. Encontrei-o lá, depois de algumas buscas, graças a uma breve discussão sobre o assunto feita por Keith Hamilton, ex-integrante do Ministério das Relações Exteriores, numa coletânea de ensaios acadêmicos.[30] *O capítulo em si é insípido e pesado; o revelador são os comentários a lápis, anotados na margem pelos funcionários que o examinaram. Como tantas vezes ocorre, a verdadeira história se encontra na marginália — no que não foi dito ou foi removido —, e foi empolgante receber um exemplar dessa prova de grande importância.*

Quando redigia o capítulo chamado "A futura residência do tsar", Lloyd George se informou até que ponto poderia citar documentos oficiais, pois sabia que o texto seria minuciosamente examinado. Com efeito, coube a Maurice Hankey, secretário do gabinete ministerial, a responsabilidade de passar um pente fino pelo capítulo. Depois de acrescentar seus comentários a lápis na margem do texto, Hankey encaminhou o capítulo a Sir Robert Vansittart, vice-ministro permanente do Ministério das Relações Exteriores, que fez o mesmo. Embora o capítulo em si não seja muito mais do que um resumo cronológico dos fatos, citando cartas e telegramas oficiais, foi suficiente para causar alarme em ambos, visto que, apesar de neutro, deixava implícito que o rei exercera um papel direto na mudança da posição britânica.

A preocupação específica de Hankey era que o texto mostrava uma evidente mudança na posição do governo entre a reunião do Gabinete de Guerra em 21 de março de 1917, quando surgiram dúvidas se seria adequado que a Grã-Bretanha fosse o "lugar certo para ir", e a reunião do Gabinete Imperial de Guerra, mais amplo (incluindo representantes dos Domínios), em 22 de março, quando "mudamos explicitamente nossa posição", decidindo oferecer asilo, mas apenas pelo prazo de duração da guerra. Os adversários iriam "se agarrar a esse ponto e dirão que os motivos [para recuar mais tarde no oferecimento de asilo] não eram suficientemente fortes e que não fomos muito corajosos".[31] Também houve objeções à inclusão do comentário "impiedoso" de Buchanan em sua carta de 2 de abril para Balfour, em que dizia que a tsarina vinha sendo "o gênio do mal do imperador desde que se casaram" — "o que exagera a causa e, portanto, enfraquece-a".[32] Mas o motivo de maior preocupação eram as palavras de Lloyd George afirmando que havia

> um forte sentimento de hostilidade contra o tsar em certos círculos operários neste país, *e que haviam surgido na imprensa artigos tendendo a associar o rei ao tsar* [itálico meu]; sentiu-se que, se o tsar estabelecesse residência aqui, haveria o risco de estimular e acentuar essas tendências.[33]

Hankey e Vansittart objetaram prontamente à frase em itálico: tais palavras "*devem* ser omitidas". No geral, sentiram que o capítulo mostrava um embaraçoso enfraquecimento da posição do rei e do governo, se não uma postura francamente timorata da parte deles — "não fomos muito corajosos" constituindo o condenatório reconhecimento de uma falta de disposição geral. O telegrama de 13 de abril a Sir George, explicando o crescimento de um "considerável movimento antimonárquico" na Inglaterra, também teve de ser eliminado, bem como a passagem em que Lloyd George citava a relutante concordância de Buchanan de que "seria muito melhor que o ex-imperador não viesse para a Inglaterra" e que, em lugar dela, se recorresse à França.[34] Tal informação não seria "muito convincente agora para o público, que não se disporá prontamente a crer que houvesse aqui qualquer perigo real para o trono, e sem dúvida se agarrará à questão óbvia de que tentamos confessamente transferir a responsabilidade e o risco — se houvesse algum — para a França!".[35] Sim, admitia uma das notas à margem, "reconhecidamente mudamos de posição. É o que os acusadores dizem. Julgarão os motivos de força suficiente? Tenho certeza do contrário — nessa fase".[36]

Após consulta a outros integrantes da Secretaria do Governo, o consenso foi que se suprimisse o capítulo inteiro — sete páginas datilografadas —, por crerem que Jorge V faria objeções a ele. Lloyd George ficou irritado com a notícia; a corte, comentou ele, parecia "muito nervosa e suscetível".[37] Dois meses depois, ele removeu o capítulo e escreveu outro, omitindo toda e qualquer referência ao rei e declarando que "o convite [para vir para a Inglaterra] não foi retirado". A decisão final sobre o assunto, frisou ele, fora do governo russo, "que continuava a pôr obstáculos à partida do tsar".[38]

Foi somente em 1975, com a publicação do diário de A. J. Sylvester, secretário particular de Lloyd George, que vieram a público mais esclarecimentos sobre o assunto, na anotação do dia 26 de junho de 1934: "LG decidiu escrever outro capítulo sobre o tsar. O anterior foi retirado devido a objeções de Hankey, Baldwin e da corte. O novo material não fará referência aos movimentos que eram tidos como antimonárquicos neste país".[39]

No final, foi o secretário-assistente particular do rei, Sir Clive Wigram, quem pressionou Lloyd George. Assim, para reduzir ainda mais o papel do rei em todo o ignominioso episódio e encobrir a tibieza britânica, Lloyd George, na versão publicada, concluiu que

> o fato é que [Nicolau II], entre a abdicação e seu assassinato, não teve em momento algum liberdade para deixar a Rússia. A coroa e o governo britânicos lhe fizeram um convite para se refugiar aqui. O czar, no caso, não pôde se valer dele, mesmo que o quisesse — e disso não tivemos qualquer prova.[40]

Por ora, salvara-se a honra de Jorge V, protegida pela reformulação no texto das memórias tanto de Buchanan quanto de Lloyd George. Após a morte do rei, em 1936, viria a inevitável biografia oficial, e em 1948 o autor e ex-diplomata Harold Nicolson foi convidado a assumir a tarefa. Desde o começo, foi avisado de que sua tarefa era proteger a todo custo a reputação do rei, devendo "omitir coisas e episódios que fossem desonrosos para a família real".[41] Mais tarde, Summers e Mangold disseram que Nicolson, em sua versão, "passou pelo tema [do asilo aos Románov] o mais rápido possível, com citações altamente seletivas". Mas isso não era verdade, retrucou Daniel Couniham, ex-correspondente junto à corte, numa carta à revista *The Listener* em 7 de outubro de 1976: Nicolson revelara a oposição do rei em quatro páginas sobre o assunto; sua biografia resultava das rigorosas restrições que lhe haviam sido impostas, uma vez que fora "escrita numa época em que simplesmente não se podiam dizer certas coisas". A oposição do rei Jorge à vinda dos Románov para a Inglaterra fora a de um "grande monarca constitucional cumprindo conscienciosamente sua tarefa".[42]

Até sua morte em março de 1931, Lord Stamfordham também protegeu ferrenhamente a posição de Jorge, a ponto de ter tomado, não muito tempo antes, a mais extraordinária medida defensiva. Aproveitando sua posição de excepcional confiança, ele teve acesso aos papéis do Ministério das Relações Exteriores referentes ao asilo aos Románov e acrescentou uma nota manuscrita ao final de sua carta de 6 de abril de 1917, em que explicava a Balfour a mudança de posição do rei: "Muitos parecem pensar que o convite se deu por por iniciativa do rei, mas foi *seu governo* que o fez".[43] Implacável até o final, Stamfordham, o devotado servidor real, estava preparado até para adulterar os registros.

E assim prosseguiu o infindável jogo de transferência de responsabilidades. Ao fim e ao cabo, foi o historiador Kenneth Rose, em sua reveladora biografia de 1983, quem melhor resumiu a posição do rei Jorge V. À diferença de outros historiadores, Rose, ao que parece, teve "livre acesso aos arquivos reais" e a todos os papéis de Harold Nicolson. Depois de concluído, o texto datilografado teve de ser submetido à aprovação da rainha Elizabeth II. Tendo lido a polêmica seção em que Rose não poupava críticas às omissões de Jorge no asilo aos Románov, a rainha anotou num floreio ao pé da página: "Deixem-no publicar".[44] Talvez, em 1983, ela tivesse chegado à conclusão de que os Windsor não podiam continuar a se esquivar de sua responsabilidade no assunto. Foi Kenneth Rose quem, de fato, melhor resumiu a posição de extrema dificuldade em que se vira o avô da rainha: "O primeiro princípio de uma monarquia hereditária é sobreviver; e o rei Jorge V nunca precisou de tanta cautela para trilhar o caminho da autopreservação quanto em 1917".[45]

Desde o momento em que se anunciou a notícia do assassinato de Nicolau II, ergueram-se barreiras oficiais inexpugnáveis em torno da reputação do rei Jorge, que ainda hoje persistem em larga medida. Ao longo dos anos, tanto os Arquivos Nacionais quanto os Arquivos Reais têm respondido às numerosas solicitações de escritores e jornalistas com base na Lei da Liberdade de Informação declarando reiteradamente que não há nenhum material oculto que não seja agora de livre acesso público. Os primeiros questionamentos dessa insistência oficial de que não se removera nada dos arquivos foram levantadas por Summers e Mangold, nos anos 1970, durante as pesquisas para o teledocumentário e o polêmico best-seller de ambos, The File on the Tsar. *Nas três edições do livro nos trinta anos seguintes, eles sustentaram que alguns registros britânicos oficiais potencialmente constrangedores ou comprometedores sobre a questão do asilo dos Románov haviam sido expurgados de maneira seletiva e muito cuidadosa. A liberação dos papéis do gabinete ministerial em 1986 mostrou que David Lloyd George e também Sir George Buchanan, até certo ponto, haviam assumido o ônus da parcela de responsabilidade do rei, mas ainda resta a questão dos arquivos do Serviço Secreto. Aqui, claro, o problema é totalmente diferente: qualquer arquivo do MI1(c) referente a atividades do SIS na Rússia em 1917-8 poderia revelar tentativas ocultas de ajudar os Románov que nunca foram admitidas. Mas, se tais documentos existem, provavelmente nunca serão liberados.[46] Este é, sem dúvida, o pesadelo supremo de todo historiador — saber que podem existir materiais que lançariam uma luz importante sobre uma história complexa, mas que nunca terá acesso a eles. Infelizmente, a história dos Románov é repleta dessas frustrações.*

Apesar das incômodas lacunas documentais em relação a alguns aspectos dessa história, nos últimos cem anos inúmeros livros, artigos, documentários de tevê e, em data mais recente, blogs e discussões na internet têm vasculhado incessantemente os materiais, não raro com a firme intenção de lançar a culpa no rei Jorge. Mas talvez tenha chegado a hora de aceitar que a responsabilidade deve ser distribuída de maneira mais ampla e equitativa. Hoje, o recuo de cem anos nos permite avaliar a situação de várias perspectivas muito diferentes: alianças políticas, conveniências de guerra, antipatias pessoais, lealdades familiares, questões logísticas, geográficas e até climáticas. Todos esses elementos tiveram seu papel no fracasso de todos os planos de resgate. Mas, em 1917-8, o aspecto mais importante, para todas as famílias reais e governos envolvidos, tinha a ver com considerações políticas internas.

Em última análise, o rei Jorge V se viu perante a necessidade de tomar uma decisão muito difícil sobre os primos Románov. A russofobia não era novidade no Reino Unido; na verdade, o ódio contra os russos aumentara no reinado da avó de Jorge, a rainha Vitória, desde a Guerra da Crimeia em 1854-6 até as invasões russas no Afeganistão nos anos 1880. Em 1908, Eduardo VII, pai de Jorge, fora objeto de ampla condenação por se encontrar com o "sanguinário" Nicolau em Reval, e os membros do Partido Trabalhista assinaram uma moção contra a visita. Em 1917, o Partido Trabalhista e sua liderança, para não citar uma série de órgãos da imprensa britânica, manifestaram uma oposição tão veemente contra qualquer possibilidade de acolhida do ex-tsar e de sua família no Reino Unido que, quisesse ou não, Jorge não teve alternativa senão avaliar as consequências políticas potencialmente nefastas para a monarquia. Não fazia diferença que Nicolau desejasse apenas viver em tranquila obscuridade doméstica no campo; sua necessidade de refúgio vinha numa hora totalmente errada em termos políticos, quando muitos grupos de esquerda na Grã-Bretanha tinham esperança de que o trono britânico fosse pelo mesmo caminho do russo. O rei entrou em visível pânico perante a exagerada perspectiva que lhe foi apresentada por Lord Stamfordham, com greves dos trabalhadores e protestos em massa por todo o país.

A escrupulosa atenção de Jorge à posição de monarca constitucional — ou, em termos mais precisos, de monarca parlamentar — tornava obrigatório que respeitasse o Juramento da Coroação, prestado em 1910, de colocar os interesses nacionais sempre em primeiro lugar. Seu governo fora eleito pela vontade do povo, e a vontade do povo britânico em 1917-8 parecia ser contrária à acolhida dos Románov. E embora, retrospectivamente, seja fácil dizer que se exagerara a ameaça ao trono e que uma revolta de tipo republicano nas ruas de Londres era, na verdade, altamente improvável, temos de analisar a reação do rei no contexto de 1917, e não no de um século depois.

Em todas as tomadas de decisão de Jorge, a rainha Maria, sua resoluta e intransigente esposa, dava-lhe firme apoio, embora silencioso. Estava, se é que isso é possível, ainda mais determinada a preservar a continuidade e estabilidade do trono britânico, assim como a tsarina Alexandra defendera energicamente o trono imperial na Rússia. Teria Nicolau se rendido e assinado a abdicação se Alexandra estivesse junto com ele naquele momento? Não. Jamais.

Muito tempo depois dos acontecimentos de 1917-8, o ex-rei Eduardo VIII, agora duque de Windsor, rememorou uma lembrança: na primavera de 1917, ele estava tomando o desjejum com os pais quando um camarista entrou de repente na sala — algo que, em geral, jamais se fazia. "Afinal, era o *desjejum*, pelo amor de Deus! Assumimos um ar, espero eu, devidamente horrorizado diante daquela irrupção." Segundo o duque, seu pai ficou furioso:

> Mas o homem foi diretamente até ele com um bilhete, que o rei leu e passou à minha mãe, que o leu também e devolveu a ele, dizendo: "Não". O rei entregou o bilhete de volta ao camarista e disse: "Não". Mais tarde, ainda naquele dia, perguntei

à minha mãe o que estava acontecendo e ela me disse que o governo queria enviar um navio para resgatar o tsar e sua família, mas que ela achava que não seria uma boa ideia que os recebêssemos na Inglaterra.[47]

Ao recontar essa história em seu livro *The Last Kaiser*, o autor Tyler Whittle acrescentou, a partir de "informação privada" recebida por ele, que a rainha Maria, a conselheira de maior confiança de Jorge V, considerava seu "principal dever proteger o trono inglês", que "não poderia ser posto em risco nem mesmo por causa de primos queridos".[48] Foi por isso que, em julho de 1917, o rei decidiu distanciar a casa real de suas raízes germânicas, adotando Windsor como nome de família; a família real britânica ampliada também abandonara todas as suas honrarias e títulos alemães.[49]

Há também quem sugira que a atitude da rainha Maria em relação ao asilo dos Románov vinha tingida por sentimentos pessoais muito mais entranhados: sua posição inflexivelmente contrária ao asilo era influenciada pela intensa aversão que sentia pela tsarina. Essa antipatia, ao que consta, nascera do sentimento de inferioridade da própria Maria diante da "real realeza" dos tsares, uma posição elevada a que sua prima Alexandra, com seu modesto nascimento alemão, havia se alçado, deleitando-se enormemente com isso. Em conversas particulares com o escritor americano Gore Vidal, a finada princesa Margaret deu a entender que a rainha Maria sentia uma "inveja patológica" do status de muitos de seus netos: eram Altezas Reais, enquanto ela, como filha do duque de Teck do obscuro Reino de Württemberg (e tendo, ainda por cima, feito um casamento morganático), não passava de mera Alteza Sereníssima. Não há nada que comprove essa opinião da princesa, a não ser, talvez, o fato de que os parcimoniosos pais de Maria tinham vivido em circunstâncias apertadas e que, durante a infância, seus parentes lhe haviam incutido a sensação de ser a pobretona da família.[50] Alexandra era uma tremenda esnobe, com um inabalável sentimento de superioridade, e não seria de admirar que Maria se sentisse humilhada por ela, especialmente quando se tornou, em 1891, a segunda opção, de nível mais baixo, para o pedido de casamento de Eddy, duque de Clarence e filho de Bertie, depois de ter sido rejeitado por Alexandra.[51]

Talvez esses sentimentos pessoais estivessem presentes no espírito da rainha Maria, mas nem ela, nem o rei e tampouco Lord Stamfordham, o insidioso conselheiro de Jorge, jamais poderiam imaginar os terríveis assassinatos que estavam por vir. Isso, por si só, demonstra a incompreensão da realeza e do governo britânico, naquela altura, quanto ao novo e brutal regime comunista com que estavam lidando. A decisiva e maquiavélica influência de Stamfordham sobre o rei, no entanto, foi observada pela primeira vez em 1934 por Stephen Gaselee, o funcionário encarregado do esquadrinhamento das memórias de diplomatas: "a verdade é que Lord Stamfordham de repente 'se acovardou' e fez com que se enviassem daqui uns dois ou três telegramas bastante medrosos".[52] Tal era o poder do secretário particular do rei naquela época.

Falta uma última dimensão nessa história que, até agora, não foi plenamente explorada: a posição do cáiser. O tema foi publicamente abordado pela primeira vez em 1935, quando estourou uma briga entre o ex-embaixador francês Maurice Paléologue e o dr. Kurt Jagow, codiretor e arquivista nos Reais Arquivos Prussianos de Brandemburgo. A briga foi desencadeada pela publicação, naquele ano, em Paris, de *Guillaume II et Nicolas II*, livro em que Paléologue vilipendiava Guilherme por ter traído o primo e a família imperial, afirmando que ele poderia — e, na verdade, deveria — ter colocado a libertação dos Románov como pré-requisito para a assinatura do Tratado de Brest-Litovsk, citando extensamente as acusações da carta aberta do general Leontiev.*

Jagow saiu em defesa do cáiser num longo artigo intitulado "A culpa pelo assassinato do tsar", publicado em Berlim.[53] A seu ver, Paléologue pretendia culpar a Alemanha não só pela morte dos Románov, mas também por toda a guerra. Quanto à responsabilidade de Guilherme como primo do tsar, Jagow argumentou que os monarcas nunca são propriamente famosos pela solidariedade, e que Nicolau e Guilherme jamais tiveram uma amizade especialmente profunda; em 1917, como o próprio Paléologue admitia, "a confiança mútua dos dois soberanos [estava] morta".[54] Segundo Jagow, Nicolau e Alexandra "*não* consideravam que os alemães tivessem obrigação moral de ajudá-los; pelo contrário, opunham-se ativamente a tal ajuda e a rejeitavam de forma categórica, mesmo quando se viram na mais desesperada situação".[55] A seguir, ele se deteve nos malogros da Grã-Bretanha, da França e do governo de Miliúkov. Os aliados do tsar sabiam desde o começo que a vida dele corria grande perigo, e em 1917

* Ver capítulo 9, pp. 182-3.

tinham condições de salvá-lo; mesmo assim, a solidariedade do embaixador Paléologue pelo tsar e sua família na prisão nunca foi além de "registros sentimentais em seu diário e o uso literário posterior" desses registros em suas memórias.[56] Jagow ressaltou que, logo no começo da crise, por intermédio dos préstimos de Scavenius na embaixada dinamarquesa em Petrogrado,* os alemães haviam prometido que autorizariam a evacuação da família imperial num navio sob bandeira branca, que não sofreria ameaças de seus torpedeiros; que a Alemanha, na primavera de 1917, "não colocaria obstáculos à Entente para proceder à sua retirada".[57] A seguir, Jagow citou detalhadamente os vários contatos diplomáticos com o governo soviético, com vistas a proteger as "princesas alemãs", os contatos com o rei Cristiano da Dinamarca e, mais tarde, com seus correlatos espanhóis, a fim de assegurar a libertação da tsarina e filhos, que pensavam ainda estarem vivos.[58] Mas o governo alemão fora "iludido até o final com mentiras [soviéticas], e não pôde fazer nada". Jagow não tinha dúvidas: o culpado por tudo isso era "o governo bolchevique de 1918".[59]

A defesa do cáiser feita por Jagow em resposta às acusações de Paléologue foi bem recebida, mas nada revelava sobre os sentimentos pessoais de Guilherme. Mesmo em suas memórias, publicadas em inglês em 1922, o cáiser mal chega a citar Nicolau, observando apenas que "ele foi assassinado".[60] Não há qualquer sentimento de pesar e muito menos de indignação, e pouca ou nenhuma compaixão pelo finado primo; assim, não admira que muitos suponham que Guilherme não procedeu a nenhuma verdadeira diligência para salvar a família Románov.

Houve, porém, uma pessoa com quem o cáiser *de fato* conversou longamente, em confiança, sobre o assunto: seu velho amigo, o general de brigada Wallscourt H.-H. Waters. Os dois tinham feito amizade em 1900-3, quando Waters servia como adido militar britânico em Berlim. Após a morte da esposa de Guilherme em 1921, Waters fora visitar o cáiser várias vezes em seu solar em Doorn, nos Países Baixos, onde Guilherme se refugiara em 1920. Entre 1928 e

* O diplomata dinamarquês Harald Scavenius é, sem dúvida, um dos heróis esquecidos nessa história. Se ao menos dispuséssemos de mais informações de suas diligências diplomáticas em favor de *todos* os Románov presos na Rússia... Infelizmente, tirando a correspondência oficial, é provável que esses elementos estejam mofando nos Arquivos Reais dinamarqueses, fechados aos pesquisadores.

1935, os dois mantiveram longas e frequentes conversas sobre a guerra, as quais Waters relatou mais tarde em suas memórias, *Potsdam and Doorn*, publicadas em 1935. Ele se demonstrara um bom ouvinte das intermináveis perorações de Guilherme sobre o "oceano de ofensas, aviltamentos, infâmias, difamações e mentiras" que, furioso, dizia ter recebido de Londres desde aquela época.[61]

Em Doorn, em 1935, Guilherme fez questão de ler para Waters a íntegra do longo artigo de Jagow. "Pareceu-me", escreveu Waters, "que nossa conversa sobre o assunto devia ser registrada no momento, tal como se deu." E assim ele anotou com presteza toda a "acusação mentirosa" de Paléologue, junto com a "refutação demolidora" de Jagow.[62] Um aspecto fundamental é que ele também declarou nas memórias que se baseara, para seu livro, nas anotações pessoais do cáiser sobre a questão.[63]

Mas onde estão essas observações agora? Em The File on the Tsar, *Summers e Mangold afirmaram que as "anotações originais completas" de Waters sobre as conversas com o cáiser haviam ficado nos Arquivos Reais após a morte de Waters, em 1945. Mas, em 1975, ao investigarem a questão, eles foram informados de que havia "dificuldades administrativas insuperáveis" para lhes dar acesso aos papéis.[64] Passados mais de quarenta anos, quando também entrei em contato com os Arquivos Reais sobre esses papéis, fui informada de que não havia tais documentos nos arquivos, mas apenas um conjunto de cartas do cáiser e sua esposa a Waters, que o órgão comprara do primo de Waters. Não havia nenhuma anotação de conversas sobre os Románov. Então, perguntei-me, o que acontecera com as ditas anotações depositadas nos arquivos em 1945? Será que os comentários do cáiser a Waters tinham sido, em algum momento, deliberadamente eliminados e destruídos pelos Arquivos Reais para proteger o rei Jorge? Era o que Summers e Mangold pareciam pensar. Eles desconfiavam também que pudesse haver uma conspiração em andamento, porque Waters, em* Potsdam and Doorn, *"publicou apenas suas notas sobre a atitude do imperador alemão logo após a abdicação do tsar em 1917", "omitindo inteiramente o período crucial de 1918".[65] Mas será que foi mesmo assim?*

Procurei elucidar a questão pedindo uma cópia do testamento de Waters. Na verdade, o documento faz apenas uma breve referência a papéis pessoais — especificamente, sua correspondência —, instruindo seu "herdeiro universal", o coronel

Lyster Taylor, a dispor de vários itens conforme julgasse adequado. Entre esses itens estavam "cartas de agradecimento de pessoas ilustres e cartas do imperador Guilherme". Este é o material que o coronel Taylor mais tarde vendeu aos Arquivos Reais. Não havia notas; não havia conspiração alguma dos Arquivos Reais para ocultar ao público qualquer material desse gênero.[66]

O cáiser, porém, conservou suas notas pessoais, que finalmente afloraram durante as pesquisas para este livro — estavam perdidas para a história desde os anos 1930.

Em 2016, um amigo viu um breve anúncio em alemão na internet referente a uma pequena e obscura exposição a ser realizada no Burg Hohenzollern Archive, chamada 300 Jahre Romanow & Hohenzollern. *Foi difícil conseguir até mesmo uma cópia do rudimentar catálogo, mas, quando ele enfim chegou, havia uma listagem praticamente escondida no item 64:*

> *"Questões e reflexões referentes ao resgate do tsar." Registros de Guilherme II em abril de 1931, sobre sua tentativa de salvar o tsar e família no verão de 1918.* Grafite em papel.*[67]

Foi um tanto demorado rastrear o respectivo arquivista e, então, obter autorização do HIRH Prinz von Presseun para ver os papéis, mas esse esforço conjunto finalmente rendeu resultados. Do Burg Hohenzollern chegaram à minha caixa de entrada doze páginas escaneadas de documentos cobertos com a caligrafia tensa, característica do cáiser, a lápis. O primeiro documento da sequência, as "Questões e reflexões", está escrito em inglês a lápis — talvez para Waters. Não traz data, mas é, em parte, idêntico ao que Waters relata nas páginas 259-61 de Potsdam and Doorn. *Todavia, quanto à alegação de Summers e Mangold de que as notas sobre o "período crucial de 1918" tinham sido removidas dos Arquivos Reais, é pouco provável que algum dia tenham existido.*[68] *Os documentos originais no Burg Hohenzollern constituem basicamente uma discussão dos planos iniciais em 1917 para uma evacuação alemã dos Románov da Rússia. Não há quase ou nenhuma menção do cáiser aos acontecimentos em 1918.*

* Note-se que a datação da pasta no arquivo é um tanto enganosa. As notas na letra do cáiser não são datadas. A data de 1931 e outra de 1934 na pasta do arquivo se referem a cartas sobre os Románov que o cáiser recebeu, e nas quais rascunhou suas respostas.

* * *

Em sua lista de dez pontos referentes ao assunto, Guilherme fez vários comentários irritados: por que o rei dinamarquês o contatara diretamente na primavera de 1917 sobre a difícil situação dos Románov, em vez de agir em conjunto com o rei britânico? Seria porque os dinamarqueses sentiram que o "tratamento volúvel dessa questão premente" pelo governo britânico não os levaria a lugar algum? Teriam as notícias da crescente resistência ao asilo do tsar na Inglaterra suscitado o receio de que qualquer resgate "seria exposto" e de que seria mais eficaz encaminhar seus apelos diretamente ao imperador germânico?[69] Por que Copenhague não compartilhara com o cáiser os detalhes das negociações entre Londres e Petrogrado, das quais o embaixador dinamarquês Scavenius tinha plena ciência? E por que os dinamarqueses não haviam comunicado aos britânicos as providências navais e militares que ele, Guilherme, estava disposto a tomar para proceder a uma evacuação segura dos Románov? Segundo Guilherme, ele "expressou sua disposição em cooperar com Londres no resgate do tsar e família", mas a Dinamarca, país neutro, não transmitira essa informação aos britânicos. Sir George Buchanan não foi informado da generosa oferta de Guilherme?[70] E por que ela não fora devidamente reconhecida? Além de se sentir indignado por não ter sido consultado, Guilherme estava furioso porque "não se tomara nenhuma iniciativa em pedir a Copenhague que manifestasse ao chanceler alemão o grato prazer do governo britânico por esse oferecimento".[71]

Lendo essas notas, o que se sente de imediato é que elas mostram não só a vontade de Guilherme em ajudar os parentes, mas também, em igual medida, seu senso imperial de honra e a fragilidade de seu ego. Ele queria que o mundo caísse a seus pés e reconhecesse a nobreza de seu gesto, mas, em vez disso, fora ignorado. Por que haviam rejeitado sua iniciativa? Estaria se iludindo ou teria razão em perguntar, como fez em seu último ponto, o de número 10?

> Se o povo britânico estivesse [...] a par do oferecimento de cooperação do imperador alemão para o resgate do tsar, não teria, por espírito de cavalheirismo em relação a seu aliado, encorajado o governo [britânico] a resgatar o tsar e família?[72]

Infelizmente, a mentalidade de Guilherme estava presa numa era mítica de heroísmo teutônico; tal "espírito de cavalheirismo" não existia no mundo real, e certamente não em tempo de guerra. E, além disso, não havia ninguém interessado em atender a essa sua obsessiva busca de atenção.

Mas os documentos de Burg Hohenzollern não param por aí; a pasta traz outra extensa anotação do cáiser, também a lápis, mas dessa vez em alemão. Está no final de uma carta que lhe foi enviada em 14 de março de 1931 por um jornalista emigrado russo, Anatóli Gutman, à qual o cáiser acrescentou seus fervorosos comentários. O relato publicado por Waters não traz nenhuma citação dessas notas, o que sugere de duas uma: ou Waters não tinha conhecimento dessa correspondência quando escreveu o livro (o que não parece muito provável, em vista de sua íntima amizade com o cáiser), ou preferiu não a usar.

Será que isso explicaria a inexistência de prova que Summers e Mangold interpretaram como prova de inexistência?

Na época, Gutman — que escrevia sob o pseudônimo de Anatol Gan e morava em Berlim — estava trabalhando num livro sobre o assassinato dos Románov (que parece nunca ter sido publicado) e perguntou ao cáiser se ele estava a par das negociações na primavera de 1917, pedindo o esclarecimento de vários pontos referentes a isso. Guilherme respondeu que se mantinha informado por seu chanceler da época, Theobald von Bethmann-Hollweg,* que lhe falou dos apelos que recebera do rei dinamarquês via Estocolmo. Guilherme respondeu concordando que, se a evacuação da família imperial se desse por mar,

> a frota no Báltico e no mar do Norte teria de ser *secretamente* informada sobre a questão de imediato, para que o navio — também eventualmente sob bandeira britânica ou dinamarquesa — pudesse ser escoltado. Eu daria a ordem tão logo se definisse a rota.[73]

No caso de evacuação por terra, Guilherme estava disposto a ordenar um "breve cessar-fogo com as tropas russas adversárias" naquela seção da Frente

* Note-se que Bethmann renunciou em julho de 1917.

Oriental onde se daria a entrega do tsar. Nicolau seria conduzido cerimoniosamente pelas "linhas de seu exército amotinado" até as linhas alemãs, onde seria autorizado a passar com dignidade, "entre as salvas devidas a um soberano". E mais: Guilherme iria se "deslocar pessoalmente até o local, monitorar a entrega e receber a família real com todas as devidas honras". "Eu estava disposto a dar assistência ao tsar de todas as maneiras — todas as maneiras dignas", ressaltou ele. Mas "tudo permaneceria secreto" até o dia em que se desse a evacuação.[74]

Nessas notas, Guilherme afirma a seguir que, "depois de um tempo considerável", Bethmann o informou de que havia "*discutido favoravelmente uma viagem via Escandinávia com o governo Kerénski* [itálico meu], o qual parecia disposto a autorizar o tsar a sair do país". Guilherme insistiu com Kerénski, por intermédio de Bethmann, que fosse "informado o mais brevemente possível sobre a rota escolhida, a fim de fazer os preparativos", ao que Kerénski respondeu que "faria tudo para facilitar e apoiar a partida do tsar", colocando um trem especial à sua disposição, "*pois a presença do tsar era um sério impedimento para ele* [itálico meu]".[75]

Os alemães ainda aguardavam mais notícias de Kerénski quando, de repente, chegou o aviso: "Os britânicos tinham convidado o tsar a ir para a Inglaterra e se encarregariam de sua partida".[76] O oferecimento alemão fora bloqueado.

Esse relato de Guilherme, até agora desconhecido, levanta questões importantes. Sendo verdadeiro, ele implica, em primeiro lugar, que Kerénski estava jogando com os dois governos — o britânico e o germânico — ao mesmo tempo quanto à evacuação e ao asilo dos Románov; em segundo lugar, que os britânicos, talvez tendo ouvido falar do plano alemão de evacuação, se apressaram em ganhar vantagem política e se antecipar aos germânicos, fazendo seu oferecimento por telegrama em 23 de março. O relato do cáiser também traz uma última questão importante: se ingleses e alemães tivessem abandonado temporariamente suas diferenças políticas e agissem em conjunto em março de 1917, não teria sido a melhor e a única chance de uma evacuação segura da família?

"Que abismo de infâmia pessoal e política isso revela", concluiu Guilherme em suas notas à carta de Gutman: "entregar um aliado e amigo à morte certa para não permitir a seu cavalheiresco primo — embora adversário — realizar um préstimo de cavalheiresca bravura que possivelmente traria desvantagens políticas para a Inglaterra após a guerra".[77]

Toda essa história se resume, ao fim e ao cabo, a questões de política, de conveniência e de estratégia — para não citar as feridas infligidas ao descomunal ego do cáiser —, não envolvendo qualquer verdadeira preocupação de ordem humanitária.

Se Kerénski de fato manteve negociações secretas com os alemães para evacuar os Románov na primavera de 1917, não veio à luz nenhuma outra prova a esse respeito, como tampouco há provas de que o oferecimento britânico de evacuar o tsar e família da Rússia fosse uma tentativa cínica de ganhar pontos sobre um odiado inimigo.

Seriam só invenções do espírito iludido do cáiser ou pode haver algum fundo de verdade em suas declarações? Os registros, como em tantos outros aspectos dessa história tortuosa e desconcertante, silenciam a respeito.

Posfácio: "Culpa de ninguém"?

Qualquer que tenha sido o grau de responsabilidade do rei da Grã-Bretanha, do cáiser da Alemanha e dos vários parentes na realeza europeia no terrível destino de seus primos russos, não há dúvidas de que o assassinato dos Románov em Ekaterinburg, em 1918, foi um evento de importância central na longa história da monarquia europeia, que desferiu um grande golpe numa instituição que persistia contra todas as probabilidades, atravessando séculos de revoluções, ações terroristas e constantes ameaças de republicanismo. A Grande Guerra que imprimiu seu selo no século XX, destruindo tantas dessas monarquias aparentemente invioláveis, provou que elas estavam com os dias contados. Nos anos do pós-guerra, todas teriam de se adaptar como monarquias constitucionais, ou seriam forçadas a deixar o poder.

A ameaça mais profundamente hostil a essa velha ordem veio, sem dúvida, do bolchevismo e de suas manifestações, que então ameaçavam outras partes da Europa. O assassinato dos Románov "ajudou a gerar um ódio intenso, quase visceral", entre a aristocracia europeia, contra esse novo flagelo político, pois se tratava de uma ideologia que pregava sua aniquilação total.[1] A ascensão do comunismo em sua esteira mostrou às monarquias de todo o mundo que o "direito divino" dos reis e a diplomacia régia pessoal, do tipo promovido pelo rei Eduardo VII, eram coisa do passado. Elas só poderiam ter continuidade com o consentimento do povo sobre o qual reinavam. O socialismo e a democracia eram os novos lemas por toda parte, e os monarcas agora tinham de resistir a seus instintos autocráticos congênitos e se modernizar.

Em novembro de 1918, a monarquia holandesa repeliu a tentativa da extrema esquerda de derrubá-la, e em 1920 concedeu asilo ao cáiser deposto; na Suécia, em 1919, o rei Gustavo foi obrigado a capitular a um governo de centro-esquerda; depois de uma crise política na Páscoa de 1920, Cristiano X da Dinamarca concordou em abrir mão do uso de suas prerrogativas constitucionais; o rei belga Alberto I, tendo sobrevivido aos traumas da ocupação na Primeira Guerra Mundial, procurou unir a parte francesa e a parte flamenga do país, tornando-se rei de *todos* os belgas; na Noruega, o rei Haakon, sempre pragmático, acatou a necessidade de mudança, declarando em 1927: "Sou rei também dos comunistas".[2] Em abril de 1931, porém, depois da vitória esmagadora dos republicanos e socialistas nas eleições municipais, não havia para o rei Afonso da Espanha qualquer possibilidade de conciliação. Encerrado com a família no Palácio Real, no Escorial, com uma turba intimidadora aglomerando-se no lado de fora, agitando bandeiras vermelhas e gritando "Morte ao rei! [...] Queremos a cabeça de um filho!", Afonso ficou aterrorizado com a possibilidade de que recaísse sobre sua família o mesmo destino de seus parentes Románov. Não abdicou formalmente, mas não teve escolha senão fugir do país.[3] Foi proclamada uma Segunda República espanhola, e Afonso acabou se refugiando em Roma.

Vendo a derrocada dos colegas de realeza por toda a Europa, e certamente assombrados pelo assassinato de seus parentes russos, o rei Jorge e a rainha Maria estiveram entre os primeiros monarcas a reconhecer a necessidade de uma drástica reformulação de sua imagem pública. O contágio republicano inspirado pela revolução na Rússia já ameaçara destituí-los, e eles sabiam que era fundamental conquistar e conservar o coração das classes trabalhadoras britânicas. Também era necessário dissipar a ameaça republicana no interior do Partido Trabalhista, promovendo a legitimidade da monarquia como uma parceria ativa e engajada com o povo. No mundo do pós-guerra, Jorge V e a rainha Maria foram perspicazes e passaram a fortalecer seu estilo mais pessoal de monarquia no centro da vida nacional, tendência que teve continuidade com o filho Jorge VI e provavelmente alcançou seu auge no reinado da neta Elizabeth II.[4]

Em 1855-7, enquanto escrevia *A pequena Dorrit*, um romance no estilo "J'Accuse" – uma feroz denúncia da responsabilidade e da necessidade de prestar contas do governo –, Charles Dickens deu à obra o título provisório *Nobody's Fault*. Era uma reflexão irônica sobre a complacência dos membros do governo e a transferência de responsabilidades de um departamento para outro durante o fiasco da Guerra da Crimeia de 1854-6, e sobre a culpa coletiva da sociedade diante dos pobres tiranizados. As desgraças da guerra e tudo o que ela trazia consigo não eram "culpa de ninguém", *nobody's fault*. Poderíamos aplicar retrospectivamente o mesmo comentário à culpa coletiva dos monarcas e governos europeus pelo destino dos Románov. Pois, na verdade, o assassinato deles foi culpa não de Ninguém, e sim de Todos.

Um tema constante nas várias narrativas sobre os Románov em 1917-8 é o desejo – se não a compulsão – de repartir a culpa, muitas vezes com base em dados incompletos ou errôneos. Alguns participantes políticos tiveram o cuidado de se exonerar em vida, enquanto ainda tinham chance. Sir George Buchanan se empenhou ao máximo em defender sua posição em 1922, mesmo tolhido pela Lei dos Segredos Oficiais. "O fracasso em resgatar [a família imperial] não foi de Lloyd George", garantiu seu secretário A. J. Sylvester, em 1983, ao filho do ex-primeiro-ministro.[5]*

Em contraste com seus colegas de trono – os reis Jorge, Afonso, Haakon e Cristiano –, que permaneceram calados e nunca fizeram qualquer declaração pública, o cáiser proclamou alto e bom som a pureza de suas intenções. Guilherme tinha a consciência limpa: "Fiz tudo que era humanamente possível. [...] O sangue do infeliz tsar não se deve a *mim*, não está em *minhas mãos*", frisou em 1935 ao general Wallscourt Waters.[6] Quaisquer registros escritos que possam ou não ter existido nos arquivos pessoais desses monarcas, e que poderiam nos trazer esclarecimentos, ou foram destruídos ou continuam – cem anos depois – fora de alcance.

* Temos um ponto de comparação interessante na difícil situação do finado xá do Irã, Mohammad Reza Pahlevi, que, até a queda do poder, em 1979, tinha muitos amigos e apoiadores no Ocidente e nos Estados Unidos. Após a Revolução Iraniana, porém, esses supostos aliados viraram as costas ao xá. Já morrendo de câncer, ele conseguiu fugir para o Ocidente em busca de asilo e tratamento médico, sendo jogado de um lado para outro como fardo indesejado. Somente Anwar al-Sadat (o Afonso dessa história) ficou a seu lado e lhe ofereceu refúgio.

Talvez devêssemos deixar que os próprios russos exponham, da melhor forma que conseguirem, o peso incessante da culpa que carregam. Em 1991, quando os restos mortais dos Románov foram descobertos e exumados na floresta de Koptiaki, nos arredores de Ekaterinburg, imensas multidões foram até o local, num gesto que se afigurava como "penitência coletiva" espontânea. "Aqui se iniciou o sofrimento do povo russo", declarou o arcebispo de Ekaterinburg. Sete anos depois, o presidente Bóris Iéltsin – sem dúvida num gesto de expiação por ter determinado a demolição da Casa Ipátiev em 1977 – proferiu um discurso significativo sobre o tema. Isso aconteceu em 18 de julho de 1998, quando os restos mortais da família imperial (exceto os de Maria e Aleksei, ainda faltantes) foram sepultados numa grandiosa cerimônia na Catedral de São Pedro e São Paulo, em São Petersburgo, na presença de um número impressionante de Románovs sobreviventes. Agora era o momento, declarou Iéltsin, para a nação russa reconhecer que "todos nós temos responsabilidade pela memória histórica da nação". "O massacre de Ekaterinburg", prosseguiu ele, foi "um dos episódios mais vergonhosos" da história russa. "Os perpetradores desse crime são tão culpados quanto os que o aprovaram durante décadas. Todos nós somos culpados."[7]

O povo russo, em última análise, também tem uma parcela de responsabilidade pelo ocorrido, e uma profunda consciência desse peso, como atesta a enorme quantidade de peregrinos que se dirigem a Ekaterinburg todos os anos no mês de julho. É o que se pode ver também, com maior pungência, nos cartazes de Nicolau II que se erguem por toda a Ekaterinburg nesses dias julinos de peregrinação e rememoração, com as palavras *Prosti menia, moi Gosudar!* – Perdoa-me, meu Imperador![8]

Tendo buscado e analisado o maior número possível de dados remanescentes sobre o assassinato dos Románov durante a redação deste livro, resta ainda uma questão em particular, de importância essencial, que todos nós temos de reconhecer. Como observou o *Daily Telegraph* já em 1921: "Resta [...] provar se Nicolau II queria deixar a Rússia".[9]

Se lhes tivesse sido efetivamente apresentado um plano concreto e viável de evacuação ou de fuga, o que os Románov teriam feito?

Na primavera de 1917, talvez fosse possível convencê-los a aceitar o oferecimento de um refúgio temporário na Inglaterra, *pelo prazo de duração da* *guerra*, mas sem dúvida com certo pesar e relutância. Em 1934, ao escrever de Lausanne para o diplomata russo Nicolas de Basily, Pierre Gilliard não tinha qualquer dúvida de que os Románov não lamentavam de maneira alguma o fato de não serem enviados para a Inglaterra.* "A imperatriz, em especial, repetiu-me em várias ocasiões que viver em Londres como monarcas depostos teria sido uma tortura insuportável para ela, e principalmente para o imperador", disse ele a De Basily.[10]

A fantasia, acalentada, ao que parece, sobretudo por Alexandra, era a de uma libertação que lhes permitiria permanecer na Rússia — escondidos em algum lugar remoto, até que uma possível vitória dos brancos propiciasse a restauração da monarquia. Até julho de 1918, é bem possível que ela e Nicolau aceitassem ser resgatados por monarquistas russos leais. Mas, qualquer que fosse o plano de libertação, não poderia haver derramamento de sangue. Eles faziam absoluta questão disso, o que, por si só, tornava o resgate praticamente impossível. É evidente que, durante o encarceramento em Tobolsk e Ekaterinburg, os Románov recuavam de horror à ideia de que alguém fosse morto ou ferido em decorrência de um resgate. E sempre mostraram grande preocupação em ter de deixar para trás seus leais servidores, para enfrentar as consequências da fuga.

Teriam os membros da família contemplado em algum momento a ideia da libertação, se isso significasse serem obrigados a abandonar para sempre sua amada Rússia? Parece altamente improvável; Alexandra disse a Gilliard que se sentiriam profundamente "desolados" se fossem obrigados a isso; e os filhos também lhe disseram o mesmo várias vezes, quando estava com eles em Tobolsk.[11] Deixar a Rússia seria um gesto de traição à Mãe Rússia e uma aceitação final da irreversível destruição de seu mundo. Não conseguiriam reconciliar a saída do país com suas consciências, forjadas na ortodoxia russa.

Observando hoje a sequência dos acontecimentos, é impossível não se perguntar: e se Alexandra tivesse agido com rapidez e decisão, levando os filhos para a segurança logo após a eclosão dos distúrbios em Petrogrado,

* Gilliard, que não foi autorizado a se juntar à família na Casa Ipátiev em Ekaterinburg, permaneceu na Sibéria, onde prestou valiosos depoimentos na investigação de Sokolov. Em 1919, casou-se com Aleksandra Tegleva, ex-pajem russa dos filhos Románov; em 1920, o casal se estabeleceu em Lausanne, terra natal de Gilliard, onde ele passou a dar aulas na universidade.

por mais enfermos que estivessem? A triste verdade é que houve *apenas uma* oportunidade real de fuga, e foi antes que Nicolau abdicasse, em 15 de março de 1917. Até aquele momento, Alexandra ainda tinha, como tsarina, o poder de fazer alguma coisa, antes que a rede se fechasse em torno de todos eles no Palácio de Alexandre.

Em última análise, quer sejamos ou não detratores ou simpatizantes da família imperial russa, a verdade é uma só, dolorosa e permanente: é quase certo que os Románov teriam se recusado a deixar o país em qualquer hipótese, preferindo morrer juntos na terra que amavam. Em julho de 1918, já estavam reconciliados com seu destino; tinham uns aos outros, e isso era a única coisa que importava. O que quer que lhes reservasse o futuro, quaisquer que fossem os sofrimentos, deviam ser compartilhados — juntos, e na Rússia. Ekaterinburg era seu calvário.

Como dizia a resposta deles em 11 de junho de 1918 à segunda "carta do oficial", num tom de profundo lamento:

Nous ne voulons et ne pouvons pas FUIRE...
Não queremos e não podemos FUGIR...[12]

Agradecimentos

Qualquer livro que pretenda trilhar novos caminhos na história de uma família precisa escavar muito para encontrar fontes novas, desconhecidas ou negligenciadas. Nem mesmo a história dos Románov foi integralmente narrada — certamente não em seus estágios finais —, e foi muito emocionante encontrar tantos materiais inéditos. Ao assumir o desafio de escrever *A corrida para salvar os Románov*, eu sabia que o elemento central para ter novas perspectivas sobre a história estava em fontes de língua estrangeira, que até o momento permaneciam praticamente intocadas nos estudos de língua inglesa. Para encontrar esses novos materiais, precisei recorrer a uma equipe de tradutores e pesquisadores que pudessem acessar materiais dispersos por todo o mundo. Do contrário, teria-me sido impossível empreender a tarefa no prazo relativamente curto de que eu dispunha para escrever o livro, levando em conta que não conhecia bem todas as línguas envolvidas.

No Reino Unido, recorri aos conselhos e conhecimentos de vários amigos e historiadores de longa data, mas foi meu colega Phil Tomaselli quem me deu as contribuições mais importantes para o projeto. Como especialista em materiais dos serviços secretos e das forças armadas britânicas na Primeira Guerra Mundial, com longos anos de conhecimento do imenso leque de fontes do Ministério da Guerra e do Ministério das Relações Exteriores nos Arquivos Nacionais a respeito do tema — e, sobretudo, de como trafegar por seu imprevisível sistema de arquivamento —, curvei-me nesse aspecto à maior experiência de Phil. Não fiquei desapontada. Ele sabia onde procurar e me poupou uma imensa quantidade de tempo. Em Cambridge, Peter Day gentilmente pesquisou os papéis de Lord Hardinge nos arquivos da universidade; Jane Wickenden, bibliotecária especialista em assuntos navais, forneceu conselhos proveitosos; Nick Forder e Tim Pickles, da Sociedade Histórica Internacional de Aviação da Primeira Guerra Mundial Cross & Cockade, atenderam prestimosamente a meus pedidos de informações sobre a aviação durante a Primeira Guerra Mundial; Michael Hargreave Mawson e Norman Gooding me deram informações sobre as ordens e medalhas do período. Tim Giddings e Felix Jay me contaram o que sabiam sobre Stephen Alley; Philip Kerin me contou sobre as façanhas do avô, Stephen Berthold Gordon-Smith, durante a Primeira Guerra Mundial. Os seguintes escritores e historiadores enviaram proveitosas respostas a minhas perguntas: Charlotte Zeepvat, Christopher Warwick, Douglas e Susan Ronald; dr. J. F. Pollard; Hugo Vickers e Julian Fellowes.

Mais uma vez, David Holohan, meu colega de estudos russos e excelente tradutor do francês, me ajudou com a escrita russa e a tradução do francês; meu caro colega Richard Davies, arquivista no Arquivo Russo de Leeds, esteve sempre pronto e disposto a responder a todas as minhas indagações. Julie Crocker, nos Arquivos Reais, foi extremamente solícita e amável em atender a meus pedidos de materiais; e Emily Bourne, nos Arquivos Parlamentares, me ajudou a localizar ali um importante documento.

Nos Estados Unidos, meus amigos Mark Andersen e Ilana Miller me ajudaram a acessar a artigos obscuros e me deram vários conselhos. Rebecca Adaire Ramsay, na Universidade Emory, em Atlanta, procedeu a uma busca extremamente meticulosa e eficiente no Arquivo Isaac Don Levine a pedido meu; agradeço à arquivista Kathy Shoemaker por me apresentar a ela. Tania Tchebotarev foi muito gentil e prestimosa em me fornecer materiais no Arquivo Backmeteff, em Nova York; e Ron Basich, meu valoroso pesquisador na Hoover Institution, procurou com grande empenho materiais novos e negligenciados. Agradeço também aos colegas historiadores Doug Smith, Griffith Henniger e ao professor Norman E. Saul por partilharem informações. Ao escrever este livro, também fiquei muito grata pelo interesse e apoio de John David Cofield, Dominic C. Albanese e Candace Metz-Longinette Gahring, nos Estados Unidos, e de Paul Gilbert, no Canadá.

Quanto às fontes russas, eu não teria conseguido nada sem a indispensável contribuição de meu amigo finlandês Rudy de Casseres, fluente em russo, que em suas frequentes viagens a São Petersburgo sempre se mostrou disposto a procurar materiais obscuros e a encontrar para mim fontes de difícil localização. Eu não teria condições de ir pessoalmente ao GARF nem ao AVPRI para lidar com seus difíceis sistemas de arquivamento e com a caligrafia russa dos documentos originais, e tive a grata oportunidade de delegar esse trabalho à magnífica Anna Erm, que encontrou documentos que eu jamais tivera esperanças de localizar.

Na busca por fontes espanholas, recebi um maravilhoso impulso do historiador da realeza Ricardo Javier Mateos Saínz de Medrano, que me apontou a direção correta para os melhores materiais sobre o rei Afonso e as tentativas espanholas de ajudar os Románov. Laura Otal, da Peters Fraser and Dunlop Literary Agents, a agência que me representa, gentilmente cedeu seu tempo para traduzir para mim um longo artigo do espanhol, antes que eu encontrasse a maravilhosa Blanca Briones González, que me deu uma imensa ajuda rastreando e traduzindo materiais espanhóis para essa história.

A Escandinávia era um território virgem para mim, e eu não conhecia nenhuma das línguas ali faladas, mas ansiava por buscar novos materiais na região. Tive a sorte de encontrar o tradutor John Irons, que me ajudou a checar fontes potenciais e traduziu materiais do dinamarquês, do sueco e do norueguês. John também lidou com os horrendos documentos do Ministério das Relações Exteriores alemão no microfilme borrado e escurecido dos anos 1940, dos Arquivos Nacionais em Kew — mas só depois que Phil Tomaselli, heroicamente, o examinara em busca dos documentos mais importantes. Na Suíça, Karen Roth também tentou decifrar algumas dessas páginas para mim, além de traduzir materiais de fontes dinamarquesas e alemãs. Minha amiga holandesa Marianne Kouwenhoven ofereceu muitas indicações úteis sobre a realeza escandinava, assim como o professor Bent Jensen, Stig Sievback Nielsen e Trond Norén Isaksen. Tor Bomann-Larsen partilhou generosamente seus conhecimentos sobre o rei Haakon, e exemplares dos quatro volumes da biografia que escreveu sobre ele. Per Gisle Galåen, no Museu Marítimo Norueguês, gentilmente me enviou cópias escaneadas do diário de Jonas Lied; Marit Werenskiold me expôs sua pesquisa sobre Lied e me enviou um exemplar de seu livro; e, da Dinamarca, Bernadette Preben-Hansen me enviou muitas informações preciosas sobre Harald Scavenius, e alertou sobre as dificuldades das fontes arquivísticas da realeza dinamarquesa. Anna von Lowzow também expôs suas ideias a esse respeito, e Nigel Holden gentilmente me enviou seu artigo sobre Harald Schou-Kjeldsen.

Karina Urbach, historiadora da realeza alemã, partilhou generosamente seus conhecimentos e me pôs em contato com Jörg Schüttler, que fez pesquisas para mim nos Arquivos de Hesse e me ajudou a encontrar os arquivistas em Burg Hohenzollern. Sou extremamente grata a Stefan Schimmel, no arquivo de Burg Hohenzollern, por me enviar cópias escaneadas de documentos dessa preciosa fonte nunca antes consultada.

Em Winnipeg, no Canadá, Elizabeth Briggs, minha maravilhosa e supereficiente pesquisadora, fez longas e exaustivas pesquisas no arquivo da Hudson's Bay Company, à procura de documentos relacionados à possível casa de Murmansk para os Románov, e agradeço à arquivista Lisa Friesen por me fornecer cópias deles.

Por fim — decidida a explorar todas as vias possíveis —, entrei em contato com Keishi Ono, no Instituto Nacional de Estudos de Defesa, em Tóquio, na tentativa de conferir a veracidade dos rumores sobre um possível interesse japonês em ajudar os Románov. Infelizmente, não encontramos nada.

Em grande parte dos materiais de arquivo a que recorri, hoje, à distância de cem anos, é impossível rastrear qualquer detentor de copyright ainda vivo, mas prezo poder citar a partir de documentos que me foram fornecidos pelos vários arquivos arrolados no capítulo de referências bibliográficas. Agradeço Sua Majestade, a rainha Elizabeth II, pela permissão para citar a partir de materiais nos Arquivos Reais; ao SKH Georg Friedrich Prinz von Preussen pelas notas do cáiser no Burg Hohenzollern Hausarchiv; a Tania Tchebotarev no Arquivo Bakhmeteff, da Universidade Columbia, em Nova York; ao Archivo Histórico Nacional de Madri; ao AVPRI e ao GARF em Moscou; aos administradores da Biblioteca da Universidade de Cambridge; à Hoover Institution, na Califórnia; aos Arquivos da Hudson's Bay Company do Canadá; ao Arquivo Isaac Don Levine, na Universidade Emory, em Atlanta; ao Arquivo Russo de Leeds; aos Arquivos Parlamentares em Westminster; ao Museu Marítimo de Oslo; e aos Arquivos Nacionais em Kew. Victor Buchli gentilmente me concedeu permissão de citar a partir das cartas de Anastácia a Kátia Zboróvskaia conservadas na Hoover Institution. Os executores do espólio de John Wimbles

— David Horbury e Sue Woolmans — generosamente me concederam acesso exclusivo a esses documentos antes que fossem doados à Espanha.

Vários bons amigos de confiança, entusiastas e especialistas sobre a Rússia e os Románov, leram e comentaram o texto deste livro: sou grata a Sue Woolmans, Ruth Abrahams, David Horbury, Nick Nicholson, Rudy de Casseres e Phil Tomaselli pelo tempo, pelo apoio e pelas notas de muito proveito.

Mais uma vez, tive o prazer de trabalhar com meu editor americano Charlie Spicer na St Martin's Press, com seu incessante entusiasmo e incentivo, e foi uma alegria para mim ver mais um livro publicado por ele. Toda a equipe de Charlie na St Martin's Press é extremamente prestimosa e dedicada, e agradeço a April Osborn, Kathryn Hough, Jason Prince e a todo o pessoal de marketing e relações públicas pelo empenho fenomenal em divulgar meu trabalho nos Estados Unidos.

Em Londres, minha editora Sarah Rigby e a diretora da Hutchinson Publishing, Jocasta Hamilton, forneceram um grande e caloroso respaldo para a redação e produção deste livro, assim como minha relações-públicas Najma Finlay, com quem tenho a sorte de manter uma parceria tão fecunda. Laurie Ip Fung Chun me transmitiu um considerável entusiasmo ao supervisionar o livro em sua edição brochura na Windmill. Mandy Greenfield fez a mais escrupulosa preparação de texto, pelo que lhe sou imensamente grata.

Durante todo o processo, contei com a inabalável confiança de uma agente prestimosa e compreensiva, que acredita em meu trabalho e manteve-se sólida como uma rocha durante a redação deste livro difícil e desafiador. Meu amor, meus agradecimentos e meu mais profundo respeito, como sempre, vão para Caroline Michel e a excepcional equipe da Peters Fraser and Dunlop Literary Agents que cuida de todos os aspectos do meu trabalho, desde os livros até a divulgação e a venda dos direitos para publicação no exterior e adaptações teatrais. Obrigada, Jon Fowler, James Carroll, Tessa David, Dan Herron, Jonathan Sissons, Alexandra Cliff, Marilia Savvides, Laura Otal, Janelle Andrew — sei que todos vocês me apoiam, e é realmente um privilégio tê-los em minha vida profissional. Anseio por mais alguns livros junto com vocês.

Por fim, numa nota dolorosa, consegui terminar o texto do livro e entregá-lo no prazo, apesar da penosíssima perda, nas fases finais de redação, de minha mãe, Mary, e de meu ex-marido, Irving. Ambos, cada qual à sua maneira, imprimiram suas marcas em minha vida, em minhas experiências e visão de mundo, nas coisas que me moldaram como escritora e fizeram de mim a pessoa que sou hoje. Este livro é dedicado a eles, e a meu finado pai, Kenneth, que infelizmente partiu antes que eu iniciasse minha carreira de escritora. Acho que ele teria ficado orgulhoso. Eles e minha querida família – meus irmãos Mike, Chris e Pete e minhas filhas Dani e Lucy – me ajudaram a chegar ao fim deste que é meu 14º livro.

Helen Rappaport
West Dorset, março de 2018

Notas

ABREVIATURAS

AVPRI — Arkhiv Vnechnei Politiki Rossiiskoi Imperii
FO — Foreign Office [Ministério das Relações Exteriores]
GARF — Gosudarstvennyi Arkhiv Russkoy Federsatsii
HBCA — Hudson's Bay Company Archives
RA — Royal Archives
TNA — The National Archives

Constam as referências bibliográficas completas apenas quando o título não é listado na bibliografia.

1. FAMÍLIAS FELIZES [pp. 31-47]

1. Maurice Paléologue, *An Ambassador's Memoirs*, pp. 80-1.
2. Andrei Maylunas e Sergei Mironenko, *A Lifelong Passion*, p. 47.
3. Maurice Paléologue, *An Ambassador's Memoirs*, pp. 86, 89.
4. Christopher Hibbert, *Queen Victoria in Her Letters and Journals* (Londres: Viking, 1985), p. 329.
5. John C. G. Röhl, *Young Wilhelm*, p. 326.
6. Ibid., p. 333.
7. Judith Poore, *Memoirs of Emily Loch*, p. 154.
8. A. A. Mosolov, *At the Court of the Last Tsar*, p. 203; Robert Service, *The Last of the Tsars*, p. 141.
9. Miranda Carter, *Three Emperors*, p. 290.
10. Karina Urbach, *Royal Kinship*, p. 114.

11. Princess of Battenberg, *Reminiscences* (Londres: Allen & Unwin, 1925), pp. 236-7.
12. Theo Aronson, *Grandmama of Europe*, p. 185, citando Sir Henry Ponsonby.
13. Ibid., p. 118.
14. Ver Tor Bomann-Larsen, *Haakon & Maud*, v. 1: *Kongstanken*, pp. 118, 153, 314.
15. Greg King, *The Court of the Last Tsar*, pp. 426-7.
16. Andrei Maylunas e Sergei Mironenko, op. cit., p. 129.
17. Ibid., p. 127.
18. Isaac Don Levine, *The Willy-Nicky Letters between Kaiser Wilhelm and the Czar* (Londres: Hodder & Stoughton, 1920), p. 73.
19. John C. G. Röhl, *Kaiser Wilhelm II, a Concise Life* (Cambridge: Cambridge University Press, 2014), p. 83.
20. A. A. Mosolov, op. cit., p. 209.
21. Isaac Don Levine, resenha de *Reminiscences of the Princess of Battenberg* publicada no *Salt Lake City Tribune*, 7 mar. 1926. Ver também Maurice Paléologue, *Guillaume II*, p. 76.
22. Maurice Francis Egan, *Ten Years Near the German Frontier*, pp. 51-2.
23. Ver Helen Rappaport, "Mister Heath: The English Tutor who Taught Nicholas II to be the Perfect Gentleman", *Royalty Digest Quarterly*, v. 2, pp. 10-6, 2016.
24. Andrei Maylunas e Sergei Mironenko, op. cit., pp. 204, 213.
25. Barbara Tuchman, *The Guns of August* (Nova York: Bantam, 1962), p. 22.
26. Miranda Carter, op. cit., p. 351.
27. Ann Morrow, *Cousins Divided: George V and Nicholas II* (Stroud: Sutton Publishing, 2006), p. 94.
28. Papéis de Hardinge, v. 18, 28 mar. 1909, citado em Roderick R. MacLean, *Royalty and Diplomacy in Europe, 1890-1914* (Cambridge: Cambridge University Press, 2007), p. 168.
29. Ver Baroness Sophie Buxhoeveden, *Life and Tragedy*, pp. 121-2.
30. Visconde Esher Reginald, *Journals and Letters* (Londres: Ivor Nicolson & Watson, 1934), v. 2, p. 460.
31. Theo Aronson, op. cit., p. 191.
32. John Van der Kiste, *Crowns in a Changing World*, pp. 87-8.
33. Miranda Carter, op. cit., p. 385.
34. Fiona K. Tomaszewski, *A Great Russia*, pp. 50-1.
35. Maurice Paléologue, *An Ambassador's Memoirs*, p. 91.
36. Virginia Cowles, *1913: The Defiant Swan Song* (Londres: Weidenfeld & Nicolson, 1967), p. 62.
37. Catrine Clay, *King, Kaiser, Tsar* (Londres: John Murray, 2006), p. 302.
38. Margot Asquith, *Margot Asquith's Great War Diary: The View from Downing Street* (Oxford: Oxford University Press, 2014), p. 93.
39. Tor Bomann-Larsen, op. cit., v. 4: *Makten*, p. 61.
40. HRH Prince Nicholas of Greece, *Political Memoirs, 1914-1917* (Londres: Hutchinson, 1928), p. 20.
41. Gustaf von Platen, *Bakom den gyllne fasaden*, pp. 295-6.
42. Maurice Francis Egan, op. cit., p. 16.
43. Nigel Holden, "Harold Schou-Kjeldsen", pp. 14, 19-20.
44. *Fort Wayne Sentinel*, 5 jun. 1915.

2. "ALGUMA CATÁSTROFE ESPREITANDO NAS SOMBRAS" [pp. 48-66]

1. Os papéis estão agora no Archivo Orleans-Borbón da Fundación Infantes Duques de Montpensier Sanlúcar de Barrameda, o arquivo de Beatriz, sobrinha-neta da rainha da Romênia.
2. Cartas de 12 fev. 1913; 7 fev. 1914, Papéis de John Wimbles.
3. Maurice Francis Egan, *Ten Years near the German Frontier*, p. 318.
4. Theo Aronson, *Grandmama of Europe*, pp. 144-5.
5. A. A. Mosolov, *At the Court of the Last Tsar*, p. 78.
6. Victor Alexandrov, *The End of the Romanovs*, p. 156.
7. Ver, por exemplo, Maurice Paléologue, *An Ambassador's Memoirs*, pp. 619-20.
8. Doug Smith, *Rasputin*, p. 527.
9. Lord Hardinge of Penshurst, *Old Diplomacy*, p. 83.
10. Carta de 12 fev. 1913, Papéis de John Wimbles.
11. Cartas de 31 jan. 1910; 26 jun. 1912, Papéis de John Wimbles.
12. Carta de 12 fev. 1913, Papéis de John Wimbles.
13. Ibid.
14. Carta de 12 abr. 1914, Papéis de John Wimbles.
15. John W. Davis, *The Ambassadorial Diary of John W. Davis: The Court of St James's 1918-1921* (Morgantown: West Virginia University Press, 1993), p. 56.
16. Stephen R. De Angelis (Org.), *Personality of Nicholas and Alexandra*, pp. 65-6.
17. Ibid., p. 60.
18. Maurice Paléologue, *An Ambassador's Memoirs*, p. 740.
19. Andrei Maylunas e Sergei Mironenko, *A Lifelong Passion*, p. 530, carta de 14 fev. [calendário juliano] de 1917 a Nikolai Mikháilovitch.
20. E. M. Almedingen, *The Empress Alexandra*, pp. 184-5; Vasily Shulgin, "Dni", em E. A. Haugolnikh (Org.), *Beloemigrantry...*, p. 72.
21. Patrick Buchanan, *Later Leaves of the Buchanan Book* (Montreal: E. Garand, 1927), p. 277.
22. Marie of Romania, *Story of My Life* (Londres: Arno Press, 1971), v. 2, p. 123.
23. Coryne Hall, *Little Mother of Russia*, p. 279.
24. Grand Duke Alexander, *Once a Grand Duke*, p. 284.
25. Semion Lyandres, *The Fall of Tsarism*, p. 106.
26. Stephen R. De Angelis (Org.), op. cit., pp. 36, 38; Andrei Maylunas e Sergei Mironenko, op. cit., p. 534.
27. John Van der Kiste, *Crowns in a Changing World*, p. 136.
28. Stephen R. De Angelis (Org.), op. cit., p. 46.
29. Tor Bomann-Larsen, *Haakon & Maud*, v. 4: *Makten*, p. 121.
30. Sergey Mironenko, "Romanov Family Tensions", p. 146.
31. Carta de 29 dez. 1916, Papéis de John Wimbles.
32. Jamie Cockfield, *White Crow: the Life and Times of the Grand Duke Nicholas Mikhailoivich Romanov, 1859-1919* (Santa Bárbara, CA: ABC Clio, 2002), p. 182; Albert Stopford, *Russian Diary*, p. 94.
33. Anatoly Neklyudov, *Diplomatic Reminiscences*, p. 400, escrevendo em 1916.
34. Andrei Maylunas e Sergei Mironenko, op. cit., p. 477.

35. Alexander N. Bokhanov et al., *The Romanovs: Love Power & Tragedy* (Londres: Leppi Publications, 1993), pp. 282-3.

36. Andrei Maylunas e Sergei Mironenko, op. cit., p. 475.

37. Maurice Francis Egan, op. cit., pp. 319-30.

38. Andrei Maylunas e Sergei Mironenko, op. cit., p. 527.

39. Mikhail Rodzianko, *The Reign of Rasputin*, p. 247; John Van der Kiste, *Princess Victoria Melita*, p. 117.

40. Prince Felix Yusupov, *Lost Splendour*, p. 266; Mikhail Rodzianko, op. cit., p. 244; Semion Lyandres, op. cit., p. 58.

41. Richard Pipes, *The Russian Revolution*, p. 269.

42. Semion Lyandres, op. cit., p. 58.

43. Ibid., pp. 264, 271. Para maiores detalhes sobre conspirações pré-revolucionárias contra Nicolau e Alexandra, ver a valiosa compilação de entrevistas feitas na época por Lyandres, especialmente pp. 271-2.

44. Sir George Buchanan, *My Mission to Russia*, v. 2, p. 41.

45. TNA FO 800/ 205/ 16, 5 jan. 1917.

46. TNA FO 800/ 205/ 17-18, 7 jan. 1917.

47. Ibid.

48. TNA FO 800/ 205/ 22.

49. Ver Sir George Buchanan, *My Mission to Russia*, v. 2, pp. 43-9, para sua descrição dessa última audiência com Nicolau em 12 de janeiro de 1917.

50. Sir George Buchanan para Sir Charles Hardinge, 13 jan. 1917, citado em Claire Theresa McKee, "British Perceptions", p. 283.

51. Ole Lange, *Jorden er ikke større*, p. 86.

52. Ibid., pp. 86-7; Maurice Francis Egan, op. cit., p. 106. Egan observou na época que a sensação nos círculos da corte era que, "se o príncipe Valdemar da Dinamarca fosse filho e não irmão da imperatriz-mãe, a Rússia teria um futuro".

53. RA PS/ PSO/ GV/ C/ Q/ 1550/ XVIII/ 215.

54. Ibid.

55. RA PS/ PSO/ GV/ C/ O/ 1177/ 218.

56. Ole Lange, *Jorden er ikke større*, p. 86.

57. TNA FO 800/ 205/ 39.

58. RA PS/ PSO/ GV/ C/ Q/ 1550/ XVIII/ 220.

59. Ole Lange, *Jorden er ikke større*, p. 89.

60. Semion Lyandres, op. cit., pp. 104-5, pp. 284-5.

61. Ibid., p. 108.

62. Carta de 11/ 24 fev. 1917, Papéis de John Wimbles.

63. Baroness Sophie Buxhoeveden, *Life and Tragedy*, pp. 250-1.

64. V. N. Voiekov, *S Tsarem I bez tsarya*, pp. 165-7; V. M. Khrustalev, *Dnevniki Nikolaya*, v. 1, p. 212.

65. Baroness Sophie Buxhoeveden, op. cit., p. 252.

66. Joseph T. Fuhrmann, *The Complete Wartime Correspondence...*, p. 697.

67. V. M. Khrustalev, *Dnevniki Nikolaya*, v. 1, p. 254.

68. Telegrama de Buchanan ao MRE, 17 mar., TNA FO 371/ 2995; Semion Lyandres, op. cit., p. 289.

69. Stephen R. De Angelis (Org.), op. cit., p. 2; V. M. Khrustalev, *Dnevniki Nikolaya*, v. 1, p. 264.

70. Andrei Maylunas e Sergei Mironenko, op. cit., p. 550; Nikolai Sukhanov, *The Russian Revolution 1917*, p. 172.

71. Nicolau, diário em 15 mar. 1917, V. M. Khrustalev, *Dnevniki Nikolaya*, v. 1, 254.

3. "ALICKY É A CAUSA DE TUDO ISSO, E NICKY FOI FRACO" [pp. 75-91]

1. Diário em 13 mar. 1917, Kenneth Rose, *King George V*, p. 209.

2. John Van der Kiste, *Crowns in a Changing World*, p. 138.

3. Karina Urbach, *Go-Betweens for Hitler*, pp. 100-1.

4. AVPRI F. 133. Op. 470. D. 32. 1917. L. 20 e 21, citado em I. Yu. Mednikov, "Missiya Spaseniya", pp. 65-6.

5. Infelizmente, nenhum dos vários livros do ilustre historiador espanhol Carlos Seco Serrano sobre Afonso XIII está disponível em inglês. De qualquer forma, ver *Alfonso XIII en el centenario de su reinado*.

6. Bent Jensen, *Zarmoder blandt zarmordere*, pp. 29-30.

7. Diário de Dorothy Seymour, 3/ 16 mar. 1917 (calendário gregoriano). Museu Imperial da Guerra, Documentos 95/ 28/ 1.

8. A. A. Mordvinov, *Iz perezhitogo*, v. 2, p. 146.

9. Notas das reuniões do Governo Provisório, mar./ out. 1917, v. 1, p. 385, notas de 15/ 2 mar., citadas em Sergey Mironenko et al., *Gibel semi imperatora Nikolaya II*, p. 83.

10. TNA FO 371/ 2995, 16 mar. 1917.

11. Balfour para Buchanan, 17 mar. 1917, TNA FO 800/ 205 e FO 371/ 2995.

12. Andrei Maylunas e Sergei Mironenko, *A Lifelong Passion*, p. 552.

13. De acordo com Jukov. Ver Sergey Mironenko et al., *Gibel semi imperatora*, p. 287; Sergey Melgunov, *Sudba Imperatora Nikolaia II*, p. 76.

14. TNA FO 371/ 2995, telegramas cifrados de 15 e 16 mar.

15. Ibid.

16. Nicolas de Basily, "Notes on Departure", p. 4. Basily cita o "telegrama n. 354 do sr. Paléologue ao Ministério das Relações Exteriores francês". Ver Maurice Paléologue, *An Ambassador's Memoirs*, pp. 834-5.

17. Nicolas de Basily, "Notes on Departure", p. 5; citando "documentos inéditos apresentados pelo sr. Paléologue".

18. Grand Duke Alexander, *Once a Grand Duke*, p. 288.

19. Joseph T. Fuhrmann, *The Complete Wartime Correspondence...*, pp. 652-3.

20. TNA CAB/ 24/ 8/ 147-8; Williams para Alekseiev, 19 mar.; Sergey Melgunov, *Sudba Imperatora Nikolaia II*, p. 79.

21. Ibid., p. 78. De acordo com Aleksandr Kerénski, em depoimento muito posterior durante seu exílio, logo após o retorno de Nicolau a Stavka, o general Mannerheim — futuro comandante do exército finlandês e presidente da Finlândia, muito devotado ao tsar — sugerira uma missão

secreta para enviá-lo num trem especial para a Suécia via Finlândia, mas Kerénski achou o plano muito arriscado.

22. Ibid., pp. 79-80; TNA CAB 24/ 8, 23 mar. 1917, p. 281.

23. Major-General Sir John Hanbury-Williams, *The Emperor Nicholas II as I Knew Him*, pp. 169-70.

24. Iúri Juk, *Voprositelnye znaki*, p. 30.

25. Nicolas de Basily, "Notes on Departure", p. 3.

26. Meriel Buchanan, *Ambassador's Daughter*, p. 152.

27. Isaac Don Levine, *Eyewitness to History*, p. 112; Robert Paul Browder e Aleksandr Fyodorovich Kerensky (Orgs.), *The Russian Provisional Government*, p. 179.

28. Major-General Sir John Hanbury-Williams, op. cit., p. 171; TNA CAB 24/ 8.

29. Nicolas de Basily, "Notes on Departure", p. 5; *Russkoe slovo*, 21 mar. 1917; A. F. Kerensky, "Tsarkaya Semya", em E. A. Haugolnikh (Org.), *Beloemigrantry*..., p. 192.

30. TNA FO 371/ 2998.

31. TNA FO 371/ 2995, FO 371/ 2998.

32. Nota de reunião de Stamfordham, 22 mar. 1917, Andrei Maylunas e Sergei Mironenko, op. cit., p. 559.

33. David Lloyd George, *War Memoirs*, v. 3, p. 3616, citado em Kenneth Rose, op. cit., p. 209.

34. Ibid.

35. Meriel Buchanan, *Ambassador's Daughter*, p. 152; Meriel Buchanan, *The Dissolution of an Empire*, p. 193; FO 371/ 2998.

36. Maurice Paléologue, *An Ambassador's Memoirs*, p. 845.

37. FO 371/ 2998, 22 mar. 1917.

38. Nicolas de Basily, "Notes on Departure", p. 6.

39. Grand Duke Alexander, op. cit., pp. 288-9; V. M. Khrustalev, *Dnevniki Nikolaya*, v. 1, pp. 341, 358.

40. Diário de Dagmar citado em V. M. Khrustalev, *Dnevniki Nikolaya*, v. 1, p. 338.

41. V. M. Khrustalev, *Dnevniki Nikolaya*, v. 1, p. 365.

42. Para uma discussão pormenorizada das razões para a prisão de Nicolau e Alexandra, ver Sergey Melgunov, *Sudba Imperatora Nikolaia II*, pp. 80-5.

43. Count Paul Benckendorff, *Last Days at Tsarskoe Selo*, p. 19. Ver também Puchenikova, "Deyatelnost Britanskikh diplomaticheskikh...", p. 45, citando Tchulgin.

44. TNA FO 800/ 205, p. 53. Para a interpretação equivocada de Paléologue, ver Maurice Paléologue, *An Ambassador's Memoirs*, p. 864.

45. TNA FO 371/ 2998, 25 mar.; Sir George Buchanan, *My Mission to Russia*, v. 2, p. 103.

46. Henri G. Francq, *The Knout and the Scythe* pp. 239-40; Harold Nicolson, *King George V*, p. 300; Meriel Buchanan, *Ambassador's Daughter*, pp. 154-5.

47. TNA FO 800/ 205/ 50, rascunho de mensagem, 19 mar. 1917.

48. TNA FO 800/ 205/ 51-2, 27 mar. 1917.

49. TNA FO 566/ 1199 Sinais políticos, 60126, Buchanan ao MRE, 19 e 21 mar. 1917.

50. Meriel Buchanan, *Ambassador's Daughter*, p. 153; Meriel Buchanan, *The Dissolution of an Empire*, p. 194.

51. Ibid., pp. 194-5.

52. Meriel Buchanan, *Ambassador's Daughter*, p. 154.

53. Maurice Paléologue, *An Ambassador's Memoirs*, p. 850.

54. Meriel Buchanan, *The Dissolution of an Empire*, p. 194.

55. TNA CAB/ 24/ 8/ 265, 22 mar. 1917.

56. Ibid.

57. TNA CAB 281, 23 mar. 1917.

58. TNA CAB 23/ 40, atas do Gabinete Imperial de Guerra, 22 mar.; Anthony Summers e Tom Mangold, *The File on the Tsar*, p. 241. Sir Charles Hardinge, primeiro Lord Hardinge de Penshurst, era primo de Sir Arthur Henry Hardinge, embaixador britânico em Madri no período.

59. Andrei Maylunas e Sergei Mironenko, op. cit., p. 560.

60. AVPRI Op. 470. 1917. D. 5. L. 87, 273 Março, Nabokov para Miliúkov; Citado em Sergey Mironenko et al., *Gibel semi imperatora*, p. 86.

61. Kenneth Rose, op. cit., p. 211.

62. Sir George Buchanan, *My Mission to Russia*, v. 2, p. 105.

63. Pierre Gilliard para Nicolas de Basily, Lausanne, 29 abr. 1934, Papéis de De Basili, Hoover Institution.

64. Nota oficial de 25 de março, no anverso do arquivo n. 3743, assinalado "Ex-imperador da Rússia", TNA 371/ 3088.

65. 23 mar. 1917, TNA 371/ 3088.

66. AVPRI F. 133. Op. 470. D. 32. 1917. L. 25; citado em I. Yu. Mednikov, "Missiya Spaseniya", p. 70.

67. A. F. Kerensky e P. Milyukov, "Light on the Murder of Tsar Nikolas", p. 642.

68. *Liverpool Echo*, 31 mar. 1917.

69. GARF F. 579. Op. 1. D. 3879a. L. 1-2. O documento está disponível em: <statearchive.ru/assets/images/docs/13a>.

70. Nicolas de Basily, "Notes on Departure", p. 7. Ver Kenneth Rose, op. cit., p. 211.

71. Meriel Buchanan, *The Dissolution of an Empire*, p. 194-5.

4. "A CADA DIA, O REI FICA MAIS PREOCUPADO" [pp. 92-109]

1. Nikolai Sukhanov, *The Russian Revolution 1917*, p. 220.

2. Semion Lyandres, *The Fall of Tsarism*, p. 139; *Krasnyi Arkhiv*, v. 1, n. 21, 1927, p. 67. Disponível em: <istmat.info/files/uploads/33041/krasnyy_arhiv_22-1927.pdf>.

3. Nikolai Sukhanov, op. cit., pp. 197, 199; Richard Pipes, *The Russian Revolution*, p. 333; P. M. Bykov, *The Last Days of Tsar Nicholas*, p. 33. Ver também a transcrição do documento em Sergey Mironenko et al., *Gibel semi imperatora*, p. 130.

4. *Pravda*, 28 mar. 1917.

5. V. M. Khrustalev, *Dnevniki Nikolaya*, v. 1, p. 384; Semion Lyandres, op. cit., p. 160; Grand Duchess George, *A Romanov Diary*, p. 183.

6. Semion Lyandres, op. cit., p. 140.

7. Isaac Don Levine, *Eyewitness to History*, pp. 122-3; Semion Lyandres, op. cit., p. 140; Robert Wilton e George Gustav Telberg, *The Last Days of the Romanovs*, p. 173.

8. Semion Lyandres, op. cit., p. 139; resolução do Comitê Executivo da soviete de Petrogrado de 21 mar. 1917 em Vladimir Kokovtsov, "La vérité sur la tragédie d'Ekaterinburg", p. 860.

9. Captain Paul Bulygin e Alexander Kerensky, *The Murder of the Romanovs*, pp. 109-10.

10. Maurice Paléologue, *An Ambassador's Memoirs*, p. 862; Sir George Buchanan, *My Mission to Russia*, v. 2, p. 105.

11. Captain Paul Bulygin e Alexander Kerensky, op. cit., p. 112.

12. Sir George Buchanan, *My Mission to Russia*, v. 2, p. 105.

13. Ver "Instructions... to the head of the garrison", 17 mar., em Mark Steinberg e Vladimir Khrustalev, *The Fall of the Romanovs*, pp. 133-5.

14. Carta de Gilliard para Nicolas de Basily, 29 abr. 1934, Papéis de Nicolas de Basily, Hoover Institution; Baroness Sophie Buxhoeveden, *Life and Tragedy*, p. 276. A história de Mannerheim pode ser encontrada em "Prakh tsarskoe semi", *Komsomolskaya Pravada*, 24 jul. 2001, p. 132.

15. *Liverpool Echo*, 29 mar. 1917.

16. TNA FO 800/ 205/ 63; Andrei Maylunas e Sergei Mironenko, *A Lifelong Passion*, pp. 561-2.

17. Ibid., p. 566.

18. Ver *Russia Free! Ten Speeches Delivered at the Royal Albert Hall London on 31st March 1917* (Londres: The Herald Office, 1917).

19. Citado em Frank Prochaska, "George V and Republicanism, 1917-1919", p. 33; RA/ GV/ O/ 1; Andrew Marr, *The Diamond Queen*, p. 27.

20. RA/ GV/ O/ 1106/ 3. Ver Frank Prochaska, "George V and Republicanism", p. 34.

21. Andrew Marr, op. cit., p. 26.

22. Captain Paul Bulygin e Alexander Kerensky, op. cit., p. 112; Robert Paul Browder e Aleksandr Fyodorovich Kerensky (Orgs.), *The Russian Provisional Government*, pp. 202-3; Maurice Francis Egan, *Ten Years near the German Frontier*, p. 346.

23. A. F. Kerensky, *Memoirs*, pp. 331-2.

24. V. M. Khrustalev, *Dnevniki Nikolaya*, v. 1, pp. 410-1.

25. Ibid., p. 424.

26. N. P. Karabchevsky, "Chto glaza moi videli", em E. A. Haugolnikh (Org.), *Beloemigrantry...*, p. 190.

27. V. M. Khrustalev, *Dnevniki Nikolaya*, v. 1, p. 414; Andrei Maylunas e Sergei Mironenko, op. cit., p. 565.

28. V. M. Khrustalev, *Dnevniki Nikolaya*, v. 1, pp. 413-4; Andrei Maylunas e Sergei Mironenko, op. cit., p. 561; TNA FO 800/ 205/ 58, 28 mar.; / 68, 4 abr.

29. TNA FO 800/ 205/ 68; ver também 9 abr., Buchan para Balfour, FO 800/ 205/ 82.

30. TNA FO 800/ 205/ 71, 6 abr.

31. TNA FO 800/ 205/ 76 e / 78, 6 abr.

32. Stamfordham para Balfour, 6 abr. 1917, Andrei Maylunas e Sergei Mironenko, op. cit., p. 567; TNA FO 800/ 205/ 80. Ver também Papéis de Lloyd George F3/ 2/ 19, Arquivos Parlamentares.

33. Andrei Maylunas e Sergei Mironenko, op. cit., p. 568.

34. Ibid., TNA CAB 23/ 2, WC 118, 13 abr. 1917, disponível on-line.

35. Citado em Robert Lacey, *Majesty*, p. 61.

36. Sergey Melgunov, *Sudba Imperatora Nikolaia II*, pp. 214-5; a citação também aparece em Genrikh Ioffe, *Revolyutsiya i semya Romanovykh*, pp. 191-2, com a mesma atribuição incorreta.

37. Ver <www.britishnewspaperarchive.co.uk/titles/globe>.

38. TNA FO 800/ 205/ 82, 9 abr. 1917.

39. Sir Clive Wigram para Sir William Lambton, citado em Anthony Lambton, *Elizabeth and Alexandra* (Nova York: Dutton, 1986), p. 389.

40. Andrei Maylunas e Sergei Mironenko, op. cit., p. 569.

41. Ibid.; ver Harold Nicolson, *King George V*, pp. 301-2.

42. Meriel Buchanan, *The Dissolution of an Empire*, p. 196.

43. Ibid., p. 195, publicado em 1932; o mesmo erro na data aparece em suas memórias, *Ambassador's Daughter*, de 1958. Meriel Buchanan também alega que o telegrama instava seu pai a "dizer ao governo provisório para cancelar todos os compromissos", mas fica claro que nesse momento os britânicos não fizeram nenhuma declaração aberta de recusa. Buchanan parece ter confundido os eventos de março, início de abril, com aqueles de maio e junho, quando a posição dos britânicos foi finalmente manifesta.

44. TNA FO 800/ 205/ 88.

45. TNA FO 800/ 205/ 90, 15 abr.

46. Ver Meriel Buchanan, *Queen Victoria's Relations* (Londres: Cassell, 1954), p. 224.

47. TNA FO 800/ 205, pp. 90-1.

48. TNA FO 800/ 205/ 105.

49. Hardinge para Lord Bertie, 17 abr. 1917, Papéis de Hardinge, v. 31, pp. 293-4.

50. Peter Jackson, *Beyond the Balance of Power: France and the Politics of National Security, 1914-1918* (Oxford: Oxford University Press, 2013), pp. 147-8.

51. Bertie para Balfour, 22 abr., TNA FO 800/ 78, 22 abr.; Bertie para Hardinge, 22 abr., Papéis de Hardinge, v. 31, pp. 165-6. Há uma impressionante ausência de comentários em fontes francesas sobre a questão do asilo aos Románov, até mesmo nos arquivos britânicos e franceses dos ministérios das Relações Exteriores. O embaixador Maurice Paléologue também manteve um estranho silêncio sobre o fracasso francês em ajudar um aliado, e nada disse sobre a questão em suas memórias.

52. Hardinge para Bertie, 27 abr. 1917, Papéis de Hardinge, v. 31, p. 299.

5. "AO PORTO ROMÁNOV PELA FERROVIA DE MURMANSK" [pp. 110-21]

1. Pierre Gilliard, *Thirteen Years at the Russian Court*, pp. 217-8.

2. Brigadier Wallscourt Hely-Hutchinson Waters, *Potsdam and Doorn*, p. 245.

3. Captain Paul Bulygin e Alexander Kerensky, *The Murder of the Romanovs*, p. 107.

4. Gleb Botkin, *The Real Romanovs*, p. 140.

5. Informação de Phil Tomaselli.

6. Captain Paul Bulygin e Alexander Kerensky, op. cit., p. 116.

7. A. F. Kerensky, "Why the Tsar Never Came to England".

8. Meriel Buchanan, *The Dissolution of an Empire*, p. 195.

9. GARF 553. Op. 1. D. 42. L. 1-2 Ob; parcialmente citado em Catálogo de Exposição 131.

10. Nota diplomática da embaixada britânica de Petrogrado para Miliúkov, 24 mar. 1917, AVPRI Sekretnyi arkhiv ministra, Op. 467 D 662/ 693. L. 40; em Sergey Mironenko et al., *Gibel semi imperatora*, p. 131.

11. Toda a discussão sobre um possível cenário de evacuação do início ao fim deste capítulo baseia-se em conversas e e-mails trocados com Phil Tomaselli, um perito em fontes da Primeira Guerra dos Arquivos Nacionais, assim como em muitas pesquisas especulativas nesses arquivos.

12. TNA ADM 137/ 1386.

13. Informação sobre Arcangel em maio, dos diários e cartas de Graham Romeyn Taylor, diplomata americano que lá estava em maio de 1918, coleção particular.

14. AVPRI F. 133 (Kantselariya). Op. 470 Polit. D. 5. L. 105, 30 mar. 1917.

15. Andrei Maylunas e Sergei Mironenko, *A Lifelong Passion*, p. 560.

16. Para mais detalhes, ver a nota da embaixada britânica ao governo provisório, 23 mar. 1917, AVPRI F. 133. Op. 470. Nepolit. D. 25 (Angliiskoe posolstvo). 1917. L. 19. A rota Bergen logo estava sendo plenamente aproveitada: Serguei Sazonov, o novo embaixador russo no Reino Unido indicado pelo governo provisório, estava pronto para ir à Inglaterra pela rota, via Cristiânia, na Noruega, conforme alegou Sir George Buchanan em despacho enviado à Inglaterra em 14 de abril, TNA FO 371/ 3010.

17. Simon Sebag Montefiore, *The Romanovs*. Londres: Weidenfeld & Nicolson, 2016, p. 628.

18. Captain Paul Bulygin e Alexander Kerensky, *The Murder of the Romanovs*, p. 116.

19. Ibid., p. 117.

20. Nicolas de Basily, "Question of the Departure of the Emperor Nicholas II", 24 fev. 1933, p. 11, Papéis de Nicolas de Basily, Hoover Institution.

21. *Revoyutsiya*, p. 182; V. M. Khrustalev, *Dnevniki Nikolaya*, v. 1, p. 408.

22. TNA GFM 139/ 6, 20 maio 1917.

23. TNA GFM 139/ 6, 14 jun. 1917.

24. Dehn, *The Real Tsaritsa*, p. 170.

25. Sergey Markov, *How We Tried to Save the Tsaritsa*, p. 79.

26. Ibid., p. 70.

27. Ibid., p. 83.

28. Sergey Melgunov, *Sudba Imperatora Nikolaia II*, pp. 183, 238.

29. Sergey Markov, *How We Tried to Save the Tsaritsa*, pp. 87-8.

30. Ibid., pp. 88-9.

31. Ibid., p. 90.

32. Márkov II, em *Vestnik vyschego monarkhicheskogo soveta*, Berlim, 28 abr. 1924, citado em Genrikh Ioffe, *Revolyutsiya i semya Romanovykh*, p. 183.

33. Stephen Locker Lampson, *Nothing to Offer but Blood*, cópia datilografada das memórias de Locker Lampson, p. 214, Liddle Collection RUS 30.

34. Ibid., p. 215.

35. V. M. Khrustalev, *Dnevniki Nikolaya*, v. 1, p. 601.

6. "NÃO ME DAREI POR SATISFEITO ENQUANTO ELES NÃO SAÍREM EM SEGURANÇA DA RÚSSIA" [pp. 122-41]

1. Anthony Summers e Tom Mangold, *The File on the Tsar*, p. 244; TNA CAB 23/ 2.

2. Lloyd George, *War Memoirs 1916-1917*, p. 514; ver também Bertie para Hardinge, 22 abr., Papéis de Hardinge, v. 31, p. 165.

3. Guillerma Calleja Leal, "Alfonso XIII y su actuación humanitaria", p. 57; Meriel Buchanan, *The Dissolution of an Empire*, p. 195.

4. TNA CAB 23/ 2/ WC 118, 13 abr. 1917, p. 2; Guillerma Calleja Leal, "Alfonso XIII y su actuación humanitaria", p. 58.

5. TNA CAB 23/ 2 WC 118 13 abr. 1917, p. 2.

6. Microfilme dos Aliados de documentos apreendidos do Ministério das Relações Exteriores alemão, TNA GFM 6/ 139 Bd 66. Madri, 29 mar. 1917. O microfilme desses documentos, copiado depois de sua apreensão pelos Aliados em Berlim, tem qualidade extremamente variável. Alguns quadros estão tão borrados ou escurecidos que se tornaram ilegíveis, ao passo que muitos têm margens e bordas superiores e inferiores manchadas, o que torna datas e números de referência indistintos. Quando possível, datas e referências são fornecidos, mas muitos estão desaparecidos no microfilme original.

7. Maurice Paléologue, *An Ambassador's Memoirs*, p. 904.

8. Bessie Beatty, *Red Heart of Russia* (Nova York: Century Co., 1918), p. 32.

9. Carta de 17 maio 1917, Ilana Miller, *The Four Graces*, p. 153.

10. Pierre Gilliard, *Thirteen Years at the Russian Court*, p. 227; Count Paul Benckendorff, *Last Days at Tsarskoe Selo*, pp. 47-8.

11. Ibid., pp. 48-9.

12. P. N. Miliúkov, *Vospominaniya*, p. 487.

13. Ver Milyukov, citado em Vladimir Kokovtsov, "La vérité sur la tragédie d'Ekaterinburg", p. 862; A. F. Kerensky e P. Milyukov, "Light on the Murder of Tsar Nikolas", p. 462.

14. Em seu artigo de 1932, "Why the Tsar Never Came to England", Kerénski alegou que o Ministério das Relações Exteriores britânico "enviou uma recusa condicional, declarando que 'o governo britânico não insiste em sua oferta anterior'".

15. "Information données par M. M. Tereshchenko à M. N. de Basily à Paris le 23 Avril, 1934 au sujet de la question du départ de Nicolas II et de as famille pour l'étranger après son abdication", 1, Papéis de De Basily, Hoover Institution, caixa 27, pasta 11.

16. V. M. Khrustalev, *Dnevniki Nikolaya*, v. 1, p. 503.

17. Genrikh Ioffe, *Revolyutsiya i semya Romanovykh*, p. 179; *Izvestiya*, 21 maio 1917, citado em Genrikh Ioffe, *Revolyutsiya i semya Romanovykh*, p. 180; V. M. Khrustalev, *Dnevniki Nikolaya*, v. 1, p. 548.

18. Citado em David Lloyd George, "Tsar's Future Place of Residence", p. 4.

19. Genrikh Ioffe, *Revolyutsiya i semya Romanovykh*, p. 179.

20. Ver Count Paul Benckendorff, op. cit., pp. 50-3.

21. Documento n. 152, "Resolutions Adopted at the Congress of Delegates at the Front, April 1912, 1917", em Robert Paul Browder e Aleksandr Fyodorovich Kerensky (Orgs.), *The Russian Provisional Government*, v. 1, p. 184.

22. 23 maio 1917. Donald Thompson, *Donald Thompson in Russia* (Nova York: Century Publishing, 1918), pp. 238-9.

23. 4 abr., Pourtales para Berlim; 4, 5 e 7 abr., Lucius von Stoedten para Berlim, TNA GFM 6/ 139.

24. Kenneth Rose, *King George V*, p. 216.

25. Documento n. 77, 28 maio 1917, Robert Paul Browder e Aleksandr Fyodorovich Kerensky (Orgs.), op. cit., p. 186.

26. Embaixador espanhol em Petrogrado, 9 jun. 1917. Ministerio de Exteriores H: Guerra en Europa, Correspondencia con la Embajada de España en Rusia, Bundle 2993, Arquivo 16, N6.8.

27. Genrikh Ioffe, *Revolyutsiya i semya Romanovykh*, pp. 190-1.

28. Captain Paul Bulygin e Alexander Kerensky, *The Murder of the Romanovs*, p. 118.

29. "Information données par M. M. Tereshchenko", p. 2, Papéis de Nicolas de Basily, Hoover Institution.

30. Captain Paul Bulygin e Alexander Kerensky, op. cit., p. 118.

31. Lloyd George para Hardinge, Papéis de David Lloyd George LG/ F/ 5, Arquivos Parlamentares.

32. Genrikh Ioffe, *Revolyutsiya i semya Romanovykh*, pp. 189, 192-3.

33. A. F. Kerensky, *Memoirs*, p. 336.

34. A. F. Kerensky, "Why the Tsar Didn't Come to England"; Captain Paul Bulygin e Alexander Kerensky, op. cit., p. 118.

35. Iúri Juk, *Voprositelnye znaki*, p. 47; citado parcialmente em "Pereezd Tsarskoy Semi v Angliyu byl vozmozhen: beseda 'I. R.' c A. F. Kerenskim", *Vozrozhdenie*, n. 3331, 17 jul. 1934.

36. Kurt Jagow, "Die Schuld am Zarenmord", p. 389.

37. Informação de Bernadette Preben Hansen; Anthony Summers e Tom Mangold, *The File on the Tsar*, p. 346.

38. Sir Esmé Howard para Lord Hardinge no Ministério das Relações Exteriores, 29 maio 1917, Papéis de Howard DWH.5/ 6, citado em Ronald W. Clark, *Lenin: The Man Behind the Mask* (Londres: Faber & Faber, 1988), pp. 347-8.

39. Anthony Summers e Tom Mangold, *The File on the Tsar*, p. 361.

40. Anatoly Neklyudov, *Diplomatic Reminiscences*, p. 502.

41. Ibid., p. 503.

42. Ibid.

43. Carta de Nekliudov ao príncipe Lvov, Madri, 3 jul., GARF F. 601. Op. 2. D. 13. L. 1-4.

44. Ibid.

45. Alban Gordon, *Russian Year: A Calendar of Revolution* (Londres: Cassell & Co., 1935), p. 182.

46. Major-General Sir John Hanbury-Williams, *The Emperor Nicholas II as I Knew Him*, p. 223.

47. Captain Paul Bulygin e Alexander Kerensky, op. cit., p. 118; V. M. Khrustalev, *Dnevniki Nikolaya*, v. 1, p. 187.

48. Captain Paul Bulygin e Alexander Kerensky, op. cit., p. 119; Genrikh Ioffe, *Revolyutsiya i semya Romanovykh*, p. 193.

49. Captain Paul Bulygin e Alexander Kerensky, op. cit., p. 120; Genrikh Ioffe, *Revolyutsiya i semya Romanovykh*, p. 194.

50. Captain Paul Bulygin e Alexander Kerensky, op. cit., pp. 119-20.

51. Ibid., p. 120.

52. Genrikh Ioffe, *Revolyutsiya i semya Romanovykh*, p. 195. Para uma discussão pormenorizada das ideias de Kerénski sobre a fuga dos Románov, ver Greg King e Penny Wilson, "The Departure of the Imperial Family", pp. 112-30.

53. Captain Paul Bulygin e Alexander Kerensky, op. cit., p. 118; Greg King e Penny Wilson, "The Departure of the Imperial Family", p. 20.

54. 25 jul. 1917, Mark Steinberg e Vladimir Khrustalev, *The Fall of the Romanovs*, p. 155; TNA FO 371/ 3015/ 2, pp. 4-5.

55. L. A. Likova (Org.), *Predvaritelnoe sledstvie*, p. 277.
56. Ibid.
57. Captain Paul Bulygin e Alexander Kerensky, op. cit., p. 121.
58. Maurice Paléologue, "Le Drame d'Ekaterinebourg", p. 1107.
59. TNA FO 800/ 205/ 225, 13 ago. 1917.
60. Para uma descrição detalhada da partida dos Románov de Tsárskoie Seló, ver Helen Rappaport, *Four Sisters*, pp. 316-21.
61. Gaetan Sanvoisin, "Comment Nicolas II a quitté Tsarskoie-Selo".
62. Ibid.

7. "SABOR DE UM ROMANCE DE DUMAS" [pp. 142-61]

1. Rascunho de carta em francês à imperatriz viúva, 2-8 ago. 1917, em Chernovniki pisem P. K. Benkendorfa raznym litsam, GARF F. 533 Op. 1 D. 40. Esta carta também pode ser encontrada nos Papéis de Kseniia Aleksandrovna, caixa 8, n. 80011 9.39, Hoover Institution.
2. Pierre Gilliard, *Thirteen Years at the Russian Court*, p. 255; Robert Wilton e George Gustav Telberg, *The Last Days of the Romanovs*, p. 190.
3. Capitão Harry de Windt, "Tobolsk", *The Globe*, 18 ago. 1917.
4. Carta de Dolgorúkov a Beckendorff, 27 ago. 1917. Coleção Vinogradoff, Hoover Institution; Count Paul Benckendorff, *Last Days at Tsarskoe Selo*, p. 114.
5. Mark Steinberg e Vladimir Khrustalev, *The Fall of the Romanovs*, p. 171.
6. P. M. Bykov, *The Last Days of Tsar Nicholas*, p. 61.
7. Sergey Markov, *How We Tried to Save the Tsaritsa*, p. 100.
8. Ibid.
9. Captain Paul Bulygin e Alexander Kerensky, *The Murder of the Romanovs*, p. 137.
10. Ibid., p. 137. Para uma discussão do incidente de Khitrovo, ver Rappaport, *Four Sisters*, pp. 329-3; Genrikh Ioffe, *Revolyutsiya i semya Romanovykh*, pp. 201-7.
11. Sergey Markov, *How We Tried to Save the Tsaritsa*, p. 105; Captain Paul Bulygin e Alexander Kerensky, op. cit., p. 195.
12. Mark Steinberg e Vladimir Khrustalev, op. cit., p. 174; Robert Service, *The Last of the Tsars*, p. 85.
13. Pierre Gilliard, op. cit., p. 245.
14. Sergey Markov, *How We Tried to Save the Tsaritsa*, p. 129.
15. Ibid., p. 113.
16. Edvard Radzinsky, *The Last Tsar*, p. 208.
17. Sergey Markov, *How We Tried to Save the Tsaritsa*, p. 129.
18. Doug Smith, *Rasputin*, p. 523.
19. Andrew Cook, *The Murder of the Romanovs*, pp. 134-5.
20. Count Paul Benckendorff, op. cit., pp. 118-9.
21. Ibid., p. 120.
22. A. I. Ievreinov, "Poezdka v Tobolsk", p. 15, Arquivo Bakhmeteff.
23. Shay McNeal, *The Secret Plot to Save the Tsar*, pp. 59-60; Ross, *Gibel tsarskoy semi*, p. 497; Captain Paul Bulygin e Alexander Kerensky, op. cit., p. 198.

24. P. M. Bykov, op. cit., p. 51.

25. Alexandra para Vírubova, 22 jan. 1918, em Anna Vyrubova, *Memories*, p. 322.

26. Captain Paul Bulygin e Alexander Kerensky, op. cit., p. 199.

27. Robert Service, op. cit., p. 135.

28. P. M. Bykov, op. cit., pp. 52-6; ver Robert Service, op. cit., capítulo 20.

29. Mark Steinberg e Vladimir Khrustalev, op. cit., pp. 177-8; Pierre Gilliard, op. cit., p. 256.

30. Edvard Radzinsky, op. cit., p. 168; Ross, *Gibel tsarskoy semi*, p. 498.

31. P. M. Bykov, op. cit., p. 59.

32. Ross, *Gibel tsarskoy semi*, p. 499; Captain Paul Bulygin e Alexander Kerensky, op. cit., p. 199.

33. Captain Paul Bulygin e Alexander Kerensky, op. cit., p. 199; Ross, *Gibel tsarskoy semi*, p. 499.

34. Robert Service, op. cit., pp. 135-6; P. M. Bykov, op. cit., pp. 59-60; Tatiana Melnik-Botkina, *Vospominaniya*, pp. 79-80.

35. Bernard Pares, *Fall of the Russian Monarchy*, p. 486. Henri G. Francq, *The Knout and the Scythe*, p. 112; Genrikh Ioffe, *Revolyutsiya i semya Romanovykh*, pp. 216-7.

36. Sergey Melgunov, *Sudba Imperatora Nikolaia II*, pp. 314, 316-7; Konstantin Sokolov, "Popytka osvobozhedeniya", p. 288.

37. Sergey Melgunov, *Sudba Imperatora Nikolaia II*, p. 315.

38. Bernard Pares, *Fall of the Russian Monarchy*, p. 487; Tatiana Melnik-Botkina, *Vospominaniya*, pp. 78-9.

39. Robert Wilton e George Gustav Telberg, *The Last Day of the Romanovs*, pp. 194-5.

40. Aleksandr E. Trubetskoi, "Istoriya odnoi popytki", n. 114-5, p. 32.

41. Ibid.

42. Ibid., n. 118-9, p. 29.

43. Ibid., n. 120, p. 21.

44. Ibid., p. 22.

45. Ibid., p. 23.

46. "The Tsar's Abandoned Family" tornou-se o título do livro seguinte de Márkov, *Pokinutaya tsarskaya semya*.

47. Sergey Markov, *How We Tried to Save the Tsaritsa*, p. 126.

48. Ibid., pp. 146, 129.

49. Ibid., p. 131; Sergey Melgunov, *Sudba Imperatora Nikolaia II*, p. 332.

50. Sergey Markov, *How We Tried to Save the Tsaritsa*, pp. 145-6.

51. Ibid., pp. 152-3.

52. Ibid., pp. 154-5.

53. Ibid., p. 156; Sergey Melgunov, *Sudba Imperatora Nikolaia II*, p. 332.

54. Sergey Markov, *How We Tried to Save the Tsaritsa*, p. 157; V. M. Khrustalev, *Dnevniki Nikolaya*, v. 2, p. 331.

55. Sergey Markov, *How We Tried to Save the Tsaritsa*, pp. 158-9.

56. Ibid., p. 163.

57. A. I. Ievreinov, "Poezdka v Tobolsk", p. 3, Arquivo Bakhmeteff.

58. Ibid., pp. 6-7.

59. Ibid., pp. 10-1.

60. Ibid., p. 15.
61. Ibid., p. 12.
62. Ibid., pp. 13-4, 16.
63. Ibid., p. 17. Ver Victor Alexandrov, *The End of the Romanovs*, pp. 184-5.
64. Ibid.
65. Gleb Botkin, *The Real Romanovs*, pp. 169-71.
66. Tatiana Neumoya-Teumina, "Poslednye dni poslednego tsarya", *Uralskii rabochii*, v. 7, p. 5, 1950. Ver também S. Zakharov, "Poslednii put poslednogo tsarya", *Oktyabr*, 1967, v. 3, p. 204.
67. Ibid.

8. "POR FAVOR, NÃO CITE MEU NOME!" [pp. 162-81]

1. TNA FO 800/ 205/ 219, 8 ago. 1917.
2. TNA FO 800/ 205/ 215, 5 ago. 1917; ibid., p. 217, telegrama de 8 ago.
3. Anthony Summers e Tom Mangold, *The File on the Tsar*, p. 247.
4. Carta de 5 dez. 1917, em Catálogo de Venda Olivier Coutau Begari n. 106, 2007.
5. Cartas de 13 e 14 out. para Kátia Zboróvskaia, Hoover Institution.
6. J. C. Trewin, *Tutor to the Tsarevich*, pp. 89-90.
7. Ibid., p. 90.
8. Charlotte Zeepyat, *From Cradle to Crown: British Nannies and Governesses at the World's Royal Courts* (Stroud: Sutton, 2006), pp. 257-8.
9. Robert Wilton, relatório confidencial: "Russia Still the Greatest Factor in the War. German Plans — The Need of Urgent Measures", 27 dez. 1917, TNA 371/ 3018, pp. 3, 4.
10. Ibid., p. 4.
11. Ibid., p. 5.
12. Michael Occleshaw, *Dance in Deep Shadows*, p. 155.
13. HBCA, RG 22/ 26/ 5/ 10, telegrama 520, 9 out. 1917.
14. Em seu livro *The Secret Plot to Save the Tsar*, Shay McNeal afirma que "a casa descrita nos arquivos da Hudson's Bay Company tinha pratos, alimentos, camas, cobertores etc. para sete [os sete membros da família Románov], e salienta o luxo de itens que [...] diferiam de uma lista de provisões comum". Infelizmente, ela não fornece as referências de HBCA nessas notas, e uma extensa busca nos arquivos em Winnipeg, empreendida para este livro, não conseguiu localizar o(s) documento(s) em questão.
15. HBCA RG 22/ 26/ 5/ 6, telegrama 368, 9 nov. 1917.
16. TNA ADM 137/ 1714f 138. Esse documento crucial foi descoberto por meu colega Phil Tomaselli em 1996.
17. A conta de Kuznetsov com a casa chegou a 5895 rublos. Pode ser vista em HBCA RG 22/ 26/ 10/ 6.
18. Telegrama n. 358 de 29 out., Hudson's Bay Company, Londres; Shay McNeal, op. cit., p. 46, não esclarece suas fontes exatas; ver os documentos originais em HBCA RG 22/ 26/ 10/ 16.
19. Relatório sobre o consulado em Murmansk, 5 fev. 1917, TNA FO 369/ 950.
20. Stephen Graham, *Part of the Wonderful Scene*, p. 97.

21. Devo a Karen Roth a tradução deste precioso artigo em dinamarquês sobre Lied, a respeito do qual há poucos materiais em inglês; ver: <ww-article-cache-1.s3.amazonaws.com/no/Jonas_Lied>.

22. Stephen Graham, op. cit., p. 96.

23. "The Kara Sea Passage", TNA 137/ 2844.

24. Stephen Graham, op. cit., p. 96; Marit Werenskiold, *Consul Jonas Lied and Russia*, p. 15.

25. Para maiores detalhes, ver Terence Armstrong, *The Northern Sea Route: Soviet Exploitation of the North-East Passage* (Cambridge: Cambridge University Press, 2011), pp. 11-3, 16-8.

26. Ibid. Para mais informações, ver também Per Giendem, "Jonas Lied and the Siberian Trading Company". Disponível em: <www.pergjendem.com/?p=898>; Jonas Lied, *Return to Happiness*, pp. 214-5.

27. Carta para Henry Armistead de 18 de fevereiro de 1918, de um oficial anônimo da Hudson's Bay, HBCA RG 22/ 4/ 2.

28. Anthony Summers e Tom Mangold, *The File on the Tsar*, p. 250. Informação de Phil Tomaselli, cuja pesquisa confirma que a Inteligência Britânica esteve interessada em Lied por volta desse mesmo período, e que o M15 dispunha de um arquivo (inédito) sobre ele.

29. Ver anotação de 4 mar. 1918, Jonas Lied Arkivboks n. 28, Dagboker 1917-21, Norsk Maritimt Museum, Oslo. As anotações originais estão em inglês.

30. Anthony Summers e Tom Mangold, *The File on the Tsar*, p. 251.

31. Jonas Lied, *Siberian Arctic: The Story of the Siberian Company* (Londres: Methuen, 1960), pp. 118-9; Jonas Lied, *Return to Happiness*, p. 217.

32. Shay McNeal, op. cit., p. 116. McNeal afirma que Urquhart fazia parte do suposto plano secreto de resgate dos Románov, mas essa sugestão é absurda, embora a própria missão econômica talvez tenha sido secretamente contrarrevolucionária. Como detentor de consideráveis concessões de mineração de chumbo e zinco na Sibéria, Urquhart era acima de tudo um homem de negócios, com interesses comerciais próprios e ansioso por recuperar suas minas confiscadas pelos bolcheviques. No verão de 1918, ele foi "recrutado pelo Ministério das Relações Exteriores britânico para dirigir a Empresa de Abastecimento da Sibéria — agência financiada pelo governo britânico cujo propósito a curto prazo era diminuir a escassez na Sibéria por meio do comércio, mas que fora criada com o objetivo a longo prazo de garantir à Grã-Bretanha o máximo monopólio possível do comércio na Sibéria". A missão chegou a Murmansk em 20 de junho, mas na verdade se atrasou devido a plataformas de gelo flutuante no mar Branco e também em Vologda, onde tiveram de esperar autorização dos sovietes para prosseguir. Ela finalmente partiu em 17 de julho — o dia do assassinato dos Románov — e revelou-se inútil, retornando a Londres antes de 13 de agosto. Para detalhes de Urquhart na Sibéria, ver Jonathan D. Smele, *Civil War in Russia: The Anti-Bolshevik Government of Admiral Kolchak, 1918* (Cambridge: Cambridge University Press, 2006), p. 117. A missão é descrita em K. H. Kennedy, *Mining Tsar: The Life and Times of Leslie Urquhart* (Londres: Allen & Unwin, 1986), pp. 129-33.

33. TNA FO 368/ 1970. A falta de linho é descrita em um relatório intitulado "Department of the Surveyor General of Supplies. Flax Control Board", em TNA MUN 4/ 6506.

34. Memorando de 1º mar. 1918 in FO 368/ 1970.

35. Jonas Lied, *Return to Happiness*, p. 218.

36. Ibid.; Genrikh Ioffe, *Revolyutsiya i semya Romanovykh*, p. 254.

37. Anthony Summers e Tom Mangold, *The File on the Tsar*, p. 251; Jonas Lied, *Return to Happiness*, pp. 218-9.

38. Ibid., p. 219.
39. Ibid.; Anthony Summers e Tom Mangold, *The File on the Tsar*, p. 251.
40. Ibid., p. 220.
41. Ibid., pp. 162-3.
42. Anthony Summers e Tom Mangold, *The File on the Tsar*, p. 394.
43. Anthony Summers, carta ao *Independent*, 3 ago. 1999.
44. Jonas Lied, *Return to Happiness*, p. 211.
45. Anthony Summers e Tom Mangold, *The File on the Tsar*, p. 250.
46. E-mail de Wilhelm Wilkens à autora, 9 jul. 2017.
47. Carta de contador anônimo da HBC, 18 fev. 1918, TNA RG 22/ 4/ 2.
48. E-mail pessoal à autora, 25 out. 2016.
49. A avó russa adotiva de meu informante confirmou que o resgate era genuíno, "mas que alguns detalhes na carta de Patricia Eykyn não eram corretos". Porém ela "não informaria sobre quem cancelou", e "mudou de assunto" quando instada a fazê-lo. Ele concluiu que "havia clara relutância da parte dela em discutir algo além da confirmação da existência do plano", mas não conseguiu entender a razão de tal relutância.
50. Anotações datilografadas inéditas da sra. Patricia Eykyn, cortesia de Philip Kerin. Essas notas também são mencionadas em Michael Occleshaw, *The Romanov Conspiracies*, p. 94. Occleshaw entrevistou Patricia Eykyn para seu livro, mas os comentários dela sobre a missão Gordon-Smith são tão factualmente distorcidos — inclusive fazendo menção a transporte aéreo dos Románov para Arcangel — que não têm muita lógica. De acordo com George Alexander Hill, Warrender fazia parte do pessoal de Poole em Petrogrado em 1917, quando Hill o encontrou em sua chegada à Estação Finlândia. Se a versão de Patricia Eykyn for correta, Warrender deve ter retornado ao Reino Unido em algum momento entre julho de 1917 e janeiro de 1918.
51. Informação recebida por e-mail de Philip Kerin, 11 out. 2014.
52. Ibid.
53. *Mail on Sunday*, 20 nov. 1988.
54. Informação de Phil Tomaselli.
55. Anotações datilografadas inéditas da sra. Patricia Eykyn, cortesia de Philip Kerin.
56. Ibid.
57. Suplemento n. 30720 da *London Gazette*, 31 maio 1918, 6512. A anotação nos arquivos da Cruz Militar em TNA WO 389 não dá maiores informações sobre a honraria, 3 jun. 1918. O cartão da medalha de Warrender está em TNA WO 372/ 21/ 18972.
58. Informação de Phil Tomaselli. TNA WO 160. Arquivos militares de operações e da inteligência relacionados à missão do general de divisão Poole "revelam um súbito e abundante fluxo de atividades na Sibéria a partir de abril de 1918", segundo Michael Occleshaw. Isto, diz ele, veio por meio das ações da Rusplycom. Isso sugeriria o envolvimento deles num plano de resgate dos Románov? Ver Michael Occleshaw, *Armour Against Fate*, pp. 266-8.
59. Robert Wilton, relatório confidencial: "Russia Still the Greatest Factor in the War. German Plans — The Need of Urgent Measures", 27 dez. 1917, TNA 371/ 3018, p. 4.

9. "PREFIRO MORRER NA RÚSSIA A SER SALVA PELOS ALEMÃES!" [pp. 182-201]

1. Maurice Paléologue, *Guillaume II et Nicolas II*, p. 237.
2. Maxim Nikoláevitch Leontiev, "Otkrytoe pis'mo Imperatora Vil'gelmu", p. 2.
3. Ibid., pp. 6-7.
4. Kurt Jagow, "Die Schuld am Zarenmord", p. 389.
5. Robert Service, *The Last of the Tsars*, p. 129.
6. John C. G. Röhl, *Wilhelm II: Into the Abyss of War and Exile 1900-1941*, p. 1161.
7. Ibid.
8. Para uma discussão, ver John C. G. Röhl, *Wilhelm II*, pp. 1155-6.
9. Robert Wilton e George Gustav Telberg, *The Last Days of the Romanovs*, p. 25.
10. Captain Paul Bulygin e Alexander Kerensky, *The Murder of the Romanovs*, p. 202.
11. Victor Alexandrov, *The End of the Romanovs*, p. 68.
12. Pierre Gilliard, *Thirteen Years at the Russian Court*, p. 257; HRH Prince Nicholas of Greece, *Political Memoirs*, p. 20.
13. Testemunho a Sokolov em agosto de 1919 em Ross, *Gibel tsarskoy semi*, pp. 422-3.
14. Robert Service, op. cit., p. 141.
15. Pierre Gilliard, op. cit., p. 257; Robert Wilton e George Gustav Telberg, *The Last Days of the Romanovs*, p. 70.
16. Anotações de Pierre Gilliard sobre Nicolau II, enviadas de Lausanne para Nicolas de Basily, 29 abr. 1934, 2, Papéis de Nicolas de Basily, 65017-9.23, caixa 2, Hoover Institution.
17. Depoimento de Klaudia Bitner em Ross, *Gibel tsarskoy semi*, pp. 422-3; Robert Wilton e George Gustav Telberg, *The Last Days of the Romanovs*, p. 70.
18. Mark Steinberg e Vladimir Khrustalev, *The Fall of the Romanovs*, pp. 275-6.
19. GARF. F. R-130. Op. 2. D. 1109. L. 2.
20. TNA GFM 6/ 139 telegrama n. 256, 12 mar. 1918. Ver também Coryne Hall, *Little Mother of Russia*, pp. 303-4.
21. Aksel-Hansel, "Breve fra Petrograd", p. 201.
22. TNA GFM 6/ 139, telegrama n. 256, 12 mar. 1918.
23. TNA GFM 6/ 139 AS 1356, 15 mar. 1918.
24. Ibid.
25. TNA GFM 6/ 139, telegrama, 17 mar. 1918.
26. Ver ‹www.ippo-jerusalem.info/item/show/271›.
27. Rosemary e Donald Crawford, *Michael and Natasha*, pp. 344-5; Tor Bomann-Larsen, *Haakon & Maud*, v. 4: *Makten*, p. 187.
28. Genrikh Ioffe, *Revolyutsiya i semya Romanovykh*, p. 249.
29. Isaac N. Steinberg, *In the Workshop of the Revolution*, p. 142.
30. Ibid.
31. Ibid.; Mark Steinberg e Vladimir Khrustalev, op. cit., p. 225. Ver também GARF F.R-130. Op. 2. D. 1. L. 85, 89; GARF F.R-130. Op. 2. D. 1. L. 135.
32. Depoimento de Konstantin Melnik, em Ross, *Gibel tsarskoy semi*, p. 491.
33. P. M. Bykov, *The Last Days of Tsar Nicholas*, pp. 62-3.
34. Ibid., p. 64.

35. Mark Steinberg e Vladimir Khrustalev, op. cit., p. 229; Genrikh Ioffe, *Revolyutsiya i semya Romanovykh*, p. 254; Bernard Pares, citado em Henri G. Francq, *The Knout and the Scythe*, p. 113.

36. Pierre Gilliard, op. cit., pp. 257-8.

37. V. M. Khrustalev, *Dnevniki Nikolaya*, v. 2, pp. 352-3; e V. A. Kozlov e V. M. Khrustalev, *The Last Diary of Tsaritsa Alexandra*, p. 95.

38. Baroness Sophie Buxhoeveden, *Life and Tragedy*, pp. 325-6. Para uma discussão das rivalidades políticas entre os Omsk e os Guardas Vermelhos de Ekaterinburg, as tentativas de ambos de dominar os Románov e a turbulenta situação política em Tobolsk, ver Robert Service, op. cit., capítulos 24 e 25, que fornecem um panorama sucinto e lúcido.

39. V. M. Khrustalev, *Dnevniki Nikolaya*, v. 2, p. 351.

40. Robert Service, op. cit., p. 156.

41. Mark Steinberg e Vladimir Khrustalev, op. cit., p. 230; GARF F. 1235 (VTsIK). Op. 34. D. 36. L. 9; Robert Service, op. cit., p. 153; V. V. Alexeev, *Last Act of a Tragedy*, p. 75.

42. Mark Steinberg e Vladimir Khrustalev, op. cit., p. 231; Genrikh Ioffe, *Revolyutsiya i semya Romanovykh*, p. 255.

43. Edvard Radzinsky, *The Last Tsar*, p. 233.

44. Ivan Plotnikov, *Gibel tsarskoy semi*, p. 53; Edvard Radzinsky, op. cit., p. 234.

45. Ivan Plotnikov, *Gibel tsarskoy semi*, p. 39.

46. Genrikh Ioffe, *Revolyutsiya i semya Romanovykh*, p. 261.

47. Ibid.

48. Mark Steinberg e Vladimir Khrustalev, op. cit., pp. 231-2. GARF F. 601. Op. 2. D. 33. L. 1; Robert Service, op. cit., p. 154. As instruções são muito claras sobre Ekaterinburg como o destino planejado, embora temporário. Ver também Genrikh Ioffe, *Revolyutsiya i semya Romanovykh*, p. 261.

49. Pierre Gilliard, op. cit., pp. 258-9.

50. A. I. Ievreinov, "Poezdka v Tobolsk", p. 21.

51. Depoimento de Kobilínski em Robert Wilton e George Gustav Telberg, *The Last Days of the Romanovs*, p. 202; Gleb Botkin, *The Real Romanovs*, p. 194.

52. Depoimento de Kobilínski em Robert Wilton e George Gustav Telberg, *The Last Days of the Romanovs*, p. 202.

53. Gleb Botkin, op. cit., p. 194.

54. Ver o relato de Iákovlev sobre a transferência do tsar em Mark Steinberg e Vladimir Khrustalev, op. cit., p. 255; Genrikh Ioffe, *Revolyutsiya i semya Romanovykh*, p. 266.

55. Pierre Gilliard, op. cit., p. 258; V. M. Khrustalev, *Dnevniki Nikolaya*, v. 2, p. 252.

56. Genrikh Ioffe, *Revolyutsiya i semya Romanovykh*, p. 265.

57. Captain Paul Bulygin e Alexander Kerensky, op. cit., p. 222.

58. Depoimento de Klaudia Bitner em Ross, *Gibel tsarskoy semi*, p. 422.

59. Depoimento de Kobilínski em Robert Wilton e George Gustav Telberg, *The Last Days of the Romanovs*, p. 205.

60. Helen Rappaport, *Four Sisters*, p. 359. Ver também o relato de Iákovlev em Mark Steinberg e Vladimir Khrustalev, op. cit., p. 256; Pierre Gilliard, op. cit., pp. 259-61.

61. Ibid., p. 260.

62. Neidgart, em L. A. Likova (Org.), *Predvaritelnoe sledstvie*, p. 266; Krivoshein, em L. A. Likova (Org.), *Predvaritelnoe sledstvie*, p. 271; Sergey Markov, *How We Tried to Save the Tsaritsa*, pp. 222-3.

63. Neidgart, em L. A. Likova (Org.), *Predvaritelnoe sledstvie*, p. 266.

64. Ibid., p. 26. Krivoshein, em L. A. Likova (Org.), *Predvaritelnoe sledstvie*, p. 272.

65. Ibid., pp. 272, 265. Para outra versão, ver Captain Paul Bulygin e Alexander Kerensky, op. cit., p. 221.

66. Ibid.

67. Krivoshein, em L. A. Likova (Org.), *Predvaritelnoe sledstvie*, p. 273.

68. Kurt Jagow, op. cit., p. 391.

69. Captain Paul Bulygin e Alexander Kerensky, op. cit., pp. 202, 219-20.

70. Krivoshein, in em L. A. Likova (Org.), *Predvaritelnoe sledstvie*, p. 274; Neidgart, em L. A. Likova (Org.), *Predvaritelnoe sledstvie*, p. 265.

71. Krivoshein, em ibid., pp. 272-3.

72. Neidgart, em ibid., p. 265.

73. Trepov, em ibid., p. 274.

74. Ibid., pp. 274-5, 10.

75. Ibid., p. 275.

76. TNA GFM 6/ 139 PA, Ru 82, Nr 1, Bd 65; ver também Winfried Baumgart, *Deutsche Ostpolitik*, nota 13, p. 337.

77. Ibid.

78. Ibid.

79. Krivoshein, em L. A. Likova (Org.), *Predvaritelnoe sledstvie*, p. 273; há outra versão dessa citação em Captain Paul Bulygin e Alexander Kerensky, op. cit., p. 227; ver também Kurt Jagow, op. cit., p. 391.

80. Mirbach para o Ministério das Relações Exteriores alemão em Berlim, 11 maio 1918, TNA GFM 6/ 139 A 19964, citado em Michael Occleshaw, *The Romanov Conspiracies*, p. 56. Embora a argumentação do livro de Occleshaw da miraculosa fuga da grã-duquesa Tatiana tenha sido suplantada por evidência de DNA sugerindo o contrário, o capítulo 7, "The Kaiser's Will", contém pesquisa valiosa sobre documentos do Ministério das Relações Exteriores alemão em 1917-8, que são notoriamente de difícil acesso e manejo.

81. Vladímir Zenzinov, "Ubiistvo Tsarskoy Semi", Coleção Nicolaevsky, Hoover Institution, p. 1; Kurt Jagow, op. cit., pp. 392-3.

82. Countess Alexandra Olsoufieff, "HIH Grand Duchess Elizabeth Feodorovna" (Londres: John Murray, 1923). Disponível em: <www.alexanderpalace.org/palace/GDElisabeth.html>.

83. TNA FO 566/ 1201 ref. 78031 Petrogrado n. 142, 26 abr. 1918.

10. "A BAGAGEM ESTARÁ SEMPRE EM IMENSO PERIGO" [pp. 202-22]

1. Summers e Mangold, em *The File on the Tsar*, pp. 257-62, defendem que Iákovlev queria levar os Románov para a Inglaterra, mas tal ideia não encontra respaldo em nenhuma fonte britânica, não mais que uma ideia similar de Viktor Aleksandrov segundo a qual Iákovlev era um agente britânico cuja função era "tomar conta da família imperial russa"; ver Victor Alexandrov, *The End of the Romanovs*, p. 211.

2. Para uma discussão e refutação convincente do improvável cenário de resgate alemão, ver Kurt Jagow, "Die Schuld am Zarenmord", nota 81, p. 391.

3. Ver o Apêndice 5, "Rescuing the Tsar", em Andrew Cook, *Ace of Spies: the True Story of Sidney Reilly* (Stroud: Tempus, 2004), pp. 281-4.

4. Documentos do GARF que vão de fevereiro de 1917 ao final de agosto de 1918, incluindo material relacionado à subsequente investigação de Sokolov, estão disponíveis em: <statearchive.ru/docs.html>. A melhor fonte para tais documentos em inglês continua a ser a edição de 1995 de Mark Steinberg e Vladimir Khrustalev, *The Fall of the Romanovs*, embora ela seja seletiva.

5. Genrikh Ioffe, *Revolyutsiya i semya Romanovykh*, p. 269; Robert Service, *The Last of the Tsars*, p. 162. Service, um especialista na política bolchevique do período, oferece em seu livro um excelente resumo da missão de Iákovlev, que desfaz uma série de equívocos sobre a história (ver capítulos 26-30). Um mapa útil da rota que Iákovlev percorreu aparece na p. xvi, assim como em Mark Steinberg e Vladimir Khrustalev, op. cit., p. 247.

6. Ibid., p. 186.

7. Ibid., p. 245.

8. Genrikh Ioffe, *Revolyutsiya i semya Romanovykh*, pp. 269-70.

9. Mark Steinberg e Vladimir Khrustalev, op. cit., p. 246; Robert Service, op. cit., p. 174.

10. Ver V. A. Kozlov e V. M. Khrustalev, *The Last Diary of Tsaritsa Alexandra*, p. 112; V. M. Khrustalev, *Dnevniki Nikolaya*, v. 2, pp. 382-3.

11. Mark Steinberg e Vladimir Khrustalev, op. cit., p. 248; Robert Service, op. cit., p. 175.

12. Mark Steinberg e Vladimir Khrustalev, op. cit., p. 248; Robert Service, op. cit., p. 174.

13. Mark Steinberg e Vladimir Khrustalev, op. cit., p. 248.

14. Ibid., p. 246.

15. Ibid., p. 249; Genrikh Ioffe, *Revolyutsiya i semya Romanovykh*, p. 271.

16. V. M. Khrustalev, *Dnevniki Nikolaya*, v. 2, p. 385.

17. V. A. Kozlov e V. M. Khrustalev, op. cit., p. 116.

18. Genrikh Ioffe, *Revolyutsiya i semya Romanovykh*, pp. 270-1.

19. Mark Steinberg e Vladimir Khrustalev, op. cit., p. 250.

20. Ibid., p. 251.

21. Ibid., pp. 251-2.

22. Ibid., p. 252.

23. Relato de Iákovlev sobre a transferência do tsar de Tobolsk para Ekaterinburg, 16 maio 1918, em Mark Steinberg e Vladimir Khrustalev, op. cit., p. 258.

24. Para mais informações sobre a carreira de Iákovlev, ver Ivan Plotnikov, *Gibel tsarskoy semi*, pp. 38-52, e Mark Steinberg e Vladimir Khrustalev, op. cit., pp. 183-5.

25. Helen Rappaport, *Four Sisters*, pp. 363-4.

26. TNA FO 371/ 3938, p. 273.

27. 3 maio 1918, TNA FO 371/ 3329, p. 163.

28. TNA FO 371/ 3329/ 78031.

29. 3 maio 1918, TNA FO 371/ 3329/ 165.

30. Arquivo da Rússia, "The Imperial Family", maio 1918, TNA FO 371/ 3329/ 78031.

31. Relatório de Harald Scavenius de 14 maio 1918, em Bent Jensen, *Harald Scavenius' syn på omvæltningerne i Rusland 1917-1918* (Copenhague: Eget Forlag, 1973), pp. 188-9. Também em TNA GFM 6/ 139/ 99.

32. Ibid.

33. Ibid.

34. Thomas Preston, telegrama de 10 maio 1918, TNA FO 371/ 3325/ 422-3.

35. Nota sobre o documentário de Summers e Mangold, out. 1971, in TNA FCO 12/ 122.

36. Victor Alexandrov, op. cit., p. 212.

37. Ver Michael Occleshaw, *Armour Against Fate*, pp. 256-7.

38. William Clarke, *The Lost Fortune of the Tsars*, p. 108.

39. Bombardeiros de dois lugares como o DH4 ou o DH9 podiam percorrer no máximo 370 quilômetros antes de precisarem pousar e ser reabastecidos, embora o novo Handley Page V/ 1500 tivesse autonomia para 2 mil quilômetros — mas nenhum deles estava disponível na Rússia em 1918, e os DH9s não foram entregues às forças antibolcheviques antes de 1919; informação de Nick Forder e Andrew Pentland, da Cross and Cockade International: The First World War Aviation Historical Society. Sobre Fellowes: ver Richard Palmer, "Royal Blog: Prince Michael bids to Clear George V's name over Tsar's death", *Sunday Express*, 2 fev. 2010; informação de Phil Tomaselli e Nick Forder sobre a carreira de Fellowes no Serviço Aeronaval Real. As opiniões de Occleshaw sobre Meinertzhagen e o mítico resgate aéreo estão disponíveis em *The Romanov Conspiracies*, pp. 98-9, que cita uma entrada no diário de Meinertzhagen de 18 de agosto de 1918, embora sem mencionar Fellowes. William Clarke também cita o diário em *The Lost Fortune of the Tsars*, pp. 107-9, mas tampouco faz menção a Fellowes. Para a agora dúbia defesa de Summers e Mangold de que o relato de Meinertzhagen "é mais uma evidência de que os britânicos de fato planejaram uma operação para salvar os Románov", ver a edição de 2002 de *The File on the Tsar*, pp. 366-7. Quinze anos depois da edição revista, ainda não se refutou essa alegação infundada.

40. Informação sobre Peregrine Fellowes de Lord Fellowes, através de e-mail à autora, 13 abr. 2017.

41. Informação de Phil Tomaselli.

42. Anthony Summers e Tom Mangold, *The File on the Tsar*, ed. 2002, p. 367.

43. Ver Doug Smith, *Rasputin*, p. 631.

44. Informação de Phil Tomaselli, baseada em sua extensa pesquisa nos arquivos do TNA. Ver também Andrew Cook, *The Murder of the Romanovs*, pp. 152-6, para uma discussão sobre a missão de Alley.

45. Ver TNA WO 157/ 1215 Telegramas Interceptados.

46. John Crossland, "British Spies in Plot to Save Tsar", *Sunday Times*, 15 out. 2006. Leitores do Reino Unido podem assistir ao documentário *Three Kings at War* em <www.channel4.com/programmes/three-kings-at-war/on-demand/41616-001>.

47. Relatório de Thomas Preston, 17 set. 1918, TNA FO 371/ 3938/ 158859/ 274. Thomas Preston, *Before the Curtain*, p. 102.

48. Andrew Cook, *The Murder of the Romanovs*, p. 152. Esse pedido foi confirmado em um telegrama subsequente de Alley em Murmansk em 29 maio, no qual pedia por aprovação urgente das mil libras que pedira.

49. Ibid., p. 153. Informação adicional de Phil Tomaselli sobre agentes do SSI.

50. Ibid., p. 154. Infelizmente, esse fragmento de um memorando de Alley está incompleto e sem data.

51. Thomas Preston, *Before the Curtain*, p. 111; ver também Shay McNeal, *The Secret Plot to Save the Tsar*, p. 141.

52. Lindley para WO, 27 ago. 1918; pedido de reembolso de despesas de viagem da missão militar do general de divisão Poole na Rússia, feito postumamente por Digby-Jones, em TNA WO 374/ 19738.

53. Telegrama de Alley, 29 maio 1918, TNA FO 371/ 3325/ 53740. Telegrama para Lindley em Arcangel, repassando telegrama de Irkutsk de 15 de agosto.

54. A morte trágica de Digby-Jones ao menos nos forneceu material surpreendentemente valioso, pois em seguida a ela um parcimonioso exército britânico tentou reivindicar dinheiro da herança dele que lhe fora adiantado para financiar sua missão na Rússia, assim como um suposto excedente indevido em seu salário. De modo a provar seu argumento, o Gabinete de Guerra elaborou um cronograma de sua jornada, mostrando quanto tempo um agente de verdade levaria de Arcangel para Ekaterinburg. Informação de Phil Tomaselli. Ver também o arquivo de Digby-Jones em TNA WO 374/ 19738.

55. Baroness Sophie Buxhoeveden, *Life and Tragedy*, p. 78; Robert Wilton e George Gustav Telberg, *The Last Days of the Romanovs*, p. 151.

56. William Black, *The Platinum Group Metals Industry* (Cambridge: Woodhead Publishing, 2000), Apêndice 2.

57. Andrew Cook, *The Murder of the Romanovs*, p. 168; *A Collection of Reports on Bolshevism in Russia* (HMSO: Londres, 1919), p. 43.

58. Thomas Preston, *Before the Curtain*, p. 68; ver TNA FO 368/ 1970.

59. Michael Occleshaw, *The Romanov Conspiracies*, p. 128.

60. John Crossland, "British Spies in Plot to Save Tsar", *Sunday Times*, 15 out. 2006. Ver também Michael Occleshaw, *The Romanov Conspiracies*, pp. 127-8.

61. Andrew Cook, *The Murder of the Romanovs*, p. 156; Michael Occleshaw, *Armour Against Fate*, pp. 279-81.

62. Thomas Preston, *Before the Curtain*, p. 98.

11. "AGUARDEM O ASSOBIO POR VOLTA DA MEIA-NOITE" [pp. 231-49]

1. Victoria de Battenberg, carta a Arthur Balfour, 23 maio 1918, FO 371/ 3329/ 93852.
2. Ibid.
3. Ibid.
4. Ibid.
5. Ibid.
6. TNA FO 371/ 3329/ 93852.
7. TNA FO 371/ 3329/ 93852/ 171.
8. TNA FO 371/ 3329/ 93852.
9. Thomas Preston, "The Vigil", cópia datilografada, 1, Papéis de Levine, série 5, caixa 36, 136. Depoimento de Thomas Preston, 22 jan. 1960, em Ian Vorres, *The Last Grand Duchess*, p. 243.
10. Thomas Preston "The Vigil", p. 2.
11. Ibid., p. 3.
12. Ibid.
13. P. M. Bykov, *The Last Days of Tsar Nicholas*, p. 76.

14. Elizaveta Semchevskaia, "Vospominaniya o poslednykh dnyak Velikikh Knyazev"; A. Avdeev, "Nikolay Romanov", p. 202.

15. Ian Vorres, op. cit., p. 243; P. M. Bykov, op. cit., p. 76.

16. Penny Wilson, "From the Memoirs of Princess Helena Petrovna of Serbia", p. 55.

17. P. M. Bykov, op. cit., p. 776; Ivan Plotnikov, *Gibel tsarskoy semi*, pp. 118-9.

18. Ivan Plotnikov, *Gibel tsarskoy semi*, p. 479; P. M. Bykov, op. cit., p. 78; Greg King e Penny Wilson, "The Officer Letters", p. 85.

19. Thomas Preston, *Before the Curtain*, p. 98.

20. Penny Wilson, "From the Memoirs of Princess Helena Petrovna of Serbia", pp. 58-9.

21. Thomas Preston, *Before the Curtain*, p. 99; V. M. Khrustalev, *Dnevniki Nikolaya*, v. 2, p. 577.

22. P. M. Bykov, op. cit., p. 79; V. M. Khrustalev, *Dnevniki Nikolaya*, v. 2, p. 430. O plano, que se encontra em GRAF, pode ser visto em Vitalii Shitov, *Dom Ipatieva* (Ekaterinburg: Avto Graf, 2013), p. 161.

23. Depoimento de Buxhoeveden, 4, Arquivo Bakhmeteff.

24. Edvard Radzinsky, *The Last Tsar*, p. 261; Helen Rappaport, *Ekaterinburg*, p. 117.

25. GARF F. 601 Op. 2 D. 48 Carta de c. 30 abr. 1918.

26. Depoimento de Thomas Preston, 22 jan. 1960, em Ian Vorres, op. cit., p. 243.

27. Depoimento de Buxhoeveden, 4. Buxhoeveden testemunhou que o antigo valete do tsar, Tchemodúrov, que fora liberado da Casa Ipátiev, identificou as roupas de Dolgorúkov.

28. Genrikh Ioffe, *Revolyutsiya i semya Romanovykh*, p. 334.

29. Ibid., p. 335.

30. Ibid.

31. Ibid., p. 336; Mark Steinberg e Vladimir Khrustalev, *The Fall of the Romanovs*, p. 320.

32. A. Avdeev, "Nikolay Romanov", p. 202.

33. Genrikh Ioffe, *Revolyutsiya i semya Romanovykh*, p. 331; Ivan Plotnikov, *Gibel tsarskoy semi*, p. 125.

34. Greg King e Penny Wilson, "The Officer Letters", p. 79.

35. P. M. Bykov, op. cit., p. 78; Iúri Juk, *Ispoved Tsareubiits*, pp. 420-1. Em seu estudo de 2007 de documentos associados ao assassinato dos Románov, *Sledstvie po delu ob ubiistve rossisskoi imperatorskoy semi*, a historiadora russa Lídia Likova discute as falsas "cartas de gabinete", concluindo que foram manuscritas por Rodzinski; ver pp. 271-5. Ver também a entrevista de Rodzinski em *Ogonek*, n. 2, p. 27, 1990. Para uma transcrição completa das cartas originais em francês e réplicas a elas, ver Richard Pipes, *The Russian Revolution*, pp. 766-70. A autoria da primeira carta original ainda é objeto de controvérsia. Para uma discussão, ver Richard Pipes, op. cit., p. 767, nota de rodapé.

36. Mark Steinberg e Vladimir Khrustalev, op. cit., p. 310.

37. Ibid.

38. Ibid., p. 315.

39. *Ekaterinburg: Entsiklopediya* (Ekaterinburg: Akademiya, 2002), p. 7.

40. Ivan Plotnikov, *Gibel tsarskoy semi*, p. 115; Ross, *Gibel tsarskoy semi*, p. 369.

41. Ibid.

42. Mark Steinberg e Vladimir Khrustalev, op. cit., p. 315-7.

43. Ibid., pp. 316-7.

44. Ibid., p. 317.

45. V. M. Khrustalev, *Dnevniki Nikolaya*, v. 2, p. 497.

46. Mark Steinberg e Vladimir Khrustalev, op. cit., p. 320.

47. Ibid.

48. Ivan Plotnikov, *Gibel tsarskoy semi*, p. 122.

49. Mark Steinberg e Vladimir Khrustalev, op. cit., p. 322.

50. Lídia Likova, *Sledstvie po delu ob ubiistve rossisskoi imperatorskoy semi*, p. 275; Lídia Likova, "Neizvestnyiotvet tsarskoy semi na pismo 'Ofitsera' Yul 1918g Ekaterinburg", *Otechestvennye arkhivy*, 2006. Disponível em: <naukarus.com/neizvestnyy-otvet-tsarskoy-semi-na-pismo-ofitsera-iyul-1918-g-ekaterinburg>.

51. Ver Sergey Melgunov, *Sudba Imperatora Nikolaia II*, pp. 266-8; Carl Ackerman, *Trailing the Bolsheviki: 12,000 with the Allies in Siberia*. (Nova York: Scribner's, 1919), p. 100; discutido em Greg King e Penny Wilson, "The Officer Letters", pp. 82-3.

52. Captain Paul Bulygin e Alexander Kerensky, *The Murder of the Romanovs*, pp. 163-4.

53. A. Korneev, *Russkiy vestnik*, 28 maio 2005.

54. Sergey Markov, *How We Tried to Save the Tsaritsa*, p. 244.

55. Mikhail Diterikhs citado em Ivan Plotnikov, *Gibel tsarskoy semi*, pp. 116-7.

56. P. M. Bykov, op. cit., pp. 76-7; ver também Elizaveta Semchevskaia, "Vospominaniya o poslednykh dnyak Velikikh Knyazev", p. 192.

57. Isaac Don Levine, *Eyewitness to History*, p. 142.

58. Ibid., p. 143. Levine fornece a data exata de publicação, 23 de agosto de 1923, mas não indica onde o artigo foi publicado, embora aparentemente tenha sido em um diário ou jornal nova-iorquino. Ele afirma que enviou o documento original e o mapa ao editor. Mas eles não mais se encontram em seu arquivo, apesar de uma busca acordada com a autora, e é provável que se tenham perdido.

59. Ibid., p. 144.

60. Para mais detalhes sobre os Agafurov em Ekaterinburg, ver: <www.1723.ru/read/dai2/dai-2-31.htm>.

61. Isaac Don Levine, *Eyewitness to History*, pp. 144-5.

62. Ibid., p. 145; V. A. Kozlov e V. M. Khrustalev, *The Last Diary of Tsaritsa Alexandra*, p. 184. Não há evidências que confirmem seu conteúdo ou se os Románov chegaram realmente a receber a carta do grupo de Gorchkóv. Os fatos na descrição foram verificados, tanto quanto possível, e parecem correlatos.

63. Isaac Don Levine, *Eyewitness to History*, p. 145.

64. Ibid., p. 146.

65. Sergey Markov, *How We Tried to Save the Tsaritsa*, p. 252.

66. Ibid., p. 254; ver também Genrikh Ioffe, *Revolyutsiya i semya Romanovykh*, p. 331.

67. Sergey Markov, *How We Tried to Save the Tsaritsa*, pp. 254-5.

68. Ibid., pp. 245, 255.

12. "É CRUEL E HORRÍVEL DEMAIS" [pp. 250-67]

1. TNA GFM 6/ 139 n. 664, 22 jun. 1918.
2. TNA GFM 6/ 139, n. 338, 21 jun. 1918; L. A. Likova (Org.), *Predvaritelnoe sledstvie*, pp. 333-4.

3. Joffe a Lênin, 21 jun. 1918, L. A. Likova (Org.), *Predvaritelnoe sledstvie*, p. 380.

4. Vladímir Zenzinov, "Ubiistvo tsarskoy semi", Coleção Nicolaevsky, Hoover Institution, 2; Kurt Jagow, "Die Schuld am Zarenmord", p. 395.

5. TNA GFM 6/ 139, p. 664, 22 jun. 1918, Von Kühlmann para Von Grunau; Shay McNeal, *The Secret Plot to Save the Tsar*, p. 103, citando Von Kühlmann para Von Grunau, TNA GFM 6/ 139, A 26851.

6. Winfried Baumgart, *Deutsche Ostpolitik*, pp. 387-8.

7. Ibid., p. 388.

8. Ibid.; Robert Service, *The Last of the Tsars*, pp. 221-2.

9. Kurt Jagow, op. cit., p. 394. Coryne Hall, *Little Mother of Russia*, pp. 308-9.

10. A. A. Mosolov, *At the Court of the Last Tsar*, pp. 260-1; Robert Service, op. cit., p. 225.

11. Michael Occleshaw, *The Romanov Conspiracies*, pp. 58-9.

12. Ibid., p. 62.

13. Michael Occleshaw, *Dances in Deep Shadows*, p. 161.

14. Anthony Summers e Tom Mangold, *The File on the Tsar*, pp. 279, 275.

15. Ver Karl Freiherr Von Bothmer, *Mit Graf Mirbach in Moskau*, p. 97.

16. Anthony Summers e Tom Mangold, *The File on the Tsar*, p. 276; carta de 18 jul., consulado britânico, Genebra, TNA FO 371/ 3328.

17. Anthony Summers e Tom Mangold, *The File on the Tsar*, p. 276.

18. Piotr Bótkin, carta a Stephan Pichon, ministro das Relações Exteriores francês em Paris, 2 jul. 1918, em L. A. Likova (Org.), *Predvaritelnoe sledstvie*, p. 279-80.

19. A presença de Boyard em Ekaterinburg não foi revelada até a investigação posterior de Sokolov. Ver Ross, *Gibel tsarskoy semi*, p. 216.

20. Isaac Don Levine, *Eyewitness to History*, pp. 145-6.

21. V. M. Khrustalev, *Dnevniki Nikolaya*, v. 2, p. 522.

22. Para um relato completo do assassinato da família Románov na Casa Ipátiev, na noite de 16 de julho, ver Helen Rappaport, *Ekaterinburg*.

23. Ver Helen Rappaport, *Ekaterinburg*, capítulo 10, "What is to be Done with Nicholas?", que descreve as discussões que ocorreram em Moscou.

24. Ibid., p. 141.

25. Ibid., pp. 162-3.

26. Thomas Preston, "The Vigil", p. 3.

27. Thomas Preston, "Sir Thomas Preston Recalls Ekaterinburg".

28. Lênin, *Khronika V*, p. 642, citado em Richard Pipes, *The Russian Revolution*, p. 781.

29. Mark Steinberg e Vladimir Khrustalev, *The Fall of the Romanovs*, p. 337.

30. Ibid.; Richard Pipes, op. cit., p. 781.

31. Mark Steinberg e Vladimir Khrustalev, op. cit., p. 341; Richard Pipes, op. cit., p. 784.

32. A melhor síntese cronológica dos eventos subsequentes ao assassinato está em Richard Pipes, op. cit., pp. 780-5.

33. Karl Freiherr Von Bothmer, op. cit., p. 98.

34. A. Orlano-Erenya, "Ispanskii korol", p. 156.

35. Para uma discussão sobre os rumores, ver Harrison Salisbury, *Black Night White Snow: Russia's Revolutions 1905-1917* (Londres: Cassell, 1977), p. 714. Ver também Sergey Melgunov, *Sudba Imperatora Nikolaia II*, pp. 390-400.

36. Mark Steinberg e Vladimir Khrustalev, op. cit., p. 341; Guillerma Calleja Leal, "Alfonso XIII y su Actuacion", p. 63.

37. Sergey Markov, *How We Tried to Save the Tsaritsa*, p. 259.

38. Richard Pipes, op. cit., pp. 782-3.

39. Ibid., p. 784.

40. TNA FO 800/ 205/ 307, 23 jul. 1918.

41. TNA FO 800/ 205/ 313, 24 jul. 1918; /314, 25 jul.

42. Preben Ulstrup, *Kejserinde Dagamrs fangenskab paa Krim: Dagbøker og breve 1917-1919* (Copenhague: Gyldendal, 2005), pp. 222-3.

43. 23 jul. 1918, RA PS/ PSO/ GV/ C/ M/ 1344a/ 2.

44. Ibid.

45. Ibid.

46. 23 jul. 1918, RA PS/ PSO/ GV/ C/ M/ 1344a/ 6, p. 7.

47. *The Times*, 25 jul. 1918.

48. Stamfordham para o muito honorável George Russell, 26 jul., RA PS/ PSO/ GV/ C/ M/ 1344a/ 8.

49. Baroness De Stoeckl, *My Dear Marquis* (Londres: John Murray, 1952), p. 179.

50. Ibid.

51. Diário de Jorge V, 25 jul. 1918, citado em Kenneth Rose, *King George V*, p. 216.

13. "AQUELAS POBRES E INOCENTES CRIANÇAS" [pp. 268-81]

1. *Tatler*, 7 ago. 1918, p. 144.

2. Alexander Iswolsky, *Recollections of a Foreign Minister* (Nova York: Doubleday, 1921), p. 252.

3. David R. Francis, *Russia from the American Embassy* (Nova York: Scribner's, 1921), p. 328.

4. *German Wireless*, 4 ago. 1918, RA PS/ PSO/ GV/ C/ M1344a/ 13.

5. Lord Stamfordham para Lord Esher, 25 jul. 1918, citado em Kenneth Rose, *King George V*, p. 217.

6. Ibid.

7. Lord Esher para Stamfordham, 28 jul. 1918, citado em Kenneth Rose, op. cit., p. 217.

8. Para uma discussão sobre os rumores, ver Anthony Summers e Tom Mangold, *The File on the Tsar*, capítulos 24 e 25. Infelizmente, *The File on the Tsar* contribuiu durante muito tempo para a perpetuação da crença na sobrevivência de Alexandra e suas filhas.

9. Michael Occleshaw, *The Romanov Conspiracies*, p. 62.

10. Anthony Summers e Tom Mangold, *The File on the Tsar*, p. 361. Para uma útil discussão sobre as tentativas de mediação espanhola e alemã em agosto/ setembro, ver Michael Occleshaw, *The Romanov Conspiracies*, pp. 61-6.

11. I. Yu. Mednikov, "Missiya spaseniya", p. 71; Anthony Summers e Tom Mangold, *The File on the Tsar*, p. 362.

12. *The Times*, 3 e 6 ago. 1918.

13. 8 ago. 1918, em Anthony Summers e Tom Mangold, *El Expediente sobre el Zar*, p. 325. A tradução espanhola de *The File on the Tsar* contém material sobre o papel de Afonso, em um

pós-escrito nas pp. 319-3, que não foi incluído nas edições inglesas do livro. Ver também Revy Cabieses, "Alfonso XIII, Jorge V, y el frustrado rescate de la familia imperial de Rusia", p. 123; Cortes Cavanillas, *Alfonso XIII y la Guerra*, p. 149.

14. *The Times*, 8 ago. 1918.

15. Cópia datilografada de telegrama em francês de Afonso para a grã-duquesa Gueórgui, 8 ago. 1918, em TNA FO 800/ 205/ 325-6.

16. Edward Wallington para Harry Verney, 8 ago. 1918, TNA FO 800/ 250/ 323-5.

17. Palácio de Buckingham, 8 ago. 1918, TNA FO 800/ 205/ 402.

18. TNA FO 800/ 205/ 323-5.

19. Ilana Miller, *The Four Graces*, p. 155.

20. Ibid., p. 156.

21. Anthony Summers e Tom Mangold, *The File on the Tsar*, p. 362.

22. Carta de 25 jul. 1918, citada em Karina Urbach, *Go-Betweens for Hitler*, p. 131.

23. Julián Cortés Cavanillas, "Alfonso XIII en la Guerra del Catorce".

24. D. Amadeo-Martin Rey y Cabieses, "Alfonso XIII", p. 124.

25. Ibid., p. 125.

26. Carlos Seco Serrano, "Alfonso XIII y la Familia del Zar", p. 2.

27. TNA FO 800/ 205/ 424, 15 ago. 1918.

28. Telegrama do diretório da inteligência militar para o general de divisão Poole de Arcangel, 9 ago. 1918. RA PS/ PSO/ GV/ C/ M/ 1344a/ 20.

29. Anthony Summers e Tom Mangold, *El Expediente sobre el Zar*, pp. 326-7. Ver comentários sobre esse capítulo espanhol mencionado na nota 13 acima; Anthony Summers e Tom Mangold, *The File on the Tsar*, p. 363. Ver também Michael Occleshaw, *The Romanov Conspiracies*, pp. 72-6.

30. William Clarke, *The Lost Fortune of the Tsars*, p. 112.

31. Monsenhor Eugenio Pacelli, núncio apostólico de Munique, para o senhor conde Von Hertling Reichskanzler, 12 ago. 1918, TNA GFM 6/ 139.

32. Ver Anthony Summers e Tom Mangold, *El Expediente sobre el Zar*, p. 327; William Clarke, op. cit., p. 112.

33. Michael Occleshaw, *The Romanov Conspiracies*, pp. 74-5; Grand Duchess George, *A Romanov Diary*, pp. 231, 238.

34. Julián Cortés Cavanillas, "Alfonso XIII en la Guerra del Catorce".

35. *The Times*, 8 ago. 1918.

36. Ibid.; Contreras contou sobre seu encontro a Polo de Bernabe, embaixador espanhol em Berlim, que, por seu turno, enviou os detalhes em telegrama cifrado, n. 111, 6 set. 1918, para Madri. Ver também relato do encontro em Carlos Secco Serrano, "Alfonso XIII y la Familia del Zar".

37. A. Orlano-Erenya, "Ispanskii korol", p. 155.

38. Richard Pipes, *The Russian Revolution*, p. 783; Michael Occleshaw, *The Romanov Conspiracies*, p. 63; Kurt Jagow, "Die Schuld am Zarenmord", pp. 398-400; A. Orlano-Erenya, "Ispanski korol", p. 156.

39. Vladímir Zenzinov, "Ubiistvo tsarskoy semi", p. 6.

40. Diretor da inteligência militar para Lord Stamfordham, Gabinete de Guerra, Whitehall, 31 ago. 1918, citado em Richard Hough, *Louis and Victoria*, p. 326.

41. Relato do Coordenador de Inteligência das Forças e Missões Britânicas na Rússia e na Sibéria, 28 ago. 1918, TNA FO 800/ 205; diário de Jorge V, 31 ago. 1918, em Kenneth Rose, op. cit., p. 216.

42. Princess Marie Louise, *My Memories of Six Reigns* (Londres: Evans Brothers, 1956), p. 186.

43. Ibid., p. 187. Um exame dessa fonte, comparado ao relato de como Vitória de Battenberg recebeu a notícia de Maria Luísa, revela que a história não tem relação com quando o rei e a rainha primeiramente receberam a notícia da morte de Nicolau no dia 24, conforme se disseminou — pois então não houve menção ao destino do restante da família. A história dela se relaciona ao 31 de agosto, quando Jorge e Maria receberam a dolorosa confirmação, via Ministério das Relações Exteriores, do assassinato de toda a família. Ver Richard Hough, op. cit., p. 326, que afirma claramente que a visita de Maria Luísa com a carta do rei Jorge foi em 2 de setembro, e não um mês antes, quando o assassinato de Nicolau foi anunciado pela primeira vez.

44. Vitória de Battenberg ao rei Jorge, 3 set. 1918, em Ilana Miller, op. cit., p. 157.

45. 14 set. 1918; Richard Hough, op. cit., p. 326; Ilana Miller, op. cit., p. 157.

46. Lord Stamfordham para Milner, Castelo de Windsor, 1 set. 1918, RAPS/ PSO/ GV/ C/ M/ 1344a/ 31.

47. Carta para Freda Dudley Ward, 25 jul. 1918, Rupert Godfrey (Org.), *Letters from a Prince* (Londres: Warner Books, 1999), p. 76.

48. *Aberdeen Evening Express* citando um relato do *Yorkshire Evening Post*, 12 set. 1918.

49. Michael Occleshaw, *The Romanov Conspiracies*, p. 64; Kurt Jagow, op. cit., p. 400.

50. Michael Occleshaw, *The Romanov Conspiracies*, p. 66.

51. Kurt Jagow, op. cit., p. 401; Vladímir Zenzinov, "Ubiistvo Tsarskoy Semi", p. 6, Coleção Nicolaevsky, Hoover Institution.

52. Ver relato de Elliot de 5 out. 1918 a Balfour, TNA FO 371/ 3977, e um resumo interino em TNA FO 371/ 3335.

53. Count Paul Benckendorff, *Last Days at Tsarskoe Selo*, pp. 132-3.

54. *Birmingham Mail*, 14 nov. 1918.

55. "Fate of the Tsar's Family. All Shot Together in a Cellar", *The Times*, 5 dez. 1918.

56. Anthony Summers e Tom Mangold, *The File on the Tsar*, p. 26.

57. Vitória de Battenberg para o rei Afonso, 22 set. 1918, Arquivos de Madri, citado em Ilana Miller, op. cit., p. 161.

58. Anthony Summers e Tom Mangold, *El Expediente Sobre El Zar*, p. 328; Carlos Seco Serrano, "El relato de la baronesa Buxhoeveden a D. Francisco Gutierrez de Agüera", *Diario ABC*, Madri, 6 mar. 1980. O pai de Buxhoeveden, Carlos Matthias von Buxhoevden, estava em missão diplomática russa em Copenhague e enviou essa mensagem por seu colega Gutiérrez Agüera, ministro espanhol residente lá. Quando ela viajou a Tobolsk, foi impedida de entrar para visitar os Románov, mas a mensagem de Afonso foi enviada clandestinamente por Anastácia Hendrikova.

14. "SUA MAJESTADE PREFERIRIA QUE NÃO SE PUBLICASSE NADA" [pp. 282-303]

1. Aga Khan III, *The Memoirs of Aga Khan: World Enough and Time* (Nova York: Simon & Schuster, 1954), p. 113.

2. Count Paul Rodzianko, *Tattered Banners*, p. 271.

3. Christopher Hibbert, *The Court of St James* (Londres: BCA, 1983), p. 72.

4. "Europe Harbors Hapless Queens", *Louisville Courier-Journal*, 3 out. 1927.

5. Para um relato sobre a evacuação, ver Frances Welch, *The Russian Court at Sea: The Voyage of HMS Marlborough, April 1919* (Londres: Short Books, 2011).

6. Comentário de Stamfordham, capa de arquivo TNA FO 371/ 3977/ parte I, n. 98898. Citado em FCO 12/ 158, memorando de Rohan Butler datado de 22 fev. 1974; 4 jul. 1919, Lord Stamfordham para Sir Ronald Graham, subsecretário permanente em exercício durante a Conferência de Paz de Paris.

7. TNA FO 371/ 3977, parte I, n. 98898.

8. *Daily Telegraph*, 7 set. 1921.

9. A. F. Kerensky, "The Provisional Government's Responsibility", parte IV de A. F. Kerensky e P. Milyukov, "Light on the Murder of Tsar Nikolas", p. 643.

10. Ibid., p. 645.

11. Para a defesa de Kerénski e Miliúkov de seu posicionamento, ver "Light on the Murder of Tsar Nikolas", pp. 638-45, que é um resumo de vários artigos que eles escreveram na imprensa emigrante russa.

12. TNA FO 370/ 273 1928. Ver correspondência entre o FO ocasionada por isso.

13. Keith Hamilton, "Addressing the Past", p. 101. O departamento bibliotecário do Ministério das Relações Exteriores fez a avaliação das memórias diplomáticas.

14. Meriel Buchanan, *Ambassador's Daughter*, p. 159.

15. Meriel Buchanan, *The Dissolution of an Empire*, pp. 192-3.

16. As memórias de Paley foram publicadas em várias edições da *Revue de Paris*. Ver 1 e 15 jun., 1 jul., 15 ago., 1 e 15 set. 1922.

17. John Van der Kiste, *Princess Victoria Melita*, p. 130.

18. Ibid., p. 124.

19. *Revue de Paris*, 15 mar. 1923.

20. Ibid., p. 690.

21. Meriel Buchanan, *The Dissolution of an Empire*, p. 189.

22. Meriel Buchanan, *Ambassador's Daughter*, p. 154; ver também Meriel Buchanan, *The Dissolution of an Empire*, pp. 193-5.

23. Meriel Buchanan, *Ambassador's Daughter*, p. 159.

24. Meriel Buchanan, *The Dissolution of an Empire*, p. 198.

25. Meriel Buchanan, *Ambassador's Daughter*, p. 154.

26. Meriel Buchanan, *The Dissolution of an Empire*, p. 193.

27. Ibid., p. 198.

28. *Western Daily Press*, recorte sem data, por volta de junho de 1932, arquivo de Meriel Buchanan, Universidade de Nottingham. Essa e muitas outras resenhas de *The Dissolution of an Empire* foram compiladas por Buchanan, mas, ao recortá-las, ela não atentou para as datas de publicação nem para as fontes de onde foram tiradas.

29. Nota de Laurence Collier, chefe de gabinete do Departamento Norte, 5 jul. 1932, citado em Keith Hamilton, op. cit., pp. 114-5.

30. Ver Keith Hamilton, op. cit.

31. David Lloyd George, "Tsar's Future Place of Residence", LG/ G/ 212/ 3/ 7, Arquivos Parlamentares.

32. Ibid., p. 4.

33. Ibid., p. 5.

34. Ibid., p. 6.

35. Ibid., p. 6.

36. Ibid., p. 7.

37. Kenneth Rose, *King George V*, p. 218.

38. David Lloyd George, *War Memoirs*, v. 3, p. 514. Para uma elucidativa discussão do capítulo suprimido, ver Keith Hamilton, op. cit.

39. A. J. Sylvester, *Life with Lloyd George*, p. 110.

40. David Lloyd George, *War Memoirs*, v. 3, p. 1638.

41. David Cannadine, "The Context, Performance and Meaning of Ritual: The British Monarchy and the Invention of Tradition c. 1820-1977", em Eric Hobsbawn e Terence Ranger (Orgs.), *The Invention of Tradition* (Cambridge: Cambridge University Press, 1992), p. 142, nota 156; Robert Lacey, *Majesty*, p. 333. Para uma discussão da posição de Jorge, ver E. F. Benson, "The King and His Reign: XII. The King and Democracy", *The Spectator*, 19 abr. 1935, pp. 648-9.

42. Daniel Couniham, "The Romanov Riddle", carta ao editor, *The Listener*, 7 out. 1976, p. 444.

43. LG MSS F/ 3/ 2/ 19, Arquivos Parlamentares; citado em Andrew Suttie, *Rewriting the First World War*, p. 192.

44. Robert Lacey, op. cit., p. 62.

45. *The Listener*, n. 110, 7 jul. 1983, p. 26.

46. Ver *The Listener*, 30 set. 1976, p. 3.

47. Versão contada pelo duque de Windsor ao escritor Gore Vidal e narrada por este *Palimpsest: A Memoir* (Londres: Abacus, 1996), pp. 207-8.

48. Michael Tyler Whittle, *The Last Kaiser: A Biography of William II, German Emperor and King of Prussia* (Nova York: Times Books, 1977), p. 285.

49. *London Gazette*, 17 jul. 1917.

50. Ver: <www.royalfoibles.com/the-british-queen-partially-to-blame-for-the-murder-of-tsar--nicholas-ll-and-his-family>.

51. Ver Deborah Cadbury, *Queen Victoria's Matchmaking* (Londres: Bloomsbury, 2017), pp. 151-2.

52. Gaselee para Sir Robert Vansittart, 16 abr. 1934, citado em Keith Hamilton, op. cit., p. 115.

53. Ver Kurt Jagow, "Die Schuld am Zarenmord", pp. 363-40, e L. G. Semenovski, "Popytki Spaseniya Romanovykh".

54. Kurt Jagow, op. cit., p. 369.

55. Ibid., p. 371.

56. Ibid., pp. 373, 388.

57. Ibid., p. 389.

58. Ibid., pp. 392-3, 399.

59. Ibid., pp. 400-1.

60. Wilhelm II, *The Kaiser's Memoirs* (Nova York: Harper & Bros, 1922), p. 130.

61. Lamar Cecil, *Wilhelm II*, v. 2: *Emperor and Exile 1900-1941* (Chapel Hill: University of North Carolina Press, 1996), p. 322.

62. Brigadier Wallscourt Hely-Hutchinson Waters, *Postdam and Doorn*, pp. 252-3.

63. Ibid., p. 253.

64. Anthony Summers e Tom Mangold, *The File on the Tsar*, p. 275.

65. Ver ibid.

66. Testamento de Wallscourt, datado de 28 maio 1942; homologação 1 ago. 1945, p. 4; <www.probaterecords.co.uk>.

67. "300 Jahre Romanov & Hohenzollern", Ausstellungsfuhrer, Burg Hohenzollern, 22 out. 2016, 29 jan. 2017, páginas sem numeração. Sou grata a Mark Andersen por me ceder essa informação.

68. Anthony Summers e Tom Mangold, *The File on the Tsar*, p. 275.

69. Wilhelm II, "Questions and Reflections Concerning the Rescue of the Tsar", pontos 1-3, Arquivo Burg Hohenzollern, resumo em Brigadier Wallscourt Hely-Hutchinson Waters, op. cit., pp. 259-60.

70. Ibid., notas 5-9, p. 2.

71. Ibid., nota 8, p. 2.

72. Wilhelm II, "Questions and Reflections Concerning the Rescue of the Tsar", nota 10, p. 2.

73. Ibid., p. 11.

74. Anotações de Guilherme em carta de Anatóli Gutman, "Wilhelm Written Records", pp. 11-2.

75. Ibid., p. 12.

76. Ibid.

77. Ibid.

POSFÁCIO: "CULPA DE NINGUÉM"? [pp. 305-10]

1. Jonathan Petropoulos, *Royals and the Reich: The Princes von Hessen in Nazi Germany* (Nova York: Oxford University Press, 2008), p. 199.

2. Ver o site oficial da Residência Real Norueguesa, disponível em: <www.kongehuset.no/artikkel.html?tid=27613&sek=27060>. Sou grata ao historiador da realeza David Horbury por uma detalhada discussão sobre o tema e por suas úteis observações.

3. Ana de Sagrera, *Ena y Bee: En defensa de una amistad* (Madri: Velecío Editores, 2006), p. 362; María Teresa Puga, *La vida y la epoca de Alfonso XIII* (Barcelona: Editorial Planeta), 1997, p. 176.

4. Para um excelente estudo da reinvenção da monarquia britânica realizada por Jorge e Maria, ver Frank Prochaska, *Royal Bounty: The Making of a Welfare Monarchy* (Londres: Yale University Press), 1995.

5. Carta ao conde Lloyd George, 26 out. 1983, citada em Andrew Suttie, *Rewriting the First World War*, p. 193.

6. General de brigada Wallscourt Hely-Hutchinson Waters em 1935; *Postdam and Doorn*, pp. 257-8.

7. Discurso de Iéltsin no *New York Times*. Disponível em: <www.nytimes.com/1998/07/18/world/address-by-yeltsin-we-are-all-guilty.html>.

8. Ver, por exemplo: <3rm.info/main/24366-ekaterinburg-prosti-menya-moy-gosudar.html>.

9. *Daily Telegraph*, 7 set. 1921.

10. Notas de Gilliard a De Basily, 29 abr. 1934, p. 2, Arquivo Nicolas de Basily, Hoover Institution.

11. Ibid.

12. Richard Pipes, *The Russian Revolution*, p. 769.

Referências bibliográficas

ARQUIVOS

Archivo Histórico Nacional, Madri

Arquivo Bakhmeteff, Universidade Columbia, Nova York

Arquivo de Burg Hohenzollern: "Questions and Reflections Concerning the Rescue of the Tsar", anotações pessoais de Nicolau II, datadas de abril de 1913, sobre uma tentativa de salvar o tsar e sua família no verão de 1918

Arquivo Russo de Leeds, da Biblioteca da Universidade de Leeds

Arquivos da Hudson's Bay Company, Canadá, Winnipeg

Arquivos da Universidade Emory, Atlanta: Papéis de Isaac Don Levine em 1917-8
   Thomas Preston, "The Vigil", cópia datilografada sem data, série 5, caixa 136

Arquivos Nacionais, Kew: Cabinet Papers [Papéis do Gabinete de Ministros] (CAB), Papéis do Foreign Office [Ministério das Relações Exteriores] (FO) e do War Office [Ministério da Guerra] (WO)

Arquivos Parlamentares, Westminster:
   David Lloyd George: "Tsar's Future Place of Residence", capítulo redigido de suas *War Memoirs*, Papéis de George Lloyd LG/ G/ 212/ 3/ 4

Arquivos Reais, Windsor: vários documentos relacionados ao rei Jorge V e a Lord Stamfordham 1917-8

AVPRI: Arkhiv Vneshney Politiki Rossiikoi Imperii: Sekretnyi Arkhiv Ministra

Biblioteca da Universidade de Cambridge: Papéis de Lord Hardinge, 1917-8, v. 30-8

Cartas de Ekaterina Erastovna Zboróvskaia, 1917-8

GARF: Gosudarstvennyi Archiv Russkoy Federatsii

German Foreign Ministry Berlin [Ministério das Relações exteriores alemão em Berlim] (GFM): Auswartiges Amt, Abteilung A. Akten betreffend: die russische kaiserfam. Documentos microfilmados em TNA

Hechingen, Burg Hohenzollern, Hausarachiv des vormals regierenden preussischen Königshaus: "Records of William II of April 1931"

Hessian Staatsarchiv, Darmstadt
Hoover Institution, Califórnia:
Papéis de Nicolas de Basily: "Informations données par M. M. Tereshchenko a M. N. de Basily à Paris le 23 Avril, 1934, au sujet de la question du départ de Nicolas II et de sa famille pour l'étranger après son abdication", caixa 27, pasta 11; notas de Pierre Gilliard sobre Nicolau II enviadas a De Basily, 29 abr. 1934, caixa 2, pasta 62
Coleção Boris I. Nikolaevsky: Vladímir Zenzinov, "Ubiistvo Tsarskoy Semi: po materialiam Politicheskogo Arkhiva nemetskago ministerstva inostrannykh del", cópia datilografada inédita, caixa 788, pasta 2
Coleção Igor Vinogradov: cartas datilografadas enviadas de Tobolsk pelo príncipe Vassíli Dolgorúkov 1917-8; Aleksandr Lukomski, "Question of the Departure of the Emperor Nicholas and His Family", caixa 27, pasta 11
Museu Marítimo de Oslo: Diário de Jonas Lied
Papéis da Família Benckendorff
Memórias de A. I. Ievreinov, "Poezdka v Tobolsk"
Papéis de Olga Ivanovna Subbotina — depoimentos de Buxhoeveden e Gilliard
Papéis de John Wimbles, arquivo particular de cartas transcritas agora doado ao Archivo Orleans-Borbón, Fundación Infantes Duques de Montpensier Sanlúcar de Barrameda

FONTES INÉDITAS: TESES, ENSAIOS E ARTIGOS

ASGAROV, Asgar M. "Reporting from the Frontlines of the First Cold War: American Diplomatic Despatches about the Internal Conditions in the Soviet Union, 1917-1933". Universidade de Maryland, 2007. Tese (Doutorado).
CHAP, Olivia. "Skeletons in the Soviet Closet: Russia's Last Tsar and his Family in the Early Soviet Era, 1918-1937". Connecticut College, 2015. Dissertação (Mestrado).
HOLDEN, Nigel. "Harald Schou-Kjeldsen: A Young Danish Entrepreneur in Early Soviet Russia". Cópia datilografada inédita, p. 200.
MCKEE, Claire Theresa. "British Perceptions of Tsar Nicholas II and Empress Alexandra Feodorovna 1894-1918". University College London, 2014. Tese (Doutorado).
PUCHENIKOVA, Lyubov. "Deyatelnost britanskikh diplomaticheskih predstavitelstv y Rossii v 1997 godu". São Petersburgo, 2005. Tese (Doutorado em Ciências da História).

FONTES PUBLICADAS: LIVROS, ARTIGOS E JORNAIS

Nota: Tendo em vista que este livro lançou mão de uma ampla gama de fontes em oito línguas, pareceu mais lógico — e mais útil — agrupá-las segundo os idiomas em que foram escritas.

Inglês

ALEXANDER, Grand Duke. *Once a Grand Duke*. Nova York: Garden City Publishing, 1932.

ALEXANDROV, Victor, *The End of the Romanovs*. Londres: Hutchinson, 1966.

ALEXEEV, V. V. *The Last Act of a Tragedy: New documents about the Execution of the Last Russian Emperor Nicholas II*. Ekaterinburg: Urals Branch of Russian Academy of Sciences Publishers, 1996.

ALMEDINGEN, E. M. *The Empress Alexandra 1872-1918*. Londres: Cassell, 1973.

ARONSON, Theo. *Grandmama of Europe: The Crowned Descendants of Queen Victoria*. Londres: Cassell, 1973.

BASILY, Nicolas de. *The Abdication of Emperor Nicholas II of Russia*. Princeton, NJ: Kingston Press, 1984.

BENCKENDORFF, Count Paul. *Last Days at Tsarskoe Selo*. Ontário: Gilbert's Books, 2012 [reed. 1927].

BOTKIN, Gleb. *The Real Romanovs*. Londres: Putnam, 1932.

BROWDER, Robert Paul; KERENSKY, Aleksandr Fyodorovich (Orgs.). *The Russian Provisional Government, 1917: Documents*, v. 1, cap. 4, seção sobre "The Former Tsar and the Imperial Family". Stanford University Press, 1961, pp. 177-90.

BUCHANAN, Meriel. *The Dissolution of an Empire*. Londres: John Murray, 1932.

BUCHANAN, Sir George. *My Mission to Russia*, v. 2. Londres: John Murray, 1932.

_______. "The Foulest Crime in History – The Truth". *Saturday Review*, *CLIX*, p. 616, 18 maio 1935.

_______. *Ambassador's Daughter*. Londres: Cassell, 1958.

BULYGIN, Captain Paul; KERENSKY, Alexander. *The Murder of the Romanovs*. Londres: Hutchinson, 1935.

BUXHOEVEDEN, Baroness Sophie. *The Life and Tragedy of Alexandra Fyodorovna*. Londres: Longmans Green, 1928.

BYKOV, P. M. *Last Days of Tsar Nicholas*. Nova York: International Publisher, 1934.

CARTER, Miranda. *The Three Emperors*. Londres: Penguin, 2009.

CLARKE, William. *The Lost Fortune of the Tsars*. Londres: Orion, 1996.

COOK, Andrew. *The Murder of the Romanovs*. Stroud: Amberley, 2010.

CRAWFORD, Rosemary; CRAWFORD, Donald. *Michael and Natasha: The Life and Love of the Last Tsar of Russia*. Londres: Weidenfield & Nicolson, 1997.

DE ANGELIS, Stephen R. (Org.). *The Personality of Nicholas and Alexandra Feodorovna: The Historical Bulletin, April 1917*, v. CXLVIII, *According to the Testimonies of their Relations and Those Close to Them*. EUA: Bookemon, [s.d.].

DEHN, Lili. *The Real Tsaritsa*. Londres: Thornton Butterworth, 1922.

DILLON, E. J. "The ex-Tsar Nicholas II: na Imperial Tragedy. A Tragic History of Opportunities Missed". *Daily Telegraph*, 22 e 24 jul. 1918.

DUFF, David. *Hessian Tapestry: The Hesse Family and British Royalty*. Londres: David & Charles, 1979.

EDWARDS, Anne. *Matriarch: Queen Mary and the House of Windsor*. Londres: Coronet Books, 1984.

EGAN, Maurice Francis. *Na Years near the German Frontier: A Retrospect and a Warning*. Nova York: George H. Doran Company, 1919.

FRANCQ, Henri G. *The Knout and the Scythe: The Story of the Hyenas*. Nova York: Vantage Press, 1980.

FUHRMANN, Joseph T. *The Complete Wartime Correspondence of Tsar Nicholas II and the Empress Alexandra, April 1914-March 1917*. Westport, CT: Greenwood Press.

GEORGE, Grand Duchess. *A Romanov Diary*. Nova York: Atlantic International, 1988.

GILLIARD, Pierre. *Thirteen Years at the Russian Court*. Londres: Hutchinson, 1921.

GRAHAM, Stephen. *Part of the Wonderful Scene: Na Autobiography*. Londres: Collins, 1964.

HALL, Coryne. *Little Mother of Russia*. Teaneck, NJ: Holmes & Meier, 2006.

______. "'Na Energetic and Chivalrous Protector': Danish Efforts to Help the Imprisoned Romanovs". *Royal Russia Annual*, n. 6, verão 2014, pp. 29-41.

HAMILTON, Keith. "Addressing the Past: The Foreign Office and the Vetting of Diplomatic and Ministerial Memoirs during the Years between the World Wars". In: BAXTER, Christopher et al. *Britain in Global Politics*, v. 1: *From Gladstone to Churchill*. Basinstoke: Palgrave Macmillan, 2013, pp. 99-131.

HANBURY-WILLIAMS, Major-General Sir John. *The Emperor Nicholas II as I Knew Him*. Londres: Arthur L. Humphreys, 1922.

HARDINGE OF PENSHURST, Lord. *Old Diplomacy*. Londres: John Murray, 1947.

HENNESSY, James. *Queen Mary, 1867-1953*. Londres: Allen & Unwin, 1959.

HORBURY, David. "Half a Century of Royal Letters, 1899-1946". *Royal Digest Quarterly*, v. 3, pp. 58-63, 2016.

HOUGH, Richard. *Louis and Victoria: The First Mountbattens*. Londres: Hutchinson, 1934.

KERENSKY, A. F. "Why the Tsar Never Came to England". *Evening Standard*, 4 jul. 1932.

______. *The Kerensky Memoirs: Russia and History's Turning Point*. Londres: Cassell, 1965.

KERENSKY, A. F.; MILYUKOV, P. "Light on the Murder of Tsar Nikolas". *Living Age*, v. 311, pp. 638-45, 1921.

KING, Greg. *The Court of the Last Tsar: Pomp, Power, and Pageantry in the Reign of Nicholas II*. Hoboken, NJ: John Wiley & Sons, 2006.

KING, Greg; WILSON, Penny. "The Departure of the Imperial Family From Tsarskoye Selo". *Atlantis Magazine*, v. 4, n. 5, pp. 12-30, 2003.

"King could Have Saved the Tsar". *Mail on Sunday*, 20 nov. 1988.

KOZLOV, V. A.; KHRUSTALEV, V. M. *The Last Diary of Tsaritsa Alexandra*. Londres: Yale University Press, 2002.

KULAVIG, E. *Two Danes in Revolutionary Russia: Danish-Russian Cultural Relations 1700-1900*. Frederiksborg: Museum of National History at Frederiksborg, 2011, pp. 147-52.

LACEY, Robert. *Majesty: The Life and Reign of Elizabeth II*. Nova York: Free Press, 2002.

LEVINE, Isaac Don. *Eyewitness to History: Memoirs and Reflections of a Foreign Correspondent for Half a Century*. Nova York: Hawthorn Books, 1973.

LIED, Jonas. *Return to Happiness*. Londres: Macmillan, 1943.

LIVAK, Leonid. *Russian Émigrés in the Intellectual and Literary Life of Inter-War France: A Bibliographical Essay*. Montreal: McGill-Queen's University Press, 2010.

LLOYD GEORGE, David. *War Memoirs*, v. 3. Londres: Ivor Nicolson & Watson, 1934.

LYANDRES, Semion. *The Fall of Tsarism: Untold Stories of the February 1917 Revolution*. Oxford: Oxford University Press, 2014.

MCNEAL, Shay. *The Secret Plot to Save the Tsar: New Truths Behind the Romanov Mystery*. Londres: Perennial, 2003.

MARIE, Queen of Romania. *The Story of My Life*. Nova York: Scribner's, 1934.

MARR, Andrew. *The Diamond Queen, Elizabeth II and Her People*. Londres: Pan Macmillan, 2011.

MAYLUNAS, Andrei; MIRONENKO, Sergei. *A Lifelong Passion: Nicholas and Alexandra, Their Own Story*. Nova York: Doubleday, 1997.

MILLER, Ilana. *The Four Graces: Queen Victoria's Hessian Granddaughters*. East Richmond Heights, CA: Kensington House Books, 2011.

MIRONENKO, Sergey. "Romanov Family Tensions on the Eve of the First World War and the Revolution". *1917 Romanovs & Revolution: The End of Monarchy*, catálogo de exposição. Amsterdã: Hermitage Amsterdam, 2017, pp. 140-6.

MOSOLOV, A. A. *At the Court of the Last Tsar*. Londres: Methuen, 1935.

NABOKOV, C. [Konstantin]. *The Ordeal of a Diplomat*. Londres: Duckworth & Co., 1921.

NEKLYUDOV, Anatoly. *Diplomatic Reminiscences before and during the World War 1911-1917*. Nova York: Dutton, 1920.

NICHOLAS OF GREECE, HRH Prince, *Political Memoirs 1914-1917*. Londres: Hutchinson, 1928.

NICOLSON, Harold. *King George V: His Life and Reign*. Londres: Constable, 1984.

O'CONOR, John F. *The Sokolov Investigation*. Nova York: Robert Speller & Sons, 1971.

OCCLESHAW, Michael. *Armour Against Fate: British Military Intelligence in the First World War*. Londres: Columbus Books, 1989.

______. *The Romanov Conspiracies*. Londres: BCA, 1993.

______. *Dances in Deep Shadows: Britain's Clandestine War in Russia 1917-1920*. Londres: Constable, 2006.

PALÉOLOGUE, Maurice. *Na Ambassador's Memoirs, 1914-17*. Londres: Hutchinson, 1973.

PARES, Bernard. *Fall of the Russian Monarchy: A Study of the Evidence*. Londres: Cassell, 1988.

PIPES, Richard. *The Russian Revolution 1899-1919*. Londres: Fontana Press, 1992.

POORE, Judith. *The Memoirs of Emily Loch: Discretion in Waiting*. Forres, Moray: Librario Publishing, 2007.

PRESTON, Robert. "Sir Robert Preston Recalls Ekaterinburg". *Spectator*, p. 19, 11 mar. 1972.

"Prince Michael bids to clear George's name over Tsar's Death". *Daily Express*, 2 fev. 2010.

PROCHASKA, Frank. "George V and Republicanism, 1917-1919". *Twentieth Century British History*, 10: 1, 1999, pp. 27-51.

RADZINSKY, Edvard. *The Last Tsar: The Life and Death of Nicolas II*. Londres: Hodder & Stoughton, 1992.

RAPPAPORT, Helen. *Ekaterinburg: The Last Days of the Romanovs*. Londres: Hutchinson, 2008.

______. *Four Sisters: The Lost Lives of the Romanov Grand Duchesses*. Londres: Macmillan, 2014.

ROBERTSON, Anne. "Kings, Queens, Tsars, and Commissars: Russia Gets the Royal Treatment". *Demokratizatsiya*, Washington DC, v. 4, n. 2, pp. 201-22, 1996.

RODZIANKO, Count Paul. *Tattered Banners*. Londres: Seeley, Service & Co., 1939.

RODZIANKO, Mikhail. *The Reign of Rasputin: An Empire's Collapse: Memoirs of M. V. Rodzianko*. Londres: A. M. Philpot, 1927.

RÖHL, John C. G. *Young Wilhelm: The Kaiser's early Life, 1859-1888*. Cambridge: Cambridge University Press, 1998.

______. *Wilhelm II: Into the Abyss of War and Exile 1900-1941*. Cambridge: Cambridge University Press, 2014.

ROSE, Kenneth. *King George V*. Londres: Phoenix Press, 2000.

SERVICE, Robert. *The Last of the Tsars: Nicholas II and the Russian Revolution*. Londres: Macmillan, 2017.

SHELKING, Evgeny. *Recollections of a Russian Diplomat: The Suicide of Monarchies (William II and Nicholas II)*. Nova York: Macmillan, 1918.

SMITH, Doug. *Rasputin*. Londres: Macmillan, 2016.

SOROKA, Marina. *Britain, Russia and the Road to the First World War: The Fateful Embassy of Count Aleksandr Benckendorff 1903-1916*. Londres: Routledge, 2016.

STEINBERG, Isaac N. *In the Workshop of the Revolution*. Londres: Gollancz, 1955.

STEINBERG, Mark; KHRUSTALEV, Vladimir. *The Fall of the Romanovs*. Londres: Yale University Press, 1995.

STOPFORD, Albert. *The Russian Diary of an Englishman, Petrograd 1915-1917*. Londres: Heinemann, 1919.

SUKHANOV, Nikolai. *The Russian Revolution 1917: A Personal Record*. Princeton: Princeton University Press, 1984.

SUMMERS, Anthony; MANGOLD, Tom. *The File on the Tsar*. 2. ed. 1987. 3. ed. 2002.

SUTTIE, Andrew. *Rewriting the First World War: Lloyd George, Politics and Strategy 1914-18*. Basingstoke: Palgrave Macmillan, 2005.

SYLVESTER, A. J. *Life with Lloyd George: The Diary of A. J. Sylvester 1931-1945*. Londres: Macmillan, 1975.

TAYLOR, Edmond. *The Fall of Dynasties: The Collapse of the Old Order 1905-1922*. Nova York: Doubleday, 1963.

TOMASZEWSKI, Fiona K. *A Great Russia: Russia and the Triple Entente, 1905-1914*. Nova York: Praeger, 2002.

TREWIN, J. C. *Tutor to the Tsarevich: Charles Sydney Gibbes*. Londres: Macmillan, 1975.

URBACH, Karina. *Royal Kinship: British and German Family Networks 1815-1914*. Munique: K. G. Saur Verlag, 2008.

______. *Go-Betweens for Hitler*. Oxford: Oxford University Press, 2015.

VAN DER KISTE, John. *Princess Victoria Melita: Grand Duchess Cyril of Russia 1876-1936*. Stroud: Sutton, 1991.

______. *Northern Crowns: Kings of Modern Scandinavia*. Stroud: Sutton, 1998.

______. *Crowns in a Changing World: The British and European Monarchies 1901-36*. Stroud: Sutton, 2003.

VORRES, Ian. *The Last Grand Duchess*. Londres: Hutchinson, 1964.

VYRUBOVA, Anna. *Memories of the Russian Court*. Nova York: Macmillan, 1923.

WATERS, Brigadier Wallscourt Hely-Hutchinson. *Potsdam and Doorn*. Londres: John Murray, 1935.

WERENSKIOLD, Marit (Org.). *Consul Jonas Lied and Russia: Collector, diplomat, Industrialist Explorer 1910-1931*. Oslo: Unipub, 2008.

WILSON, Penny. "From the Memoirs of Princess Helena Petrovna of Serbia". *Atlantis Magazine: In the Courts of Memory*, v. 4, n. 3, pp. 53-60, 2003.

WILTON, Robert; TELBERG, George Gustav. *The Last Days of the Romanovs*. Londres: Thornton Butterworth, 1920.
YUSUPOV, Prince Felix. *Lost Splendour*. Londres: Adelphi, 2016.

Francês

BOTKIN, Petr. "Le Massacre de la famille impériale um Russie". *Le Gaulois*, v. 45691, p. 1, 19. set. 1920.
BUCHANAN, Sir George. "Nicolas et la Révolution Bolcheviste". *Revue de Paris*, pp. 225-52, 15 abr. 1923.
CHANTECLER. "Les Derniers jours des Romanof". *Soir*, v. 326, p. 1, 22 dez. 1921.
COMBALUZIER, L. "M. Bourtzeff assac la fin tragique de tsar Nicolas et de um famille impériale de Russie". *Journal*, v. 13982, n. 1, p. 4, 28 jan. 1931.
KOKOVTSOV, Vladimir. "La vérité sur la tragédie d'Ekaterinburg". *Revue du Deux Mondes*, v. 53, pp. 506-31, 1 out. 1929; pp. 847-65, 15 out. 1929.
"La Mort d'um empereur — A assac du vingtième anniversaire du massacre de la famille imperial russe". Marianne, v. 299, pp. 1, 4, 13 jul. 1938.
"L'Assassinat du tsar — Une controverse entre MM Kerensky et Jacoby". *Sept. L'hebdomadaire du temps assacre*, v. 148, p. 16, 25 dez. 1936.
"Le Massacre des Romanoff — Une version inédite". *Le Gaulois*, v. 16107, p. 3, 9 nov. 1921.
LUKOMSKY, Georgiy. "Comment Nicolas II a quitté Tsarskoe Selo". *Le Gaulois*, v. 18353, pp. 1-2, 4 jan. 1928.
LVOVSKY, Zinovy. "Il y a vingt ans, le tsar Nicolas II était assacre avec tous les siens — La Tragédie d'Ekathérinbourg. Document historique inédit". *Candide*, v. 747, p. 3, 7 jul. 1938.
MILYUKOV, Pavel; KOKOVTSOV, Vladimir. "Aurait-on pu sauver Nicolas II?". *Le Soir* [Bélgica], v. 48, p. 4, 17 fev. 1936.
PALÉOLOGUE, Maurice. "Les derniers Jours de l'impératrice de Russie", *Revue des Deux Mondes*, série 8, n. 11, pp. 59-70, 1932.
______. "Le Drame d'Ekaterinburg". *Documentation catholique*, v. 34, n. 774, p. 1107, 19 dez. 1935.
______. *Guillaume II et Nicolas II*. Paris: Librairie Plon, 1935.
PALEY, Princesse. "Réponse à Sir George Buchanan". *Revue de Paris*, v. 2, pp. 689-90, 15 abr. 1923.
SANVOISIN, Gaetan. "Comment Nicolas II a quitté Tsarskoie-Selo: Um entretien avec M. Loukomski, ancient conservateur du Palais impériale". *Le Gaulois*, 4 jan. 1928.
SAVVICH, Sergey. "L'Abdication de l'empereur Nicolas II — souvenirs d'um témoin oculaire". *Revue Universelle*, v. 37, n. 1, pp. 1-10, 1 abr. 1929.
SEDERKHOLM, Boris. "Qui est responsible de l'arrestation et de la mort de Nicolas II?" *Figaro*, n. 270, pp. 3-4, 27 set. 1921.
SEMENOV, Evgeniy. "L'Assassinat de la famille impérial russe". *Mercure de France*, v. 186, n. 665, pp. 460-8, 1 fev. 1926.
SOKOLOV, Nikolay. *Enquête judiciaire sur l'assassinat de la Famille Impériale Russe*. Paris: Payot, 1924.

Alemão

BAUMGART, Winfried. *Deutsche Ostpolitik 1918: Von Brest-Litowsk bis zum Ende des Erstgen Weltkrieges*. Munique: Oldenbourg R. Verlag GmbH, 1982.

BOTHMER, Karl Freiherr Von. *Mit Graf Mirbach in Moskou*. Tübingen: Osiander'sche Buchhandlung, 1922.

JAGOW, Kurt. "Die Schuld am Zarenmord". *Berliner Monatshefte Ausgabe*, pp. 363-401, maio 1935.

MACHTAN, Lothar. *Prinz Max von Baden: Der Letze Kansler des cáisers*. Berlim: Suhrkamp Verlag, 2013.

Russo

AVDEEV, A. "Nikolay Romanov v Tobolske I Ekaterinburg". *Krasnaya*, pp. 185-209, 5 nov. 1928.

BÓTKIN, Piotr. "Chto bylo sdelano dlya spaseniya Imperatora Nikolaya II". *Russkaya Letopis*, Paris, v. 7, pp. 207-23, 1925.

"Doklad Vremennomy Pravitelstvu komisara... S. G. Svatikova o kontr-revolyusionnom dvizhenii za granitsei". *Krasnyi Archiv*, n. 1, pp. 25-38, 1927.

HAUGOLNIKH, E. A. (Org.), *Beloemigrantry o Bolshevikakh i proletarskoy revolyutsii, v. 1: Fevralskaya Revolyutsiya v vospominaniyakh pridvorniykh, generalov, monarkhistov i chlenov vremennogo pravitelstvo* [Moscou, 1926], reimpr. Perm: [s.n.], 1991.

IOFFE, Genrikh. *Revolyutsiya i semya Romanovyk*. Moscou: Algorithm, 2012.

JUK, Iúri. *Ispoved Tsareubiits: podlinnaya istoriya velikoy tragedii*. Moscou: Veche, 2008.

______. *Voprositelnye znaki v "Tsarskom dele"*. S. Petersburgo: BKhv, 2013.

KHRUSTALEV, V. M. *Dnevniki Nikolaya II i Imperatritsy Aleksandry Fedorovny, 1917-1918*. Moscou: Vagrius, 2008. 2 v.

Krasnyi Arkhiv: Istoricheskii Zhurnal 1923-4. Disponível em: <igorkurl.livejournal.com/449647.html>.

LEONTIEV, Maksim Nikoláevitch. "Otkrytoe pis'mo Imperatora Vil'gelmu". Paris: [s.n.], 1918. [Cópia na Hoover Institution, Papéis de Nikolaervsky, caixa 784, pasta 6.]

LIKOVA, Lídia. *Sledstvie po delu ob ubiistve rossisskoi imperatorskoy semi*. Moscou: Rosspen, 2007.

LIKOVA, L. A. (Org.). *N. A. Sokolov. Predvaritelnoe sledstvie 1919-1922*. Rossissky Arkhiv, 1998. (Istoriya Otechestva v svidetelstvakh I dokumentakh XVIII-XX, 8). Disponível em: <next.feb-web.ru/text/rosarc_8_1998/go,0;fs,1>.

MÁRKOV, N. "Popytka spaseniya tsarskoy Semi". *Vestnik Vysshego monarkhicheskogo soveta*, Berlim, 28 abr./11 maio 1924.

MEDNIKOV, I. Yu. "Missiya Spaseniya: Alfonso XIII i Rossiiskaya Imperatorskaya Semya". *Vestnik RUDN: Rossiya i Ispaniya*, v. 1, 65-75, 2011.

______. "Missiya Spaseniya: Alfonso XIII i Rossiiskaya Imperatorskaya Semya". *Vestnik RUDN:Vseobshchaya istoriya*, 1, 2011, 65-75.

MELNIK-BOTKINA, Tatiana. *Vospominaniya o tsarskoy semi*. Moscou: Zakharov, 2009.

MILIÚKOV, Pavel. "O vyezde iz Rossii Nikolaya II". *Golos Rossii*. Berlim, 15 set. 1921.

MILIÚKOV, P. N. *Vospominaniya, 1859-1917*, v. 2. Moscou, 1990.

MIRONENKO, Sergey et al. *Gibel semi imperatora Nikolaya II: Sledstvie dlinoyu vek. katalog vystavki*. Moscou: Indrik, 2012.

MORDVINOV, A. A. *Iz perezhitogo: vospominaniya fligel-adyutanta imperatora Nikolaya II*, v. 2. Kuchkovo Pole, 2004.

NARÍCHKINA, Elizaveta. "S Tsarskoy semey pod arestom: Dnevnik ober-gofmeisteriny". *Poslednye Novosti*, 10 maio e 28 jun. 1936.

ORLANO-ERENYA, A. "Ispanskii korol I popytki spaseniya semi Nikolaya II". *Novaya I noveishaya istoriya*, v. 5, pp. 152-65, 1993.

"Pereezd eks-imperatora". *Russkoe Slovo*, v. 3, (16) ago. 1917.

PLOTNIKOV, Ivan. *Gibel tsarskoy semi: Pravda istorii*. Ekaterinburg: Izdatelstvo Uralskogo Universiteta, 2005.

ROSS. *Gibel tsarskoy semi:materialy sledstviya po delu ob ubiistve tsarskoy semi*. Frankfurt am Main: Posev, 1987.

SEMCHEVSKAIA, Elizaveta. "Vospominaniya o poslednykh dnyak Velikikh Knyazev v g Ekaterinburge". *Dvuglravyi Orel*, v. 10, p. 15, (28) jun. 1921.

SEMENOVSKI, L. G. "Popytki Spaseniya Romanovykh. Po Doneseniyam Germanskikh Diplomatov". *Vozrozhdenie*, 15 jun. 1935, p. 4.

SOKOLOV, Konstantin. "Popytka osvobozhdeniya tsarskoy semi". *Arkhiv Russkoy Revolyutsii*, Berlim, v. 17, pp. 280-92, 1926.

"Sudba Doma Romanovykh". *Russkoe Slovo*, v. 8, 20 ago. 1917.

"Sudba Otrekshegosya Tsarya". *Novoe Vremya*, v. 10 (23) mar. 1917.

"Tragediya Tsarskoi Semi". *Vozrozhdenie*, v. 11, n. 3885, 22 jan. 1936.

TRUBETSKOI, Aleksandr E. "Istoriya odnoi popytki". *Chasovoi*, n. 114-5, pp. 31-3, 1 dez. 1933; n. 118-9, pp. 29-30, 15 jan. 1934; n. 120, pp. 21-3, 1 fev. 1934. Uma versão condensada desse artigo original está disponível em A. E. Trubetskoi, "Kak my pylatis spasti tsarskuyu semyu", *Dvoryanskoe Sobranie*, v. 2, pp. 61-8, 1995.

VOIEKOV, V. N. *S Tsarem I bez tsarya: vospominaniya poslednogo dvortsogo komedanta gosudarya--imperatora Nikolaya II*. Moscou: Rodnik, 1995.

ZAKHAROV, S. "Poslednii put poslednogo tsarya". *Oktyabr*, n. 3, 1967.

Escandinavo: dinamarquês, sueco e norueguês

BOMANN-LARSEN, Tor. *Haakon & Maud*, v. 1: *Kongstanken*; v. 4: *Makten*. Oslo: Cappelen Damm, 2010-1.

JENSEN, Bent. *Danmark og det russiske spørgsmål 1917-1924*. Ukeendt, 1979.

______. *Zarmoder blandt zarmordere: Enkekejserinde Dagmar og Danmark 1917-1928*. Copenhague: Gyldendal, 1997.

KAMSTRUP, Jørgen. *H. N. Andersen: En ØK-logisk livsberetning*. Copenhague: Books on Demand, 2012.

LANGE, Ole. *Jorden er ikke større*. Copenhague: Gyldendal, 1988.

HANSEN, Bernadette Preben (Org.). "Ester Aksel-Hansen: Breve fra Petrograd 1917-1918". Copenhague, 2007; disponível em <www.preben.nl/EAH.pdf>.

SCAVENIUS, A. S. *Diplomatfrue ved zarhoffet*. Copenhague: Martins Forlag, 1960.

SCAVENIUS, Harald. Relatórios oficiais de Petrogrado ao Ministério das Relações Exteriores dinamarquês: "Syn på omvæltningerne i Rusland 1917-1918: belyst gennem depecher og telegrammer fra den danske gesandt i Petrograd". *Dansk Magazin*, 1973, Række 8, Bd. 4, Hæfte 2.

VON PLATEN, Gustaf. *Bakom den gyllne fasaden*. Estocolmo: Albert Bonniers, 2002.

ZAHLE, C. Th. *Konseilspræsident C. Th. Zahles dagbøger 1914-1917*. Aarhus: Universitetsforlaget, 1974.

Espanhol

CAVANILLAS, Julián Cortés. *Alfonso XIII y la Guerra del 14*. Madri: Editorial Alce, 1976.

______. "Alfonso XIII en la Guerra del Catorce: los intentos para salvar a la familia del zar". *ABC Sevilla*, 5 dez. 1976.

LEAL, Guillerma Calleja. "Alfonso XIII y Su Actuación Humanitaria para el Rescate de la Familia Imperial Rusa 1917-1918". *La Coronelia Guardas del Rey*, v. 3, n. 16, pp. 53-71, 2005.

REY Y CABIESES, D. Amadeo-Martin. "Alfonso XIII, Jorge V, y el frustrado rescate de la familia imperial de Rusia". *Junta Sabatina de Especialidades Historicas*, Argentina, v. 3, pp. 99-131, 2003.

RIVES, Luis Garcia. "La tragedia de la familia imperial rusa: gestiones de España para salvarla". *Diario ABC*, Madri, 19 mar. 1964.

SERRANO, Carlos Seco. "Alfonso XIII y la familia del zar". *Diario ABC*, Madri, 21 out. 1979.

______. *Alfonso XIII en el centenario de su reinado*. Madri: Real Academia de la Historia, 2002.

SUMMERS, Anthony; MANGOLD, Tom. *El Expediente sobre el Zar*. Barcelona: Plaza & Janes, S.A., 1978.

Créditos das imagens

1. Casamento em Coburgo: Domínio público
2. Nove monarcas europeus: Domínio público
3. Irmãos Hesse: Domínio público
4. Família real britânica: W. & D. Downey, 1906 © National Portrait Gallery, Londres
5. Dagmar e Alexandra: Domínio público
6. Jorge e Nicolau: Hulton Archive
7. Família imperial russa: Acervo pessoal
8. Rei Haakon e rainha Maud: W. & D. Downey/ Archives Larousse, Paris, França/ Bridgeman Images
9. Nicolau e Alexandra: Domínio público
10. Nicolau e Maria: Domínio público
11. Tatiana e Anastácia: World History Archive/ TopFoto
12. Aleksei: Domínio público
13. Anastácia, Tatiana, Olga e Maria: Domínio público
14. Lord Stamfordham (Sir Arthur Bigge): Walter Stoneman, 1917 © National Portrait Gallery, Londres
15. Sir George Buchanan: Domínio público
16. David Lloyd George: Domínio público
17. Pável Miliúkov: Sputnik/ Alamy Stock Photo
18. Aleksandr Kerénski: Sovfoto

19. Murmansk: © Imperial War Museum (Q 16984)
20. Arcangel: USS *Des Moines* no mar Branco, 19 de maio de 1919, papéis de Frank E. Lauer, família Frank E. Lauer e Bentley Historical Library, Universidade de Michigan
21. Nikolai Márkov ("Márkov II"): Paul Fearn/ Alamy Stock Photo
22. Porta-estandarte da cavalaria Serguei Márkov ("Pequeno Márkov"): Acervo pessoal
23. Pátio interno da Casa do Governador, Tobolsk: Cortesia de Charles Gibbes
24. Pátio da Casa do Governador, Tobolsk: Cortesia de Charles Gibbes
25. Quarto das irmãs, Tobolsk: Cortesia de Charles Gibbes
26. Sala de estar de Alexandra, Tobolsk: Cortesia de Charles Gibbes
27. Planta dos aposentos da Casa do Governador: Cortesia de Charles Gibbes
28. Pierre Gilliard, Piotr Petrov e Sydney Gibbes: Acervo pessoal
29. Príncipe Vassíli Dolgorúkov: Cortesia de Charles Gibbes
30. Nicolau e os cinco filhos: TopFoto
31. Conde Benckendorff: Ullstein Bild Dtl.
32. Cáiser Guilherme II: Domínio público/ Biblioteca Nacional da Noruega
33. Jonas Lied: Biblioteca do Congresso, Prints & Photographs Division, LC-DIG-ggbain-19063
34. Vassíli Iákovlev, pseud. Konstantin Miáchin: Domínio público
35. Major Stephen Alley: Cortesia de Felix Jay
36. Rei Afonso XIII: Hulton Archive
37. Carruagens no lado externo da Casa do Governador: Cortesia de Charles Gibbes
38. Cartão-postal de Ekaterinburg: Azoor Photo/ Alamy Stock Photo
39. Casa Ipátiev, Ekaterinburg: Heritage Images
40. Aleksei e Olga: Cortesia de Charles Gibbes/ Kirill Protopopov
41. Vinte e três degraus: Domínio público
42. *Daily Mirror*, 13 de setembro de 1918: John Frost Newspapers/ Alamy Stock Photo

Índice remissivo

ESTA OBRA FOI COMPOSTA PELA ABREU'S SYSTEM EM INES LIGHT
E IMPRESSA EM OFSETE PELA GEOGRÁFICA SOBRE PAPEL PÓLEN SOFT
DA SUZANO S.A. PARA A EDITORA SCHWARCZ EM MARÇO DE 2022

FSC
www.fsc.org
MISTO
Papel produzido a partir de fontes responsáveis
FSC® C019498

A marca FSC® é a garantia de que a madeira utilizada na fabricação do papel deste livro provém de florestas que foram gerenciadas de maneira ambientalmente correta, socialmente justa e economicamente viável, além de outras fontes de origem controlada.